中国の工業化と清末の産業行政

――商部・農工商部の産業振興を中心に――

劉 世 龍 著

渓水社

目次

序章　　　　　　　　　　　　　　　　　　　　　1

　第1節　研究の意義と視角　　　　　　　　　　1
　第2節　本書の内容　　　　　　　　　　　　　7

第1章　中国史上初の中央産業行政機関
　　　　＝商部の創設　　　　　　　　　　　　11
　第1節　商部創設以前の経済に関する
　　　　　中央行政機関と官職　　　　　　　　11
　　1．伝統的な中央行政機関　　　　　　　　　11
　　2．新設された中央行政機関と官職　　　　　13
　第2節　商部の設立をめぐる議論　　　　　　21
　　1．知識人と商人による議論　　　　　　　　22
　　2．官僚による議論　　　　　　　　　　　　26
　第3節　商部設立への準備　　　　　　　　　31
　　1．総理各国事務衙門の外務部への改組　　　31
　　2．載澤と載振の外国視察　　　　　　　　　32
　　3．商法の制定準備と張弼士の上奏　　　　　35

第2章　商部の内部組織・人員と経費　　　　　47
　第1節　内部組織と職権　　　　　　　　　　47

1．政策執行の機構　　　　　　　　　　　　　47
　　2．直轄の諸機構　　　　　　　　　　　　　　49
　第2節　官職・人員と経費　　　　　　　　　　　55
　　1．尚書・侍郎と丞・参議　　　　　　　　　　55
　　2．政策執行機構の官員　　　　　　　　　　　60
　　3．顧問官とその他の商人官員　　　　　　　　65
　　4．財源と支出　　　　　　　　　　　　　　　69

第3章　商部の産業振興政策とその実施　　　　　78
　第1節　商工業政策とその実施　　　　　　　　　80
　　1．基本的産業法規　　　　　　　　　　　　　80
　　2．商会の設立指導　　　　　　　　　　　　　86
　　3．商工業の奨励保護　　　　　　　　　　　　94
　　4．その他の商工業振興政策　　　　　　　　 104
　第2節　鉄道・鉱業に関する政策とその実施　　115
　　1．民営鉄道の政策　　　　　　　　　　　　 116
　　2．鉱業政策　　　　　　　　　　　　　　　 124

第4章　農工商部への改組　　　　　　　　　　 143
　第1節　改組の背景と原因　　　　　　　　　　143
　　1．産業発展上の必要性　　　　　　　　　　 144
　　2．工部の職能の縮小および商部と戸部の矛盾　145
　　3．中央官制の全体的改革と農工商部　　　　 147
　第2節　改組の過程　　　　　　　　　　　　　149
　　1．商部と工部の合併　　　　　　　　　　　 149
　　2．郵伝部の新設および農工商部との権限区分　151
　　3．農工商部とその他の部との権限区分　　　 153
　第3節　農工商部の内部組織と職権　　　　　　154

1．政策執行の機構		154
2．直轄の諸機構		156
3．商部の内部組織・職権との比較		159
第4節　農工商部の官職・人員と経費		160
1．尚書の交替		160
2．侍郎と丞・参議の異動		163
3．政策執行機構の官員		168
4．財源と支出		173

第5章　農工商部の産業振興政策とその実施　183

第1節　商工業の促進	184
1．産業奨励制度の完成	185
2．商工業の援助と保護	190
3．新工芸技術の応用と経済競争の提唱	201
第2節　鉱業政策	210
1．「大清鉱務章程」の公布と改訂	210
2．鉱産開発の促進	214
第3節　新たな商会設立の推進	224
1．商務総会の拡大	225
2．商務分会と商務分所開設数の増加	228
3．華僑商会開設の重視	233

終章

第1節　商部・農工商部とその産業振興に 　　　　対する評価	246
第2節　今後の課題：地方の産業行政について	264

主要参考文献	292
表一覧	303
あとがき	305
中文目次	308
英文目次	311

中国の工業化と清末の産業行政
――商部・農工商部の産業振興を中心に――

序章

第1節　研究の意義と視角

　清朝国家が滅亡前の約十年間に推進した「新政」の中で，重要な分野の一つは産業振興（当時「振興實業」と呼ばれるもの）であった。その内容は西洋や日本を模倣して，地方および中央の産業行政機関を創立し，会社と商会の設立を奨励し，一連の近代産業に関連する政策，法規を公布してその実施に力を注いだことであった。またこのことは中国近代史上の重大事件であり，数千年という中国の歴史から見ても未曾有のことであった。さらに世界史の角度から見れば，中国のように古い農業文明の大国が，西洋の資本主義による半世紀あまりの衝撃を受けた後，中央政府の力によって全国的に農業社会から産業社会へと転換しようとしたことは，世界とアジアの歴史的な流れの変遷に少なからず影響を与えた。

　清朝の政策と中国の工業化の関係に関しては，すでに洋務運動を対象として研究が進められている。しかし，清末新政期における国家の産業行政（産業行政機関の創設とその産業振興政策の遂行）は，中国の工業化，中国資産家階級の成長に対し洋務運動に比べてさらに直接的な影響を与えたので，洋務運動よりはるかに大きな意義をもっていたと考えられる。

　産業振興を推進した中央産業行政機関は先に1903年9月に創設された商部であり，引き続き1906年11月から商部を改組して設立された農工商部であった。商部創設以後，中国の工業化は20世紀以前より比較的大きく発展し，民間企業設立のブームが見られた。これは中央産業行政機関と近代産業の発展の間に否定し難い重要な関係があることを意味している。したがって中国の工業化を研究するならば，清末新政期における産業振興，とくに商部・農工商部の内部構造や両部によって制定し実施された産業振興政策をも研究対象と

すべきである。

　清末商部，農工商部およびその産業振興というテーマの関連研究は，時期的にみると1970年代から始まり，地理的には主に日本，アメリカ，中国大陸，台湾の学者によって進められた。

　これについて最も早く研究を始めたのは，日本の学者である。その代表者としては倉橋正直，曽田三郎が挙げられる。倉橋正直は1976年に公表した「清末，商部の実業振興について」の論文では（『歴史学研究』432号），まず商部の成立，実業振興の行政組織および財源，法律の整備，商会の設置とその役割について，次に農務，工芸，商務の分野における商部期の実業振興の進展について，さらに商部の鉄道政策，商部の改組と郵伝部の分離について論述している。だがこの論文では農工商部およびその産業振興政策についての論述は展開されていない。1年あまり後，同氏の「清末の実業振興」[1]という文章の中の一部に「農工商部の低迷」という見出しでそれが論述されたものがある。倉橋の研究は政治的には清朝を否定する視点から商部，農工商部の産業振興を考察しており，その結論としては「しょせん，『洋人の朝廷』化した当時の清朝では実業振興を完遂することは不可能であった。立憲派は（鉄道――筆者）国有化反対運動を行なうことで，清朝権力が中途で放棄した実業振興の完遂をめざした」というものであった。

　曽田三郎の論文「商会の設立」は早くも1975年に掲載されている（『歴史学研究』422号）。その中で商部による「商会簡明章程」から商会の設立意図を分析し，商部は新政の一環として商会の設立を決めたと提起した。1992年，同氏の「清末の産業行政をめぐる分権化と集権化」[2]という論文では，主に政治史の角度から中央と地方の間で産業行政の遂行をめぐって生じた対立を考察し，それは商部の中央集権的産業行政を挫折させ，ついに失敗させたと認識した。またこの論文の一部には商部の設立，商部の産業行政方針の立案者である唐文治の中核的作用などが論述され，商部およびその方針，政策に関する研究が深く進められた。

　アメリカではこの課題に関する研究の代表作は1977年に出版されたWillington K.K. Chanの *MERCHANTS, MANDARINS, AND MODERN ENTERPRISE IN LATE CH'ING CHINA* という書籍である。その第8，9章には商部の成立，

職権および各部との関係，農工商部への改組と改組後の衰微，また両部の商工業発展の計画と試み（主に専門機構と奨励章程）に関する内容が論述されている。Chanの研究は中央政府と地方勢力との対立および衝突を重んじており，また第10, 11章では商部，農工商部と各省当局および産業行政機関，各地商会との関係について分析している。同氏の観点によれば，清朝中央政府による商部の設立は近代企業に対する地方勢力の支配への挑戦の一部をなしていたが，商部，農工商部の指示が各省督撫の支持を得たことはなく，中央政府の民族工業を支配するための努力は成功しなかったとしている。

中国の学界ではこの課題に関する研究への着手は比較的遅かった。1982年沈祖煒は「清末商部，農工商部活動述評」（『中国社会経済史研究』1982年2期）という論文で，最初に商部の設立およびその機構，商部の商工業発展を推進するための措置，商部の農工商部への改組，商部，農工商部の社会的な作用について論述している。沈は上述した倉橋正直とWillington K. K. Chanの視角とは異なり，商部と農工商部が実施した政策は民族資本主義の発展を促進したと分析し，それによって一定の積極的な成果を得たと評価している。数年後，王笛の論文「清末設立商部述論」（『清史研究通訊』1987年1期）は商部およびその法規，政策を評価している。鄭起東の論文「清末『振興工商』研究」（『近代史研究』1988年3期）は商部の設立，「振興工商」政策の実施およびその効果について論述したが，倉橋の見解に近く，1906年以後「振興工商」政策は実行力に欠け，1908年に到るまで日増しに逆転し失敗することになったと認識している。

1988年に出版された台湾の学者阮忠仁の『清末民初農工商機構的設立——政府与経済現代化関係之検討(1903〜1916)』（台湾師範大学歴史研究所専刊19）は，これまで清末民初期の産業行政機関を研究した唯一の著作である。書名が示しているように，研究の視角も倉橋正直，Willington K. K. Chanとは異なっており，政府と経済近代化との関係を論述している。その内容は以下の五つに分類される。①商部成立の歴史的背景。②各機関内部の部門構成および人員と経費。③推進された政策内容。④地方産業行政機関と媒介的機能を有する民間社会団体の性格。⑤経済近代化への導引効果[3]。阮が唱える「農工商機構」は清朝の商部，農工商部に限定せず，1916年の袁世凱政権の

終結までを含んでおり，前後して存在した農林部，工商部，農商部についても研究対象としている。よって清末の商部，農工商部を単独のテーマとした研究ではない。

上述した業績以外にも，数多くの学者たちが辛亥革命，清末商会に関して研究している。それらの中には，とくに清末新政を研究する際，商部，農工商部およびその産業振興に言及し論述しているものもある。

1977年に出版された横山英の『辛亥革命研究序説』（平和書房，1977年）という書籍では，「辛亥革命期における清朝政権の内部構成」という見出しで，清末新政の背景や実業新政に対する袁世凱や張之洞をはじめとする「新洋務派」の主導的な作用を分析し，「20世紀初めの10年間の民族資本の『初歩的発展』は実に新洋務派の『新政』によって実現されたものであった」と主張している。1988年，林原文子の「清末，民間企業の勃興と実業新政について」という論文は（『近きに在りて』13号，1988年），新政期の商会や北洋の実業新政について検討している。

1980年代以来，鄧小平が首唱した改革開放の展開にともなって，中国大陸では「学術禁区」が打破され，これまで軽視してきた態度が改められ清末新政がますます注目され研究が進められた。その中で何一民，果鴻孝，虞和平，黄逸平，顧衛民，崔志海，施仁章，朱英，周武，張連起，陳旭麓，唐克敏，杜恂誠，馬敏，熊秋良，羅大正，李玉などの論文や著書ではそれぞれ産業振興の目的と起因，産業関連政策と法規およびその作用，産業振興を推進した官僚などについて論及し，評価を与えた。それらについて，筆者は1995年「中国における清末『新政』期の産業振興に関する問題点――最近十年の動向を中心に」という拙稿で概括し紹介した[4]。ここで朱英の『晩清経済政策与改革措施』（華中師範大学出版社，1996年）を補充し紹介する。それは日清戦争後清朝の各種の経済政策と措置（財政金融政策，農業政策，貿易政策，鉱業政策，鉄道政策，経済法規および勧業会など）を分析し，清朝による産業振興の政策は中国社会が伝統から近代へと移行することに対して積極的な作用があったと評価した。この書籍では商部，農工商部とその政策を専ら研究対象としているわけではなかったが，清朝の各経済政策をかなり全面的に考察し，商部，農工商部にも論及していた（たとえば鉄道政策については，「商

部時期的鉄道政策」という項目があった)。この書籍はこの課題に関する中国大陸学者の代表的成果の一つだといえるであろう。

　1970年代から1980年代にかけての先行研究は,政治に対する関心が強いものが主流であった。1980年代後期以来,それは経済史,近代化史の視角からの研究へ転換し,多角的になった。もっとも中国大陸の学界では「歴史はつねに現代史である」という考え方に賛同し,清末新政への関心を現在の改革開放への関心と結びつけたがる学者もいる。また新政期の近代産業の発展については,清朝の経済政策や産業振興政策の影響より民衆運動(利権回収運動,ボイコット運動など)の影響を重視してきた。しかし,短期の民衆運動が産業の発展に大きな影響を与えたとは考えにくく,現在では新政期の経済改革の同期の近代産業に対する実際の影響について経済発展の角度から研究することが期待されている。

　本書ではまず制度化,機構化という視角から[5]中央産業行政機関の設立と改組,中央行政体制の改革,商法の制定や会社制度の確立,商会の開設などを述べたい。さらに近代産業発展史の視角から産業奨励,援助や保護などの政策と措置が中国の工業化へ与えた影響を分析したい。

　商部,農工商部とその産業振興政策をテーマと定め,まず関連の歴史事実を調べて整理し,検証したうえで,解釈や評価をすることができる。よって,本書は実証研究を基本的方法とする[6]。

　実証研究にとって不可欠なものは,まず確実な原史料である。商部,農工商部とその産業振興に対する実証研究が不足しているのは,関連史料の収集や整理が難しいためである。商部期,農工商部期には前後して『商務報』,『商務官報』が出版されたが,現在すべてが揃ったものはない。中国第一歴史档案館が所蔵している『農工商部档案』はたくさんの欠落があった。これらの史料以外,筆者は中国歴史第一档案館で『軍機処録副奏摺』,『上諭档』,『趙爾巽档案』,『郵伝部档案』,『外務部档案』,『会議政務処档案』なども調べた。また大量の史料が各種の定期刊行物,とくに新政期の新聞や雑誌に見られる。しかし博士課程という限られた時間でそれらを全部調査することは不可能であるため,1904年〜1913年の『東方雑誌』,1906年〜1911年の『商務官報』,1907年〜1911年の『政治官報』,1900年〜1911年の『申報』,1902年〜1911

年の『大公報』を通読した後，この課題に関連する史料を整理し，できる限り清朝の保存文書やその他の記載と照合した。

　本書の課題は通史的な研究ではないため視角の中位性を保ちながら，商部，農工商部とその産業振興政策の制定や実施に限定し研究する。したがって新政期におけるほかの経済に関連する行政機関（財政処，税務処や度支部など）は，主たる研究対象とはしない。このように研究過程での対象を商部，農工商部に限定するが，ほかの経済に関連する機関，産業行政機関との関係には，もちろん注意する。時期的には1903～1911年に限定するが，それ以前の洋務運動期，日清戦後期やそれ以後の第一次世界大戦期との関係にも注意する。要するに中国近代産業行政，中国工業化の歴史上への位置づけという面から，商部，農工商部とその産業振興を把握したい。

　「新政期」の期間については，現在でも「新政期」を1901～1905年と主張している学者がいる。しかし多くの学者は1901年～1911年を指し，非政治改革の第一段階（1901～1905年）と政治改革を中心とした第二段階（1906～1911年）の二つに区分すべきだと主張している[7]。筆者は中国の近代産業の発達から見れば，日清戦争後に始まった経済政策の変化は1900年代の経済改革との間に連続性があったことから[8]，「新政期」とは経済面で言えば，1895年にさかのぼっても構わないと考えている。本書では商部，農工商部の産業振興政策を考察する際，日清戦争後，とくに戊戌変法時における清朝の経済政策との関係についても注意する。さらに細分化すれば，本書では「日清戦後期」，「商部期」，「農工商部期」の三つの語句を使用する。その理由は次の点にある。第一に戊戌政変および義和団事変で改革の進度が緩慢となり，新たな経済政策は制度的に専門的な中央産業行政機関による推進が欠乏し，政策の連続性に対して疑問や心配を持った商工業者や地方官もいた[9]。第二に中国の伝統的な中央行政体制が大きく変化していた標識の一つである商部は設立時期が1901年ではなく，且つ商部，農工商部が前後して存続する期間がそれぞれ1903年9月～1906年11月と1906年11月～清朝滅亡までであり，一般的に言う「新政期」の時期区分とは完全に符合するわけでない。第三に組織構成，産業振興政策や措置などの各方面で，商部と農工商部に共通点と相違点が認められる。

本書では「産業」という語句を使う。これは英語Industryの日本語訳である。その語義の中心は工業にあるが、このほかに農林業、漁業などの第一次産業と商業、運輸業、通信業などの第三次産業を含んでいる。ある日本の学者は会社制度などの制度的なソフトウエアもそれに含まれると主張している。しかし、「産業」というこの語句は、清末新政期の中国語史料の中ではまだ見つけられない。当時の中国人は英語Industryを「実業」という語句に翻訳している。英語漢訳の専門家ともいわれる厳復は1906年夏、商部所属の上海高等実業学堂で演説した際このように翻訳し、「主に工業、冶金、製造などの業種だ」と定義し、その語義の中心も工業にあった[10]。だが当時も近代工業だけを指したわけではなく、農業、鉱業、商業をも指した。一方交通、金融、会社制度などの内容は含まれなかった[11]。しかしこのような内容（鉄道行政、商業銀行、会社など）は商部の政務範囲に含まれていた。総体的に見れば、商部、農工商部の産業振興政策およびその施政対象は工業に限定することなく、農務振興の政策でも従来の勧農策に止まらず、近代農業の新技術、改良および農会の組織形式にまで及んでいた。商部と農工商部の施政内容を包括するために、本書では「産業」という語句を使用する。

第2節　本書の内容

　先行研究を基に、清末商部、農工商部とその産業振興をめぐって研究する。

　本書の内容は主に二つから構成されている。一つは中央産業行政機関自体の状況についてである。すなわち商部の創設過程、その後の農工商部への改組の背景やその経過および両部の内部組織、職権、人員、経費などの問題を含める。二つめは中央産業行政機関による産業振興政策、法規や措置とその実施の効果などである。すなわち両部の産業振興政策の内容、両部のその遂行のための関連措置、また新政期の近代産業発展に対する産業行政機関の設置、産業振興政策および法規の関係などを含める。

　具体的にはこの序章以外、5章と終章に分けられる。

　第1章では商部創設の背景と過程について考察する。商部設立以前の中国では、専門的な中央産業行政機関はなかったが、経済に関連する清朝の中央

行政機関や官職があった。それらはアヘン戦争以降中国の社会経済の新たな変化にどのように対応したのか，また，1880年代後半から戊戌変法期を経て1903年9月商部の成立まで，商部をめぐる議論からその創設への準備という過程の中で，重要な人物であった知識人・商人や中央と地方の官僚は誰なのか，彼らはどのような役割を果たしたのかなどが問題点として挙げられる。

第2章では商部の内部組織，人員と経費について述べる。本部の政策執行機構はどのような職権を持ったのか，商部の内部組織にはどのような特徴があり，外務部および六部と相違点があったのか，商部高官から各司の官員ないし顧問官などはどのように構成されていたのか，また商部の財源と支出はどのような情況であったかなどの問題点を明らかにする。

第3章では商部の産業振興政策とその実施を論述する。その範囲は広範にわたるが，主な内容や重点としては，経済法規の制定と実施，商会開設の勧告指導，商工業への奨励，保護と援助，華僑商人への保護，民営鉄道会社開設の勧告指導，鉱山開発の促進などである。

1906年11月商部が工部の編入で農工商部へ改組された。その背景，原因は一体何なのか，当時中央官制の全体的改革にどのように関連するのか，第4章ではまずそのことについて分析する。次にその改組の過程，農工商部と新設の郵伝部および他の中央各部との権限区分，内部組織や職権の面での商部との相違点，人員の構成や異動，財源と支出などについて分析する。

第5章では農工商部の産業振興政策とその実施について論述する。農工商部はどのように商部の産業振興政策を継承し，変更したのか。それについて商工業，鉱業，商会の面から解明する。その内容は主に産業奨励制度の完成，商工業への援助と保護，商部による経済法規の改訂や新たな経済法規の制定，新工芸技術応用と経済競争の提唱，鉱山開発の促進，新たな国内の商会や海外の華僑商会の開設促進などである。

終章では清末新政期における商部・農工商部とその産業振興に対する評価を検討する。さらに今後この課題に関連する研究の構想について展望する。主に地方の産業行政機関および産業振興である。

註

1) 田中正俊・野沢豊編『講座・中国近現代史:辛亥革命』所収, 東京大学出版会, 1978年。
2) 横山英・曽田三郎編『中国の近代化と政治的統合』所収, 渓水社, 1992年。
3) 阮忠仁のこの書籍に対する曽田三郎の評論(『広島大学東洋史研究室報告』第12号, 1990年)を参照。
4) 『広島大学東洋史研究室報告』第17号, 1995年。
5) 曽田三郎編『中国近代化過程の指導者たち』(東方書店, 1997年)序章を参照。
6) 1950年代以降の30年近く, 中国大陸での史学は政治的御用道具になった。とくに先入観による観点に合う原史料だけを選んでその観点を論証することが盛んになった。よって実証研究が長期間にわたって軽視された。その結果, たくさんの通説が歴史の真実に合わなかった。そういう状況は1980年代以後変化しており, 最近数年以来, 実証研究が改めて重視されつつある。
7) 陳向陽「90年代清末新政研究述評」『近代史研究』1998年1期。
8) 『光緒朝東華録』総4204頁, 4224頁, 4256〜4257頁など, 杜恂誠著『民族資本主義与旧中国政府(1840〜1937)』(上海社会科学院出版社, 1991年)97頁, 朱英著『晩清経済政策与改革措施』(華中師範大学出版社, 1996年)18頁などを参照。
9) 『劉坤一遺集』(中華書局, 1959年)第3冊1067〜1068頁, 第6冊2560頁などを参照。
10) 『中外日報』1906年7月2日。葉世昌著『近代中国経済思想史』(上海人民出版社, 1998年)193頁によれば, 中国人として最初にこの語句を使ったのは, 1895年初頭の何啓, 胡礼恒による「新政論議」である。
11) 1904年3月に創刊された『東方雑誌』を例とすれば, その「実業」という大見出しの下に掲載された主な内容は農業, 工芸, 製造, 鉱業であったが, 漁業や林業が含まれることもあった。第1巻8号の同雑誌に転載された光緒30年6月29日の『中外日報』の「論実業所以救亡」という文章は, 実業という語で農, 工, 商, 鉱を指している。また第1巻10号の同雑誌に転載された光緒30年7月29日の『時報』の「論実業」という文章は, 農, 工, 商に言及し商工業の重要性を強調している。このほかに『東方雑誌』では当時毎期「商務」,「財務」,「交通」などの大見出しが設けられていた。よってこれらが「実業」の範囲外であることは明らかである。このような大見出しによる分類は1908年8月21日に出版された『東方雑誌』第5巻7号から見られなくなった。1905年1月7日, 10日, 14日の『大公報』に連載された「説実業」ではそれを工, 商だと解釈している。商部郎中呉桐林が編集する『商務報』の「実業」という大見出しでは,「湖北の麻製造法」(第25期),「アメリカの石油取り出し精練情況につい

ての考察」(第32～33期),「麦稈真田の製造法」(第66期)などの新工芸,新技術に関連する内容が掲載されている。中国語の「実業」という語句の当時における意味については,馬敏は「主に商工業を指し,広義的に農業も含まれる」と認識したが,朱英は「農,工,商,金融や交通運輸などを含む」と認識した(両氏著『伝統与近代的二重変奏——晩清蘇州商会個案研究』59頁,159頁,巴蜀書社,1993年)。アメリカの学者W. K. K. Chanは「実業という新しい名詞は近代的工業企業を指しており,広義の『商業』の中で独自に注目される部門となった」と指摘している(同氏著 *Merchants, Mandarins, and Modern Enterprise in Late Ch'ing China*, Harvard University Press, 1977, p. 186)。Chanの見解は「実業」という語句に対する厳復の定義に近い。

第1章　中国史上初の
中央産業行政機関＝商部の創設

　古来中国では，専門的な中央産業行政機関や地方産業行政機関はなかった。19世紀まで，清朝は六部の伝統的な体制を踏襲しており，六部と同等の中央産業行政機関を組織することはなかった。1903年9月7日，朝廷はようやく商部の大員を任命する上諭を公布し，商部の設立を正式に宣言した。商部は中国史上初の全国的産業行政を統轄する中央政府機関であると言える。また，商部成立以前の1896年よりすでに山西，漢口，南京，蘇州，四川，広東，上海，天津，山東，蕪湖，江西などでは，地方産業行政機関，すなわち商務局の開設計画に続々と着手していた。

　アメリカ，大陸中国および台湾，日本の学者たちの清末新政に関する研究の中には，商部創設にまで論及しているものもある[1]。第1章ではそれらの研究を出発点として，商部創設の背景およびその成立過程の実証研究を進めることとする。地方産業行政機関については，ここでは取り扱わない。

第1節　商部以前の経済に関する
中央行政機関と官職

　商部設立以前の清朝中央政府の中で，経済政策を処理していた機関は主に以下の二種類である。

1. 伝統的な中央行政機関[2]

（1）工部
　工部は全国の土木，水利工事，器具製造（軍需品も含む），鉱物冶金，造船，

紡績など官営工業，並びに造幣の一部および度量衡，徴税を主管した。その行政事務は主に以下の「四司両庫」によって遂行された。すなわち，営繕清吏司（土木工事の積算，審査および徴税など），虞衡清吏司（各種官用器具の製造と受け入れ発送，各地の軍費，軍需の支出および機器製造局経費の審査，全国の度量衡および造幣の主管，銅，鉛，硝石，硫黄などの仕入れなど），都水清吏司（各種水利工事費用の審査，造船，徴税など），屯田清吏司（陵墓の営繕およびその費用の審査，徴税など），さらに製造庫（宮廷の器具製造など），節慎庫（経費の収支など）などがある。

（2）　戸部

戸部は全国の土地，田賦，戸籍，税収，俸給，財政などを主管した。その行政事務は主に地区により十四の清吏司（江南，浙江，江西，福建，湖広，山東，山西，河南，陝西，四川，広東，江西，雲南，貴州）に分けられ，それぞれは各地区の銭糧収支を管理し，並びに一つあるいは複数の全国的な事務を兼ねて管轄した（たとえば陝西司は全国の茶税を兼ね，広西司は全国の鉱産，貨幣を兼ね，貴州司は全国各地にある戸部の税関を兼ねて管轄した）。

（3）　内務府

内務府は宮廷事務のすべてを管理する機関である。それには八旗の軍政と宮廷内部の人事，財務，礼儀，防衛，刑法，工程，製造，工芸，農林，牧畜，漁猟，文教，衛生および日常生活事務が含まれる。その中の宮廷の商工，経済事務の部門には，主に広儲司，都虞司，会計司，営造司，武備院などがある。

以上の三機関は商工事務に部分的にしか関わっていない。一方で，同じ機関内部で，各部門の機能の重複がある。たとえば器具製造については，工部の虞衡清吏司，都水清吏司，製造庫がともに管理している。さらに各機関の機能の間に重複が存在する。たとえば戸部，工部は各自が造幣事務の銭法堂を持っている。また漁猟は名義上工部の虞衡清吏司の主管であるが，実際には内務府の虞衡司が管理しいた。

これらの機関には共通点がある。第一に管理対象の商工業は主に官営であ

り，民間商工業に対しては税金の徴収を重視するのみで，その発展に力を注いでいるわけではなかった。第二は，地方には，各中央機関に対応する従属的な商工業行政機関がなかったことである。このためこれらの機関はそのままの状態ではアヘン戦争以後，外国資本の進入がもたらす中国の社会経済の新たな変化に即時に対応することはできなかった。

2. 新設された中央行政機関と官職

（1） 総理各国事務衙門

総理各国事務衙門（略語は総理衙門や総署）は，本来外交上の必要に応じて1861年1月に創設されたものである。よってその内部組織は，国の区別にしたがって設置されている。たとえばイギリス股，フランス股，ロシア股，アメリカ股などである。また当時西洋各国が市場の開拓のために中国に来ると認識されていたため，通商およびその他の経済的事務もまた総理衙門に帰属することとなった。

総理衙門の機能は，外交から政治，軍事，経済，文化教育などの方面へ拡大する傾向があった[3]。その中で，総理衙門が政策を立案し，計画準備し，主管あるいは兼務した経済的事務は，基本的には当時洋務といわれるものの一部であった。たとえば通商貿易，海関税務，鉱工業，鉄道，電報などである。総理衙門の内部で通商税務を主管したのは主にイギリス股であった。また1883年に設立された海防股は，南洋と北洋の海防事務を主管しており，これには軍需工業，電線，鉄道，各省の鉱産などが含まれている。このように，本来の六部による行政体系はある程度改められた。たとえば総理衙門と比較的多く関わっていた戸部は，軍需工業，海関の税務司の経費，外債などについては，事実上主導的役割を果たしてはいなかった。

総理衙門は洋務運動期の鉱工業，とくに近代的軍需工業に対して積極的に奨励し支持した。しかし，総理各国事務衙門は主に外交の事務に従事しており，専門的に産業行政を処理する中央政府機関ではなかった。またその管轄する事務は「六部より複雑なだけでなく，実は六部の政務を総合的に含める」[4]ものである。このことはその産業行政の機能を制約していた。たとえば1884

年左都御史錫珍，内閣学士廖寿恒は鉱業の民営を上奏した（『礦務档』1冊1～2頁）。朝廷は戸部がそれを検討し，総理衙門がその関連章程を審査することを命じた。しかし，双方とも互いに責任転嫁し三ヶ月あまりしてやっと上奏で回答した。しかも民営を実施するかどうかという問題について直接回答することを避けた。清朝の鉱業政策が当時の鉱業発展の要求に応じていなかった。また鉄道の面では，1885年10月12日に設立された総理海軍事務衙門と総理衙門がそれを共同で管轄することとした。その後日清戦争の敗北によって，海軍衙門は廃止され，鉄道行政は正式に総理衙門の管轄となり，戸部もその管理に参与することとなった。当時，津楡，津盧鉄道が開通したが，「貨物からの収入や特等，一等，二等席の乗車券の収入については総理衙門においても戸部においても公文書が保存されなかった」[5]。

総理衙門の産業行政の機能を制約したもう一つの原因は，総理衙門が軍機処の体制を模倣し，大臣から章京まで専任ではなく，兼任だったことである[6]。とくに日清戦争後，対外交渉と通商事務は増加し，戊戌変法期には各方面の新政はさらに頻繁となった。そこですでに大量の職務に対し人員が不足していた総理衙門ではいっそう繁忙を極め，対応しにくくなった。康有為は1898年1月に制度局の設立を上奏し，総理衙門は「外交だけに専任すべきで，その外は兼務できない」として，すべての新政を総理衙門に任せることに反対した[7]。盛宣懐など洋務の産業活動に従事した官員は，その後，総理衙門が外交と通商を区分することなく取り扱う弊害を批判し，商部設立の根拠の一つとした。

（2） 戊戌変法中に新設された近代産業関連の中央行政機関

日清戦争に敗れ下関条約に調印したが，銀2.3億両という巨額の賠償金は，清政府の財政をこれまでになく逼迫させた。また外国資本の中国の通商港への投資の合法化によって，中国は経済的利権を大量に失うこととなった。この二つによって清朝は改革を実行に移さざるを得なくなり，経済行政への対応が必須となった。戊戌変法中，朝廷の上諭は商務振興，とくに鉄道，鉱業の重要性を幾度も強調し，まず各省に対して地方の産業発展を誘導する組織として商務局を設立するよう促した。また前述したように，総理衙門は産業

行政上の機能が不足していたため，近代産業関連の新たな中央行政機関を設立することを試みた。

その一つは鉱務鉄路総局である（後に路鉱総局に改称）。

鉱務鉄路総局の設立は，康有為の「新政施行のため，十二局を設立すべし」という提案に基づく。光緒皇帝の度重なる催促の下，軍機大臣世鐸などは1898年8月2日の上奏文で，康有為が設立を要請した十二局は「日本の新政とほぼ同様」であり，その中で鉄道，鉱業が「もっとも重要な新政である」ので，「北京で鉱務鉄路総局を設立し，局は総理衙門に付属し，同文館の特例を模倣し，その長官二人をとくに派遣する」ことを建議した（『戊戌档案』10頁）。当日，光緒皇帝はその建議に同意した。そして各省の鉄道の敷設，鉱山の採掘などの面で「方法はまだ統一しておらず，またその章程にも食い違いがあるため，多くの障害をもたらしている」という現状を変改するために，北京で鉱務鉄路総局を設立し，総理各国事務衙門大臣王文韶，張蔭恒を特派し「専任とする」ことを命じた[8]。王文韶，張蔭恒は命令を受けた直後の8月11日，総理衙門章京八名を局に派遣することを上奏した[9]。

1898年8月17日，鉱務鉄路総局が正式に総理衙門の西院に開設された。同年8月29日に光緒皇帝は岑春煊の建議を受け，詹事府，太僕寺などの衙門の廃止を命じた[10]。廃止された各衙門の官員を新たに配属するために，同年9月8日の上諭で「鉄路鉱務総局，農工商務総局は欠員を酌量して設置し，将来能力によって任命する」と命じた[11]。しかし，同年9月21日戊戌政変が起こった。9月26日直ちに太僕寺などの七衙門が復活した。そこで鉱務鉄路総局は人事の異動があり，同総局大臣の戸部左侍郎張蔭恒は翁同龢，康有為と密接な関係があったため罷免され，新疆へ流刑された。また10月9日，鉱務鉄路総局に兼職していた総理衙門章京李岳瑞（本職は工部員外郎），張元済（本職は刑部主事）の二名が罷免された[12]。同年10月1日には刑部左侍郎趙舒翹を任命し戸部尚書王文韶と一緒に同総局を管理させるという上諭が発布された（『清徳宗実録』巻427）。だが，義和団事件と八国聯合軍の北京侵入のために，1900年8月にいたるまで鉱務鉄路総局の仕事は中断され，その保存書類はほとんど失われた[13]。

辛丑和約の交渉中，趙舒翹は列強の公使たちから義和団事件の首謀者の一

人と指摘され，1901年2月21日，上諭により余儀なく自害した。1902年1月10日，清朝は「時局が大体安定した」ため，新たに「鉄道，鉱業を整理し，資源の開発をする」と決定した。また王文韶を督辦路鉱大臣に充て，さらに瞿鴻禨を会辦大臣に，張翼を「幫同辦理」に任命した（『清徳宗実録』巻491）。王文韶などは同年5月21日に新しい路鉱総局の開設を奏請し，沈敦和，孫宝琦を総局に転属させることを要請し，それらはすべて当日の上諭で批准された（『上諭档』28冊103～104頁）。沈敦和はイギリスへ留学したことがあり，また洋務と商務の実務経験があった（『申報』1901年6月19日）。彼は北京に到着後，路鉱総局提調を担当したが，この時の路鉱総局は「仕事がない」状態であった。同年夏，沈敦和は張家口に派遣され反キリスト教事件の処理をさせられた[14]。孫宝琦はフランス駐在公使に任命され赴任した（『上諭档』28冊147頁）。1903年9月26日の上諭は路鉱総局を廃止し，鉄道と鉱業をすべて新設された商部に帰属することを命じた（『清徳宗実録』巻520）。

　戊戌変法期に設置された鉱務鉄路総局の職権に関しては，その設立当日の上諭では「各省の鉱山開発や鉄道敷設はすべて統轄する」と規定されていた。これは総局が全国の鉄道と鉱業を統一的に管理する中心であることを示している。総理衙門は1898年10月6日の中国駐在各国公使への照会で「中国の鉱山開発と鉄道敷設などのための外資の貸借は，鉱務鉄路総局による許可文書がなければ無効とする」と強調している（『鉄路史資料』第2冊527頁）。同年11月19日の上諭で批准され，施行された『鉱務鉄路公共章程』は，各地の鉄道，鉱業会社の開設申請と外資の貸借などについてすべて当総局が統轄すると規定しており，また総局が「各会社の一切の情況と帳面づら」を調査する権限があるとした（『万国公報』125冊）。これは，朝廷が鉱業，鉄道について産業行政の中央集権化を促進しようとしていることを明らかに示しており，王文韶の理解によると「各国の鉱業，鉄道部の例と幾分似ている」（『湘報』161号）ということになる。鉱務鉄路総局は重要なことがある時，総理衙門と会同して上奏でき，往来する公文書の中に「咨」が用いられるが，鉱務鉄路総局の行政上の地位は明らかに六部や総理衙門には及ばない。後の路鉱総局にいたっては，その権力，地位などすべて外務部より低くなった[15]。

　鉱務鉄路総局設立後，直ちに先ほど述べた『鉱務鉄路公共章程』が制定さ

れた。これは中国経済の近代化過程中でもっとも早くできた産業部門ごとの法規と言える[16]。その内容は上述したほか，さらに外国商人からの借金と外国商人への株式の譲渡を制限しており，中国商人の保護，奨励などを加えている。とくにそれによって確立した「民営を主とする」という鉄道・鉱業政策は，後の商部の産業政策にも影響を与えた。このほか，鉱務鉄路総局は鉄道，鉱業の関連文書の整理に着手し（『鉄路史資料』第2冊526頁），各省の鉄道と鉱業の建設情況を調査し，路鉱学堂の計画準備並びに鉱業専修の留学生の派遣を奏請した[17]。さらに郵便局業務を発達させ伝統な駅站の代わりにするつもりであった[18]。だが，上述したように，これらの仕事は一時中断された。その後新設された路鉱総局は新たに態勢を立て直そうとした（『大公報』1902年7月29日）。華僑の豪商張弼士から銀20万両の献金を得て，同総局は1902年11月路鉱学堂の開設を上奏し批准された（『光緒癸卯政芸叢書』政書通輯巻3）。しかし路鉱総局はその前身である鉱務鉄路総局と同様に，鉄道と鉱業の発展に大きな業績を挙げることはなかった。

　戊戌変法期に設立された近代産業に関連する第二の中央行政機関は，農工商総局である。

　1898年8月21日，朝廷は北京に農工商総局を，各省にはその分局を設立する上諭を出し，各省の農業と商工業はすべて同総局によって随時に考査されることを規定した（『清徳宗実録』巻423）。この上諭はその中で康有為の上奏文に直接言及しており，「外国では皆農商部を持つから，農商局を京師に，その分局を各省に設立すべき」という康有為の建議が採用されたことがわかる[19]。

　農工商総局は「各省の農業と商工業を統轄する」（『戊戌档案』406頁）としていたが，その行政上の地位から見れば，鉱務鉄路総局には及ばなかった。その責任者に任命された端方は本来直隷覇昌道であり，徐建寅，呉懋鼎は直隷候補道であった。光緒皇帝は彼らに三品卿銜を与え，随時に上奏できる資格を与えた[20]。1898年8月31日の上諭で，端方，呉懋鼎に「充分に規模を拡大し，また多くの経費を調達することで，（農工商総局を——筆者）長期間保つように」命じた（『上諭档』24冊334頁）。同年9月8日の上諭では，総理衙門と吏部に対し鉱務鉄路総局と農工商総局の中に廃止された詹事府などの

衙門の人員の配属を考慮するように，また各省には農工商分局を早く開設するように命じた（『清徳宗実録』巻425）。これらの上諭は農工商総局の設立が長期的展望に立ったものであったことを表わしている。端方は同年9月4日，旧詹事府の建物を農工商総局にあてることを上奏し認可された（『上諭档』24冊345頁）。しかし戊戌政変で詹事府などの衙門は復活し，農工商総局自身は廃止された。1898年10月8日に呉懋鼎は解職された[21]。翌日，西太后は経済特科の停止を命じると同時に，「総局を北京に設立すると公文書の往復に不都合ですべて不便である」との理由で農工商総局を廃止した。だが，彼女は同時に各省に引き続き商務局を設立するよう命じていた（『清徳宗実録』巻428）。

　農工商総局はわずか一ヶ月あまりしか存続しなかったため，産業振興に対して大きい影響を与えなかった。関連の保存書類から見れば，端方，呉懋鼎が計画した産業行政方針は農務を先行させることであった。たとえば農務中学堂と京畿農学総会の開設計画と農学官報の発行計画，アメリカや日本からの農業用器具の購入などであった[22]。また機械による造幣を奏請し，全国に農会と農報の普及，製糸業と茶業の振興を行おうとした[23]。だが，この総局の設立は「外国が商部を開設するのを模倣したという意味がある」と詹事府少詹事王錫藩によって認識された[24]。農工商総局が計画準備した施政方策は，後の商部および農工商部に歴史的な経験を与えたとも言える。

（3）　近代産業に関わるその他の官職

　総理衙門の設立が批准された当日（1861年1月20日）の同一上諭で，牛荘，天津，登州通商事務の管理をする「三口通商大臣」と東南沿海各省および長江内河口岸の通商事務を管理する欽差大臣が任命された[25]。この二つの官職はすなわち，後の直隷総督を兼任した北洋大臣と両江総督を兼任した南洋大臣それぞれの前身に当る。北洋大臣と南洋大臣は対外交渉，通商税務の職務を担当したほか，洋務運動期間中に近代産業を創立し発展させた。たとえば江南機器製造総局は李鴻章が南洋大臣に就任した1865年に開工したものであり，上海機器織布局は彼が北洋大臣に就任した1879年に上奏し設けたものである。北洋大臣の職権は南洋大臣よりも比較的高く，職権の範囲は海防，

第1章　中国史上初の中央産業行政機関＝商部の創設

輪船，石炭，鉄山，電信などにまで及んでいた（『大清会典』巻100, 1013頁）。しかし北洋大臣も南洋大臣も地方大官の兼職であり，総理衙門と従属的な関係にはなく，近代産業を推進する上で足並みをそろえることは難しかった。

　洋務運動以降，清朝は近代産業に直接関わる官職を続々と設けた。たとえば1866年11月17日沈葆楨は福建船政大臣に，1887年4月唐炯は督辦雲南鉱務大臣にそれぞれ任命された。このような方式は日清戦争後も採用され，鉄路大臣，路鉱大臣，商務大臣，商約大臣，電政大臣などの新しい官職が続々と設けられた。このようにして朝廷から任命された者は前後合わせて延べ70数人に上った[26]。しかしその多くは兼職であり，対応する専門的な行政管理機構が設置されたわけではなく，また人事の異動もあった。たとえば胡燏棻は1895年12月6日の上諭により津蘆鉄道の督弁を命ぜられた（『光緒朝東華録』総3687～3688頁）が，後に順天府府尹に就任している。1899年1月25日胡は張翼の弾劾によって鉄路大臣の職を解かれた（『清徳宗実録』巻435）が，1901年11月彼は再び会辦鉄路大臣に就任した（『清徳宗実録』巻488）。李徴庸は1899年7月から督辦四川鉱務商務大臣に就任した（『清徳宗実録』巻451）が，後に華北地域でおこった自然災害に対処するために上海やシンガポールなどで募金にあたった[27]。張翼は1902年2月23日に朝廷から「総辦路鉱事宜」を任命されたが，同年10月27日に再び工部右侍郎代行と銭法堂事務を兼任することになった[28]。

　次に商務大臣の職について述べることにする。当時商務大臣は商部の設立と関連づけて論じられることがあった[29]。1898年5月，兵部左侍郎栄恵は商務大臣を特設することを奏請し，「商務，鉱業を整理」し，まとまりがない中国商人の現状を変改しようとした。これに対して，総理衙門は同年6月12日に上奏し，「各省の商務が官衙によって商務局を設立している以上は」，「商人との連絡，上下の相通」という目的は達成でき，もし別に商務大臣を設けても，「虚名だけで実際の役に立たないこと」になるため，これに反対すると表明した（『光緒朝東華録』総4095頁）。しかし当時商務大臣を設立する必要性を認識していた官員は栄恵だけでなく，彼の建議以前の1896年1月17日に，御史胡孚宸は「商工業を監督指導し，利権を保つ」ために商務大臣の職を設けるように上奏した[30]。両江総督劉坤一は1896年1月2日，3月17日の二度

にわたり朝廷に対し北京に商務大臣を設けるように求めており，株の募集により蘆溝橋・漢口間鉄道を修築しようとした（『劉坤一遺集』第2冊909頁）。同年11月1日，光緒皇帝から鉄路総公司の督弁を命じられたばかりの盛宣懐は「練兵，理財，育才」の三項目を柱とする「自強大計」の上奏文において，「国内外の商務に精通している大臣を任命し，商工業行政を専らに司り，商学を興し，工芸を振興させるよう」に要請した（『時務報』第16冊）。さらに総理衙門が栄恵の建議を却下した直後，アメリカ駐在中国公使伍廷芳は1898年7月23日に上奏し，各省の督撫は政務が多すぎ，「民衆の苦しみと商人の困難を上へ申し上げられない」から，各開港場に商務大臣を派遣し，「各国の通商を研究し，内地の商務を振興する」ように求めた（『戊戌档案』37頁）。

そこで1899年11月24日朝廷は大学士李鴻章を商務大臣に任命し，「各通商港すべての商務を考察に行く」とした（『上諭档』25冊318頁）。しかし同年12月19日，朝廷は李鴻章に両広総督の代理を務めるように命じた（『清徳宗実録』巻455）。その後李鴻章は義和団事件，「東南互保」および講和条約の交渉のため多忙となり，1901年11月7日に死去する前まで商務大臣を務めたが，顕著な役割を果たすことはなかった[31]。

商務大臣としての役割を多少発揮したのは盛宣懐である。各国と税則条約の修訂についての交渉を開始するため，朝廷は1901年1月5日に盛宣懐を会辦商務大臣に任命した（『清徳宗実録』巻475）。注目すべき点は，袁世凱と盛宣懐はこの職を重視していたことである。任命から二日目に山東巡撫袁世凱は盛宣懐に打電し，彼の商務大臣の就任により「新政に展望がひらけ，大局にとって幸いなことに甚しい」と認めた（『愚斎存稿』巻95）。盛宣懐本人も謝恩の上奏文で「今，朝廷は千年も捨てて顧みない政務を行い，部を特設し，商戦を振るい起こし，国と民衆を充実しようとしている」と述べ，商務大臣の職能を「商学を押し広め」，「商会を結集し」，「商法を制定し」，「農工を興す」ことだと認め，各国との講和条約を議定した後に，これらを李鴻章と協議し処理するとした。同時に各省督撫との連絡用のため，「欽差会辦商務大臣」という印判を使うことを要請した（『愚斎存稿』巻5）。会辦商務大臣に就任した一年後の1902年1月，彼は南洋公学による政治法律書籍の翻訳と商務学堂の付設を奏請した[32]。同年2月，彼は上海商務局会弁の紳董周晉鑣

を上海商務総会公所の提調に任命し[33]，それ以前に彼が派遣していた紳商厳信厚と共に上海商業会議公所の開設計画に取り組ませた。その後，上海商業会議公所設置を上奏し，朝廷によって正式に認められた。これにより中国初の商会団体が誕生した[34]。このほか，盛宣懐は1902年に天一墾務公司の設立準備のために盛京将軍へ公文書を送付する際，上海の各商号や商人にウラジヴォストークへの輸出品の包みに西洋文字とアラビア数字を標示させるように通達する際，勘鉱総公司の創立を上奏する際，鎮江商務公所総董茅謙に鉱産の調査を命じる際，株の募集による内河汽船公司の開設を上奏する際などに，会辦商務大臣という肩書きを使用した[35]。盛宣懐が商務大臣を担当したのは1903年1月までであった[36]。

盛宣懐のほかに，1902年7月27日湖広総督張之洞は朝廷から「督辦商務大臣」に任命された（『上諭档』28冊160頁）。同年10月26日，直隷総督袁世凱は「督辦商務大臣」に，伍廷芳は「会辦商務大臣」にそれぞれ任命された（『清徳宗実録』巻505）。当時の新聞は朝廷が続々とこれらの重要人物を商務大臣に任命したことを，「中国の商務振興はすでに機会がある」ことの表明だと見なした（『申報』1902年11月20日）。また彼らの行政遂行中において，それぞれ「商務大臣」の肩書きが使用された。たとえば張之洞は関税の増加と地方通過税の免除を上奏する際，伍廷芳は商法の制定を命じる際，袁世凱は帰国した華僑商人の保護を命じる際などである[37]。

しかし，商務大臣はいずれにしても専門的に設置された機構をもたず，また，中央産業行政機関の専任長官ではないため，その職能権限は明文化されてはいなかった。したがって全国の商務のために「全局を計画按配する」という世論の期待にこたえることは困難であった[38]。商務大臣が存在したことは，商部の設立に過渡的な役割を果たしたに過ぎない[39]。

第2節　商部の設立をめぐる議論

商部の創設は20世紀に入ってからのことであったが，清仏戦争以後中国ではすでに商部の設立に関する議論が出ていた。これらの議論は当時の「商戦」論と関係がある。「商戦」とは，外国資本主義との市場競争だと言える。清末

の「商戦」論に関しては，王爾敏，曽田三郎などによって深く研究がなされている[40]。ここでは当時の人々の商部に対する認識と設立の提唱について述べる。分析の対象となる人々は，知識人・商人と官僚の二つに分類できる。

1. 知識人と商人による議論

筆者が現在知るところの資料によると，はじめて中国に商部を設置すべきだと明らかに提議したのは上海格致書院の学生張玿である。1888年夏彼は同書院に提出した作文の中で，「戸部の半分によって商部を設立し，専ら関税と地方通過税」を司らせる」とし，南洋大臣と北洋大臣がその尚書や侍郎の職柄を兼任し，「各省の海関道と税務司は皆商部に所属する」としている。彼は商部の具体的な職能について以下のように認識していた。第一に，商工業，水上運輸業に対して登録管理を実施する。第二に，先進的な工芸の発明に対して特許を与える。第三に，各通商港に通商公会を設立し，商部大臣は商人に対して保護を与える[41]。当時，上海格致書院の山長を担当していたのは，改良主義思想家の王韜である。しかし，王韜自身はこの学生のように直截に商部の設立を主張してはおらず，数年後文章で中国に「商局の設立で商務を興す」と建議した際，初めて「西洋人はまず商務を重視し，国の基礎として商部を専らに設立した」情況について指摘している[42]。王韜の依頼に応じて度々上海格致書院の出題と答案の添削をしていた盛宣懐は，偶然にも張玿の作文の出題者であり，また添削者であったが，商務衙門と商部について提唱したのは十年あまり後である。

1890年代以降，商部の設立を提唱する者は次第に増えた。商工業経済の発展がもっとも早かった上海では，1893年11月17日の『申報』に「論中国宜特設商部」の論説が掲載されている。この論説では六部（吏部，戸部，礼部，兵部，刑部，工部）の伝統的な体制の中で「ただ商務を司る部だけがなく」，「商務を問題にしないこと」を批判した。さらに清朝が各国と通商してからも，商部設立のため「上奏する者はまだないが，それは欠点である」と指摘した。作者は西洋各国では皆商部があり，商部が「商務の大綱をまとめ，富国の計画を行う」ため「商務は益々発展している」とした。中国もそれを模

倣して商部を設立すべきだと考え,「商部の地位は六部と同じとし,各省では商務を司る人員を有し,あるいは布政使が兼任すること」を提案した。さらに商人の分散性の克服,商務と商人の保護,製糸業と茶業の振興などの角度から商部設立の必要性について論述した。

商人鄭観應の商部に関する提案は独特なものであった。彼は1894年春に出版された『盛世危言』の中で,六部の外に商部を特設し,商部が「南洋と北洋の通商事務を兼務すべき」こととし,各省の通商港で商務局をそれぞれ設立し,商務局に駐在する董事は地方官吏の共同推薦により紳商に担当させ,各府州県に「公文で商務公所を設立させて…西洋の方法を模倣し商人董事を選挙すること」を提唱している。商務局は「意見があれば公文書で南洋大臣と北洋大臣に出す。もし抑圧されれば,直接に商部に伝える。毎年一回まとめて報告する」。さらに商部は「損益の統計を行い」,皇帝に申上げるとしている43)。1895年冬に出版された『盛世危言』では,彼の見方はさらに発展し,第一に,商部の仕事は「商務を熟知し,地球を周遊し,外国語に精通する大臣によって司られる」と強調し,第二に,各省の省都で商務総局を創設すべきだが,その総弁は官吏ではなく,一年ごとに各界の商人から一名を選出し担当させるとし,「すべての商務の情況を当局者と面会して相談し,随時に保護を与える」ように主張した。このような商務局は,事実上後の商会に類似しているといえる44)。第三に,商人は商部と直ちに連絡すべきで,「要務があれば,直接に商部大臣に報告し,商部大臣を通じて勅命を奏請する」ことにした。鄭はこのようにして中央政府が商務の実情を即刻把握することができると考えた。第四に,まず商部の設立,商法の公布で商人を保護し,それから「銀行を開設し,紙幣を発行する」ことを主張している(『鄭観應集』上冊605～606頁)。鄭観應のこれらの意見は,新設の中央産業行政機関の力を借り,商務の振興,商人の利益保護の効果をあげようとする考えを示している。後に商部の産業行政の過程で,鄭観應の思想の影響を見ることができる。

香港の紳商何啓,胡礼恒は1894年に書き上げた「新政論議」において,六部の体制を改革し,吏部,礼部を合わせて一部とし,その他の四部を保留し,新設する商部,学部,外部を加えることを提案した。このようにすると,中央政府は八部の体制となる。しかも第一位には商部を当て,その理由として

「商務を振興しないと，敵国と並び立てない」としている（『戊戌変法』Ⅰ冊207～208頁）。注意すべき点は，商部に職を得，俸給を受ける官員は，商務を熟知し，それに適応する専門的知識を持つべきとしたことである。彼らの考えは鄭観應よりさらに一歩進んでおり，造船，鉄道敷設，鉱山採掘，栽培，金融などの方面で投資により会社を設立した国内の富豪あるいは華僑商人の中から選んで官職を与え，「国内にいる者は省の商部の部員として，国外にいる者は通商港の商部の部員」として，商民の保護のために商部の「総司委員」と互いに連絡し合い，直接に商工業行政の管理に参与させるとした。これらの主張は，実際，後に商部で部分的に実行された。

湯寿潛は「通商宜設立商部以濬利源」という文章で（宜今主人編『皇朝経済文新編』商務巻1），農業を重視し商業を軽視する歴代の伝統的政策のほか，洋務運動が軍需工業を偏重し，「商務を急務として重視しない弊害」に対しても鋭く批判した。そして中央から地方へと縦の商工業行政管理の系統を設置すべきことを明確に主張し，「商部を設立し，その地位を高めるため親王大臣に主宰させ，職権を統一するように各省で皆商工業を管理する官員を任命し，あるいは布政使で兼任させる。各府州県で当地の都合によって官吏を任命し，商務を興すこと」とした。湯寿潛は商部の設置を通して商務を保護し，鉄道，鉱業，機器製造などを発展させて，商人が豊かになることこそ富国強兵の基礎であると認識した。しばらくして，彼は「商部」と題した文章の中で，商務を軍事より優先する見方を重ねて述べ，さらに商部の内部組織について四司を設置することを計画した。すなわち，商律司は西洋を参照して法律を制定し，商人を保護する，商情司はしもじもの事情を上へ報告し，商人の立場になって考慮する，商平司は物価を調整して「民を害することなく商人に益を得させる」，商税司は洋関，常関，地方通過税，各種の税金を管理して「国を豊にさせ，商人を害させない」，というものである（『皇朝経済文新編』商務巻1）。

戊戌変法期になり，商部の設立提唱の世論はさらに強くなった。大きな影響力を持つ『時務報』に，1896年9月汪康年の「中国自強策」が掲載された。この文章は官制改革を政体改革と関連づけており，まず議院を設立し，それにより「相臣」（首相）を選出した後，戸部，刑部，商部，農部，外務部，兵

部,工部,郵政部,民政部,海軍部,教育部を設立するとした。その中で商部の職責は,「商務の振興,税務の管理及び生産,物産の調査などである」とされた。この文はさらに商部設立以後,商工業を勧奨するための産業政策の要点について具体的に示した。しばらくして,汪康年は「商戦論」という文章の中で,「全国の商人を統合して他の国の商人と競争させる」ために,「国家は力を注がなければならない。そうしないと効果はない」とし,「今すぐ商務を振興するならば,商部の設立,地方通過税の廃止と税金の統一から必ず着手しなければならない」と強調した(『時務報』14冊)。1897年4月,『時務報』に麦孟華の「論中国変法必自官制始」の文章が掲載され,「捐納」などの古い悪弊を廃止するだけでなく,「良い制度を設けるべきである」とした。すなわち,まず先に商部を設立すべきで,これにより工芸と製糸業,茶業を振興し,深刻な入超の局面を改変する」とした。戊戌変法期のその他の出版物でも,商部に言及する文章が掲載された。たとえば1898年3月21日に刊行された『湘報』第13号には塗儒鸞の「商務平論」が,日清戦争後に広まった『皇朝経済文新編』には黄鎮南の「富強必先保商論」が,『皇朝経世文五編』には無名の「重商論」,「論通商之益」,「論商困」などの文章がそれぞれ掲載されている。

　しかし商部に関する論議の中には,商部の職能が総理衙門と矛盾しているため,直ぐに設立することは難しいと冷静に認識している見方もあった。1898年秋,上海の『昌言報』に連載された「振興商学条議」の文章は,海関道,南洋大臣,北洋大臣,総理衙門からなる「幾重にも制約している」産業行政のシステムの中に商部のしめる位置がないことを鋭く指摘した。もし商部を設立するために総理衙門を廃止するならば,商務以外のことを取り扱う機関を新設しなければならない。商部を総理衙門と並存させるならば,余計なことであるということになる。しかも戸部も商部の設立に同意するはずがないとした(『昌言報』5冊,6冊)。これに関連して,維新派の代表人物である康有為は,光緒皇帝に提示した変法の具体的方策の中で,直接商部の設立について言及せず,元の六部を動かすことなく,前述したように制度局の下に十二局を新設する方法を採用し変法を推進することを企図した。だが,この十二局は,香港の英文新聞では「新しい十二部」と表現されており,その

中には商局つまり「商業部」がある(『戊戌変法』Ⅲ冊504頁)。改革に反対する抵抗を軽減するため,康有為は1898年7月19日の「条陳商務折」の中で,以前の御史王鵬運の商務局設立奏請が「認可された二年以後,各省でまだ行なわれていない」という実情に対して,朝廷が商部を設立しないのなら,「総理衙門が商務を管轄するよう各省に皆商務局設立を命じて総理衙門の所轄とする」ことを建議するとした[45]。

以上のような商部設立に関連する民間の世論は,皇帝専制の下では,改革を意識している官僚の賛同を得て朝廷に上奏され,上諭によって認可されることで,国家の政策となるわけである。したがって次に中央と地方の官僚の商部に対する認識を述べる必要がある。

2. 官僚による議論

1890年代,中央各行政機関の官吏の中で,戸部の職と軍機章京を担当した陳熾[46]は,比較的早く商部設立を提唱した一人である。日清戦争以前に彼が書き上げた『庸書』の中に「商部」の一文があり,西洋に倣って商部を増設すべきであるとし,新発明の奨励,特許権の授与,鉱山の開発,株券の印刷発行なども商部の管理下に入れることを主張した。彼が国民経済について全面的に論述した専門著作『続富国策』には,「創立商部説」の文章がある。その中で彼は商業と農業,鉱工業の依存関係について分析し,「商業の本は農にあり」,「商業の源は鉱業にあり」,「商業の体用は工業にある」という新しい観点を表わした。さらに国家財政は「大部分商人から出ており」,国民経済において商務の地位は益々重要になっているにもかかわらず,商人が依然として抑圧を受けている現実に対して,「商部の設立,商法の制定をしないで,どのように商務を保護するのか。各都市,通商港で商務局と商務学堂を設立しないで,どのように商人を奮起させ,統合するのか」と強調した。同時に彼は官吏と商人との間に大きい溝があるから,各省の地方官は商務局設立に対して「無策であり」,中央が地方官の審査,賞罰を行なう必要があるとした。陳熾のこの説は当時の朝廷内では得難い卓見であったが,それに対する反応はほとんど見られなかった。ただ詹事府少詹事王錫藩が1898年8月29日に

行なった商会成立の奏請と，翰林院検討闔志廉が1898年9月14日に各省の農工商分局を統轄する権力を農工商総局大臣端方に与えることを求めた奏請だけは，西洋の各国は商部と商部大臣を設立しているという事実にそれぞれ触れている[47]。戊戌変法期の関連資料には商部の創設を公に上奏する高官はまだ見うけられない。

　これに対して地方小官は，戊戌変法中に進言の道が開かれた得難い機会に乗じて，商部の設立について果敢に上奏した。たとえば浙江試用知県馮秉鉞である。彼は1898年夏の上奏で，各省の富裕な紳士と大商人からの株の募集による経費で，六部の他に商部を設立することを提議した。商部の尚書，侍郎を「全国の巨富，金持ち」が担当し，各省に商巡撫，商道を設置し，それは各省の巨富，金持ちが担当し，各府庁州県に商知府，商同知，商知州，商知県を設置し，それは当地の巨富，金持ちが担当すべきであるとした。また，各省に商務総局，各府庁州県に商務分局を設立し，その職をすべて「株を集める金持ちの紳士と大商人」に任せ，それから各商務局に「商兵」をおいて商務を保護するとした（『戊戌档案』413頁）。現存する官僚体制から分離する政治軍事権力系統を確立しようとするこの提案は，前述した何啓，胡礼恒の商人に官職を授与するという主張に比べれば甚だ急進的なものである。したがって朝廷が採用する可能性はほとんどない。だが，この提案で示された「商兵」の設立に関する内容は，数年後上海，蘇州，漢口などの商会によって商団という形式で実現された。

　戊戌変法の洗礼を受けて，商部設立の論議は高官からも共鳴を得るところとなった。その中で，長年，近代産業活動に従事し，また李鴻章，王文韶，張之洞などの支援を得た盛宣懐は，立案と連絡交渉の働きをした重要人物である。1899年10月6日，当時鉄路督辦大臣の盛宣懐は，西太后と光緒皇帝に召見された際，「練兵，籌餉，商務」という三つの要務を上奏した。また11月18日には24細目にわたって詳しく陳述し，商務についての第一条では商務と外交をすべて総理衙門が司っている中国と違い，「各国では皆商務衙門を有し，戸部と互いに相表裏して，外務部と限界をはっきり分けている」と指摘し，総理衙門がそのまま引き継いで商務を司れば，「商務の利権が全部外国にわたり，軍事費用の調達もできない」と考えた。しかし彼は直接に中国で商

部を設立すべきだと明言することは避けて，一年前にすでに光緒皇帝から認可されていた王錫藩の商会設立奏請を重ねて主張し，朝廷に対してまず各省都，各通商港に西洋をまねて「華商公所」を設立することを請求した(『愚斎存稿』巻3)。

　一年後の1900年12月30日，盛宣懐は，朝廷とともに西安に逃亡していた軍機大臣王文韶に打電し，各国の公使が一週間前に清朝に提出したばかりの「議和大綱」の賠償金に関する第6条と通商航海条約の修訂に関する第11条について，「今後実際の施策としては必ず各国を模倣して商務衙門を特設し，それにより利を興し弊害を除き，一切の新政を統轄して取り扱い，総理衙門とはっきり分業して外国の要求を拒否し，戸部と互いに相表裏してわが主権を保護する。そうすれば資金を調達することができる。中興を期すために外債の外に内政についても取り計らうべきである」と提案した[48]。この中で盛宣懐は一年前の外交と商務を別々に司る建議を繰り返したほか，さらに注目すべき点として，彼と個人的に密接な関係にある軍機大臣王文韶に，今後商務衙門の設立は必要であると明確に建議し，商務衙門によって利を興し弊害を除き，一切の新政を取り計らう重任を担当するべきであるとした。12日後，盛宣懐は西安の軍機処に打電し，巨額の賠償金を軽減する方法の一つとして各国への鉱山開発権の付与を提案した。すなわち「中国と外国の商人にも株の募集での鉱山の開発，開業を任せ」，「商法を制定して従わせ，商部によって統轄する」(『中外商約交渉函電稿』上冊21頁)と建言した。盛宣懐は王文韶に述べた商部が鉱業の管理，商法の制定と実施の機能を有すべきだとする考えを，ここで軍機処に伝えたのである。この打電の数日前に，朝廷は彼を商務大臣に任命したばかりである。彼は謝恩のため朝廷に上奏し，西洋と日本の商務が強力である原因は商務専門官や農商務省を設置しているためであると述べた(『愚斎存稿』巻5)。だが，今すぐ中国も商部を設立すべきだとは明言していない。これは西安の朝廷がもっとも関心を寄せているのは各国との講和条約の問題であり，まだ商部設立の件について検討する余裕がないことを考慮したためかもしれない。

　1901年1月29日清朝は逃亡先の西安から，突然新政実行の意を上諭で示した。またその中で中央と各省の大員に対し，二ヶ月内に変法についての方策

を提供するように伝えた。だが長江沿岸および沿海各省の督撫からようやく届いた返書の内容は,ほとんど戊戌変法期の言論の繰り返しに過ぎなかった。劉坤一,張之洞が連名で上奏した「江楚会奏変法三摺」でも,戊戌変法期の言論が総括され,制度改革の面では北京に農政大臣および農政衙門を特設し,鉱業法,鉄道法,商法などを制定するというかなり具体的で新しい内容が提議されたが(『申報』1901年8月30日,31日),商部の設立については全く言及されていない。それに対し両広総督陶模は,新しい部を増設し商業,農業,鉱業などを発展させるべきだと考えた[49]。浙江巡撫を代行する余聯沅は1901年5月2日返答の上奏文で,改革の大綱四箇条を提示した。それらはまず「法律例規を改訂し」,西洋の法律に倣って六部を改革し,「外務部と商部を新設すべきである」とした[50]。かつて上海道を担当していたこの余聯沅は,1900年夏の「東南互保」の重要人物の一人である。当時,彼は東南互保の中心的人物である盛宣懐と密接に往来しており,彼の考え方は盛宣懐の影響を受けた可能性がある[51]。

　中央と地方の大官たちが商部の設立に対し,積極的に言及しようとしないのにはわけがある。余聯沅のこの上奏の後,1901年5月28日の上諭で「政治を変通する」ことが命じられたが,強調されたのは依然として「六部は国家の政事の根本」ということであった(『光緒朝東華録』総4666頁)。朝廷のこのような調子の下で,余聯沅よりも大胆に,初めて公に商部の設立をめぐって上奏した山東学政尹銘綬が,1901年9月16日に「議する必要がない」という否定を示す返答を受け取ったことは推して知るべしである。尹銘綬の上奏文が否定された理由は,すでに商務大臣と会辦商務大臣が任命されていることにあり,「それは外国の商部の職掌であり,まことの事柄を求めるべきで,改名の必要がない」というものであった[52]。この上奏文は否定されたものの,商務大臣が外国の商部のように全国の商務を統轄すべきことは否定し難く,事実上商務大臣がそれを務め難いとの認識がされたら,商部の設立は必然の勢いとなる。

　また新政の上諭はすでに公布されていたから,後の者が続々と商部の設立を提唱することを徹底的に阻止することは難しくなった。尹銘綬より少し遅れて,戊戌変法中磁業の振興を奏請したことのある(『戊戌档案』418〜420

頁)，兵部右侍郎代行の徐琪は商部設立のために上奏し，これまでにない詳細な内容を提案した(『申報』1901年11月1日～4日)。この提案には注目すべき点が幾つかある。第一に，これまでと異なり，彼は商部設立の必要性を直截に新しい人材の配置の必要性という現実的な需要であると解釈し，「現在商務大臣の職はあるが，北京に商部がないので，時勢を語っている者は所属すべきところがない」と見なした。第二に，彼は商部衙門内に溥利，尚象，武備，弼教，遊芸，鉱人，同軌，同文，格致，交際，星算，博採，博聞，博物の十四司を設けるべきだと主張した。しかし，徐琪によるこの十四司の職能区分の境界が明確ではなく，その中で溥利司（財政の主管），尚象司（機器製造の主管），遊芸司（特許の主管），鉱人司（鉱務の主管），同軌司（鉄道の主管）などを除くその他の司については，商工業の振興とは直接に関係がない（たとえば刑法，外国宗教事件を主管する弼教司，世論を主管する博聞司，文物を主管する博物司などである）。だが，徐琪はこれらの職能が既存の戸部，兵部，刑部，工部のそれと重複することを強調し，その四部が中国近代産業を発展させる職能を担当できないことを示唆しており，商部新設の必要性を提起したものと理解できる。第三に，政府各部の体制の中で商部の地位は戸部や工部に相当しており，また戸部は農部とも称したことから，「農部」，工部の外に商部を新設すべきで，「農業，商工業を並びに重視する意と合う」とした。そこで商部の官員の設置は「六部の体制通りにすべきである」とし，さらに今後「商務衙門の人員」を派遣して各省の地方官を担当させるべきであると主張した。第四に，徐琪は商部の下に「各省で皆商務総局を設立し，司や道の大員がそれを担当する」ことを主張した。このような官員による商務総局の設立は，かなり高い行政レベルと権力をそれに与えるという意を含んでおり，1895年12月王鵬運が奏請した，官員に提調を担当させる商務局と似るところがある。しかし鄭観應が主張した，商人に総弁を担当させる商務局とは異なり，総理衙門が奏請した紳商に局董を担当させる商務局とも異なる。

徐琪の提案は直ぐに新聞の反響を呼んだ。『申報』1901年11月5日の論説はこれに賛同し，以下の二つの見解を提示した。第一に各省の商務局は設立後名目だけの存在であり，商人との隔たりがあるため，中央に商部を設立して「上と下が通じあう」必要性があるとした。第二には商部の内部構造につ

いて，成立したばかりの外務部に倣い，四司か六司に分け，人員も削減すべきであるとした。また徐琪の提案に対して地方大官からの反響もあった。江西巡撫の李興鋭は新設した課吏館で，徐琪の上奏したことを試験の題目とした。その中で徐琪の見方を「筋道が立っている」ものであると評価し，試験に参加する官員に「商部設立の利と弊害について論じるように」要求した（『申報』1901年12月28日）。

世論の支持はあったが，徐琪本人は1902年1月26日に朝廷から「評判が芳しくなく，輿論に合わない」との理由で免職された（『上諭档』27冊265頁）。この「輿論」には，当時の朝廷内での商部設立に反対する意見が含まれているのであろうか。事実，商部の設立にはもう一つの大きな障害があった。1903年にいたって，戊戌政変後大きな権力を掌握していた栄禄が数回にわたって商部の設立に反対したことが報道された。栄禄は当時まだ戸部の事務を管理しており（『上諭档』27冊124頁），戸部の権力と利益を確保するために商部の設立に反対したという可能性は有り得る[53]。さらに，栄禄は商部の設立に賛同する慶親王奕劻と不和であり（『中国海関密档』第7巻368頁），これも彼の商部設立に対する態度と関係があるかもしれない。

第3節　商部設立への準備

1. 総理各国事務衙門の外務部への改組

義和団事件後，八国聯合軍の北京占領という圧力の下で，清朝は1900年12月列強の「議和大綱」第12条の「総理各国事務衙門は必ず改組し更新しなければならない」という要求（『万国公報』第144巻）に同意し，1901年7月24日には上諭を発布して総理衙門を改組し外務部とした。外務部の責任者はやはり慶親王奕劻であった。

外務部と総理衙門との違いは，第一に「六部の前に配置した」（『申報』1901年7月27日）ことにある。正式な地位であることは明らかで，しかも六部より高い[54]。第二に，兼職，兼務を改め専門官による専任とし，司を設けた。外務部には四司が設けられ，それらは外交事務を主管する和会司，近代産業な

どを主管する考工司,関税,商務,航行,財政,郵政などを主管する権算司,辺境地,布教などを主管する庶務司である(『清議報』92冊,総5838〜5842頁)。外務部の担当事務として「外務」が強調されたため,「六部の政務を総合的に含める」ことはせず,元総理衙門の所管だった国内事務は徐々に除去されることになった(たとえば外務部成立後しばらくして,元総理衙門が所轄した同文館は京師大学堂に併合された)。第三に,総理衙門と異なって新政を総攬する中央機関は外務部ではなく,1901年4月21日に設立された督辦政務処になった[55]。

　政務処と外務部の設立は,中央行政制度改革が正式に開始したことを意味しており,後の商部設立に可能性を与えた。一方,辛丑和約で定められた総額銀10億両という空前の賠償金は巨大な圧力となり,清朝に戊戌以来の「商務の振興」に注ぐ力をさらに強化することを迫った。そこで外務部に続いて,新しい商部を設立し,既存の戸部,工部,内務府ないし新設した外務部では担当し難い近代産業の推進という重大な任務をそれに担当させようとする新しい傾向が生れた。しかも清朝統治階層の内部では,かつて一時激しく暴れた反動的な王公貴族集団は滅ぼされ,王朝体制内の改革を進めようとする漢族の大官僚の勢力は再び強くなった。そのような勢力中には盛宣懐の他に,袁世凱などの重要人物がおり,彼も1902年1月25日の盛宣懐への電報で「商務衙門」の設立に賛同する意を表した(『中外商約交渉函電稿』上冊42頁)。また同時に,満族の統治者内部ではかなり地位があり,最高権力者に近い人物でさえ商部の設立を提唱するようになった。

2. 載灃と載振の外国視察

　その中で先に現れたのが若い二人の王公貴族,すなわち醇親王載灃と貝子載振である。前者は光緒皇帝の弟であり,後者は権勢を持っている慶親王奕劻の息子である。このような身分は,満と漢の別に顧慮している最高権力者西太后を説得しやすく,商部の設立に同意させることに有利であった。彼らを通して,商部の設立はようやく議論から実行へと移行し始めた。彼らが商部の設立を公に提唱したことは,彼ら自身が特使として先進国を視察したこ

とがあるという経歴と切り離せない関係がある。

醇親王載灃は清朝の皇族の中で遠く外国へわたった第一人者である。彼は義和団事件中ドイツ公使が殺されたことに対して「懺悔」を表すため、光緒皇帝の代理として1901年7月12日北京からドイツへ出発した（『近代史資料』総73，74号，1989年）。このことは1901年7月16日の『申報』で「新政の転機」と称され、彼にはこの機会に乗じて西洋の制度を考察するよう期待している。載灃は7月30日にシンガポールを通過する際、華商会館で華僑商人と会見した。華僑商人は祝辞で彼の旅行が「中華五千年の第一回」であると讃嘆し、「各国の政治，教育を見聞きし」、「わが国の振興のため，短所を捨てて長所を取るよう」希望した（『申報』1901年8月15日）。8月1日にペナンで華僑大商人の張弼士などと会見した（『近代史資料』総73号，1989年）。同年11月に載灃は帰国の途中、シンガポールと香港で、再び華僑商人と面会した（『申報』1901年11月8日，11日）。当時の世論は皇帝の弟という身分であるが親しみやすい載灃に好評を与えた（『申報』1901年7月31日）。これは各所の華僑商人が恐れずに彼に書面で意見を述べる契機となった（『申報』1901年11月17日）。これらの文書の中で商部設立に関する建議が出されていたかどうかは確認し難いが、その後1902年8月4日にマレーシアで活躍している四川省出身の商人呉桐林は載灃に手紙で、「商部を創設し，商法を制定するように」建議した[56]。これによって載灃が帰国以後華僑商人との連絡を継続していたことがわかる。

載灃は皇族の中で商部の設立を建議した第一人者であった。1902年4月17日の『申報』によれば、載灃はドイツから北京に帰った後、西太后に対して商部の設立を奏請し、また軍機処は商務大臣盛宣懐にこのことを打電し、商部開設について打ち合わせた。このとき、慶親王奕劻の息子載振は、イギリスで国王の戴冠式へ参加する途中、上海を経由し、盛宣懐や上海商業会議公所の紳商厳信厚などと会見した[57]。この載振が1902年9月帰国後に彼の父親奕劻と共に直接商部の成立を促しており、最初の商部尚書となった。

商部設立の提唱について、醇親王載灃より後ではあったが、載振の態度はとても積極的であった。載振の初の海外視察は五ヶ月に及んだ。彼はイギリスばかりでなく、アメリカ，フランス，ベルギー，日本などの国に対して広

範な視察を行った。その内容は, 彼と彼の随員であった唐文治の共著『英軺日記』の序文でも分かるように, 主にイギリスの商務および学校, ベルギーの工芸製造, フランスの議院, 政府各部の制度および教育, アメリカ政府各部の規則および地方自治法規, 日本の憲法と教育などに及んでいる[58]。この書では欧米各国と日本の政府各部の官制に関する記載が目につき, 具体的にその内部編制, 職能, 人員配置, 経費などの内容が含まれている。さらに各国の産業政策, 農業, 商工業, 金融業, 鉱業, 鉄道などについても述べられている。しかも作者は記述中でたびたび「個人的論議を加え」, これらの論議(たとえば博覧会が「各国商務の最重要な鍵」であるという認識)は, 後に載振の上奏文に取り入れられ, 彼の思想資源の一つとなった。『英軺日記』は1903年3月に上海文明書局で正式に出版される以前に, いち早く読もうとした最高権力者西太后に送られたという(『大公報』1903年1月9日)。

載振は1902年9月24日北京に帰った後, 3日連続で西太后と光緒皇帝に召見された。召見時に彼は「早く革新するという建議」を提出した(『中国海関密档』第7巻437頁)。同年10月11日, 彼は博覧会を重視して商務を整頓し, 華僑商人の資本を集め鉄道と鉱山を開発し, 学校を広く開設することなどを述べ, 朝廷から認可された(『清徳宗実録』巻505)。時の『大公報』の記事は, 載振のこの上奏を各省督撫および各国駐在中国公使の上奏文と比較し「とくに急所に触れている」としている(『大公報』1902年10月23日)。その直後, 載振は商部の設立を提案し,「南洋の華僑商人の資本を募集して商業を振興し, 水上運輸, 鉄道, 鉱業などを商部に併合し統轄させたい」と述べた(『大公報』1902年11月7日, 15日)。載振と政務処大臣, 外務部総理大臣, 慶親王奕劻は父子の関係であるため, 彼の建議は比較的容易に奕劻の支持を得た。1902年11月4日政務処は「西洋各国は商務を国の基本として, 商部を特設している。商務振興のところとして中国でも商部を設立すべきである」と上奏した。この上奏文で商部設立の理由を提示した際, 奕劻らは第一に, 中国ではこれまで商を末節であると見なしていたから,「上諭で督辦商務大臣と会辦商務大臣が任命されたが, 最初は『差使』にすぎず, その後ほとんど虚名となった。統轄の権力もないし, 専門的機構もない」と指摘した。これは一年前に山東学政の尹銘綬による商部設立の奏請を否定した理由を, 翻って

第1章　中国史上初の中央産業行政機関＝商部の創設

否定したのである。第二に，中国商人のまとまりがないという弱点を克服するために商業会議公所を設立すべきだという盛宣懐の見方を引用し，「現在の情勢によって，必ず商務の振興を根本として，中心地と主宰者を有し，それでこそ商人と連絡でき，利権を回収できるわけである」ことを提起した。商部を設立してこそ「筋道も正しく，専門の責任もあり，皆朝廷の振作したい心を国内外に知らせる」ことができる。第三に商部の特設は華僑大商人の帰国と投資を誘い，「官と商の間の隔膜を一掃する」ためであるとした。この上奏文は当日の上諭で批准された[59]。権勢のある奕劻は公式に商部の設立を上奏し，この時の情勢はすでに「それ以前徐琪が商部を上奏していろいろな阻害があった時と異なっている」ことを示している（『大公報』1902年11月17日）。この上奏文こそ清朝統治者が長年にわたり提唱された商部の設立の提案を，ついに実際の行動へと移したことを示す指標である。

3. 商法の制定準備と張弼士の上奏

ここで商部の設立と密接な関係がある商法の制定について説明する必要がある。康有為は1898年1月「應詔統籌全局」の上奏文の中で法律局を制度局の下に分けて設置した十二局の第一番目とし，その役割に商法の制定も含めた。そして十二局中にある商局も商法を検討する責務をもたせた（『光緒朝東華録』総4029頁）。同年4月アメリカ駐在中国公使伍廷芳は各国通行の法律を採用し，「通商律例」を作って各国との交渉に用いることを提議し，総理衙門はこれを上奏し光緒皇帝の同意を得た（『清徳宗実録』巻417）。同年9月5日総理衙門章京張元済も速やかに商法を制定し，商権を重んじるように上奏した（『戊戌档案』49頁）。盛宣懐と個人的に親しかった鄭観應は，1895年から1900年に至るまでに少なくとも二度，盛宣懐に対して西洋の法律を倣って早く商法を定めて，商民を保護し，商務を振興すべきことを建議した（『鄭観應集』上冊613頁，下冊1550頁）。盛宣懐は明らかに鄭観應の影響を受けており，彼が1899年11月に上奏した商務に関する箇条書の第2条では，朝廷に対して「商務の法律例規を制定し中国商人を保護する」ことを明確に主張した。

1902年3月11日の上諭では「近来地利が興され，商務が広がっており，鉱業法，鉄道法，商法などを皆十分に相談の上制定すること」を認め，袁世凱，劉坤一，張之洞に「中国と外国の法律を熟知している者を慎重に選んで」北京に派遣し，法律館の開設にあてることを命じた。袁世凱はこの命令に従い，1902年4月1日，「中国と外国の法律を熟知している」刑部左侍郎沈家本とアメリカ駐在中国公使伍廷芳を推薦した60)。同年5月13日朝廷は上諭を公布し，「現在通商の交渉はますます煩わしく多くなっている」ため，沈家本，伍廷芳に西洋の法律を参酌するよう命じ，「一切の現行法律例規」を修訂し，法律を全面的に改革する態度を示した（『上諭档』28冊95頁）。同年7月25日袁世凱は伍廷芳を「破格に昇進させるよう」奏請した（『養寿園奏議輯要』巻16）。二日後の上諭で伍廷芳は「四品京堂候補」を授与された（『上諭档』28冊160頁）。同年10月26日朝廷は伍廷芳を会辦商務大臣に任命し，その後伍廷芳はアメリカから帰国し就任した61)。

　盛宣懐本人もまた商法の制定を促進するため積極的に取り組んだ。1902年から彼は上海で会辦商務大臣として商会の開設だけでなく，学者に各国の商法を翻訳させ，商務学堂ないし「商務衙門」の設立の準備を進めた62)。

　ここで注意すべき点は，商法の制定と編纂が当時通商航海条約のために盛宣懐と交渉していたイギリス特使Ｊ．Ｌ．Mackayから勧められ，また地方大官劉坤一の支持も得ていたことである。Mackayは1902年1月盛宣懐に「法律例規と商務の衙門を設立する」ということを求めた（『清季外交史料』光緒朝，巻150）。劉坤一はこの知らせを聞いた後，2月14日に外務部に打電し，目前の極めて大切なことは各国の法律を「詳しく研究すべきこと」であり，「今後商法の編纂に役立つ」と主張した63)。その時上海の新聞も「現行の法律例規を改正する」ことを提起し，その中には商法，鉄道法，鉱業法なども含まれていた（『申報』1902年10月2日）。

　1903年4月11日，商部の設立に反対していた権力者栄禄が死去した（『大公報』1903年4月12日，23日）。翌日，息子の商部開設準備を支持している奕劻は軍機処に入った。こうして商部の開設準備を早く進めるのに有利な条件が整った。4月22日朝廷は上諭を発布し，商部の開設準備を重ねて表明し，同時に商法の制定を早めるために載振，袁世凱，伍廷芳を任命して，「先に商

法を制定して定例とし，商法を編成し上奏・認可された後，すぐに大員を任命し商部を創立する」とした（『光緒朝東華録』総5013～5014頁）。この上諭から，朝廷はまず商法を制定し，その後商部を設立する計画であることがわかる[64]。その後，袁世凱は上海に商律館を開設するように打電した。5月15日会辦商務大臣に就任していた伍廷芳は，上海商業会議公所総理厳信厚に，上海の各業種，各公所の商慣習について調査し報告するように要求し，西洋の商法を参照し商務保護の法規の制定に役立てようとした（『申報』1903年5月18日）。

載振は1903年4月下旬，日本へ赴き大阪第五回内国博覧会に参加して商務を視察した[65]。同年6月初めに帰国し，伍廷芳と共に商法の制定準備に取り組んだ[66]。

しかしこの作業はかなり難航し，載振は大阪の博覧会から日本農商務省の効果的な組織力を感じ取り，伍廷芳と異なる認識を持つこととなった。そして伍廷芳の商法制定を先行させるという主張に対して，商部の設立が先行すべきであるとした（『大公報』1903年8月17日）。

これより前後して，商部設立を早める契機を作ったのが華僑大商人の張弼士である。

張弼士はかつてペナン駐在の中国初代領事とシンガポール駐在中国領事を務めていた。日清戦争後，盛宣懐，王文韶の支持の下，銀300万元を投資し煙台に張裕葡萄醸酒有限公司を創立した[67]。1896年には盧漢鉄道のために東南アジアで株式の募集をした（『鉄路史資料』第1冊229～230頁）。1897年には盛宣懐が創設した中国通商銀行に銀10万両を投資した。1898年彼は粤漢鉄道に関与し，翌年には広東仏山鉄道の総弁に就任していた（『申報』1901年10月21日）。また，載振は1902年5月3日イギリス訪問途中ペナンを経由した際，湘粤鉄道の総弁である張弼士と会見したことがある（『申報』1902年6月4日）。

1903年5月末，張弼士は朝廷から北京へ招かれている（『大公報』1903年5月29日）。これは以前，路鉱総局が計画した路鉱学堂に彼が銀20万両の経費を寄付したためである（『上諭档』29冊47頁）。6月14日光緒皇帝は彼を召見し，三品京堂候補および侍郎という肩書きを授与し「商部設立後，商部

大臣によって任用される」とした（『上諭档』29 冊 122 頁）。

　召見や褒賞によって朝廷は商務をいかに重視しているかを示した。これによって張弼士はさらに積極的になった。彼はその直後の 1903 年 7 月 2 日，朝廷に対して商務に関する非常に長い上奏文を提出した。その内容の一部は後に「招商承辦農工路鉱議」という題目で新聞に掲載された（『申報』1903 年 8 月 30 日）。張弼士は中国の農林と水利が興らず，工芸が不振で，鉄道，鉱業の成果があまりなく，商工業界のまとまりがないという現状を批判し，「商戦の道は必ず農業，工業，鉄道，鉱業に在り」，西洋の商務が盛んである原因は「農業，鉱工業，鉄道は皆商人により会社を設立し，株式の募集で引き受けている」ことにあると述べた。中国では「外国製品をボイコットし，利権を確保しようとするならば」，農業，鉱工業，鉄道を商人に請け負わせるべきである。しかしこれらはすべて「必ず商務部に合わせて全局を統轄し，一脈相通ずるようでないと職権を集中することができず，商戦に不利である。兵隊を治めることと同様で，商部は統帥であり，商務大臣は将領であり，商人は兵士であり，農業，鉱工業，鉄道は兵士の武器である」とした。張弼士は結論として，商務を振興するためには商部を設立しなければならないとしたのである。彼はここで商法の制定に対する見解は述べず，商部の中央産業行政機関としての統轄的役割を極めて重視している。それは載振の商部設立を先行させるという考え方に合致している。しかも，この上奏文のその他の条項でも，すべての商務に関する要務は商部の統率下に帰するとしている。

　張弼士のこの上奏文は直ちに「商務に頗る関心を寄せている」西太后と光緒皇帝から重視された（『大公報』1903 年 7 月 6 日）。彼が上奏した翌日，朝廷は載振，伍廷芳に張弼士の上奏文を「よく検討して上奏すること」を命じている（『清徳宗実録』巻 517）。張弼士の上奏文はとても長く，その内容は「はなはだ精確で適当である」と認められた（『大公報』1903 年 7 月 20 日）が，商部の政策にまで及んでおり，載振，伍廷芳が妥当な回答をするにはかなりの時間が必要であった。載振はこの重要な文書を唐文治に渡し草稿を作成させようとした（『茹経自訂年譜』癸卯 7 月）。この過程で載振と伍廷芳は書簡を交わし，まず商部を設立し，その後その他に取り組むという方針で意見が一致した。伍廷芳と載振の意見が一致したのは，恐らく商部を設立しなけれ

ば，実際仕事を進めるのが困難だったからであろう。たとえば彼らは直隷で先に農務，工芸，鉄道，鉱業の各会社を創設し，それを「商務振興のはじめ」とするつもりでいたが，「商部は開設されておらず，それを管轄するところがなかった」ので，推進できなかった（『茹経堂奏疏』巻2）。まさにこの頃，彼らは張弼士の上奏文について回答を求める上諭を受けとった。載振などはこの機会を利用して商部の設立をさらに加速させ，人選を進めた（『大公報』1903年7月18日，9月2日）。また重要な経費の問題について，張弼士は巨額な寄付金を投じた（『大公報』1903年6月22日）。

　この頃には，他の高官もできるだけ早く商部を創設したいと上奏文で表明するようになった。辦理商約大臣呂海寰は1903年7月27日に工芸局と博覧会に関する規約を，商部によって立案すべきであると上奏した（『清徳宗実録』巻518）。奕劻をはじめとする外務部は，四川総督代理の錫良が1903年7月10日に提出した上奏文に対する返書で，資源の開発と主権の保護のために川漢鉄路公司を設立するという錫良の請求に対して，「まず商部を設立し，その後商務大臣によって商人の株を募り，詐欺の弊害を取り除く」べきだとした[68]。

　1903年9月7日，載振，伍廷芳は朝廷に張弼士の上奏に対する回答を提出したが，それより以前に載，伍の二人は「まず高官を任命して商部を創立し，その後やるべきことを順次に実行できる」と建議した（『軍機処録副奏摺』532号3124頁）。朝廷はこれをはなはだ重視し，当日に上諭を公布し，載振には商部尚書を，伍廷芳には左侍郎を，陳璧には右侍郎をそれぞれ任命した（『光緒朝東華録』総5063頁）。この上諭により，ついに中国史上初の中央産業行政機関，商部を創設することを正式に宣告した。

　商部の創設は，清朝の財政難を早急に解決するためだけでなく（それは伝統的な財政機関である戸部の機能を強化することでも補われる），また「商戦」の中で利権を回収し，商工業界と華僑商人が望んでいた「保商」（商務保護）を実行するためでもあった。上述した華僑大商人張弼士の上奏文は，これらの希望を具体的に表現したものである。当時の新聞の論調は，こうした希望を反映していた。たとえば『申報』の論説は，商部成立後に「中国では

官と商の関係が思わしくない」という状況が改善されることを期待していた(『申報』1903年9月23日)。『大公報』の論説では商部の設立を,「貧しい中国が豊かになる鍵であり,軟弱から富強へと転換するかなめであり」,商部を「全国の商務の命である」とさらに高く評価した(『大公報』1903年10月12日,14日)。

　ここでさらに重要なのは,商部の設立の意義は中央政府の指導の下,統一された近代産業政策および法規を制定し,全国規模の産業振興に道を開いていくことにあった。伝統的な中央行政体制は中国の近代化を遅らせた主な原因の一つである[69]。六部を中心とした中国の伝統的な中央行政体制は,農耕社会の産物であり,各部院の中では戸部および工部が低率の税収を管理していたが,経済発展への貢献ははなはだ少なかった。アヘン戦争以後,外国資本主義の侵入は中国の社会経済に新しい変化をもたらした。その重要な表われの一つは,近代産業が益々発展し,その地位も重要になったことである。このような新しい変化に対応するために,政府各部門の機能を拡大することが必要となり,「機能の専門化」(functional specificity)が必須となった。清朝は中央に総理各国事務衙門を,また地方には南洋,北洋通商大臣を設けていたが,それらは専門化,正式化には至っておらず,統一された全国的産業政策はなかった。戊戌変法期に中央政府が設立した鉱務鉄路総局および農工商総局は,専門化,正式化への始まりという意味を些か持ち始めた。20世紀以降,「洋務」を総攬し,機能が煩雑となった総理衙門は,改組し外交を専門とする外務部となり,近代産業行政の中央機関である商部が六部の体制に参入する突破口を開くこととなった。1903年の商部の創設は,伝統的な中央行政体制を改革するうえでのもう一つの鍵であり,政府の機能が社会経済の新しい変化に適応する分化と拡張を示し,近代産業の振興がついに清朝国家機関の中で正式な目標として扱われるようになったことを意味した。

　これまでの研究では商部の初代尚書載振について軽視する傾向にあったが,商部の創設から見るだけでも,若い載振が清朝貴族の中で相対的に進歩的であったことがわかる。商工業界の利益を比較的反映している『申報』は,載振はかつて自ら海外を視察したことがあり,各国の情勢を理解できると評価した(『申報』1903年9月23日)。商部の創設は,載振が当時清朝の権力構造

の中で果たした重要な役割の一つである。勿論，商部の成立の功をただ載振一人に帰することはできない。前述したように，載振以前，鄭観應などの民間の知識人や商人の提議があったが，これは中国の近代産業を発展させるという現実的な必要性にも起因していた。これに引き継ぎ中央と地方の大官，たとえば盛宣懐などもそれに呼応して賛同し，奕劻などの権勢のある人物の支持も加わり，商部の創設が上諭で批准された。

日清戦争以後商部創設までの関連する上諭を通読すると，「練兵」の強調から鉄道と鉱業の重視，「農業，商工業は富強の根本である」（『光緒朝東華録』総4830頁）という認識にいたる一連の変化が認められる。清朝の政策決定者は徐々にこのような共通の認識を持つようになり，これが商部成立の条件の一つとなった。しかし彼らがこのような共通の認識を有するようになるまでには，総理衙門の設立から数えて四十年余りというあまりにも長い歳月が流れていた。ここには明治維新以降の日本と比較して，古い大帝国の体制を転換する上での困難が十分に反映されている。

註
1) 主なものに、前掲Wellington K. K. Chan, *Merchants, Mandarins, and Modern Enterprisein Late Ch'ing China*, pp. 161－165、王笛論文「清末設立商部述論」、阮忠仁著『清末民初農工商機構的設立――政府与経済現代化関係之研究(1903～1916)』第1章、曽田三郎論文「清末の産業行政をめぐる分権化と集権化」などがある。
2) 『大清会典』（光緒25年刻本）巻13～25、巻58～62、巻89～91、巻94、『清史稿・職官誌』、『清朝続文献通考・職官考』七、十二、十五、張徳澤著『清代国家機関考略』（中国人民大学出版社、1981年）、李鵬年ほか編著『清代中央国家機関概述』（紫禁城出版社、1989年）、張東剛「論晩清工商管理機構的改革和管理方式的現代化」（『煙台大学学報』1996年3期）などを参照。
3) 前掲『大清会典』巻99～100、『清朝続文献通考』職官考四、呉福環著『清季総理衙門研究』（文津出版社、1995年）第2章を参照。
4) 国家档案局明清档案館編『戊戌変法档案史料』（中華書局、1958年）180頁。以下『戊戌档案』と略。

5) 密汝成編『中国近代鉄路史資料』(中華書局、1963年) 第2冊525頁。以下『鉄路史資料』と略。
6) 銭実甫編『清朝職官年表』(中華書局、1980年) 第4冊、総署大臣年表、『清実録』徳宗実録 (以下『清徳宗実録』と略) 巻180などを参照。
7) 『光緒朝東華録』総4029頁。当時、刑部郎中沈瑞琳は総理衙門を外交部に改組し、六部と同様な官職を設置するように上奏した (『戊戌档案』178～181頁)。
8) 『光緒朝東華録』総4150頁。康有為を除き、当時蘆漢、粤漢、蘇滬鉄道を担当していた大理寺少卿盛宣懐は、1898年2月14日に王文韶、劉坤一、張之洞、陳宝箴など地方の督撫に打電し、鉄道、鉱山の利権を保護し、列強の略奪分割を避けるよう「鉄路鉱務衙門の特設」を建議した (『鉄路史資料』第2冊522頁)。
9) 中国史学会主編『戊戌変法』(神州国光社、1953年) Ⅲ冊393～394頁を参照。以下『戊戌変法』と略。
10) 『戊戌変法』Ⅰ冊271頁、中国第一歴史档案館編『光緒宣統両朝上諭档』24冊330頁、広西師範大学出版社、1996年 (以下『上諭档』と略)。
11) 『上諭档』24冊363頁。この事で当時鉱務鉄路総局にいた総理衙門章京張元済は異議を申し立てた (『戊戌档案』195頁)。
12) 『清徳宗実録』巻428、『戊戌変法』Ⅰ冊284頁を参照。
13) 国家档案局明清档案館編『義和団档案史料』(中華書局、1959年) 1201頁。また、中国第一歴史档案館編輯部編『義和団档案史料続編』(中華書局、1990年) 594頁、595頁、694頁を参照。
14) 『大公報』1902年8月5日。前掲『義和団档案史料続編』1494頁を参照。
15) 1902年3月17に日公布された外務部「籌辦鉱務章程」第2条には、外務部の路鉱総局に対する公文書の中に「知照」を使用することが規定されている。『申報』1902年6月3日、『大公報』1902年8月21日を参照。
16) 『光緒朝東華録』総4258頁によると、この章程には伍廷芳アメリカ駐在中国公使の意見が部分的に採用されている。この章程の分析については崔志海「論清末鉄路政策的演変」(『近代史研究』1993年第3期)、朱英「晩清的鉄路政策」(前掲同氏著『晩清経済政策与改革措施』所収) を参照。
17) 『戊戌档案』288頁、『光緒朝東華録』総4259頁、『清徳宗実録』巻451などを参照。
18) 中国第二歴史档案館・中国社会科学院近代史研究所共編『中国海関密档――赫徳、金登干函電彙編』第6巻 (中華書局、1995年) 1032頁。以下『中国海関密档』と略。
19) 『知新報』第76冊。またこれ以前にも康有為はすでに中央に制度局の下で農商、

工務などの局が含まれる十二局を設立すると上奏していた。『清徳宗実録』巻420、『光緒朝東華録』総4026〜4030頁、蔣貴麟主編『康南海先生遺著彙刊』(台湾宏業書局、1976年) 12冊101〜108頁を参照。
20) 『光緒朝東華録』総4160頁。端方など三人の昇進が速すぎたためかもしれないが、当時袁世凱を含め数多くの官僚は光緒皇帝のこの勅命に不満を覚えていた (中国社会科学院近代史研究所近代史資料編輯室編『近代史資料』1978年第2期)。また、徐建寅は『戊戌档案』390頁、396頁、403頁によると、当時福建造船工場におり、1898年9月13日まで赴任していなかった。
21) 1898年10月11日の『昌言報』第6冊の報道によれば、呉懋鼎の財産は没収された。
22) 『戊戌档案』391〜392頁、『戊戌変法』I冊366〜368頁。
23) 『戊戌档案』396〜397頁、402〜406頁、『清徳宗実録』巻424、『光緒朝東華録』総4182頁などを参照。
24) 『戊戌档案』389頁。梁啓超の『戊戌政変記』では「農工商総局の開設は、日本の農商務省とほぼ同じである」としている (『戊戌変法』I冊280頁)。
25) 賈楨ほか纂『籌辦夷務始末』咸豊朝巻72、中国史学会主編『第二次鴉片戦争』(上海人民出版社、1978年) 五、342〜344頁。
26) 銭実甫編『清季新設職官年表』(中華書局、1961年) 67〜72頁を参照。
27) 『清徳宗実録』巻480、『中国旬報』37期16頁。
28) 『清徳宗実録』巻431、巻494、巻505。
29) 『中国海関密档』第6巻1037〜1038頁、『申報』1901年6月19日。
30) 中国第一歴史档案館所蔵『軍機処録副奏摺』マイクロフィルム532号3483頁。以下『軍機処録副奏摺』と略。
31) 当時李鴻章は商務と関係がない政務を処理する時にも「商務大臣」の名義を付けた (『万国公報』135冊、『申報』1901年3月10日)。李鴻章本人は老齢になったと自覚し、盛宣懐に後継者の期待を表した (『愚斎存稿』巻6)。
32) 『愚斎存稿』巻6、『大公報』1902年10月17日、18日。
33) 『申報』1902年2月22日、3月31日、『光緒壬寅政芸叢書』内政通紀巻5。
34) 『光緒壬寅政芸叢書』芸書通輯巻5、『愚斎存稿』巻7、載振『英軺日記』1902年4月19日。
35) 『商務報』第70期公牘、『申報』1902年8月9日、『清徳宗実録』巻505、巻509、『大公報』1902年11月11日、12月6日。盛宣懐は李鴻章と同じように商務と関係がない政務にも「商務大臣」の肩書きを付けた (『義和団档案史料続編』948頁、1013頁、『万国公報』第135巻、『申報』1901年3月1日などを参照)。

36）『清季外交史料』光緒朝、巻167、『光緒朝東華録』総5502頁。
37）『申報』1903年3月3日、5月18日、6月3日。
38）『申報』1902年11月20日。商務大臣として盛宣懐は地方の督撫に制約されていた。たとえば1902年彼は「各省の督撫と談合することなく」、各州県の年貢米を商人によって代理で運営することを認可したため、「交部察議」の処分を受けた（『清徳宗実録』巻508）。また、盛宣懐は1901年10月1日に辦理商税事務大臣に、1902年2月23日に会辦商約大臣に任命されたため、全力で商務大臣の職に尽くすことはできなかった。
39）商部設立後袁世凱は商務大臣の職も免除された（『上諭档』29冊343頁）。
40）王爾敏「商戦観念与重商思想」、『中央研究院近代史研究所集刊』第5期、1976年、曽田三郎「清末における『商戦』論の展開と商務局の設置」、『アジア研究』38巻1号、1991年。
41）『格致書院課芸』戊子年夏課。張珣は洋務企業の仕事を務めた。拙稿「清末上海格致書院与早期改良思潮」（『華東師範大学学報』1983年第4期）を参照。
42）王韜のこの文章は1893年2月15日に出版された『万国公報』に掲載されている。
43）夏東元編『鄭観應集』上冊616頁、上海人民出版社、1982年。
44）虞和平著『商会与中国早期現代化』（上海人民出版社、1993年）67頁を参照。
45）湯志鈞編『康有為政論集』上冊329頁、中華書局、1981年。
46）秦国経主編『清代官員履歴档案全編』6冊206頁、華東師範大学出版社、1997年。以下『清代官員履歴档案』と略。
47）『戊戌档案』389、406頁、『昌言報』第五冊。
48）『愚斎存稿』巻48。王爾敏・陳善偉編『清末議訂中外商約交渉』（盛宣懐往来函電稿）上冊19頁（中文大学出版社、1993年）を参照。以下『中外商約交渉函電稿』と略。盛宣懐のこの電文の重要性、また彼の新政に対する提案者としての役割については、中村哲夫「光緒新政への政策転換の背景」（『史学雑誌』第107編第1号、1998年）を参照。ここで筆者が補充したいのは、新政に対する盛宣懐の言行がかなり親しい友人の鄭観應の影響を受けていたことである。また、1900年夏、「東南互保協定」のために盛宣懐が劉坤一、張之洞、袁世凱などと連絡を取り合った際、それらの関連文書を起草したのはかつて商部設立を提唱した湯寿潜であった。中国社会科学院近代史研究所『近代史資料』編輯組編『義和団史料』（中国社会科学出版社、1982年）下冊843頁を参照。
49）毛佩之輯『変法自強奏議彙編』巻18。
50）『北京新聞彙報』（四）、光緒27年7月。
51）歴史的対比として興味深いのは、余聯沅が1889年には鉄道敷設を否定し、1895

年には改革提唱の康有為を非難していたことである(『鉄路史資料』第1冊150～152頁、『翼教叢編』巻2)。
52)　『清徳宗実録』巻486。尹銘綬は、商部の設立は「商人資本の募集と商務の振興」のためであるとした。
53)　『大公報』1903年4月23日、『申報』1903年10月16日。
54)　奕劻は同時に外務部が六部の例に応じて銀製関防に換え、元総理衙門の銅製関防を廃棄すべきよう上奏した。総理衙門は終始銀製関防を使えなかったことから見れば、六部の伝統的な体制の中で正式な地位を終始得られなかったことが分かる(『申報』1901年10月3日)。
55)　『申報』1901年9月1日、2日、『大公報』1902年6月24日、1904年12月27日。政務処と軍機処の職権区分については、各省の人事権はすべて軍機処に帰属し、政務と新政の実行はすべて政務処の管轄とした。
56)　天津市歴史档案館所蔵『北洋軍閥史料』徐世昌巻1、第74、80、81頁、天津古籍出版社、1996年。呉桐林は1901年両広総督陶模から「保商委員」に任命され、東南アジアで華僑への連絡と慰撫を担当した。載振は1902年5月1日にシンガポールを通過する際、呉桐林と会見した(『英軺日記』50頁)。1903年2月呉桐林は清朝へ商務について箇条書を提出し(『上諭档』29冊30頁)、商部設立後は商部に在職して『商務報』を編集した。
57)　『申報』1902年4月16日、根岸佶『上海のギルド』(日本評論社、1951年)341頁。
58)　『大公報』1903年3月3日、4日、26日、『茹経堂文集』一編巻4。
59)　『上諭档』28冊270頁、『清徳宗実録』巻506、『申報』1902年12月20日、『光緒壬寅政芸叢書』政書通輯巻8などを参照。
60)　『養寿園奏議輯要』巻14。伍廷芳はイギリスに留学した経験があり、イギリスの弁護士資格を初めて取得した中国人である。
61)　伍廷芳は1903年1月頃上海に帰った。張雲樵著『伍廷芳与清末政治改革』(聯経出版事業公司、1987年)241頁を参照。
62)　『申報』1902年4月1日、『大公報』1902年10月17日、『愚斎存稿』巻6、巻9を参照。
63)　『劉坤一遺集』第6冊2658頁。『鄭孝胥日記』(中華書局、1993年)2冊699頁、701頁によると、劉坤一は早くも1898年12月に商法の編纂のため人員を召集した。
64)　このような意図はさらに1903年6月の殿試で、受験者が「とくに当面の急務である商法」について論述するよう出題されたことからも認められる(『清徳宗実録』巻516、『大公報』1903年6月30日)。

65) 『申報』1903年4月17日、『大公報』1903年5月2日。
66) 『申報』1903年6月16日、『清実録』巻518。
67) 『商務官報』光緒33年1期、孔令仁主編『中国近代企業的開拓者』(山東人民出版社、1991年)上冊535頁、539頁を参照。
68) 『清徳宗実録』巻517。『錫良遺稿』(中華書局、1959年)第1冊389頁を参照。
69) Edited by Gilbert Rozman, *The Modernization of China*, The Free Press, 1982, pp.207－208, p.215を参照。

第2章　商部の内部組織・人員と経費

　清末の経済発展についての研究の中で，W.K.K.Chanと阮忠仁はすでに商部の機構，人員と経費を述べたが，実証面の研究がまだ残っている。この章ではそれを進めたい。

第1節　内部組織と職権

　1903年9月26日，商部は「商部開辦章程」を上奏し批准された。唐文治が起草したこの章程では，商部の各部門およびその権限，職責から執務規則などが決定された。[1]

1．政策執行の機構

　商部の政策および日常的な政務を執行したのは四つの司と司務庁である。それらの職権は以下の通りである。
　保恵司の職権は，商務局所，商務学堂の設立と管理，商人の招集，商務の保護，特許許可書の発行，書籍，新聞の翻訳，外国人技師の招聘，また本部官員の人事（昇進，補充，推薦）などである。
　平均司の職権は，開墾，養蚕，山林，水利，植樹，牧畜の管理などである。
　通芸司の職権は，工芸，機器，製造，鉄道，道路，船舶，電信の管理，鉱山の採掘，鉱業技師の招聘，労働者の募集などである。
　会計司の職権は，税務，銀行，貨幣，博覧会などの管理，禁令，合同審判，訴訟，弁護士の採用，度量衡，本部経費の決算などである。

司務庁の職権は，公文書の送受，電報の翻訳などである。

上記から各司の職権範囲は農業，鉱工業，商業などの方面に及んでいたことがわかる。序列から見れば，商務は第一位にあった。このことは中国歴代の中央行政機関では初めてのことである。だが，「商務」という言葉は，当時商業と工業を示したばかりでなく，いわゆる現在の「産業」に当る意味を示していた[2]。当時，栄宝斎が出版した『大清搢紳全書』の「商部衙門」という名称の下には，「商工業の保護と管理，工芸の振興，商人の奨励」と職権の要点が特筆されていた。1904年冬『商務報』34期に掲載された文章も「商部衙門が管理する事務は工務，農務にもわたるべきだ」とした。1906年，唐文治が起草した商部の権限に関して説明する上奏文にも，商部という名称は「商を示すのであるが，その内容は包括的で各種の新たな実業はすべて商部によって管理される」[3]と述べられている。

四つの司の設置は，当初は外務部の機構を部分的に模倣した。たとえば通芸司の職権の範囲は，外務部の考工司と極めて似ており，会計司の職権の範囲は，外務部の権算司と庶務司を兼ね合わせたものであった。四つの司の設置は当時上海の『申報』からも天津の『大公報』からも評価されたが，後者は各司の人員が実際に職責を果たすかどうかについては態度を保留していた[4]。

各司の古めかしい名称からも，国家と社会を治め，実用に供するという従来の伝統的な思想が影響していることがわかる。とくに南宋の永嘉学派の「通商恵工」（葉適『習学記言序目』巻19史記一）という思想の影響を受けている。

しかし設置されたばかりの四司の職責範囲の境目は不確かであったところもある。たとえば保恵司は商部の人事管理を兼務していた。とくに各司の下に分業して対応するような具体的部門の設置はなく，分担して対処する方法は進んでおらず，合理的ではなかった。商部設立後，その職権の範囲の曖昧さは，版権法，新聞法，万国赤十字会，そして幼稚園などの面にまで及んでいた[5]。

商部は「上下の連絡を密にし」，また商工業界との関係を強化するために，商部衙署内に接待所を開設した。国内外を問わずさまざまな職種の商

人たちは，面談の要求，意見書の提出，商状の直訴など，用件がある場合，まず商部の司務庁へ行き，そこで官員に事情を詳しく説明し，その後接待所に招待され商部の丞参各員から応対を受けた[6]。このほかにも上海の鉄馬路鵬程里に商部の接待所が設けられた[7]。中央行政機関がこのように商人との応対を重視したのは，「数千年来，官の勢力は極めて尊ばれ，商人の勢力は極めて卑しまれ，また人々はこれを軽視し，軽蔑し，冷笑し，罵った」(『大公報』1906年7月20日) 中国では前代未聞のことであった。商部の接待所は見せかけの存在ではなく，この設立によって商人と直接面会し，彼らの意見を聞き要求に応じて比較的早く対応することの始まりとなった[8]。上海の商部接待所は1904年の春に成立し，商部高官の楊士琦，王清穆および保恵司主事王大貞，単鎮などが一時期そこで執務した[9]。

商部の試みは六部の長年の弊害を打破し，「必ず官員自らが処理する」ことを強調した。行政的な効率を高めるために，毎日出勤することを実行し，出勤時間も変更した。また勤務表を作成し，各官員の職務内容を記載し記名した。さらに週休制を取り入れ，日曜日を休日とした[10]。重要な用件については，商部各高官と各司の官員が合同で討論した。当時，清朝の各行政機関は夏期には午前中だけ執務していたが，商部は午後も引き続き執務した[11]。

2. 直轄の諸機構

四つの司以外に，商部は全国各地の産業発展を推進することを意図し，模範的な部直属の機構を設立した。これは商部が外務部および六部と異なる特徴の一つである。それは以下の通りである。

商律館 中国歴史上もっとも早い時期に設立された近代的商法などの編纂機構である。総纂官，纂修官各二名が着任した。その職務内容は各国の商法，交通法，雇用法，保険法，新聞法および通商条約などの書籍を幅広く購入し，翻訳の後「慎重に採択し，中国の法律例規と照合し」，商法やさまざまな経済法規を作成し，商部がこれを奏請し，公布した[12]。商律館は商部が正式に設立される前に，すでに開設が準備されていた。1904年の年頭と年末の二回に

わたり拡充され，各部と留学生の中から人員が選ばれた[13]。

商務報 1903年12月末から出版された旬刊である[14]。その内容は「公牘」，「論説」，「商情」，「叢鈔」，「訳述」などで，農業，商工業の上諭や商部の法規および公文書による指示，各省の土産，物価，工芸の情況などが掲載された。商務報の発行所は北京前門外西河沿路南に位置し，商部郎中呉桐林が編集責任者を担当した。商部の出資金は銀2千両であった。創刊後の予約購読者数は少なかった。そこで載振は『北洋官報』の方法を倣って，割り当てて購読させた（『大公報』1904年1月5日）。しかし売れ行きが悪く，経費も不足し，経済的損失が大きいなどの理由で，1906年2月に停刊となり[15]，『商務官報』に代わった。

商務官報 1906年4月28日に創刊された旬刊である。商部主事であった章宗祥が初代責任者を担当した（『商務官報』光緒33年2期）が，後に度支部員外郎銭承鋕が編集責任者に就任した[16]。同報の宗旨は，「商部の方針を発表すること，商人の知識を啓発すること，商業の将来性を啓蒙すること，国内外の商務を調査すること」であった。各欄は以下の通りであった。「論説」欄では「本報の主義を発表」し，「公牘」欄では商務に関する上諭，上奏文，公文書などを，「法律章程」欄では，商部の各種法規を掲載した。「商部要批一覧表」欄には，会社の登記申請，商会および商人からの文書に対する商部の回答が掲載された。「調査報告」欄の記事は，商部の特派員や各省商務局および農工商務局，また商務議員，商務総会および分会，各国駐在の領事や商務随員が提供した。「専件」欄には，商務に関する条約，契約，陳情書，規定が掲載された。「訳稿」欄は（後に「参考資料」に代わった），とくに経営者に役立つように海外の刊行物（新聞や雑誌）の商務に関する内容を紹介した。同報の総発行所は商部の工芸局内に設置され，北京と全国各地の商務局，商務総会，商務分会，商務議員，各国駐在商務随員，各華僑商務総会が代理販売した（『商務官報』光緒32年1期，8期）。後に農工商部に引き継がれ，1908年の時点で毎期の売上は6千冊あまりであった（『第2次統計表』商政）。同報は清朝滅亡まで出版された。

工芸局 その前身は1902年6月順天府府尹陳璧が創立した順天府工芸局である（『申報』1902年8月21日）。1903年9月26日の上諭によって，商部に

帰属した。これより前に同局には官営，民営，官の補助を受けた民営の工場が十数ヶ所あり，その内容はガラス，石鹸，木製品，印刷，織物，刺繍，金製品，籐製品，漆絵，鉄製品の製造や機械による井戸掘りなどであった（『大公報』1905年2月26日）。また外国および中国各省から技師を招聘し[17]，工芸技術養成者は合計700名あまりにのぼった。同年10月30日に商部は工芸局を受け入れて関防を与え，1905年6月24日には工芸局に官有地を与えることを上奏した（『第1次統計表』総綱）。1906年5月，局内に織錦科を増設することを立案し，王懋欽は銀40万両の株を募集し計画を実施した[18]。同年10月初め，商部は「商部工芸局総章程」を公布し（『商務官報』光緒32年17期），その職権は「物産の調査，各種工芸の試験，優秀な工芸技術者の養成」とすると規定した。局内には総務科と各試験科を設置した。試験科には「外国製品に倣って製造し，旧式の製造方法を改良し，技術工を教育すること」に責任を負わせた。また商部の高官の中から一名を選出し，全局の事務を管理させた（商部期では左侍郎陳璧，左丞王清穆，右丞熙彦が相継いでこれを担当した。農工商部期では署左侍郎耆齢と右参議袁克定が担当した）。商部は1904年5月26日，工芸局の年間経費として湖南省から毎年徴集している順天府の非常時用資金のうち2割，実に約銀9千両あまりを充てることを上奏し許可された[19]。工芸局は見習工を募集し，その学習期間は三年であった（『商務官報』光緒32年9期）。工芸局とその章程は各省工芸局（たとえば河南，江南など）が事業を推進する際，模範的な作用をした[20]。1907年工芸局は農工商部により規模を拡張された。

　商標註冊局　1902年9月5日に調印された「中英続議通商行船条約」第7款に基づき，1904年3月総税務司のロバート・ハートが以前立案していた「商標註冊局章程」（『大公報』1904年3月29日）が外務部より商部に伝達された。「商標は本来商業の保護のために重要である」ことを鑑みて，商部は直ちに商標註冊局の開設準備に着手した[21]。1904年8月4日，商部は「商標註冊試辦章程」を上奏し，北京に商標注冊総局を設立し，江海関と津海関に登記分局を開設することを求めた[22]。同年10月，商部は上海関道に打電し，商標分局に関する7つの具体的な方法を提示した（『大公報』1904年10月18日）。しかし，「商標註冊試辦章程」はイギリス，ドイツなどの中国駐在公使からの

反対を受け実行は延期され，商標局の開設準備も遅延した。その後，国内外から商標登記を請求する商人が続々と来ることにより，1906年商部は北京に商標局を設立した[23]。商部が農工商部へ改組した後も商標局は引き続き存在した[24]。

京師高等実業学堂　1904年4月6日，商部は「商部開辦章程」と「重訂学堂章程」(管学大臣張百熙，栄慶と署両江総督張之洞が上奏し批准されたもの) に基づき，実業学堂を開設し，実業人材を養成することを上奏した (『上諭档』30冊35頁)。またその開設準備に必要な経費は，先に張弼士が路鉱総局へ献金した資金の一部を運用することにした。また年間経費は学務大臣から二万両が支給されたが，後に商部自身が調達した (『上諭档』32冊93頁)。1904年5月8日，商部はかつて日本の教育情況を視察したことがある商部右丞の紹英を同学堂の初代監督に任命した[25]。同年8月27日，商部は「実業学堂現行章程」239条を上奏し (『上諭档』30冊147頁)，同年11月8日に正式に開学した。実業学堂は北京西四牌楼北祖家街に位置し，定員は120名，準学生は40名，五年制であった (『大公報』1905年3月2日)。この学堂の主旨は「高等工業について研究し，試験を中心とした実践教育」にあり，化学，機器学，鉱学，電学の四学科を設置し，それぞれ実習工場を付設した。授業は十科目あり，機器製造の学習を中心とし (『大公報』1904年4月18日)，実験用各機械，機器は日本から購入した。1905年からは留学生の派遣を開始した (『第1次統計表』工政)。その後，同学堂は農工商部により引続き管理された。

上海高等実業学堂　1905年3月16日，商部は南洋商務学堂[26]を商部に帰属させ，上海高等実業学堂と改称し，「商学を専門とする」ことを上奏した。商部左参議の王清穆が上海で接収し，北洋大臣の袁世凱による奏請で，上海で汽船，電報事務を担任している商部右参議の楊士琦を同学堂の監督に任命することが批准された[27]。同学堂の年間経費および留学生の派遣に必要な諸経費について，商部は公文書により袁世凱に「全般的計画」を要求し，毎年輪船，電報両局から経費が支給された[28]。同学堂には予科，本科が設置された。本科では汽船，電報の両部門を重視した。「学ぶことが実用に通じる」ため，学生は卒業後直ぐに輪船，電報両局に任用された。郵伝部設立後，農工商部は1907年3月に上海高等実業学堂を郵伝部に帰属させることを上奏し

た。

　芸徒学堂　1905年8月学務処と商部，戸部が上奏した案が批准され，同日崇文門の「溢徴税項」からその三割を芸徒学堂の経費として支給することが決定された。同年8月26日商部は商部右丞紹英が立案した芸徒学堂の設立方法によって，芸徒学堂を初等工業学堂として京師高等実業学堂に付属させることを上奏し，同日に官有地の支給が奏請された。1906年9月15日「芸徒学堂簡明章程」15条を上奏し批准された。その主旨は従来の伝統的な工芸を改良し，外国の製造を模倣することと，貧困家庭の子どもを教育し，優れた手工芸職人を養成することであった(『商務官報』光緒32年17期)。その後農工商部が引き続きこの計画を実施し，学生を募集した[29]。1906年12月14日に開校した(『商務官報』光緒32年25期)。西太后と光緒皇帝は内務府に毎年銀1万両をその経費として支給するように命じた(『大公報』1906年12月15日，17日)。商部右丞の紹英が初代監督に就任した。定員は300名で，後に予備班80名が増設された。普通課目(修身，算学，博物，物理，化学，歴史，地理，図画，幾何，国文，唱歌，体操)と専門課目(金工，木工，漆工，染織，窯業，図案)の二種類があり，速成科の四クラスでは14歳以上〜20歳以下の学生が募集され，これは二年制であった。完全科は二クラスあり，12歳以上〜15歳以下の学生が募集され，これは四年制であった。予備科は一クラスでこれも四年制であった。中国の教員以外は，日本の教員20名を招聘し，また日本から実験用機器と資材を購入した[30]。

　公司註冊局　商部が1904年6月に上奏し，批准・公布された「公司註冊試辦章程」第2条に基づき，公司註冊局は同年7月に商部の院内に設立され，各会社の登記申請を受理し処理した。同年9月21日から許可証の交付を開始し，最初に許可証を取得したのは黄思永が創立した北京工芸商局と李厚祐が創立した奉錦天一墾務公司であった(『第1次統計表』商政)。この一年に登記した企業はわずか6社だけだったが，1905年以降は急速に増加し，企業設立の要求の高まりに適応した[31]。同局内に会社登記文書が作成され，番号別に分類し，商部「公司律」に掲載された各項目に照らして，詳細に記載された。

　京師勧工陳列所　1905年4月，京師勧工陳列所の開設準備に関する商部の

上奏文が批准された。その場所は北京正陽門外廊房頭条胡同で，開設の際に必要な経費は元農工商総局督理呉懋鼎が寄付した大金をあてた[32]。初代総理には商部員外郎祝瀛元が就任した（『大公報』1906年2月6日）。同所の設立計画や建造は天津考工廠および日本の経験を参考とした[33]。1905年10月25日，商部は「京師勧工陳列所章程」を上奏し批准され，同所に関防が与えられた（『商務報』59期7～20頁）。同所はさらに「寄售章程」27条を制定し，各省で「製造された最高国産品」を陳列，委託販売することとした（『大公報』1905年9月14日）。同所は教育，美術，製造，「機織品」の四種に分かれており，「とくに工芸製造を重んじ」，比較相互研究を通して「工業を振興」し，同時に各省から各種製造原料を仕入れ，また「商品一覧表」を作成した。それは商部から各省へ審査の参考とするために公文書として送付された。1906年5月25日，商部は同所が「まもなく竣工し，各省の物品は次々に輸送された」ため，財政処提調劉世珩を同所の総理に転任させることを上奏し批准された[34]。商部の開設準備を基礎として，勧工陳列所は1906年11月に成立したばかりの農工商部によって開設された。

　銀器科　1905年9月商部工芸局西廠内に開設された。銀器科の設立は「工芸の研究をすすめ，美術を追求して，洋式の各種銀器を製造し，それを国内外で販売することを通して工業界を活性化させること」を目的とした。定員は20名であった（『第1次統計表』工政）。

　印刷科　1906年5～6月北京宣武門内旧刑部街に開設された。その前身は北京工芸局印刷科であり，『商務官報』を出版するために1906年4月1日，日本留学卒業生の章宗祥がこれを引き継いだ（『農工商部档案』工務司255）。翌年3月，章宗祥は奉天へ転任し銭承鋕，金紹城が後任となった。定員は「正工」，「副工」，養成工各20名あまりであった。印刷業の振興を中心とし，『商務官報』やその他書籍などを印刷した。

　繍工科　1906年6月北京宣武門内西単牌楼磨盤院に開設された（『商務官報』光緒33年1期）。その主旨は「中国の刺繍品を改良し，海外での販売を促進するために，女子に優美な芸術を習得させ，自立を促し，女子の知識を啓発し，普通の教育を行うとともに刺繍を重んじた」。商部主事（後に郎中）胡祥鑅が管理し，挙人余兆熊が経理に就任し，余の夫人の刺繍専門家沈寿が

総教習を務めた。12～20歳の女子が公募され，定員は80名，学費は不要で，一部の食事代だけ負担した（『商務官報』光緒32年6期）。課程は，刺繍専科と国文，図画の付属課があり，三年であった。沈寿，余兆熊は1906年夏，日本の刺繍業の各工場や学校を視察したことがあった（『商務官報』光緒32年14期）。同科の刺繍作品は1907年以降，オーストラリアのメルボルン女子労働博覧会などの国際博覧会に出品された（『第1次統計表』工政）。

京師農事試験場 商部はヨーロッパ，アメリカや日本の経験を参考として，1906年4月15日に北京西直門外楽善園の十頃あまりの官有地で京師農事試験場を開設準備するように上奏し批准された。その主旨は農業の改良を推進し，「広く栽培を興し，各省の模範とする」ことであった。商部は祝瀛元，陸大坊を同場の責任者に，日本に留学したことのある農科卒業生の胡宗瀛を場長に任命した[35]。また商部は同試験場内に高等農業学堂設立を計画し，設備を購入し，試験場の建設準備を進めることを立案していたが遅延し，1907年春にようやく農工商部によって着工された（『大公報』1907年4月5日）。

以上の直轄機構以外，商部は1903年10月30日工芸局から分けて農務局を設置することを上奏した。翌年4月商人李賓が商部の許可で同局の90頃の土地を借りて，アシ，柳などを植えるといった記載がある[36]が，ほかの関連資料がまだ見受けられない。

第2節　官職・人員と経費

商部が設けた官職は，外務部に倣ったため既存の六部の構成とは異なっていた。しかし，外務部と完全に一致しているわけではなかった。

1．尚書・侍郎と丞・参議

商部の尚書はただ一名だけであった。これは，尚書に満族，漢族からそれぞれ一名ずつ任用された六部と異なっており，外務部のそれとも異なった。外務部では尚書の上にさらに総理大臣，会辦大臣がそれぞれ一名ずつ任用さ

れた。後に新設された清朝各部は商部を摸倣した。これは「大臣の数が多すぎるため，互いに責任を逃れようとし，損があって得がない」という状況を改善するためであった（『大公報』1904年2月24日）。また六部の侍郎には，満族，漢族からそれぞれ一人ずつ任用されていたが，商部では左侍郎と右侍郎につねに漢族が任用された。商部のこの点は清朝の六部の伝統を打破したことになった。

　商部の尚書を担当したのは載振であった。朝廷が当時外務部に次ぐ高い地位にあった商部をこの若い載振に任せたのは，義和団事件後滅ぼされた満族の保守的な老権力者の後を補充し，「権力を満族以外の手に委ねないようにしようとする」（『国民日日報』彙編第2集）ことを意味しているが，載振自身が当時，満族の貴族の中ではかなり進歩的な思想の持ち主であったためでもある。このことについては，第1章で彼が商部の創設に積極的な役割を果たしたとすでに述べたが，商部成立以後も，載振は唐文治などの有力な補佐によって，商部の産業振興政策を制定し推進するために力を注ぎ，「部の事務処理にとても熱心に取り組んだ」[37]。しかも彼は権力者奕劻の息子でもあり，商部が比較的容易に西太后から直接的な支持を得ることができた（『大公報』1904年11月27日）。

　商部の左，右侍郎に任用された者は，伍廷芳，陳璧，顧肇新，唐文治の四人であった。第1章ですでに述べたが，伍廷芳は商部創設を直接働きかけた人物である。彼が最初の商部左侍郎を担当したのはわずか四ヶ月あまりであったが，商部が法律を制定する際に大きな役割を果たした。彼が外務部右侍郎に転任した後も，商部は商法に関する全般的な事項について「修訂法律大臣」の彼と随時協議した[38]。

　陳璧は順天府府尹に就任した際，工芸局の創立に功を尽くし，産業振興に対して実践的な経験を積んだ。前述したように，同局が商部の工芸局の基盤となった。彼は最初の商部右侍郎であり，後に伍廷芳の後任として左侍郎に任用された。彼は工芸局の事務処理以外，兼職も多かった[39]。1905年9月17日から戸部右侍郎の代理を務めた。

　顧肇新はかつて戊戌変法中に刑部郎中と総理衙門章京として鉱務鉄路総局を兼務した（『戊戌変法』Ⅲ冊393～394頁）。後に外務部へ転属となり，右

侍郎の官職に就いた。1904年1月14日陳璧の後任として商部の右侍郎に任用された。彼は着任後，唐文治に「旧友と再会し，たいへん喜びくつろいだ」と述べたという（『茹経自訂年譜』甲辰二月）。このような人間関係は，商部の仕事の展開に有利に作用したのである。

　唐文治はかつて総理衙門章京，戸部主事，外務部和会司の員外郎に任用され，経済特科の二等に合格した（『大公報』1903年7月16日）ことがあった。第1章ですでに述べたように，彼はかつて載振と共に日本，欧米各国を視察した経験があり，商部創設の関連文書を作成した。商部成立直後，載振の唐文治に関する単独の上奏により彼は商部に転属となり，最初の商部右丞に任用された。またその三ヶ月後には左丞に昇格した。その約一年後，陳璧の後任として商部左侍郎に任用された。1906年11月，彼は農工商部左侍郎に就いた。同年年末，載振が東北地方を視察した期間中，彼は農工商部尚書の代理を務めた。載振は彼を深く信頼しており，また陳璧が複数の職務を兼任していたため，「商部の全ての執務を唐右丞に任せた」（『大公報』1903年10月7日）。唐文治著『茹経堂奏疏』からも，商部創設の重要な関連文書をはじめ，商部成立後同部の構成，産業政策に関する重要な文書の草稿が彼のものであることが判明する。たとえば「商部開辦章程」，商会の設立，農業，鉱工業，鉄道の各会社の設立，商業模範銀行の設立，実業留学生の派遣，商勲の公布を求めた上奏文などはすべて彼が起草したものである。

　商部はさらに外務部を模倣して，左丞，右丞と左参議，右参議を設けた。これも六部にはなかった役職である。これにより上級下級間の連絡をはかり，商部の政務処理の効率は高まり，また下級の官員に昇進の機会を与えた[40]。

　商部の丞に任用された者は，前述した唐文治のほかに，徐世昌，紹英，王清穆，楊士琦がいた。参議に任用された者は，紹英，王清穆，楊士琦，煕彦，耆齢であった。

　徐世昌は袁世凱の推薦によって，1903年10月1日商部の左丞に任用された。しかし，彼が商部に在職した期間は伍廷芳よりもさらに短く，わずか二ヶ月あまりであった。しかも彼は京畿営務処の事務処理で忙しく「商部に登庁しないことが多い」状態であった[41]。

　紹英は商部の丞に任用された者の中で，唯一の満族であった。彼はもとも

と兵部の員外郎であり，徐世昌と同じ日に商部に転属され，左参議に任用された（『大公報』1903年10月4日）。二ヶ月あまりの後，彼は右丞に任用され，二年後には左丞に昇格した。1905年7月出洋考察各国政治大臣に任命された（『上諭档』31冊96頁）が，9月北京駅で発生した爆破事件により負傷し参加できなかった。また，商部が農工商部に改組した後，度支部の左侍郎に転任した。商部は，日本の教育を視察した経験があった彼に実業学堂の主管などを担当させ，また蘆漢鉄道の情況や帳簿を調査させた（『大公報』1905年5月25日）。

王清穆はかつて外務部権算司の員外郎に就いており，経済行政を処理する経験を積んでいた。商部成立後，初の右参議に任用された。1903年年末より二年あまり左参議に就き，その後右丞に昇進した。彼が商部で果たしたもっとも重要な役割は，1904年春から1906年春にかけて，商部の上奏によって長江と沿海の各省へ派遣され商務を視察したことであった（『大公報』1904年12月8日〜10日）。その随行者は商部章京の単鎮，楊道霖，王大貞などであった[42]。この二年間にわたる視察で，彼は天津，上海，蘇州，無錫，江寧，武漢，通州と厦門，漳州，汕頭，広州などの通商港を訪問し，各地の商工業界と幅広い関係を持ち，商会や会社，銀行，商務学堂の開設を奨励し，さらに楊士琦，盛宣懐と鉄道や鉱業の情況などを調査した[43]。彼は商部に数多くの電報や書簡を送り，かなりの建議を行った。商部はこれを重視し，それに基づいて朝廷へ上奏した。商部の産業振興政策の多くは，唐文治と王清穆が内外協力し，載振が決断を下すという方式によって作成され，実施されたともいえる。王清穆は紳商という階層の中で声望が高かったため，1906年5月江蘇省鉄路股分有限公司が成立した際，彼と張謇は選出され責任者になった。商部はそれを上奏し許可を受けた[44]。

楊士琦は1898年に督辦鉄路大臣の胡燏棻によって山海関内外鉄路総局天津局の総弁に起用された。後に袁世凱は彼の才能を認め，1901年7月以降，洋務文案，山海関内外鉄路総局，上海輪船，電報両局などの職を委任した（『清代官員履歴档案』4冊270頁）。1903年年末，楊士琦は商部の右参議に任用され，翌年1月，商部の上奏により，上海で商会を推し広めることが許可された[45]。その後一年あまりの間，彼は多く上海で過したが，商部と密接な連

絡を保ち続けた。1905年9月，彼は北京で載振と会見し上海の市況を述べ，商工業界が商部に「確かな商人保護」を望んでいることを伝えた。それと共に，載振に東北地域の善後策を示し，「まず通商港を開くことが要である」とした。商部はこの提案を採用し上奏した[46]。同月，袁世凱は「幇辦京張鉄路事務」に彼を派遣することを上奏し許可を受けたが，彼は「なお北京と上海を往復しながら輪船招商局と電報局の職を引き続き兼任していた」[47]。楊士琦の交通業などに関する業績が，朝廷から認められ，1906年9月，彼は会辦電政大臣に任命された（『上諭档』32冊134頁）。まもなくして商部は農工商部へと改組され，彼は右侍郎に昇進し，もっと多い政務を司った。

　熙彦と耆齢は満族であり，参議の職を務めた。熙彦は商部成立の直後試験を受け，礼部から商部保恵司に採用された。1906年2月21日に右参議に任命され，同年8月13日左参議に昇任した。同年11〜12月には，載振，徐世昌に随行して東北を視察した（『大公報』1906年10月29日）。唐文治は彼を商部四司の官員の内「もっとも有能」な者の一人だと評価した（『茹経自訂年譜』癸卯九月）。耆齢は商部に採用される以前は，奕劻の下で北京崇文門の税金徴収を取り扱う委員に就いていた（『上諭档』29冊266頁）。この経歴から見ると，彼が熙彦の後任として右参議に任命されたことには，奕劻との関係がある程度作用していたと思われる。

　上述した商部の重要人物たちは就任当時，世間の注目を浴びた。第1章で述べた載振に対する評価以外に，『申報』の論説は伍廷芳について上海で「商董たちと会見して，広く意見を聴き入れ，商人に有利なことはできる限り努力する」と好評し，さらに商務の振興に対して，商部の各員に期待した（『申報』1903年9月23日，10月16日）。1904年8月の『北京報』では，義和団事件後に中国の全局に「もっとも関わる」人として商部高官の載振，陳璧などの名を挙げ，徐世昌，伍廷芳，唐文治は「それに次いで関わる」人であり，彼らは「現在の時勢にある中国に力を注ぐ人物」に属していると認めた（『大公報』1904年8月26日を参照）。彼らの履歴を見れば，清朝各中央行政機関の中で比較的世界の大勢に明るく，また経済行政に携わった経験を持ち，改革推進に力を尽す一群であったことがわかる。

2．政策執行機構の官員

　商部は外務部に倣って，四つの司の正式な職位数を合計26名とした。各司には郎中，員外郎，主事がそれぞれ二名であり，また司務庁では司務二名が設けられた。そのほかに各司はそれぞれ「額外司員」の六名が設けられた。

　商部四司の官員の人選について，吏部によって抽選し六部へ派遣するという伝統的な方式を採用しないように「商部開辦章程」で明確に規定した。商部の方式は外務部のそれと近く，ほぼ以下の数種類があった。

　一つは，上奏による配属という方式である。商部成立直後，部レベルの高官と四司の官員の一部分は，それによって商部に配属された。1903年9月20日，商部は各中央行政機関，各省から人員を引き抜いて任用することを上奏し許可された。それらは唐文治，徐世昌，紹英，候選郎中李維格，内閣即補侍讀顧彦龍，記名道陶大均，候選知府伍光建，江蘇候補知県高而謙，江蘇試用県丞呉兆鑑などの19名で，すべて「時勢に通じているか市況を熟知する」者であった（『申報』1903年10月10日）。1906年春，商部は外務部の新しい規則を引用し，「北京と各地の現任候補，候選の人員を酌量して任用する」ことを上奏し許可された（『商務官報』光緒32年26期）。

　二つ目は，各中央行政機関の官僚から試験により採用する方式である。これは外務部の方式を模倣したものであり，内閣や六部などは満族，漢族の郎中，員外郎，主事，小京官，侍讀，中書の中から，「人品がよく能力に優れ，かつ商務に通じている者」を選出し，評定を下した後，推薦し，受験させる。彼らはまず皇帝に召見される。そして商部が彼らを登録し，三ヶ月間仮採用する。その後彼らは候補の順位に従って任命された（「商部開辦章程」）。1903年9月30日，商部の「考試司員章程」が上諭によって許可された[48]。翌月，各衙門から公文書で送付された171名の官員のうち，試験によって仮採用された者は60名であった。彼らは皇帝に召見された（『上諭档』29冊296頁）が，その後商部に選ばれ最初に任用された者は，わず

第2章 商部の内部組織・人員と経費

か半数の30名に過ぎなかった[49]。

三つ目は，各省の督撫が，道，府，同知，通判，知州，知県の候補者の中から「商学や商務に通じ」，しかも「経験が豊富で，真面目に仕事する」者を選び出し，「確かな評定」に基づいて商部に推薦し，試験した後，商部によって採用する方式であった。

官員の配属と昇進について商部は「一人で数人の働きをする」者を充て，「実力の無い者がまぎれ込むことを避ける」ために相当厳格に取り組んだ。商部の規定では，最初に上奏文や公文書で商部に転任した官員は，郎中，員外郎，侍讀の官位を問わず，皆まず主事として任用された[50]。各省督撫が推薦した者の中で，仮採用された後，1904年3月14日に初めて商部の正式な職位を受けた者はわずか20名であった（『申報』1904年3月23日）。同年6月，商部は「商部司員補缺章程」を上奏し許可された。この章程で，商部に転入したが正式な職位を受けていない道府州県の候補や「候選」の各員は，酌量のうえ任命するか，もしくは彼らを郎中，員外郎，主事の候補者として，元の肩書きのまま「候選」まで待機させると規定した[51]。そのため同年夏，栄宝斎から出版された，「清朝百官録」といわれる『大清搢紳全書』がようやく初めて商部の四司と司務庁の官員リストを掲載した。だが，非公式の官員は引き続き不足し，農工商部に改組する前にいたって24名に増加された。これは六部よりとても少ない人数である[52]。

栄宝斎の『大清搢紳全書』の記載によると，1906年夏（すなわち商部が農工商部に改組する前）の各司の人員リストは表2-1の通りである。

表2-1の43名の官員のうち，1903年9月20日に最初に載振の上奏によって配属された者は10名（張誠，時宝璋，力鈞，沈瑶慶，陸大坊，毛祖模，柏鋭，卓孝復，祝瀛元，呉桐林）であった。同年10月25日，試験後採用された者は21名（邵福瀛，楊道霖，楊寿枏，冒広生，王大貞，顧祖彭，徐履謙，魏震，田歩蟾，王曽綬，程遵尭，単鎮，阮惟和，靳学礼，胡子明，関文彬，梁用弧，李徳星，玉貴，夏仁虎，華学涑）であった。それらを合計すると全体の過半数を占めた。これは人員の在任の安定性が比較的高いことを表わしている。地理的に見ると，多くが近代商工業の比較的発展していた東南の各省（江蘇，安徽，福建，浙江，広東）から着任していること

が明らかである。また年齢から見れば，二，三十代の若者が中心であった。各官員の中で，唐文治が「もっとも有能」だと認識していた者は，毛祖模，胡祥鑅，単鎮，王大貞，阮惟和などである（『茹経自訂年譜』癸卯九月）。

注意すべき点は，表2-1の中で1904年以後次々と商部に任用された日本留学の経験者が10人いることである。これは商部がすでに留学生の採用を重視していることを示している。そのうち張鍈緒は載振が1902年夏，大阪第五回内国博覧会に参加した際，東京の駿河台学生会館で会見した中国人留学生の代表であった53)。また呉振麟，銭承鋕，王守善，夏循塏，葉基楨などは，商部が1904年4月にとくに日本駐在中国公使の楊枢に打電し，京師高等実業学堂の教習に着任するように要請した留学生であった54)。同年8月，商部は再び楊枢に打電し，東京帝国大学法科の卒業生呉振麟ら3人を日本の裁判所に派遣して実習させた後商部で採用し，費用は商部が負担すると伝えた（『大公報』1904年8月17日）。同年10月，日本に留学していた祝惺元は官位がないまま商部に入り，会計司行走などの職に破格の任用となった（『大公報』1904年10月17日）。同年11月，商部は「実業に通じない者が商部に入ることを避け」，帰国留学生が商部の職につくのを容易にするため，章京の採用試験を停止することを奏請した（『大公報』1904年11月21日）。翌年4月26日，商部は日本に留学した章宗祥，祝惺元，張奎，夏循塏などを本部の学習主事とすることを上奏し許可された（『上諭档』31冊46頁）。しかしこれら4人は試験を受けておらず，また商部での仮採用期間は半年あまりにもかかわらず正式な職位を得たため，大きな騒ぎとなった55)。そうして1905年6月から7月上旬まで，朝廷は初めて留学卒業生試験を実施した（『大公報』1905年7月7日，8日）。試験の結果，張鍈緒と王守善は一位であり，銭承鋕と胡宗瀛（中国でもっとも早く日本へ留学した学生四名のうちの一人）は二位であった。彼らはそれぞれ進士あるいは挙人の伝統的身分を取得した。張，銭，胡は商部の主事となり，後に王は商部に任用された56)。

欧米に留学していた中国人学生に対しても，商部は積極的に募集を行った。1906年春，商部はドイツ駐在，アメリカ駐在の中国公使に打電し，「勤勉で名高い」王寵恵，李福基など四名に卒業後は商部が採用する準備があることを伝えた（『商務官報』光緒32年4期）。同年4月，商部は各国駐在の中国公

表2-1 商部各司の人員

所属	姓名	肩書き	出身地	功名	元の肩書き	備考
保恵司	張誠	郎中	安徽桐城	挙人	湖北候補道	1903年7月経済特科の「備列」。1904年4月より郎中候補者。
	時宝璋	郎中	江蘇儀徴	監生	直隷候補知府	1904年4月より保恵司幇掌印郎中。
	邵福瀛	員外郎	江蘇常熟	挙人	内閣候補中書	最初に平均司主事。
	楊道霖	員外郎	江蘇無錫	進士	戸部主事	元の京師大学堂教習。1903年7月経済特科一等に合格。1904年商部に入った時に員外郎。
	楊寿枏	主事	江蘇無錫	挙人	内閣中書	1904年12月より主事。
	力鈞	主事	福建永福	挙人	遇缺即選知県	1904年3月司務庁司務に転勤。
平均司	冒広生	郎中	江蘇如皋	挙人	刑部郎中	1903年7月経済特科の「備列」。
	沈瑶慶	郎中	福建侯官	附生	工部主事	1904年3月同司幇掌印郎中に昇進。
	王大貞	員外郎	福建晋江	挙人	礼部小京官	最初に保恵司主事。
	顧祖彭	員外郎	江蘇上元	進士	戸部候補主事	1903年7月経済特科一等に合格。商部に入った時に会計司主事。
	陸大坊	主事	江蘇太倉	挙人	刑部候補主事	1904年4月より候補主事。同年12月主事に昇進。
	徐履謙	主事	安徽石隷	挙人	刑部候補主事	1904年3月より平均司主事。
通芸司	胡祥鑅	郎中	江蘇元和	進士	分省補用知州	1904年3月より通芸司員外郎。
	毛祖模	郎中	順天大興	挙人	湖北候補道	1904年3月より通芸司郎中。
	柏鋭	員外郎	廂白旗	翻訳生員	礼部候補主事	イギリス留学、大学工科卒業。1904年3月より通芸司員外郎。
	魏震	員外郎	直隷天津	進士	刑部候補主事	京師大学堂卒業。最初に通芸司主事。
	田歩蟾	主事	江蘇清河	進士	工部主事	進士館法政卒業。
	王曽綬	主事	順天通州	挙人	戸部候補主事	最初に通芸司主事。
会計司	程遵尭	郎中	安徽潜山	学生	外務部候補郎中	同文館卒業。総理衙門の七品通訳。1904年12月より郎中。
	卓孝復	郎中	福建閩県	進士	刑部主事	1904年4月より平均司掌印外郎。
	単鎮	員外郎	江蘇呉県	進士	刑部学習主事	1903年7月経済特科一等に合格。1904年3月より保恵司主事。
	祝瀛元	員外郎	順天大興	監生	分発補用知県	1904年3月より会計司員外郎。
	阮惟和	主事	江蘇奉賢	挙人	内閣即補侍讀	1904年12月より司務。
	潘斯熾	主事	広東南海	学生	分省補用知県	1902年,通訳として載振に随行し外国へ渡航。1903年12月より保恵司行走。翌年3月より会計司主事。

司務庁	靳学礼	司務	河南安陽	進士	刑部主事	1904年4月より主事候補者。
	胡子明	司務	湖北天門	挙人	工部主事	京師大学堂仕学館卒業。
額外司員	盧晉恩	郎中	江西上饒	廩生		1903年12月より通芸司行走。
	呉桐林	郎中	四川郫県	蔭生	候選道	1904年4月より郎中候補者。
	関文彬	主事	広東南海	進士	簽分兵部主事	1904年4月より主事候補者。
	呉振麟	主事	浙江嘉善			東京帝国大学法科卒業。
	梁用弧	主事	広東順徳	進士	簽分戸部主事	
	李徳星	主事	安徽太湖	進士	簽分主事	
	銭承鋕	主事	浙江仁和			東京帝国大学法科卒業。
	玉貴	主事	廂白旗	抜貢	吏部小京官	
	夏仁虎	主事	江蘇上元	挙人	小京官	
	華学涑	主事	直隷天津	挙人	戸部主事	1903年7月経済特科の「備列」。
	章宗祥	主事	浙江烏程	留学		東京帝国大学法科卒業。
	祝惺元	主事	順天大興	留学		東京法学院大学卒業。祝瀛元の兄弟。
	張奎	主事	江蘇上海	留学		東京帝国大学工科卒業。
	夏循塏	主事	浙江仁和	留学		東京法学院大学卒業。
	胡宗瀛	主事	安徽休寧	留学		東京高等農業学校卒業。
	張鍈緒	主事	直隷天津	留学		東京帝国大学工科卒業。
	王守善	主事	江蘇上海	留学		日本高等工業学校卒業。
	葉基禎	主事		留学		東京帝国大学農科卒業。1906年春に商部の職に就いた。

【出所】 栄宝斎『大清搢紳全書』光緒丙午夏,『農工商部档案』庶務司15,商務司289,291,中国社会科学院近代史研究所図書館所蔵「清代档案」憲政編査16,『清実録』巻542,実藤恵秀著『中国留学生史談』(第一書房,昭和56年)77頁,汪向栄著『日本教習』(三聯書店,1988年)283頁,『申報』1902年4月16日,1903年10月10日,1904年3月23日,4月20日,9月25日,1905年4月6日,1906年7月17日,『大公報』1903年7月16日,18日,10月31日,11月1日,12日,12月13日,1904年1月8日,12月18日,1905年8月25日などにより作成。

使に公文書で,留学生の中で「鉄道,鉱業の技師を担当し得る人員はいないか」調べるように知らせ,「彼らが帰国した後,それぞれ任用する」とした(『大公報』1906年4月13日)。

商部は新しい教育を受けた留学生を重視し任用した。それは商部が彼らに対して近代商工業の発展を推進する役割を認めていたためである。商部は1905年1月,日本駐在中国公使の楊枢に打電して,留学卒業生の中から商務

に通じている者を選び出し,帰国後商部の上奏によって商部の仕事に就かせるか,あるいは各省の商務局委員に任命するとした(『大公報』1905年1月12日)。商部の『商務官報』は留学生からの見解をかなり重視しており,留学生や留学卒業生が書いた経済に関する文章を多く掲載した。それは理論的で実行可能な建議や外国の商務に関した翻訳などを含んでいた(1906年の『商務官報』を参照)。

　商部は人員が不足しているものの執務が多いため,各中央行政機関の人員や留学生を商部の執務に就かせた。「商部設立直後,外務部の司員を出向させて商部開設の事務全般を取り行なわせた」[57]。1905年夏,日本に留学していた章宗元が商部に任用され,財政,商業に関する各書籍を編集,翻訳した(『大公報』1905年6月6日)。翌年4月,商部は産業振興のため,公文書が日々多く,つねに各省に人員を派遣し鉄道,鉱山の調査をするなど,人材が極め必要であり,よってとくに外務部の新しい章程に基づいて,夏偕復,袁思亮など14名を商部へ出向させるとした(『商務官報』光緒32年1期)。同時に京師仕学館の卒業生である吉祥など三名を部に任用した。この後,候補四五品京堂の陳時利,工部郎中の周錫璋など7名,留学生の薛錫成,王環芳などを任用することを上奏し許可を受けた[58]。

　そのほかに,文書作成などの事務について,六部の書吏は人員が多すぎるため弊害があることを考慮して,「商部開辦章程」で40名の事務員を設けられると規定した[59]。

　既存の六部は仕事の割には人が多すぎる情況であったことと比べると,商部の事務処理の効率は比較的高く,「人員は少ないが,皆が責任を持ち,執務は煩雑であったが滞ることはなかった」(『商務官報』光緒32年26期)。

3．顧問官とその他の商人官員

　上述した正式機構の人員以外に,商部はさらに顧問官などを設け,有名な紳商にその肩書きを与えた。よって商部は人員任用の方法にも新しい工夫を取り入れたといえる。

(1) 商部顧問官

商部が顧問官を設けた目的は市況の理解，商工業各界との連絡をはかることで，「商人は意見を伝え，商部はそれを集め考慮する」ためであった（『大公報』1904年12月11日）。「商部開辦章程」の規定では，商部顧問官は「商董」[60]のうちすでに官職にあり，人品が良く声望がある者が担当し，四等から一等までに分かれていた。商部の上奏によって任命派遣され，「商部に奉職はせず，俸給を受給しない」とのことである。1904年4月より，商部が次々に任命した顧問官は，張謇，周廷弼，丁宝銓，袁樹勲であった。この四名は産業の発展を推進し，とくに会社の設立に比較的大きい貢献をした（表2-2を参照）。その中で張，周の両名は「商董」であり，袁樹勲，丁宝銓は官員であった[61]。

顧問官は決して名前だけのものではなく，確かに「商部の議事に参与し，内と外との連絡」をする働きがあった（『大公報』1906年7月20日）。その代表人物は張謇であるといえる。1905年彼は両江総督と商部に漁業振興のため，沿海各省の漁業会社の設立計画を示した。これは商部から重視された（『大公報』1905年10月26日）。1906年商部が「破産律」を公布した後，江蘇商会は上海，鎮江の銭荘商人の要求に基づいて実施の延期を求めた。張謇は商部に打電しこれを伝えた[62]。『張謇日記』および『張季子九録・実業録』巻三などから分かるように，彼と商部の高官である唐文治，王清穆などは，商会，会社，鉄道など実業関連において相通ずることが多く，商部の政策に少なからず影響を与えた。もう一人の顧問官の周廷弼は，1905年銀50万元の株を募集し，上海に中国初の商業銀行である信成銀行を創設し，商部から登記を許可された（『大公報』1905年10月16日）。その後商部も，商部所轄の商業模範銀行を開設する準備をした。また周廷弼は1905年12月「債律」を立案したが，商部はそれを評価し，「採択し編集する」ために商律館にわたした（『申報』1906年1月1日）。

商部顧問官のこのような商人採用方式は後に農工商部に継承されただけでなく，新設された各部でもこの方式を取り入れた。たとえば学部は1906年10月「商部顧問官の前例に倣う」ことを提案して学部諮議官を設け，「定員は設

けず,正式の職位とはせず,つねに部に登庁する必要がない」ことを奏請した。その諮議官名簿には商部顧問官を担当した張謇の名前が記載されている[63]。1907年8月1日の上諭によって許可された『郵伝部官制』の第12,13条は,商部の方式に倣って一等から四等の顧問官を設けた(『郵伝部奏議類編』総務22頁,25～26頁)。その後郵伝部は存記道宋育仁を同部の二等顧問官に任命することを上奏し許可された[64]。

表2-2 商部の顧問官

姓　名	任命時期	等位	元の肩書き	産業振興の主な業績
張　謇	1904年4月16日	一等	翰林院編修	大生紗廠,開墾,牧畜,汽船,水利,製塩,養蚕と桑の植樹,油搾り,麦粉,石鹸などの会社の創設。投資総額は銀200万両あまり。毎年の利益は銀三,四十万両。
周廷弼	1904年12月28日	三等	三品銜候選道	裕昌繰絲廠,金具,石炭,鉄鉱などの会社,信成商業普通銀行,中等商業学堂を創設,製糸機械の改良,周新鎮の創設。
丁宝銓	1905年5月25日	二等	広東恵潮嘉道	汕頭などの華僑商人を保護。江蘇耀徐玻璃公公の創設およびその経営の成果。
袁樹勲	1905年12月7日	一等	蘇松太道	江浙漁業公司の設立に参加し支持。その監督を担当。各国漁業との交渉。

【出所】『第1次統計表』商政,『大公報』1908年5月15日,王清穆著『農隠廬文鈔』巻4,12頁。

(2) その他の商人官員

商部は商人を本部に奉職させたことがあった[65]。前述した原籍が四川省である華僑商人呉桐林は,商部成立当時から,商部に任用され『商務報』を創刊し編集していた。後に花翎三品銜郎中として保恵司の職に任用されていた(栄録堂『大清搢紳全書』乙巳夏)。それと同時に,黄思永,呉懋鼎の二人の商人が商部に採用されるという報道があった(『大公報』1903年7月18日,10月5日)。前者は義和団事件中に免職された後,北京工芸商局を創設し,その景泰藍の優良品は1902年フランス領ベトナムのハノイ博覧会で受賞した。

後者は戊戌変法中に北京農工商総局の要職を担当したことがあったが，罷免後は産業活動に従事していた。しかし，この両名は商部に任用されなかった。それは当時の政治的情勢と関係があったからであろう。

商部は他の官位を商人に授与したことがあった。商部成立当時，商部が華僑大商人の張弼士を商部左丞に任命しようとしたことが報道された（『大公報』1903年10月5日）。だが，張弼士は東南アジアの華僑商人と密接な関係を持ち，声望もかなり高く，商部は1904年10月26日彼を商部考察外埠商務大臣，督辦閩広農工路鉱事宜とすることを上奏し許可を受けた[66]。当時商部高官の載振，陳璧などは，商務の振興，南洋華僑の商権の保護，国家銀行設立の資金調達などについて北京で張振勲と連日協議した（『大公報』1904年10月6日）。張弼士はこの職に就任した後，商工業，鉄道，鉱業の調査，商会の開設準備，資金の募集などの重点を広東と東南アジアに置くつもりであった[67]。1905年，彼は広州・厦門間の鉄道の敷設，黄埔埠頭の開港について詳細な計画を商部に提出した[68]。同年冬，彼は商部の派遣で商部郎中時宝璋とシンガポールなどを視察した（『商務官報』光緒32年8期）。もう一人の華僑大商人の張煜南は，株を募集して潮汕鉄道を敷設することが，1903年12月12日商部より上奏され許可された[69]。栄宝斎が出版した『大清搢紳全書』の商部官員リストに，彼の名は参議と各司の官員の間に記され，肩書きは「花翎頭品頂戴，候補四品京堂，総辦潮汕鉄路事務」であった。

商部が商人を重用したことに対して，1904年11月11日の『大公報』の「論張弼士太僕奉使南洋」という論説は「これによって華僑商人は雲と霧が除かれ，日の目を見るようになった」と評価した。しかし保守勢力の反対もあった。御史の劉汝驥は1906年2月2日，張弼士，張煜南が商人として高い地位についたことに対してはやむなく承諾したが，Hongkong & Shanghai Banking Corp. の買弁を担当した呉懋鼎が商部の上奏で四品京堂候補を授与されたことについては，「国体を損なった」と激しく非難した（『光緒朝東華録』総5472頁）。

商人を官員とする商部の新機軸は，後に農工商部に継承され発展させられた。たとえば同部高官の一人である沈雲沛は数多くの企業を設立した大商人であった（本書の第4章第4節を参照）。

4. 財源と支出

　清末の財政難は，日清戦争以後深刻になり始め，義和団事件以降，各国へ支払う賠償金のためにこれまでになく激化した。時の世論は，歳入の大幅な不足，外債の返済と，賠償金の支払および官吏の不正がその主な原因であると認識した（『大公報』1905年8月22日）。このような背景は商部の経費不足に影響を及ぼした。

(1) 財源

　戊戌変法中，戸部に歳出と歳入の統計を実行させようとする上諭があった（『上諭档』24冊404頁）が，実施できなかった。商部より先に設立された財政処では，貨幣制度の統一を優先させた。予算編成は遅れて度支部成立以後のこととなった。そのため商部の経費は最初方々から寄せ集めた。前述した張弼士の寄付金以外に，張煜南，謝栄光がそれぞれ銀一万両を商部に寄付した（『大公報』1903年10月5日，11月10日）。しかし，なお資金不足のため，商部は戸部に銀20万両の交付を要請したが，全額は支払われなかったようである[70]。そこで商部は張弼士が路鉱学堂開設のために寄付した銀20万両を暫時借用し，事務費用にあてるつもりであった（『大公報』1903年10月27日）。1903年の年末，袁世凱の上奏によって，商部は上諭による許可で，開平炭鉱の主権をイギリスに密売した工部右侍郎代理，直隷熱河鉱務大臣の張翼が炭鉱税として得た銀10万両を取り戻し[71]，急場をしのいだ。

　比較的安定した財源を得るために，1903年10月23日，載振は南洋大臣と北洋大臣に対して，彼らが分轄している江海関，津海関およびその他の洋関の税収入から商部の経費を調達することを書簡で要求した（『農工商部档案』庶務司52，経費）。翌年1月31日，商部は経費の「困難な情況」を述べ，各省の関税の「平余」を商部の経費にあてるように上奏した。朝廷はそれを認可し，「北洋大臣と南洋大臣が期日通りに現金の輸送を各税関に命ずべし」という上諭を発布した（『清徳宗実録』巻524）。しかし，それだけでは商部が企画した農業，鉱工業，鉄道の各会社および商律館，商報，学校などの開設

事業に必要な年間費用約銀30万両からは程遠く,相変らず不足していた(『農工商部档案』庶務司52,経費)。同年3月27日商部は再び上奏し,江海関の関税や各省の洋関から江海関に集められた義和団事件の賠償金を信用できる上海の銭荘に預け,その利息の一部を商部の経費にあてようとした。同日の上諭で「両江総督,江蘇巡撫が必要な額を商部に交付するように江海関に指示すべし」と命じた(『光緒朝東華録』総5160頁)。同年4月16日,江海関道袁樹勲は専員を派遣してこれを処理し,同日より起算し,四半期に一度商部へ納金することとなった[72]。このように商部の経費の主な財源はようやく確定した。だが,各洋関の納金は遅れがちであったため,商部は各省の督撫に幾度も打電し,督撫から文書で各洋関に納金を催促した(『大公報』1906年9月9日)。

この外,商部はその他の方法を講じて,さらに多くの経費を得ようとした。1903年冬,商部の高官は塩務と工部の水利事業を商部に統轄することを論じたこともあったが,1906年再びこの両件を提出したものの,実現しなかった[73]。1905年2月,北京崇文門税務の監督を兼任していた奕劻は西太后に,崇文門税関を商部の管理に移すことを建議したが(『大公報』1905年2月13日),それも実現しなかった[74]。同年9月,載振は盛宣懐に「商部の事務整理に必要なので銀60万両を調達するよう」求めたが,それは婉曲に断られた(『大公報』1905年9月11日)。

もちろん商部の努力は決して成果がなかったわけではない。たとえば本章第1節で述べた商部工芸局,芸徒学堂などの年間経費は実現した。輪船招商局と電報局はそれぞれ1904年から毎年銀5千両を商部の経費として捻出した[75]。このように商部の経費は総じて次第に増加していった(表2-3)。

表2-3　商部経費の来源

年次	各洋関の定例収入	臨時収入	直轄機構の収入	合計
1903～04	228,214	302,938	44,464	575,616
1905	664,902	17,676	149,672	832,250
1906	733,644	22,072	143,577	899,293

【出所】　主に『農工商部統計表』(第1次)より作成。表2-5までは同じ。

【註】①銀の単位はみな京平足銀両である。両未満は四捨五入。表2-5までは同じ。②臨時収入は張翼と元路鉱総局から引き渡された資金，鉱業許可証と会社登記の費用を含む。③各直轄機構の収入は主に湖南省から順天府の凶年に備える費用として調達され，さらに転用された工芸局の経費，学務処から調達してきた実業学堂の経費，崇文門税収入の余分の三割を調達してきた芸徒学堂の経費，および北京工芸官局から引き渡された資金，練兵処から工芸局に返済してきた房価，呉懋鼎の勧工陳列所への寄付金などを含む。

(2) 支出

商部の各年度（1903～1906）の支出総額は表2-4の通りである。

具体的に言えば，商部期の経費の支出は以下のようになっていた。

一つは本部の人件費，事務費や官庁工事費である。合わせて銀47.6万両あまりであった。商部は「商務が富源のところである」とし，賄賂の防止のため，かなり高い俸給を規定した（「商部開辦章程奏摺」）。そこで人件費が比較的多っかった。しかし，商部成立時には同部官員の俸給は経費不足のために六割しか支払われなかった（『大公報』1903年10月17日）。また，1904年3月商部は練兵処の経費として銀1万両を供出した。それは「尚書，侍郎，左右丞参の俸給と事務費から集めた」ものであった（『農工商部檔案』庶務司33，経費）。毎年の商部の官員の俸給額は外務部のそれより低かったが，1906年3月になり奕劻は商部が外務部レベルで支給することを上奏し許可された（『大公報』1906年3月14日）。

表2-4　商部経費の支出

年次	定例の支出	臨時支出	直轄機構への支出	支出合計	収入総額	繰越金	残高
1903-04	110,505	86,642	93,224	290,371	575,616	—	285,245
1905	125,200	44,769	237,942	407,911	832,250	285,245	709,584
1906	179,409	87,895	332,361	599,665	899,292	709,584	1,009,211

二つ目は各種の臨時支出である。その中で注意すべきなのは，産業援助の費用である（表2-5）。

表2-5のほかに1905年と1906年，それぞれ京師商会公所の経費として商部は銀716両と銀454両を交付した。

表2－5　商部の産業援助関連の支出

年次	項目	金額
1903～1904	上海機器造紙公司の株購入①	58,829
	京師丹鳳火柴公司の株購入②	2,566
1905	京師丹鳳火柴公司の株追加購入③	2,565
1906	京師玻璃公司と山東博山玻璃公司への援助④	50,000
	イタリアのミラノ万国博覧会への費用	5,056
	京師首善工芸廠への補助金	10,000
	合計	129,016

【註】　①この会社は龐元済による創立であった。『申報』1904年9月10日。②『大公報』1905年1月7日。③この会社の製品は1906年6月売り始めた。同年7月商部の許可で500株を追加募集。『大公報』1906年6月12日，8月23日。④『商務官報』光緒32年8期。

商部は経費が少なかったために，商工業界の援助請求に十分にこたえられなかった。たとえば1906年7月周廷弼は北京，奉天で上海信成儲畜銀行の分行を設立しようとする際，商部へ公金の補助を求め，商部は開設した後の北京分行だけ「酌量して公金を貯蓄する」ことを承諾したが，実行はされなかった[76]。

三つ目は実業教育（主に本部に直轄した各学堂）に関連ある支出であり，合計は銀24.8万両であった。

四つ目は，商部のその他の直轄機構（工芸局，農事試験場や勧工陳列所など）への工事費，経常費であり，合わせて銀38万両あまりであった。

註

1) この章程は1903年10月16〜18日の『申報』に掲載されている。『清徳宗実録』巻520,唐文治著『茹経堂奏疏』巻2を参照。
2) 前掲曽田三郎論文「清末における『商戦』論の展開と商務局の設置」の註の16を参照。また,Wellington K.K.Chanによると,「ching-shang商業的活動の従事」という言葉は本質的に農業以外の経済全体を言う（前掲同氏著 *Merchants, Mandarins, and Modern Enterprise in Late Ch'ing China*, p1.Chapter1を参照）。
3) 『茹経堂奏疏』巻2。この上奏文が書かれた時期を光緒29年11月ではなく,1906年だと筆者が推定するのは,その中に税務大臣,また学部と礼部の権限区分などに言及していたためである。
4) 『申報』1903年10月20日,『大公報』1903年10月12日。
5) 『大公報』1904年2月21日,4月1日,4日,17日,8月1日,15日,1905年10月8日,16日,20日,12月6日,1906年4月23日,26日,5月5日,6月2日,8月21日,10月8日,25日などを参照。
6) 「商部開辦章程」,『申報』1903年12月6日。
7) 天津市档案館ほか編『天津商会档案彙編（1903〜1911）』上冊5頁,天津人民出版社,1988年。以下『天津商会档案』と略。
8) 『大公報』1904年10月27日,11月26日,1905年1月24日など。
9) 東亜同文会『支那経済全書』第4輯44頁,明治41年。この接待所は農工商部期にも存在した（『申報』1910年4月4日）。
10) これは当時「西洋人の風習に染まった」と非難された（『大公報』1903年12月8日）。
11) 『大公報』1903年11月30日,1906年7月9日。
12) 『商部開辦章程』。『申報』1905年10月31日を参照。
13) 『上諭档』29冊360頁,『大公報』1905年2月26日。この館は農工商部期にも存在した（『申報』1909年12月20日）。
14) 『申報』1903年11月25日,12月8日,『大公報』1903年11月28日,12月25日。
15) 『大公報』1906年2月22日,27日,3月10日,11日。
16) 『農工商部統計表』第1次（1908年）,第2次（1909年）。以下それぞれ『第1次統計表』や『第2次統計表』と略。
17) 彭澤益編『中国近代手工業史資料（1840〜1949）』第2巻507頁,三聯書店,1957年。

18) 『商務官報』光緒32年27期,光緒33年1期。
19) 『軍機処録副奏摺』532号2880〜2881頁,『大公報』1904年6月1日。
20) 『大公報』1905年3月9日,1906年6月6日。
21) 『東方雑誌』第1巻5号（商務）,『大公報』1904年5月25日,6月15日。
22) 『上諭档』30冊134頁,『大公報』1904年8月14日,15日。『光緒朝東華録』総5280頁の記載は光緒30年12月20日甲子（1905年1月25日）と書き違った。
23) 『申報』1905年5月16日,『大公報』1906年5月9日,16日。中国第一歴史档案館所蔵『農工商部档案』商務司290,光緒32年2月,9月,10月商標局経費収支報告などを参照。以下『農工商部档案』と略。
24) 農工商部は1907年夏「商標局法規」を公布した。それによると,商標局は直接商部尚書の監督を受けた。局内には局長所,庶務所,審査所,再審査所, 註冊所,審判所,調査所などが設置された。『商務官報』光緒33年20期,22期,23期,『農工商部档案』商務司290（宣統3年商標局予算報告）,外交史料館所蔵『外務省記録』通商門産業類6項第22号を参照。
25) 後継者は農工商部右丞熙彦などであった。『第一次統計表』工政,『第二次統計表』工政,『大公報』1904年10月3日を参照。
26) その前身は1897年1月盛宣懐が創立した南洋公学であった。1903年秋南洋商務学堂と改称された。
27) 『上諭档』31冊20頁,『商務報』第42期,『大公報』1905年3月22日、1906年2月12日。1905年4月9日の『申報』によると,商部郎中唐浩鎮は同学堂の庶務長に就任している。
28) 『商務官報』光緒33年5期。『大公報』1904年6月25日,1906年1月13日,『申報』1905年4月6日を参照。
29) 『商務官報』宣統元年20期によると,受験応募者が7千人あまりに達した。
30) 『第1次統計表』工政,『大公報』1906年10月25日,26日,『商務官報』光緒32年25期。
31) 光緒30年まで9社である（『商務報』第49期の表見返しと同報53期38頁）。1904年,1905年,1906年の三年間に商部で登記された企業数は年度別にそれぞれ6,65,78で,合計は149であった（『第1次統計表』商政）。
32) 『上諭档』31冊46頁。『商務報』59期7頁,『大公報』1905年9月14日を参照。
33) 『大公報』1904年12月25日,1905年5月24日,7月15日,8月27日。
34) 『上諭档』32冊83頁。『商務官報』光緒32年5期を参照。劉世珩は1906年春江南商務局総弁の職から北京に転任した。また彼は1903年4月南洋大臣代行

の張之洞の派遣で日本の博覧会や各産業を視察した。

35) 『商務官報』光緒32年1期, 2期, 光緒33年1期。
36) 中国第一歴史档案館所蔵「方略館档案」, 『歴史档案』1991年4期, 『商務官報』光緒32年10期, 『支那経済全書』第4輯25頁などを参照。
37) 『大公報』1906年2月23日。1905年4月21日の同報は載振の勤勉が「官員たちの模範であり」, 「各司の人員は敢えて無断欠勤しない」と記載した。
38) 『光緒朝東華録』総5132頁, 『大公報』1906年5月10日などを参照。たとえば1906年春「破産律」は商部が法律大臣伍廷芳と共同で上奏したものである。
39) たとえば北京正陽門の工事, 五城練勇局および五城中学堂の事務, 貨幣の鋳造と流通などについての管理である(『上諭档』29冊325頁, 31冊98頁)。
40) 『大公報』1904年2月24日。丞参制は1906年11月の清朝中央官制改革において各部に皆採用した。当時, 「専ら新政を取り扱う」ために, 各部に皆丞参を設置しようとする提案をした大臣がいたが, 賛否両論があった。『大公報』1904年7月20日、1905年6月19日~22日, 30日, 7月1日, 『東方雑誌』第2巻8号などを参照。
41) 沈雲龍著『徐世昌評伝』18頁, 伝記文学出版社, 1979年。徐世昌は1903年12月27日練兵処の提調に転任した。
42) 『農工商部档案』庶務司40, 経費。『申報』1904年5月9日、『大公報』1904年5月25日, 8月1日, 12月12日を参照。
43) 『東方雑誌』第2巻2号, 第3巻3号, 『天津商会档案』上冊172頁。
44) 『光緒朝東華録』総5519~5520頁。王清穆は1910年までこの職を担当していたが, (『郵伝部奏議分類続編』路政15~16), 辛亥革命中に江蘇軍政府財政司の重要人物の一人となった。拙稿「辛亥各省軍政府権力結構論析」(『西南師範大学学報』1986年第3期)を参照。
45) 『上諭档』29冊374頁, 『大公報』1904年1月15日。
46) 『大公報』1905年9月13日, 20日。その上奏文は『軍機処録副奏摺』532号3274頁を参照。
47) 『軍機処録副奏摺』533号2014頁, 『大公報』1905年9月30日。
48) 『大公報』1903年10月13日。試験の方法は「商務に関する策論を書く」ことである。
49) 『大公報』1903年10月29日, 31日, 11月1日, 12日, 16日, 『申報』1903年11月8日, 19日。『茹経自訂年譜』癸卯九月によれば, 「受験し録用された官員が48名である」と記載している。
50) 「商部開辦章程」, 『大公報』1903年12月20日。

51) 『大公報』1904年4月1日。この章程は後に郵伝部によって襲用された(『郵伝部奏議類編』総務44)。
52) 戸部を例とすると,非公式の官員は多く300名以上にも達した。1906年5月11日の『大公報』によれば,当時工部の試験を受けて採用された満族,漢族の官員は217名であった。
53) 『申報』1902年9月13日。当時載振は張鎮緒,曹汝霖,廖世倫などの留学生に実学の勉強に専念するよう激励した。
54) 『大公報』1904年4月21日。曹汝霖,陳幌,洪鎔,王璟芳などを含めると全部で9名であった。
55) 『大公報』1905年6月4日。1905年4月1日,10日,5月20日の同報を参照。
56) 『上諭档』31冊83～84頁,89頁,『申報』1905年7月28日,『大公報』1905年9月22日。
57) 『郵伝部奏議類編』総務19。1903年9月27日の『大公報』によれば,外務部から陶大均,祝瀛元などの18人を商部に転任させ,各司の章程を編集し翻訳させた。
58) 『大公報』1906年4月30日,『商務官報』光緒32年1期。『上諭档』32冊60頁,『申報』1906年4月26日,『茹経堂奏疏』巻3を参照。
59) 最初の事務員22名は外務部と政務処に借りてきた(『大公報』1903年9月23日)。
60) 徐珂編撰『清稗類鈔』(中華書局,1984年)第5冊2285頁によれば,商会の理事および各商業から公選された理事をいう。
61) 袁樹勳は商部の一等顧問官を受任した後,しばらくして江蘇按察使に昇任した。1906年1月商部は,袁がやはり商部顧問官として張謇が創設した江浙漁業公司の監督を兼任することを,上奏し許可された。袁は後に山東巡撫,また両広総督の代理となった。彼が商工業に投資したことについては,汪敬虞編『中国近代工業史資料』(科学出版社,1957年)第2輯下冊946～947頁を参照(以下汪編『近代工業史資料』と略)。丁宝銓は後に山西巡撫を担任した。二人とも地方大官として産業振興に力を注いだ。『清朝続文献通考』考11249を参照。
62) 『商務官報』光緒32年12期,『申報』1906年7月26日,『大公報』1906年8月7日。
63) 後に農工商部の奉天商務議員を担当した韓国鈞の名前も記載されている(『大公報』1906年11月1日)。
64) 1907年12月2日,宋育仁は他への赴任のため二等顧問官を離職した(『郵伝部奏議類編』総務60,66頁)。

65) 商人を官員として起用することについて,1888年夏上海格致書院の学生から商人を領事に任命するよう提唱された後,戊戌変法中浙江試用知県の馮秉鉞は中央と地方の産業行政長官をみな商人から任命するよう提案した。1905年4月20日の『大公報』に掲載された「清官途策」という論説は「商業,農業,鉱業,財政,工芸の責任者として商業,農業,鉱業,財政,工芸に通じる者をそれぞれ任用すべきである」と主張した。地方産業行政機関の責任者の多くは商務に通じていない道員であるため,商部は商務に通じた者や留学生に交代させるつもりであった。
66) 『上諭档』30冊177頁,『大公報』1904年10月30日,『東方雑誌』第2巻1号。
67) 『大公報』1904年11月3日,22日,24日。
68) 『大公報』1905年6月5日,12月22日,『鉄路史資料』第3冊955～958頁。1906年商部は広州・廈門間鉄道を敷設することを上奏し許可された(『申報』1906年9月19日)。
69) 『鉄路史資料』第3冊930頁～931頁。『大公報』1904年1月8日、『申報』1904年1月4日を参照。
70) 商部開設当時,戸部からは先に銀7千両を、その後銀5万両を受け取った(『大公報』1903年9月23日,10月12日,1905年11月28日)。
71) 『養寿園奏議輯要』巻25,『清徳宗実録』巻523,『上諭档』29冊342頁。
72) 『農工商部档案』庶務司52,経費。その具体的情況については『端忠敏公奏稿』巻4を参照。
73) 『大公報』1903年11月28日,12月14日,1906年1月30日、6月1日を参照。工部は水利事業から多額の資金を得た。それによって、毎年工部の官員は一人ずつ銀数十両か十両あまりの分け前を手に入れたという。
74) 『上諭档』31冊106頁によると、奕劻は1905年8月25日にその任期が満ちたが,後継者は栄慶であった。1906年から崇文門税関は戸部の管理に移された(『申報』1905年7月17日,『大公報』1905年3月31日,1906年3月3日,15日を参照)。
75) 『招商局档案』468(2)/197。朱蔭貴著『国家干預与中日近代化——輪船招商局与三菱・日本郵船会社的比較研究』(東方出版社,1994年)133頁を参照。
76) 『商務官報』光緒32年11期。当時戸部は商業銀行に公金を貯蓄することを反対していた。

第3章　商部の産業振興政策とその実施

商部の産業振興政策に関しては，先行の研究中で多くの注目を浴びた。曽田三郎，倉橋正直，W. K. K. Chan，林原文子，沈祖煒，鄭起東，阮忠仁，朱英などが直接的あるいは間接的に論述した。本章ではそれらを基礎として，実証研究を進めたい。

本書の第1章ですでに言及したように，商部は1903年9月7日，これより二ヶ月以前に張弼士が提出していた12条目の上奏文に対してそれぞれ回答した（『軍機処録副奏摺』532号3123～3147頁）。張弼士の上奏文と商部の回答の要点は表3-1の通りである。

表3-1　張弼士の上奏文と商部の上奏返答表

	張弼士の上奏文	商部の上奏返答
第1条	農業，鉱工業，鉄道を商人に請け負わせるべし。	同意。商部は，中国商人の株式募集による農業，鉱工業，鉄道などの各会社の開設を指導勧告し，商法によって保護。また，南洋大臣，北洋大臣と協議後，官員を派遣し華僑資本を募集。
第2条	地主所有や官有の荒れ地を測量し，その開墾を商人に請け負わせるべし。	修正すべし。商部は先に直隷省で商人から株式を募集し開墾の会社を設立。その会社は地主所有の荒れ地を時価で借用，あるいは購入。商部は各省の作図に基づき，官有の荒れ地の価格を定め，開墾を会社に請け負わせる。納税規則は商部の上奏で商法に記載。
第3条	栽培を興す。南方，北方でも果樹の果実で酒を醸造。	南方では土壌性質を弁別し，桑，茶，樟脳，果樹，竹，製薬原料などを栽培すべし。奉天，吉林では植樹すべし。商部は商人にそのための会社設立を指導勧告。

第4条	民営で鉱業を興す。開業の初課税は10％以下。	同意。鉱産採掘を民営にすべし。収益があってから酌量し徴税。
第5条	株式募集による会社で水利を興す。	各省の水利の実情は督撫から毎年商部に報告。各省に先んじて、商部は直隷省で商人に水利会社設立を指導勧告。測量と地租は商部大臣によって査定。民営水利を奨励。
第6条	東南の水利は開墾地に重点を置く。西北の水利は未開墾地にそれを置く。	東南の水利を各将軍、督撫から商部に報告して商人に請け負わせる。西北の水利を商部は商人の会社に請け負わせる。先に直隷省で経営実験。一切の費用は会社自身で調達、民間からは一文も取らない。
第7条	牛、種、肥料を貸出す会社を設立。	それは民を害する恐れがあるから、議する必要がない。
第8条	工芸を興す。機器を製造。労働者雇用の条例を制定。輸出関税を軽減。	同意。商部設立後それらを統轄。特許権を授与。工芸の各会社を設立して商品市況を調査し、経営を拡大した後、北京と上海で勧工場を設立。
第9条	鉄道の支線を民営にする。	先に商部は鉄道株式会社を設立し、幹線に付ける支線を商人に請け負わせる。資本金が豊富であれば支線に付ける支線を敷設。
第10条	華僑資本を募集。本籍地で登録、保護をする。肩書きや「頂戴」を商人に授与。	商人の登録、保護を商部および商務大臣で統轄。商人は用事がある際、直接商部および商務大臣に告訴し、商部の官員に直接会見。会社創立者の投資総額に応じて肩書きや「頂戴」を授与することについて、商法に記載。
第11条	度量衡、幣制は統一。	幣制、度量衡の制度は商務の根本的かなめ。幣制は商部によって商法に記載。度量衡の統一は商部設立後検討、上奏。
12条	各省の産業行政官職（商按察、商同知、商巡検）を増設。	それは俸給浪費、政務掣肘の恐れがあるから、議する必要がない。商部は産業行政を専らに司る。商務大臣がいない地域では、商部は商務処理を督撫に要請。商務大臣は商部と共に商人を保護する責任があるが、商務を主宰する権力はない。

商部の回答中、張弼士の提案に対して商部が否定したのは、牛、種、肥料を貸出す会社の設立、各省の産業行政官職の増設に関する二つの条目であり、また修正すべきだと認識されたのは、「地主所有、官有の荒れ地の測量と開墾」に関する一条であった。その他の各条目については、賛成しそれを具体

化した。第1条については商部が民営の方式によって近代産業の発展を推進する方針が記されている。第2,3,5,6,7条は農業に関して,また残りの6条はそれぞれ鉱業,工業,鉄道,商務保護,度量衡,地方産業行政などについて記されている。それらから本章で述べようとする商部の産業振興政策の原型が分かる（前掲曽田論文「清末の産業行政をめぐる分権化と集権化」を参照）。

　商部の産業振興政策は農業,商工業,鉄道,鉱業などの幅広い内容を含んでいるため,一緒に実行しにくい。重点の所在を示すために,「商部開辦章程」を上奏し許可を受けた当日,商部は御史王乃徴の上奏文に対して以下のように返答している。商会の設立は商工業界を統合するためであり,会社の設立は商人の実力を強めるためである。両者は互いに密接な関係があり「これ以外の大綱はない」（『軍機処録副奏摺』532号1153頁）。だが,会社の設立は農業,鉱工業,商業などの方面を含んでいる。よって上述した張弼士の第1条に対する返答と異なって,「商部開辦章程」による各会社の設立計画の順位は鉄道,鉱業,工芸,農務に変更されている。1905年春,商部は両江総督周馥に送った公文書の中で「本部の設立以来,工芸の振興をもっとも重んじている」（『大公報』1905年5月2日）と明言している。関連史料の調査によると,商部の産業振興は大体そのように進められていることが分かる。そこで本章では商部の産業振興政策について,商工業と商会から開始し,鉄道,鉱業まで述べたい[1]。農務,実業教育,度量衡などについては,ここでは述べない。

第1節　商工業政策とその実施

1．基本的産業法規

　商部の商工業政策は,まずその関連法規の中に表われていた。本書の第1章ですでに述べたが,商法の制定は商部成立以前に既に行われていた重要な政務である。商部成立以後,農業,鉱工業,商業における各会社が法律に基づいで設立され,法律の保護を付与するために,経済法規の制定が積極的に

進められた。商部期には、近代商工業に重点をおいた中国史上初の経済法規が続々と制定され公布された。これらは経済政策を近代的法規の形式で表現したもので、簡単に記された上諭の形式より明確であり、連続性を持ち、各行政機関、経済界および社会の各界の理解と施行に便利であった。

(1)「商人通例」と「公司律」

商法の範囲は広範で、内容も多いため、1904年1月21日、商部は先ず「商人通例」と「公司律」を上奏し許可された(『大清新法令』第10類、実業)。この二つの法規は1903年10月、北京で商部左侍郎伍廷芳を中心として商律の制定を進めたときに立案したもので、「抜粋し翻訳」された各国の商法を参考にしていた[2]。商部による経済法規の中で、これは当時およびそれ以降、近代産業の発展に対して全面的に影響を与えた基本法規であった。

「商人通例」は非常に短く、わずか9条のみである。その要点は、第一に商人の定義について「通商・貿易、売買、貨物の仕入れ、運送に関わる経営者をすべて商人とする」と規定した。第二に商人自らが企業名を定める権利を認めた。第三に婦女の商業経営を認可したが、商部での登記が必要であった。第四は商人が帳簿を作成しなければならないという制度を規定し、「金銭と商品の出し入れおよび日常の支出などについて毎日記帳し」、経営情況について毎年「一回取り調べを行い、冊子を作成し保存する」、「全ての帳簿および取引の関連書類は十年保存する」としている。

「公司律」は比較的長く、131条ある。その内容は11節に分かれており、以下のようである。会社の分類、創設および登記方法(第1〜32条)、株(第33〜44条)、株主の権利(第45〜61条)、理事(第62〜78条)、監査役(第79〜84条)、理事会(第85〜97条)、株主会(第98〜106条)、帳簿(第107〜112条)、会社章程の改訂(第113〜119条)、閉鎖(第120〜125条)、罰則(第126〜131条)。

「公司律」の基本精神は「商人の保護、商務の推進」である(第131条)。その要点は、先ず公司(会社)の組織形式を以下の四種類に区分したことである。「合資公司」(「2人以上で出資するが公司の名は一つである」)、これは当時の日本の商法における合名会社に類似している。「合資有限公司」(「2人以

上の合資に基づき有限責任を負う」)，これはドイツの有限会社に類似する。「股分公司」(「7人以上の出資で創立した公司」)，これはイギリスの会社法の形式的な無限責任会社に類似する。「股分有限公司」(「7人以上の出資額に基づき有限責任を負う」)，欧米各国の株式会社と同様である (『申報』1908年7月9日を参照)。その中で，「股分公司」，とくに「股分有限公司」の内部構造と運営方法などは最も詳細に規定されている。これらの規定は当時の中国商人に対して近代資本主義企業を如何にして築くかという指針になった[3]。次に民営会社の法的地位を認めた。「官営，民営，官民合弁などの会社および各局(商業を経営する者は全てそうである)はすべて商部の規定を遵守すべし」とされた (第30条)。第三は，株主の地位と権利の平等を確立し，身分の影響を受けないことである。「出資者は官職の大小を問わず，本名や官位を署名するが，官位がない持ち株者と株主として同一視する。受けるべき利益と議決権および各項目の利益は他の株主と同様に均霑し，少しも異なること無し」と規定した (第44条)[4]。第四は，株主の権利と利益の保護である。株主が会社の帳簿の調査，理事会の選挙などの権利を有することが規定された。株主の権利と利益を侵害する会社の創立者，董事，総弁などの経営者に対して，懲罰の方法を具体的に規定した。たとえば会社の金銭を着服し，あるいは他人の財物を詐取する者に対しては，返還させる外に，その軽重に応じて，一ヶ月から三年の禁固，もしくは罰金とする。「官員であるならば，弾劾し免官する」(第129条)。これらの規定は法律で官吏を重んじ商人を軽んじた伝統を否定したもので，中国ではこれまで前例がなかったことである。

　さらに注意すべき点は，商部が中央産業行政機関の指導力を強化するために，「公司律」の約1割にあたる条項を設けて，商部と会社の関係について規定した。一つは登記である。会社が必ず成立した契約，規定，章程などを商部に提出し登記すること (第2, 7, 12条)，株式会社は商部で登記する際，会社名，営業範囲，株総数，株価，会社設立後の株主および衆人との連絡方法，本社と支社の所在地，設立年月日，営業期限，入金した株金，創立者および監査役の氏名住所を報告すること (第21条)，商部で登記を済ませた会社は全て「同様に保護の利益を受ける」こと (第23条) などを規定した。期限内に商部で登記しない場合は罰金を課す (第126条)。二つめは株主の利益を保

護するため，株総数の十分の一を持つ株主は（一人でも），必要に応じて理事会に通知し株主特別会議を開くことができると規定し，もしも会社の理事会が15日以内に処理しないならば，「この株主が商部の批准によって，株主会議を開くことを認める」（第50条）。株主会で議決した内容で，商法あるいは会社の章程に違反するものがあれば，株主は商部へ行き調査を求めることができる（第53条）。商法および会社の章程に違反する董事，総弁あるいは「総司理人」（総経理）などを商部に告訴でき，商部はその軽重に応じて罰金を課す（第128条）。三つめは，経営管理について，会社が株数を増加する場合，決議後15日以内に商部へ報告すること（第116条）。会社を閉鎖する場合，株主が清算人を選出できないならば，商部に人員の派遣と清算を要請できる（第122条）。また，株総数の十分の一を持つ株主は，清算人が処理することを不当であるとするならば，商部に新たに人員を派遣することを要請できる（第123条）。

「公司律」の公布直後，国内外の商人は次々と商部で会社の登記を申請した。そこで商部は1904年6月「公司註冊試辦章程」18条を上奏し許可を受け公布した（『上諭档』30冊74頁）。この章程は登記済み会社を保護することを重ねて声明したほか，主に会社の登記について「公司律」に基づき具体化した。さらに有限会社か無限会社を明記すること（第3条），商会は会社の登記申請書に捺印後商部へ送付すべきこと（第7条），登記料の納入方式など（第8～11条），その外に会社の種類により登記申請書の様式が異なることを規定した[5]。

(2)「破産律」

「各省で審理が完了していない商店の倒産，詐欺事件が多くあった」（『大公報』1906年3月22日）から，1906年4月25日商部は「公司律」第9条，32条などに基づき，法律大臣沈家本，伍廷芳と共に「破産律」69条を上奏し許可された。

「破産律」の内容は以下の9節に分かれている。破産申請，理事選挙，債権者会議，帳簿清算，財産処理，倒産と詐欺，償還延期，訴訟取り消しの申請，付則である（『大清新法令』第10類，実業）。

この法規は商部の官員が西洋各国と日本の破産法を調べ，各開港場商会の陳述，商習慣などを参酌し制定したものである。商部は中国商人の実情を考慮に入れ，この法規の中で「中国の商習慣を踏襲することが多く，外国法律の関連内容を取り入れることは甚だ少なかった」(『商務官報』光緒32年12期)。この法規の要旨は，商工業の正当な経営者を保護することにある。この中で以下の二点に注意すべきである。一つは，以前刑部がすべての破産事件を酷刑で処理していた方法を改め，倒産詐欺と欠損による倒産を区別して対処したことである。倒産詐欺は「厳しく処罰する」とし，欠損による倒産は酌量するとした。後者の場合には，「資金運転が市況の逼迫によって一時的に活発でなくなり，あるいは暫時に貸し倒れによって期限がきた負債を返済できない商人はその事実を正直に商会へ上申し，債権者会議はそれを酌量し延期や別の方法でその倒産を避けるように努めること」(第63条)，「破産した商人の負債は兄弟，父の兄弟，姪，妻，並びに代理経営などの財産に波及しない」(第45条)こと，「もし倒産の商人の私有財産は負債を返し，実際に残りがなく，別所に預けたり，隠匿した財産もないならば，理事は債権者に伝え，返済する前に負債の返済にあてる財産の中から約二年の家計費の引き出しを許可する」(第48条)ことなどを規定していた。二つめは破産を解決する者は地方官だけではなく商会の役割もとても重視し，破産事件の処理に関わる各過程で事件所在地の商会が皆執行にあたったり，参与したりすることを規定している。商会の役割に言及している条項は全部で26条と多く，全体の約38％を占める(第1，3〜5，9，10，13，14，17〜20，29，39，41，42，45，46，49〜51，62，63，66〜68条)。これは商部が商会を重んじ，その影響力を発揮させようとする意図を反映している。

「破産律」は本来上奏を許可された三ヶ月後から施行する予定であった(第69条)。しかし当時，戸部にはこの「破産律」が同部に「不都合である」という異議があったと報道された(『大公報』1906年6月19日)。上海の銭業商人は商部に，銭業の章程により同業者は「債務者の返済金を按分して負担する」という方法で，上海にある各省銀行の支店，官銀号と往来する銭業商人の倒産事件を取り扱うように要求した。商部はこれを『破産律』第40条に符合するとして財務処に伝えたが，財務処は「現在戸部銀行が預金している多

くは公金であり」，また各省の銀行，官銀号も同様であるという理由で上海の銭業商人の要求を拒否した（『商務官報』光緒32年7期）。そこで1906年6月24日に商部は『破産律』第40条の実行はしばらく猶予するように上奏した[6]。

(3) 商標法

商部は「商標は本来商人保護の重要な措置である」とし，1904年8月，「商標註冊試辦章程」28条を上奏し許可を受け公布した[7]。これより先，1902年9月に成立した中国・イギリス間の「通商航海条約」第7款の規定によって，総税務司のロバート・ハートはかつて1904年2月から3月にかけて，商標法草案14条を立案した。しかし，その中には外国商人を偏重する内容があった。商部はこれに対し異議をとなえ，「中国商人と外国商人の登記手数料および保護の方法については，高低優劣を分けるべきではない」とした[8]。そこで商部は新しい商標法を制定した。その内容は商標の制作，登記，専用年限，取り消し，保護，越権懲罰，登記費用などが含まれていた。ロバート・ハートの草案と比べると，その主な特徴は，まず中国商標と中国で登記する外国商標は同等の地位にあることを明確に規定し，次に商標登記局は商部によって設立され商標事務を専らに取り扱うことを規定していたことである。

「商標註冊試辦章程」は本来1904年10月23日から施行する予定であった（第24条）。しかし，イギリス，ドイツなどの中国駐在公使の反対により延期された[9]。商部は翌年1月7日，この章程は「まだ検討している」と余儀なく上奏で報告した（『上諭档』30冊242頁）。同年4月，中国駐在イギリス，ドイツ，フランス，イタリア，オーストリアの五カ国の公使は共同で別の商標章程26条（『申報』1905年6月3日〜5日）を提出したが，商部はその中の中国の権益を侵害する内容に対して論駁した[10]。1906年秋，商部は各国からの圧力で新しい商標註冊章程を立案した（『大公報』1906年10月4日）が，中国駐在各国公使の態度は冷ややかで棚上げにされた。商部が制定した経済法規の中で，これは比較的早く立案され，多くの力を注ぎ，手数がかかったものの，ついに失敗した法規である[11]。

2. 商会の設立指導

　商会の「勧辦」(その設立を提唱し指導すること)は,商部期から農工商部期にかけて一貫して追求された商工業振興の重要な一環であった。商部は「中国では従来から商務を追求することがなかった。官と商の間に溝があるだけでなく,商人の間にも交流がなかった」ため,「最近数十年以来通商港が30ヶ所あまりに達した」が,「中国商人の勢力がばらばらになっており,利権が他国の手に落ち,損失が極めて大きくなった」と認識した(『大清新法令』第10類,実業,商会)。そこで商会の設立が必須になったのである。その設立意図については曽田三郎が「商部奏勧辦商会酌擬簡明章程摺」を分析して述べたように,「商人の組織化をはかることと,産業の発達を促し利権の回復をはかることの二点」にあった(前掲『歴史学研究』第422号)。ここで筆者が補充したいのは,1904年1月の「商部勧辦商会諭帖」の中で「商会を設立すれば,商人の間にある隔たりだけでなく,官と商の間にある隔たりも除去できる」(『天津商会档案』上冊29頁)と言ったことから見れば,設立意図は政府および産業行政機関と商工業界の交流をはかることの点にもあったことである。

(1) 関連章程
　1904年1月,商部は商会の組織,職責,権利,義務などについて規定した「商会簡明章程」を上奏し許可を受けて公布した。この章程で注意すべき点は,まず省都に限らず,各地の商工業が発展するための実際の需要に応じて商会の組織体系を確立したことである。商務が盛んな所であれば,省都であろうとなかろうと,すべて商務総会を設立する(たとえば上海,天津,煙台,重慶,厦門など)。それらより「商務があまり盛んでない所」には商務分会を設立する(第3款)。次に,商会の設立および運営に対する商部の指導的役割が強調された。各商会の章程は商部に報告し審査決定を受けなければならない(第14款)。各商会で選出した総理,協理は商部より公文書で任命し採用

しなければならない。また任期満了後の改選あるいは再任の場合も商部から調査の上，決裁しなければならない（第4款）。各商会で選出した理事の名簿も商部に報告し検査を受けなければならない（第5款）。商会の会議規則は，「公司律」第86，87，89〜94，99〜102条の規定に従って制定されねばならなかった（第10款）。三つめは，商会が商人の利益を保護する役割を重視したことである。商会は商人に代わって地方の役所に申したてができることを規定し，「不正が生じたり，役所に権限がなければ」，直接商部に報告できるとした（第7款）。外交に関わる商務の紛糾で，仮に地方官と外国領事の判定が不当であれば，商会総理より商部へ報告することができ，商部と外務部が協力し処理することになっている（第16款）。四つめに商部の各商会に対する監督を強調した。仮に商会総理，協理および理事は「賄賂を取って偏重し，是非善悪をさかさまにすれば」，各商人は商部に告発でき，商部によって「すぐ弾劾し大目に見ない」（第7，11款）。商会総理，協理が仮に「固執しわがまま勝手にして，商人の意思に逆らえば」，各理事や商人は商部に調査の上裁決し処理することを請求できる（第12款）。商会の経費に対する監督は，登記料，証明費，帳簿費の外に「苛酷な徴収があれば，商人の連名で商部に告訴し，商部がそれを調査し処理する」（第21款）。各地の商会は毎年年末に受け取った事務費を帳簿によって商部に報告し，詳しい調査のすえ決裁を受ける（第22款）。五つめは，産業振興に対して商会の果たす役割を重視していたことである。商会は商部の「公司律」に基づき，当地の会社に登記させる責任があるとした（第18款）。各地の商会は当地の市況について年毎に表を作成し，商部に報告しなければならない。またその中で重要なものは随時商部へ報告しなければならない（第8款）。さらに商部が定めた帳簿様式を四半期ごとに商人に送付し，商売に用いることとした（第20款）。各商会が受け取った事務費の残金は，大商人が輸入品を減少する目的で会社を創設するため，金融逼迫の際の回転資金として使うため，商品陳列所の開設のためなどの場合運用することが認められていた。このほかの場合は必ず商部の許可が必要である（第23款）。新型機器の製造，新刊書の編集，国内外の製品の改良をおこなった商人について，商会は商部に報告し，商部から「専照年限」（専売特許）を交付する（第26款）。

1906年4月，商部は上海商務総会総理曽鋳などが伝えた情況に基づき，「商会章程附則」6条を公布し（『天津商会档案』上冊58～59頁），各府州県の商業が盛んな場所にはすべて商務分会を設立すべきことについて，さらに詳細に規定した。

　商部は中国の商船が税関からみだりに金品を要求されたり，役所の係員から賄賂を要求されるのを避けるために，偽物の外国の旗を掲げていることを憂慮し，江蘇で水上運輸業を営んでいた朱馮寿の提案を採用し，その関連章程を制定し南洋大臣，北洋大臣と協議した後（『大公報』1906年3月25日），1906年3月上奏し許可を受け「商船公会簡明章程」18条を公布した（『上諭档』32冊50頁）。商船公会は「専ら中国の水上運輸業の保護と整頓のために」設立したものである（第1条）。商部は上奏文の中でこの章程を記載した後，「各地方の税関や役所の係員が金品を要求するような不正行為があれば，すぐにこれを処罰する」としている（『東方雑誌』第3巻5号）。この章程は「商会簡明章程」を参照し，商船公会の設立，職責，運営などについて規定し，同時に商部が各商船公会に対して統轄し，指導する役割があることを重視している。その中で，商船公会の設立許可，「関防」（公用印章）の授与，総理，協理の任命（第1～4条）などは全て商部に報告する必要があることの外，さらに商船公会が船主の「船旗」，「船牌」の様式についてもすべて商部が頒布したものにすることを規定した（第6条）。商船公会が貨物船の通行証費用のために立案した規約は商部によって審査され決定される（第8条）。商船公会は水上運輸業業者が「税関で金品が請求されたり地方の役所の係員から圧力を受けたなど」の際，商部に報告しなければならない（第14条）。商船公会は水上運輸業者の代わりに地方の役所に申し立てができ，「仮に申し立てが受理されない時には，商部へ上申し，商部が調査し処理する（第16条）。商船公会は登記号数，収支および市況について四半期ごとに帳簿を作成し商部へ報告しなければならない（第17条）。商船公会が立案した詳細な事務規則についても商部が審査し決定する（第18条）[12]。

(2) 商部の指導の下で設立された商会

　1904年1月商部は「勧辦商会諭帖」を公布し，「商人の交流，商業力の増

強，商人の啓蒙のため，業種ごとに商会を設立することに着手すべし」と指示し，「各業種の商人がこの意思を認識し，同業の理事を選出し，章程を早く制定し」，商部に報告することを期待した（『東方雑誌』第1巻2号）。これに引き続き，商会の設立を推進し，商会の指導と関係を強化するために，同年2月商部は「商部接見商会董事章程」8条を公布し，商部内に「商会処」を設立した（『大公報』1905年2月25日）。また商部を訪ねてきた各商会の董事の接待や，商会と関係がある事務項目の処理を商会処の責任とした。同処は商部郎中毛祖模など6人が担当した（『第1次統計表』商政）。同年6月商部は各省の督撫に打電し，省都で商会を設立することを督促した（『大公報』1904年7月1日）。さらに商部は地方産業行政機関としての役割を努めて発揮しようと試み，1906年夏各省の商務総局に「商務保護のため，早くすべての業種の商人に商会に参加させようと伝え，取りまとめて商部に報告する」ことを文書で命じた（『大公報』1906年8月6日）。

　北京の商会は，商部が直接督促し計画し実施したものである。商部は最初まず北京で商会の設立に着手し，全国の模範とするつもりであった。「北京が首都であり，商部が提唱の責任を持ったため，各省の首唱として先行して商会創設をすべき」だと認識していた。しかし，北京は「風気未開」であり，各業種のギルドが七，八ヶ所あり，互いに隔たりが深くあった。そこで商部は先ず各業のギルドに商会を開設するように勧めた。1904年1月初め，商部尚書載振は同部保恵司の董遇春などを派遣し，北京の各商人と連絡を取り，商会の開設について協議させた。これに引き続き，商会設立のため商部大臣が北京の大商人6名を招き商部で面会した（『大公報』1904年1月9日，11日）。同年4月北京の絹織物，舶来品の両業者が商部の章程に基づいて商会設立を計画した（『大公報』1904年4月28日）。同年6月商部は北京の彙兌荘金銀号商会の章程について審議し，補足訂正したうえ，同商会の設立を許可した[13]。その後北京で茶業，絹織物業，布業，薬問屋，書籍販売業など同業者の商会が続々と計画され設立された（『大公報』1904年7月19日）。北京書業商会が成立した時，商部郎中毛祖模など3名が祝賀に訪れた（『大公報』1905年1月26日）。これに引き続き，各業種の商会を連合させるため，1905年2月商部は北京の前門外に商会総公所を設立し，年間経費を援助し，その章程7条を

立案した。その任務は「各業種の商会と連絡し団体を結成する」ことであった(『大公報』1905年2月25日)。商部大臣唐文治は,同部尚書載振の指示でさらにその成立大会で演説し,北京商人に対して北京商務総会創設のために,互いに隔たっている状態を除去し,上海に素早く追いつき,「上海総商会章程」を参考にし,北京の情勢に応じて新しい商会章程を制定するように激励した[14]。商部の多くの働きは1907年京師商務総会の成立の基礎となっていた(本書の第5章第3節を参照)。

「北京の門戸」といわれる天津でも,商会の設立計画が商部から督促された。商部が正式に成立する前,戊戌変法中農工商総局の責任者の一人であった呉懋鼎や紳商寧世福などは直隷総督袁世凱から委任され,1903年5月13日に天津に商務公所を設立した(『天津商会档案』上冊2頁,145頁)。商部が「商会簡明章程」を公布した後,袁世凱は天津の商務公所へ転送し,「章程に照合して取り扱うこと」を要請した。翌年3月17日,商部大臣の載振,陳璧,顧肇新は連名で直隷総督袁世凱に書簡を送付し,商部の宗旨は「商人と商人が各自に勝手に行い」,「商と官がそれぞれ相通じない」という弊害を除去し,「商人と商人を連絡させ,互いに保護し」,「官と商の関係を密接にする」ことにあると言明し,商務が盛んな天津では,素早く商部の章程に照して商会開設をするべきだとした(『天津商会档案』上冊32～33頁)。同年5月9日商部左参議王清穆,同部主事単鎮は,商部の命令により商業情況の調査と商会の設立準備のため,北京を離れ各通商港へ赴いた。先ず天津に立ち寄り,天津商務公所の紳商寧世福,卞煜光,王賢賓,么聯元および三十数種の職業の商董などと商務総会の開設について協議した(『大公報』1904年5月10日,12日)。王清穆は天津商人に向って商部の主旨を説明し,天津で「早く商会を開設し,各商業を集めて大団体にする」という必要性は国産品の振興,会社の創設,工場の「自ら製造し自ら販売する」のためであると明らかにした。さらに天津で商会を開設する意義について,義和団事件後の天津「市況が不景気になり,金回りが悪く,金融の情況が逼迫し,物価が暴騰する」という局面を改善するだけでなく,「実は利権回復の第一の要義である」と強調した(『大公報』1904年5月14日)。積極的な準備を経て,紳商の寧世福などは同年5月下旬に商部の「商会簡明章程」に依拠して章程20条を立案し,商務公

所を商務総会に改め，各業種が分会を設立し，袁世凱がこれを審査し商部に報告した（『大公報』1904年5月28日～6月2日）。同年10月，商部は天津商務総会を開設し，王賢賓を総理に，寧世福を協理に選出したことを許可した（『天津商会档案』上冊35頁）。その後，王清穆は上海より寧世福，王賢賓に書簡を送付し，商会のことを問い，上海商務総会の章程を参考するように建議した[15]。同年12月18日商部は天津商務総会に木製の「関防」を授与することを上奏し許可を受けた（『上諭档』30冊211頁）。

　北京，天津以外では，商部は商会の設立を奨励する重点を沿海各省の通商港においた。まず「通商の中心地」という上海である。1904年1月31日商部は右参議の楊士琦を「商務の処理と商会事業の推進のため，上海にとどまらせる」ことを上奏し許可を受けた。楊士琦の直接的な奨励の下，とくに彼の管理下にあった輪船招商局，電報局から毎年銀6千両を商会経費の半分として支給するという援助の下で[16]，同年5月初，上海の紳商は商部の「商会簡明章程」に基づいて，商務大臣盛宣懐が1902年に上奏し開設した上海商業会議公所を上海商務総会に改め，公選で厳信厚を総理に，徐潤を協理に選出し（『大公報』1904年5月7日），孫多森が立案した新章73条を，楊士琦を通じて商部へ報告した。商部は同年6月25日にその成立と木製の「関防」を授与することを上奏した[17]。次年11月14日投票で新任の総理，協理を選挙した時，商部署右丞王清穆は現場でその開票を監督した（『申報』1905年11月15日）。

　商部が上海商会を重視したのは，それによって長江流域の各省の商会開設を推進するためであった。1904年7月上旬，商部は上海での商会成立の情況に関する上奏文を両江総督に転送した（『大公報』1904年8月9日）。また同年10月商部は両江総督に対して揚子江地域で商務を整頓し，商会設立を商人に諭すように公文で要求した（『東方雑誌』第1巻9号）。1905年6月，商部は王清穆の文書による報告に基づいて，江寧（南京）で商務総会を設立し，劉世珩を総理に，朱鐘萱を協理に選出したことを承認し，「関防」を授与することを上奏し許可を受けた（『第1次統計表』商政）。各省の督撫および商務局の督促の下で，1904年から1905年にかけて安慶商務総会，蘇州商務商会，漢口商務総会などが続々と計画され創設された[18]。

厦門商会は商部が直接関与し成立したものである。1905年7月商部は同部左参議王清穆が福建厦門から送付した報告書に基づき,厦門商政局の積年の弊害を改善するため,福建省の商務保護の件について商務総会が会董を派遣して的確に処理し,「直接商部の所轄とするように」上奏し許可を受けた[19]。これより先に,王清穆の積極的な勧告と指導で当地の商人は商会開設のため章程を制定し,紳商の林爾嘉を総理に,陳綱を協理に選出した（『申報』1905年9月2日）。商部は1905年8月16日厦門商務総会を設立し,同商会に関防を授与することを上奏し許可された。しかし,後に陳綱が富くじを経営したため,商部は厦門商会に対して陳を免職し,別に選挙を実施することを要求した[20]。その後,同会の新章程が商部の「商会簡明章程」と合致しないという理由で,商部は閩浙総督にそれを改訂するようにと打電した（『大公報』1906年4月24日）。

　辺境の東北地域でも商部は商会の開設に着手していた。1905年日露戦争後の中国東北地域の情勢に対して,商部は「現在のために利権を守ろうとすれば,先に必ず商務から着手しなければならない。商務を振興するには必ず商会から着手しなければならない」と認識し,「全ての情況を考察するために」人員を派遣し,同時に盛京将軍趙爾巽と奉天商務総局との「まず商務総会を設立することを主旨とする」仕事を積極的に支持した[21]。1906年5月15日,商部は奉天に商務総会を設立し関防を授与することを上奏し許可を受けた（『上諭档』32冊78頁）。1906年春,紳商沈康寿の吉林,黒龍江での会社創設の申請を審査した際,商部はハルビンは「東北の商務の中心」であり,「商工業界を連絡し,外国の勢力を排斥するために」商会を設立すべきであると認識し,吉林将軍,黒龍江将軍に「各処の交渉局の官員が商部の章程に基づいて商人に商会設立を勧告指導し,総理と協理を選挙するように」と求めた（『大公報』1906年4月20日,5月20日）。

　商部は国内で商会を設立することを奨励する外,さらに華僑商会の設立にも着手した。「商会簡明章程」を公布した後,商部は外務部から各国駐在中国公使へ転送することを公文書で要求した。1905年8月,商部は日本駐在中国公使の楊枢の公文書によって,長崎の華僑商人が「商会簡明章程」に基づき商会を開設することを許可した。同月,商部はまたアメリカ駐在中国公使の

梁誠の公文書によって，アメリカ領フィリピンのマニラでの華僑商務総会の立案を許可した（『大公報』1906年2月13日）。同年9月，商部左参議王清穆を東南アジアへ商務視察に派遣した。しかし途中，王清穆は目，胃などの疾病のため香港へ戻り診療を受けたため視察は中止となった（『申報』1905年9月21日，30日）。その後商部は同部考察外埠商務大臣張弼士と同部郎中時宝璋をシンガポール，ペナンなどへ商務視察や商会設立指導に派遣した。彼らはシンガポールで華僑商人呉世奇（本籍は福建省），陳景仁（本籍は広東省）と会見し，彼らが商会を設立するように勧告指導し，その開設準備の章程を立案した。張弼士本人はシンガポールの華僑商会を設立するための経費を寄付した（『商務官報』光緒32年8期）。1906年6月，シンガポール中華商務総会が正式に成立し，同会の協理人数を10名にまで増員することを請求したが，「商会簡明章程」の規定では一名だけであった。商部はシンガポールが「東南アジアの商務の中心地として極めて重要であり，かつ海外の情況が内陸と違う」ことを考慮し，それを認可した（『商務官報』光緒32年9期）。

　各商会に対する商部の審査は厳格であった。1906年1月，商部は安徽巡撫に公文書で「商会の設立を通して商工業界を連絡する」と重ねて声明し，「商会の総理などは商況を熟知し，平素から人望を持つ者であるべき」であり，「とくに商人たちが（商部の――筆者）章程に基づき彼らを選挙すべきであり，少しでも官位の高さと低さに迎合してはいけない」と強調した。それによって商部は，同省蕪湖商務総会の開設計画の中で総理候補の崔国英がまったくの官員であるため，彼を承認できないことを示し，商人を集めて改めて選挙を実施するように求めた（『申報』1906年1月2日，2月2日）。同年8月商部は，商人陳鏡華などが揚州商務分会の設立を請求したことに対して，「商人たちの公選ではなく，無記名投票もなく，（商部の――筆者）章程への違反が多いため，許可できない」と，江南商務総局に公文で回答した[22]。

　商部が公布した「商会簡明章程」に基づいて，各地で商会が次々と成立した。商部期の商務総会は，商部がその総理，協理を承認した時点を基準とすれば，全部で20ヶ所となる。上海，天津，安慶，重慶，江寧，広東，厦門，成都，蘇州，福州，江西，寧波[23]，湖南，奉天，漢口，シンガポール，蕪湖，煙台，杭州，雲南で相継いで設立された。このほか，商部は1905年に前後し

て河南商務総会および前述した長崎,マニラの2ヶ所の商務総会設立を許可した[24]。

商務分会については,選出の総理が商部によって認可されたのは57ヶ所であった(『第1次統計表』商政)。その中では近代商工業が比較的発展していた江蘇が最も多く,26ヶ所に達し(その中の2ヶ所については商部左参議王清穆によって商部へ報告された),浙江は8ヶ所であった。奉天の情況はかなり特殊であった。盛京将軍趙爾巽と商部は商会の設立を急ぎ,外国の勢力を排斥し,利権を保護するという共通の認識があり,とくに元商部郎中,同省商務議員陶大均は同省商務総会と商務分会の開設に関する勧告指導に力を注ぎ[25],1906年5月より奉天で商部により設立が許可され,関防が授与された商務分会は14ヶ所に達した。その他の商務分会は,広東で3ヶ所,河南で2ヶ所,直隷で2ヶ所,福建で1ヶ所(これも王清穆から商部への報告)であった。

3. 商工業の奨励保護

(1)奨励法規の制定と実施

「商部開辦章程」では鉄道,鉱業,工芸,農業に関する会社の設立を「急務」としている。しかしながら,「商人の日和見の態度は今に始まったことではなく,彼らを鼓舞し奮い立たせなければ,引き続き活発にさせることは極めて難しい」(『大公報』1904年12月11日)。そこで1903年11月9日に商部が上奏し許可を受け公布した「奨励華商公司章程」20条は,商部による最初の経済法規となった。清朝の規定では,公事公益に励んだ民間人や巨額の寄付金を納付した者には部が議決して登用し,また義援金の寄付者に対しては官位や恩典を授与し,軍事上功績をあげた者には世襲の職位を与えた。商部は上奏文でこれを例として引用し,商人が出資して会社を設立するのは「国家の重要な政務を助け,奉仕と忠誠を尽くすことであり,普通の義挙はそれに及ばない。後日に経営の成果が見られ,利権を回収するという利点は功績を立てることと同じである」とした。従って商部は商人の投資者に対して褒賞を与えることを主張した。

その章程によって,奨励の方法は会社創立時の株式の募集額に応じ,50万

元以上の者に対する商部五等議員から5千万元以上の者に対する商部一等顧問官までの12等級の異なる肩書きを与え，その上にそれぞれ七品頂戴から一品頂戴までの褒賞を加えることであった。数人が協同で株を募集した場合は，各人の出資額に基づいて褒賞を与える。「名門の出資で開設した会社が経営の成果を挙げること」も奨励したが，この規定は伝統的な投資を近代産業へと転換するのに有利に作用する。商部から肩書きを授与された者は商部で仕事に従事することはないが，随時に直接商部へ商務上の利害について陳述する権利を有していた。また，商人は自己の肩書きのレベルによって地方督撫などの地方官吏と直接会見することができるという実際の好都合があった。これはこの章程が肩書きの授与を通して会社の設立を推奨するだけでなく，政府機関と商工業界を直接結び付け，商人の社会的地位を向上させるという意図を示していた。

　これまでの研究では，この章程が公布された後，本格的に実施されなかったのは投資額の設定基準があまりにも高すぎたためであるとされていた，しかしこのほかにもこの章程には厳格な条件が認められる。すなわち「会社を創設した一，二年以後に経営の成果を挙げた者」に対して，商部より「確実に調べ，斟酌し審査して奨励する。なお開業することなく，商部に資本額を報告しただけであったり，また運営が久しく成果を挙げない者に対して，みだりに奨励することは許可されない」（『申報』1903年12月6日）。このため商部期における受奨者は，1905年1月17日に商部が上奏し許可された四等議員李厚祐，五等議員葉璋の2名のみであった。李の天一墾務公司は1902年2月に創設され，株式募集額は銀60万両であった。葉の漢口雙昌火柴公司はそれより早い1897年に創立されており，株式募集額銀40万両（『第1次統計表』商政）であった。この章程が完全に実施されることは困難であったが，決して株を募集して会社を設立することを鼓舞する働きがないわけではなかった。いくつかの鉄道会社の章程では，これを引用し株募集を指導した[26]。

　この章程の基準には達しないが，業績が認められた者に対して，商部は別の方法で褒賞を授与した。1904年5月16日，一度免官されたが，その後北京工芸商局の創立とその経営に顕著な働きをした黄思永を「三品銜翰林院侍讀学士」の原職に復帰させることで奨励を示すことを，商部は上奏し許可を受

けた。黄思永は義和団事件中に荘親王載勲の上奏文で罷免され刑部で監禁となった。その後に保釈され，北京協巡公所の事務に従事した。彼は北京に失業による遊民が多く，盗賊も蔓っていることへの対策の一つとして，1901年6月に株10万元を募集し工芸商局を設立した。同局は創設して一年あまりで，

表3-2　商部期会社創立者への奨励

姓名	元の肩書き	株式募集額	会社名	授与した日時と肩書き	
張謇	翰林院編修	銀122万両	大生紗廠など11ヶ所	光緒30年3月1日	三品銜商部頭等顧問官
黄思永	三品銜翰林院侍讀学士	銀10万元	北京工芸商局	光緒30年4月2日	原職に復帰
呉懋鼎	三品卿銜補用道	銀50万両余り	天津織絨硝皮廠	光緒30年11月2日　光緒31年3月21日	一品頂戴　四品京堂候補
周廷弼	三品銜候選道	銀50万元余り	裕昌繅絲廠など7ヶ所	光緒30年11月22日	二品頂戴，商部三等顧問官
李厚祐	分部郎中	銀60万両	盛京天一墾務公司	光緒30年12月12日	四品頂戴，商部四等議員
葉璋	四品銜候選同知	銀40万両	漢口雙昌火柴公司	光緒30年12月12日	三品頂戴，商部五等議員
林維源	元太僕寺卿	銀4,5百万両	福建勧業銀行	光緒31年4月22日	侍郎銜
虞輝祖	禀生	銀6万元	上海科学儀器館	光緒31年11月	国子監学正銜
林爾嘉	三品銜候選道	銀250万元	商業銀行	光緒31年12月2日	五品京堂候補

【出所】『申報』1905年1月20日，3月6日，6月5日，『大公報』1905年3月4日，6月30日，7月1日，1906年2月12日，『第1次統計表』商政，『上諭档』31冊46頁，60頁，212頁などにより作成。

【註】　林爾嘉が林維源の息子であった。

景泰藍という七宝焼と絨毯の二種類の良品を出荷し，フランス領ベトナムのハノイ博覧会でそれぞれトップの特等賞を獲得し，刺繍，磁器では銀賞を授

与され,「これより工芸の名が欧米で有名になった」という。同局が「庶民の啓蒙,利権の回収を宗旨として」,労働者四,五百人を養成したことを考慮して,商部は登記し保護する外,奨励の授与を奏請した[27]。

上述した会社創立者への奨励の外,商部は新技術,機器,工芸を進める者に対して奨励することを宣告した。農工商部へ改組する直前の1906年10月15日,商部は上奏して許可を受け「奨給商勲章程」8条を公布した(『上諭档』32冊165頁)。この章程の目的は,「新しい方法と機器を創造し,各種の工芸良品をまねて作り,利権を回収し,『民用』に資した者」を奨励し,「製造,汽船,鉄道,橋梁および電機,鉄鋼など」に奨励の重点を置き,近代交通業,鉱工業などの発展を促進することにあった(『商務官報』光緒32年20期)。奨励は五つの等級の商勲にそれぞれ二品頂戴から六品頂戴を加え,全て商部により上奏されることになっていた。この章程と戊戌変法中に総理衙門が制定し公布した「振興工芸給奨章程」の関連規定(『光緒朝東華録』総4129頁)を比較すると,重点が際立ち,内容が具体的であり,与えられる肩書きはさらに高く,また比較的実行しやすかったため,後に農工商部の産業振興政策に法律的な拠所を与えた。

(2)「保商」措置の実行

商部はその成立直後「商人を保護する政策に極力努めるように」奏請した。商部のこの上奏を許可した上諭から見れば,いわゆる「保商」とは,主に商人を保護し,「品行が悪い官吏」による牽制や抑圧,金品の要求および「訴訟に早くけりを付けられなく,その処理が不公平である」などの弊害を取り除くことであった(『上諭档』29冊261頁)。商部の高官も自らの責任の一つは,「損失を受けた商人がおれば,援助しないことはない」ことであると認めた(『大公報』1906年3月10日)。このために商部は以下のように努力した。

1)登記済み会社の保護

商部は成立後一部分の新設企業を登記し,その保護を奏請した。1904年夏,商部に所属する公司註冊局は開設した後,登記を済ませた会社に対して,各会社の所在地域の高官(総督,巡撫)に公文書で保護を求めた。たとえば1905年8月,商部はすでに登記を済ませた江蘇通州大生紗廠,潮汕鉄路有限公司,

福建華宝製瓷公司など27の会社のために，各省の督撫と商務局に公文書で，各地方官員がそれらの会社を「全体に確実に保護する」よう通達した(『申報』1905年9月2日)。同年10月商部は各省の督撫に公文書で，「公司註冊試辦章程」の関連規定を重ねて伝え，光緒31年度にその章程に従って登記をし，商部が審査し許可証を発給した各会社は，すべて「会社名，商売に関する明細書を作成し，地方官吏から確実に保護されるべき」だとした(『大公報』1905年10月28日)。後に商部は「各州県では保護の指示を与えられたが，即刻には諭告しないで，また実際に施行されることはなく，みだりに引き留めて金品を要求したこと」を知り，それを「商部の商務提唱とは大いに違いがある」とし，1906年7月公文書で「今後各州県は命じられた保護の事案に対して，その公文を受領した一ヶ月以内に，即刻諭告を掲示し，その会社を確実に保護すべき」ことを各省の督撫に要求した。また，「その公文を受領した日付と諭告を掲示した日付をそれぞれ督撫に詳しく報告し，督撫から商部に送付する」ことを明確に要求した。さもなくば商部は「必ず各州県の該当の官吏を厳しく糾弾する」とした(『大公報』1906年7月26日)。

　商部は公文書で登記済み会社の保護を要求した時，具体的な対応をするように注意した。1905年秋，候選道の夏瑞芳などが株100万元を募集し上海で商務印書館を設立した。商部は「学界に有利であり，その意図は甚だ称賛すべき」だと認識し，その開設準備を許可し，学務処および各省に対して公文書で版権の保護を実施するように要求し，権益の侵害と翻刻を禁じた。また同時に各地の学校に同館の図書を予約・講読するように伝えた。[28]

　民間経営の会社に登記を勧めるために，商部はさらに官衙の旧弊を一掃し，献金を断った(『商務報』68期5頁)。たとえば江寧商務総会は，1905年10月蕪湖裕源織麻公司が開設準備のため商部に「献金するつもりである」ことを商部に上申し，商部はその申請を許可し江蘇巡撫に保護を命じたが，「献金の必要はない」と表明した(『大公報』1905年10月24日)。商部に登記を申請すれば「登記料が少なく，処理が早く，少しも金品要求などがなく，且つ保護の力を得られる」ため，商部で登記を申請する件は年々増加した(『申報』1905年9月10日)。

　2) 商標保護

前述したように，商部による商標法規の制定および商標登記局の設立計画は中国駐在各国の公使から阻害された。だが，このような中で，商部は商標の保護を進めるために方法を講じた。1905年5月，商部は漢口燮昌火柴公司が同会社の「双獅」という商標が湖南和豊公司の双狨という商標で模倣されたと告訴したのを受けて，湖広総督張之洞，湖南巡撫端方に取り調べるように通達した。端方は即座に湖南商務局にこれを処理するように命じた。しかし和豊公司はその創設時間が燮昌公司より早かったと弁解した。このため商部はこの件に関連する全ての資料に対して幾度も詳細な調査を行なった。その結果，和豊公司は反省して，別の新しい商標を立て，今後の戒めとすることを望むと表明した[29]。同年11月，商部は上海商会から外国商人が中国商人の商標を騙り自国で綿花問屋を開設しているという報告を受け，公文書で両江総督周馥，江蘇巡撫陸元鼎に「厳しく禁じるように」要求した（『申報』1905年11月18日）。

3) 常・洋関と厘局による不正・抑圧の厳禁

洋関，常関，とくに厘局（地方通過税の役所）の数は多く，それによる苛酷な徴税と金品の不正要求は，清末新政期に各地の商工業発展を阻害する大問題であった。なかでも中国東南部沿海の各省は突出していた（『申報』1905年4月19日を参照）。たとえば江蘇では1905年秋に江寧布政使所轄の金陵厘捐総局の下，「厘捐局」や「験補局」は合計25ヶ所で，各局に所属する徴収所は合計162ヶ所にも達していた（『申報』1905年11月17日，19日）。厦門では，同年厦門税関は徴税が苛酷であったため，商人がストライキを起こした（『申報』1905年9月1日，12日）。このような情況に直面して，商部は積極的に粛正するように努力した。

1905年1月，商部は王清穆の報告によって，江南地方の税関と徴収所が「正式の税目以外に苛酷な徴収をした」などの弊害を，両江総督に公文書で厳しく禁止するように要求した（『大公報』1905年1月29日）。同年10月，商部は両広総督岑春煊に宛てた返書で，粤海関で新たに定めた章程が毎月小汽船に対して通過料金を増徴することを規定している点について，「その額は多くないが，商況の妨害になるため，許可できない」ことであると認識し，即座に徴収を停止することを要求した（『大公報』1905年10月4日）。翌年1月，

各税関の属吏はつねに往来していた商人に「規定手数料を徴収する際，気に入らないと，口実を探し困らせた」ため，商部はそれを「決して商人を保護する方法ではない」と認識し，「それを厳重に取り調べ，強請ることを禁じるように各税関監督に命じる」ことを各省督撫に要請した（『大公報』1906年1月7日）。同年3月，商部は各税関での「金品強要がやはりあった」ため，再び各省に照会し，重ねて禁令を通達することを決定した（『大公報』1906年3月10日）。しばらくして商部は，上海三星紙煙公司の責任者劉樹屛による金陵，蕪湖，杭州，寧波の各税関での紙巻タバコへの課税が重すぎるという報告に対し，公文で「現在各省の地方通過税の役所がみだりに引き留めて金品を要求するという弊害を取り除かなくては，市況はますます困難になる」とし，今後税関を通過する商品に対して「長年の旧習を踏襲しないように」と重ねて声明した[30]。同年夏，商部は関税を整理しようとし，「各省の税関と地方通過税の徴収所によって規定された徴税章程および脱税罰金額はかなり乱れているから，私腹を肥やす弊害は免がれがたい」ことを調査で知り，それらに修正を加え新しい章程を作成するために，各税関の章程をまとめて商部へ報告するように公文書で各省の督撫に通達した（『大公報』1906年6月3日）。同時に商部は「貨物運送状を持っている中国商人をみだりに引き留めて金品を要求することが往々あった」ため，公文書で「今後中国商人に対する税関検査の際，外国商人の貨物運送状と同様に取り扱うべきである」ことを各省に通達した（『商務官報』光緒32年7期）。それに引き続き商部は両江総督に打電し，江西の茶業商人が輸出の茶葉のため，内地の各金税徴収所を通過する際，幾重にも金品を強要された件について，素早く要員を派遣し，調査し禁じるように要求した（『大公報』1906年6月27日）。

　時に商部は厳しい行政的措置を行い，個別の地方税務機関を撤廃した。たとえば1906年春，商部は福建省の三都澳に新設された茶税稽報局の「輸出の茶葉に対する課税が苛酷であり，販路を妨害する」とし，閩浙総督代行の崇善に打電し，「その局を撤廃し，徴税を中止する」ことを要求した（『大公報』1906年5月10日）。

　4）商事訴訟の監督検査

　商事訴訟は商人の身近な利益と直接関係しており，「ひどいのになると市況

第3章　商部の産業振興政策とその実施　　　　　　　　　　　　　101

と商工業界にも影響を及ぼす」が，地方の役所はそれをあまり重視せず，む
やみに裁決し，あるいは長年かかっても結審していない件が往々あった（『蘇
州商会档案』第1輯523頁，527頁）。これに対して，商部は1904年8月より
各地商人の告訴状を受理することを開始し，各地方官がそれを処理するのを
監督した。1905年5月25日，商部尚書載振は商務の整頓にはまず商事訴訟を
整理し，不正請求を厳禁すべきであり，事件処理の時間を限定し，任意に延
遅し事件を結審しない官員に対しては処罰すべきであることなどを上奏した
（『商務報』第51期）。この上奏文が上諭で許可された後，各地で直接商部に
告訴する商人が激増した。1906年11月には，商部が受理した商事紛糾の重大
事件は38件に上った（その中で1904年のが5件，1905年のが19件，1906
年のが14件であった）。地域的には江蘇が8件でもっとも多く，その他は福
建6件，直隷5件，山東4件で（その中の一件は商部左参議王清穆によって
送られた），北京，浙江で各3件，東三省で2件，安徽，河南，陝西，江西，
湖北，四川，広東（王清穆によって送られた）各1件であった（『第1次統計
表』商政）。これらの訴訟事件の大多数は借金の返済と詐欺に関する債務紛糾
であり，そのほかに株主間の矛盾，官と商の摩擦および外国に関連するもの
である。商部は訴状を受理した後，その大多数を数日内に（その中で5日以
内が23件）各地の督撫，将軍，鉄路大臣あるいは各省の商務議員，商務総会，
道レベルの官員および商務局に公文で，即時に調査処理するように送った。
商部の監督調査により，これらの訴訟事件は比較的早く処理され[31]，大部分
が損害をこうむった商人の利益に合致した。

　載振が上述の上奏を行なったその年の冬，北京の銭業では相次いで詐欺に
よる倒産が発生した。この種の事件は元々順天府の五城衙門が管理したが，
商部は損失を受けた商人を保護するために，代わって管理することになり，
巡警部に共同で処理するように文書で通達した（『申報』1906年1月2日）。
このわずか前，商部左参議王清穆は広東で商人が悪役人に抑圧され，搾取さ
れた苦情を調査した時，直接に「商事訴訟に干与した」ことで，両広総督岑
春煊の「遠まわしな批判」を引き起こした。これに対して商部は岑春煊に打
電し，王清穆には「商人を守るために」，商事訴訟に関する訊問の権限が有る
と釈明した[32]。1906年3月，商部は久しく結審していない「各省の商号で巨

額を騙す案」が多いため，各省督撫にそれを調査して明らかにし，一ヶ月以内に裁きその詳しい結果を商部へ報告することを電報で催促した[33]。

　外国に関わる商人の訴訟事件で，商部は中国商人の利益擁護に注意を払った。1906年4月，商部はドイツ商船が中国商人茅周武の小汽船と衝突し沈没させたとし，賠償金として銀7千両を支払うべきであることを両江総督へ打電して督促し，詳細に調査解明し，ドイツ領事が当事者に速やかに賠償金を「その金額通りに払い渡し，引き延ばせない」ように伝えた（『大公報』1906年4月7日）。

　普通の商事紛糾に対して，商部は商会が役割を発揮することに注意を払った。「商会簡明章程」第15,16款は商会が商事の紛糾を調査し解明する責任を持つことを記している。1906年夏，商部は江蘇巡撫に送った公文の中で，以前各商店に交付した許可証の作用は「それによって商事訴訟および商務の諸事件がある際には，小さい件であるならば，商会が討議・判断し，あるいは商会から地方官に判断を求める。大きい件であるならば，商会から商部に報告して処理し，保護の意を示す」ことにあると説明し，速やかに各商店の一覧表を作成し商部へ送付することを要請した（『大公報』1906年6月17日）。それと同時に，商部は江南商務総会が大量の債務紛糾を受理した経験に基づき，同会が制定した表の様式を採用して頒布し，調査解明された各業種の商事紛糾をこの統一された様式によって詳細に記入の上，毎年商部へ報告するように全国各地の商会に命じた（『蘇州商会档案』第1輯522～523頁）。

　5）華僑商人の保護

　商部成立以前の1903年3月21日の上論では，各省督撫に命じ，地方官に対して「必要があって帰国した」華僑商人の「人身と財産」を確実に保護させるように伝えた（『光緒朝東華録』総5002頁）。商部成立後，華僑資本を引き寄せ中国国内に投資させるという政策の意向が現れ，福建，広東では「財産を確実に持つ華僑商人がはなはだしく多く，彼らを呼び集め本当に保護すべき」だ（『商務官報』光緒32年6期）と認識され，華僑商人保護ということは商人保護の重点の一つとなった。1903年12月22日，商部はペナン，シンガポール，フィリピンの華僑商董の書簡に基づき，福建省の華僑商人は「本籍地に帰った後，地方の官吏に難くせを付けられ，故郷の悪人に苛酷に取り

立てられ，役所に告訴しても無視された」などの弊害を訴え，帰国華僑商人の保護が上奏の後に許可された。帰国した東南アジア華僑に対して「一人ずつ局の費を徴収し」，怨声を呼んでいた厦門保商局を粛正し，沿海各省督撫には「一律に章程を制定する」ように要求し，華僑商人を苛酷に取り扱っていた者に対して「法律によって厳しく処罰し」，華僑商人に「楽しく故郷に帰らせる」ことを図った（『申報』1904年1月6日）。その後，江蘇省は1904年夏に「商民回華保護章程」4条を制定し公布した（『東方雑誌』第1巻5号）。

当時，華僑商人は帰国後当地の紳士と民衆の強要や，国外へ往来し貿易する時の国内各税関の「口実をもうけた抑圧」を避けるため，次々に外国国籍に変更していた。これに対し，商部は1905年3月各省に「財産ができ，本籍地に帰りたい華僑商人に対して，商部からパスポートを交付し，各省督撫から地方官に確実な保護を命じる」ことを公文書で通知した（『大公報』1905年3月22日）。同年5月25日，朝廷は商部の上奏文が「本籍地に帰った華僑商人はやはり任意に強要された」との状況を述べたことに基づき，各省に「よく注意して整頓する」ことを，また商部に「例規通りに弾劾し，退廃の気風を正し商事行政を粛正する」ことを命じた（『光緒朝東華録』総5344～5346頁）。商部はこの命令を実行し，1906年2月24日福建泉州府，漳州府で集団の暴力闘争によって商人が被害を受けた事件を告発した。同日の上諭では閩浙総督代行の崇善に対し，地方官吏に商人保護章程に基づいて調査させ，商人を害することを厳禁するよう厳しく命じた。1906年6月4日商部は福建出身の華僑商人の呉世奇などの告発に基づき，彼らの本籍地の財産が次々に強奪され，地方官吏が「その前に予防することが少しもなく，その後に任意に遅延させており」，加害者を庇護し甚だしきに至っては商人に「その事件を口実として搾取した」などの情況を上奏で陳述し，福建省詔安県知県王国瑞など7名の官吏は帰国華僑商人に対する保護が不十分で，「実に罪を逃げることができない」と認定した。この上奏を朝廷は重視し，当日上諭で即座に崇善にそれらの官吏を「厳しく懲罰し，期間を限定して悪党を逮捕し，略取した金品を取り戻すよう」命令した[34]。1906年8月24日，御史成昌は福建保商局の役人が帰国した華僑商人に「任意に強要した」ことなどを上奏した（『上諭档』32冊123頁）。このため，商部は後に閩浙総督に公文を送り，このことを

調査処理し、その結果を迅速に商部へ報告するように要求した(『商務官報』光緒32年15期)。

4. その他の商工業振興政策

(1) 会社,工藝局と工場開設の提唱

商部は「東洋と西洋各国の商工業行政が会社の開設を一番重視している」と認識したため,成立した直後,各省の将軍,督撫に鉄道,鉱業,農務,工芸の各会社の開設計画を商部と協同で立てるよう命じることを朝廷に上奏した(『上諭档』29冊235頁)。「商部開辦章程」によると,まず商部が商人を集めて各会社を設立させ,その後各省に徐々に拡大させるように計画した。しかしこれは経費が逼迫しているなどの原因で実現しなかった[35]。商部は「従来各省で開設された局,廠は官督商弁であり,あるいは官民合弁であったが,つねにその章程は不当であったため,牽制と抑制などの弊害が免れがたく,民意は疑い恐れることになった」(『大公報』1903年10月3日)ことを考慮し,各省に向って商人に民営企業を開設させることを提唱した。商部は「奨励や納税,借金の返済を指示する以外,一切干与しない。官督商弁という名目を使わず,監督,総弁などを任命しない」と明言した。商部の経済に対して間接的に管理することを中心にしたこのような政策は,とくに前述した「公司律」で民営企業は官営や官民合弁の企業と同等の法律的地位があり,登記後保護することを明確に規定したこともあり,商人の投資による企業創立を前例がないほどに盛り上がらせた。民需鉱工業の発展から見れば,表3-3から分かるように,商部期の三年あまりにおいて,民需鉱工業企業の設立総数と資本総額は日清戦後期の8年間を大幅に上回り,民営企業は首位を占めていた。

商部は会社開設を提唱する重点を長江沿岸と沿海各省に置いたが,辺境地域も決して無視はしていなかった。1905年7月4日,商部は戸部と協同で上奏し,新疆伊犂将軍馬亮が株を集めて伊犂毛皮公司を設立するという建議に同意し,併せて同将軍が「商法に基づき取り扱い,役人の習慣を努めて取り除くよう」要求した(『大公報』1905年8月7日)。商部はさらに中国商人が

表3-3 商部期と日清戦後期における民需鉱工業企業の設立数と資本額の比較

		官営		官民合弁		官督商弁		民営		中外合弁		合計	
		A	B	A	B	A	B	A	B	A	B	A	B
日清戦争期	1895	1	419	-	-	-	-	29	3,571	-	-	30	3,990
	1896	4	1,788	1	198	-	-	17	1,802	-	-	22	3,788
	1897	5	661	1	69	2	908	17	4,170	-	-	25	5,808
	1898	2	217	-	-	1	69	28	5,684	1	700	32	6,670
	1899	-	-	-	-	-	-	28	4,169	1	2,000	29	6,169
	1900	-	-	-	-	-	-	8	873	1	113	9	986
	1901	2	710	-	-	-	-	9	574	-	-	-	1,284
	1902	1	70	2	132	-	-	27	4,188	1	1,000	30	5,390
	小計	15	3,865	4	399	3	977	163	25,031	4	3,813	177	34,085
商部期	1903	1	57	3	133	-	-	13	4,888	-	-	17	5,078
	1904	1	19	2	768	-	-	33	10,401	-	-	36	11,188
	1905	4	4,992	4	645	-	-	68	8,306	-	-	76	13,943
	1906	8	6,071	1	161	-	-	78	17,401	2	2,026	89	25,659
	小計	14	11,139	10	1,707	-	-	192	40,996	2	2,026	218	55,868

【出所】 杜恂誠著『民族資本主義与旧中国政府(1840－1937)』(上海人民出版社,1991年) 33頁より作成。

【註】 この表の中で,Aは設立数であり,Bは資本額である。Bの単位は千元である。

海外で会社を開設することを推進し支持した。1906年5月,浙江紳商の劉錦藻は巨額を調達してロンドンに商社を設立するために,まず金紹棠をヨーロッパに派遣することを計画した。商部はこれを許可し,イギリス駐在中国公使に公文書で随時に世話するよう請求した[36]。

各省の工芸局,工場に対しても商部はその開設を奨励した。商部は「各省で工場を開設することは,実に工芸振興の出発点である」と認識し,1904年に各省に各地の工芸局,工場の章程を調べることを公文書で数回も通達した。1906年1月,商部は再び各省に,工場がないところでは「早く開設準備をするように」公文書で催促し,「とくに国際的交渉に便利であるために,工場内で外国語の授業をしよう」と建議した(『大公報』1906年1月6日)。商部期には省都,開港場および各府,州,県で工芸局,工場を設立したところは直

隷, 山東, 江西, 四川, 広東, 福建, 浙江, 江蘇, 河南, 陝西, 甘粛, 奉天などの省であった[37]。これらの工芸局, 工場のほとんどは官営であったが, 民営および官の援助を受けた民営のものもあった。それらの共通点は近代工業の技術を採用し在来手工業の改良を重視したことである。その中でもっとも成果を挙げたものは商部から模範とされ, 直隷では多く50数ヶ所, 山東でも30数ヶ所に達した。沿海から遠く離れた陝西では, 1904年冬工芸工場が開設された後, 国産品の改良が重視され, 上海に人員を派遣し紡績などの機器の予約購買をした。1906年春には拡大し, 陝西巡撫は同工芸工場の新章程を商部に報告した (『大公報』1906年4月13日)。

(2) 公金による援助

本書の第2章ですでに商部が本部経費で企業を援助していたことを表で示した。ここで簡単に説明を補充する。「上海での外資系華章造紙廠は販路が広く, 利益がはなはだ大きい」ことに鑑み, 1904年5月6日商部は商人を集め株を募集して上海龍章機器造紙公司を試験的に開設することを上奏し許可を受け (『上諭档』30冊54頁), 同会社経営のため候補四品京堂龐元済を引き受け人とし派遣した。二ヶ月後商部は同会社の章程12条を上奏し許可を受け, まず株を銀40万両募集し, 商部から公金銀6万両を株として購入し, 合計銀46万両となった (『大公報』1904年9月24日)。1904年秋商部は「舶来品を排斥する」ために北京商会の各董事に京師丹鳳火柴公司の計画準備を命令した (『東方雑誌』第2巻9号)。そこで北京商会董事の金融業商人温祖筠などが同年冬にその開設の準備をした。だが, その株募集額は銀5万両であった。商部はこれを「財源を開発し, 利権を回収するためのこと」であると認め, 公金銀5千両を株とし支給し, 歩軍統領などの役所に「全体に保護するよう」公文書で要求した (『大公報』1905年1月7日)。1906年8月, 商部は同会社が「外国の製品と競争する」ために5百株を増資し募集することを審査の上許可した (『商務官報』光緒32年10期)。

商部と商部が株主となった企業の関係は洋務運動期の官督商弁と違っており, 「官助商弁」という関係となった。上海龍章機器造紙公司の株募集の章程では商部が公布し実施した「公司律」に基づいて「董事を招聘し一切を計画

し相談する」ことを明確に規定し,「会社のすべては必ず各総董によって議決して施行する」とした[38]。京師丹鳳火柴公司に対して,商部は人員を派遣することはせず,同会社に「一切必ず『公司律』を従い守り,妥当に取り扱うべし」と要求した(『大公報』1905年1月7日)。

(3) 課税の軽減と免除

洋務運動中に上海機器織布局は,李鴻章が舶来品に倣って免税することを上奏し許可を受けていた。このような優待は日清戦争後,民営企業にも及んだ[39]。商部成立後,課税の減免措置は民族商工業を助成する政策として実施された。1904年夏,天津の商人呉金印が自ら製造したフジと麦藁の帽子を北京へ運送し販売する際,崇文門税関は税の免除を許可しなかったが,呉は商部に助けを求めた。商部は公文書で崇文門税関に説明した後,免税となった。呉本人はそのために商部に「やさしく接待され,一文も使わなかった」[40]。これに引き続き,商部は湖北,江蘇,北京,山東などの省の民営企業および官民合弁企業に対して税金の減免措置を実施し優待した(表3-4)。

表3-4　商部期における一部の企業に対する課税の減免

許可時期	企業名	減免の内容
1904年6月	山東呉金印籐草帽行	商部は公文書で崇文門税関に免税を要求。
1904年8月	漢口燮昌火柴公司	商部は公文書で張之洞に江海関への半額納税後,通過税の免除について調べるように通達。
1905年1月	丹徒筆鉛罐公司	商部は湖北織布廠,北洋煙草公司の前例を引き従価5%を納税した後,通過税を免除することを上奏し許可された。
1905年2月	江蘇海豊面粉公司	商部は公文書で外務部と両江総督に通州大興面廠などの前例に従って各税関での課税を5年間免除することを要求。
1906年1月	江蘇耀徐玻璃公司	商部は外務部に前例に従って正式の税目で徴収した後,通過税を免除することを通達。
1906年6月	北京丹鳳火柴公司①	商部は各鉄路大臣に漢口燮昌火柴公司の前例に従って,鉄道の運賃を軽減することを要求。

【出所】『大公報』1904年6月14日,8月20日,1905年2月20日,27日,28日,4月19日,『東方雑誌』第1巻6号,第2巻5号,『商務官報』光緒32年7期,『申報』1906年1月18日より作成。

【註】 ①京漢鉄路大臣はそれに同意したが,原材料費の軽減には賛成しなかった(『商務官報』光緒32年7期)。1906年8月崇文門税関は丹鳳火柴公司の製品は各都市での売れ行きが良いため従価5％の徴税以外,免税と決定した(『大公報』1906年8月12日)。

とくにここで注意を要するのは,商部はこの優遇政策を個別の企業からある業種全体に推進し拡大したことである。1905年2月商部は江蘇紳商許鼎霖,厳信厚,沈雲沛などが創立した海豊機器面粉公司に免税5年の優待を与えた際,「輸入の小麦粉は従来免税されていたが,中国製の小麦粉は出荷する時必ず従価5％の税を徴収され,原価が高くなった」ことを考慮し,今後「公平を示すために,中国商人の機械製の小麦粉は全部暫時に免税すべし」と規定した(『大公報』1905年4月19日)。同年3月6日,商部は中国商人が電燈会社を創立する時必要な機械と材料に対して,税厘の免除を上奏し許可を受けた(『上諭档』31冊15頁)。

(4) 営業独占権の付与

上述した上海機器織布局は李鴻章が免税を上奏し許可されたと同時に,「10年以内,中国商人は株式の加入はできるが,別の工場開設はできない」という特権を獲得した[41]。このような方式は日清戦争後に従来通り実施された[42]。張弼士の張裕葡萄醸酒公司はかつて15年間の営業独占権を獲得した[43]。呉金印が徳州に創立した籐や麦藁の帽子を製造する企業も,山東巡撫張人駿の1902年夏の上奏によって,他人の模造が禁じられた[44]。

商部は成立した後,先進工芸技術および機械で生産する一部新設の企業に対して,課税減免の優遇措置のほかに,一定期間,一定区域内に同様な企業の設立を許可しない「専辦」という特権も付与した(表3-5)。商部期のこの営業独占権の特徴は,まず明確に地域を限定し,その面積が大きくなく,次にその時限はすべて10年以下であることにある。たとえば1906年7月商部は北京志成紡織公司の開設を許可した際,「北京の商人は外来の生金巾を模造したが,そのための糸を外国から仕入れている。本部は商人を集めて紡績をすることを勧告するつもりであり,この利権の回収」のために,同会社に10

年間の営業独占権を付与したが,その範囲はわずか北京大興,宛平の両県内に限定された(『大公報』1906年8月2日)。

商部はこの営業独占権を新技術の発明を奨励した「専利権」(特許権)と区別していた。たとえば1904年冬,商人馬某は山東で石炭の採掘会社を開設するために商部に「専利権」を申請したが,商部はそれを調査した後,「製造ではないし,新しい方法ではないから,特許権を与えがたく,そのうえ石炭採掘を一手に引き受けてするのは独占すれすれであるから,許可できない」と回答した[45]。一方で商部は営業独占権の付与を新工芸技術の発明とつなげた。1906年4.月28日,安徽裕興機器搾油公司が提出した,安徽省潁州で20年間の営業独占権を得る要求に対して,商部はこれは「新しい方法を発明する者と異なる」と認識し,5年間だけの営業独占権を授与した[46]。これは中央産業行政機関の商部が近代企業の成長に対して助成する措置だと言える。

商部は独占の発生をなくすために営業独占権を厳しく制限する必要があると認識した(『大清新法令』第10類,実業46頁)。よって営業独占権の審査許可に対して厳格に規制した。1905年春,商人汪錫元は北通州玻璃沙料公司の開設のため,山東博山玻璃公司の先例を引用し10年間の営業独占権を請求したが,商部は許可しなかった。後に商部は汪錫元に商部工芸局のガラス課の部屋と設備を貸し,三ヶ月間の実験をさせたが,その実験は失敗に終った[47]。その前張謇,許鼎霖などは江蘇で耀徐玻璃公司,丹徒筆鉛罐公司の開設準備をした時,商部に20年間の営業独占権を要求した。しかし商部は10年のみ許可し,その区域を明確に限定した(『軍機処録副奏摺』532号2810頁)。

商部の独占を規制し自由競争を提唱しようとする政策の傾向は,1905年9月,京師丹鳳火柴公司が要求した三項目に対する拒否からも説明することができる。同会社が要求した特許権に対して,商部は「各国の特許章程によると,特別な優待を付与するのは必ず独創的な考案での創造に対することである」と回答し,同会社の製品は創造的ではないとされ,それを拒否した。同会社が提示したその他の二つの要求とは,漢口雙昌火柴公司の先例通りに[48],すでに取得した10年間の営業独占権を25年の年限まで延長し,また独占区域も順天府と直隷省の全域に拡大し,その他のマッチ会社の創業を認可しないことである。それらに対して商部が否定した理由は,「現在の中国商工業は

まだ発達していなく，会社を多く開設することによってこそ，外国資本排斥の助けになるわけである。もし丹鳳火柴公司が順天府と直隷省の全域の利益を独占すれば，そのため中国商人は前に進めなくなり，後から続いてくる外来の輸入品に対する販売禁止ができず，自ら生存の機会を縮めることになり，とりわけ道理に合わないことである。本部は商工業行政を主となって司り，全局を統一的に按配し，もっぱら公明正大を旨とする。その会社が案ずべきのは販路の広いことではなく，良品の製造にある」ことであった（『商務報』60期2〜3頁）。

表3-5　商部が付与した営業独占権

付与時期	企業名	地域と年限	創立者	投資額
1904年8月	山東博山玻璃公司	博山境域内10年	顧思遠	銀50万両①
1904年8月	江蘇耀徐玻璃公司	徐州境域内10年	張謇，許鼎霖など	銀50万両
1904年12月31日	京師丹鳳火柴公司	大興，宛平両県境域内10年	温祖筠など	銀5.5万両
1905年1月7日	丹徒筆鉛罐公司②	鎮江境域内10年	張謇など	銀10万両
1905年2月	安徽蕪湖機器織布廠	蕪湖境域内5年	李国楷	
1905年春	江蘇贛豊餅油公司	海州境域内5年③	許鼎霖，張謇など	銀30万両
1906年4月28日	安徽裕興機器搾油公司	潁州府境域内5年	程恩培	銀20万両
1906年7月	北京志成紡紗公司	丹鳳火柴公司と同じ	何復隆，高蔚光	銀100万両

【出所】『軍機処録副奏摺』532号2810頁，『申報』1904年9月30日，『大公報』1905年1月7日，10日，11日，2月20日，27日，28日，1906年8月2日，『東方雑誌』第2巻2号，5号，第3巻10号，『商務官報』光緒32年3期，12期，19期などにより作成。

【註】①元手は銀15万両であったが，引き続き銀35万両を募集した（『第1次統計表』商政）。②この会社は後に中止された。1909年夏他の商人は農工商部の批准で改めて採掘するために新しい会社を設立した（『大公報』1909年8月7日）。③同会社が申請した営業独占権の期間は20年であった（『申報』1905年4月20日）。

(5) 工芸改良と国産品販路の拡大

本書の第2章で述べた商部の直轄機構の中で，工芸局，勧工陳列所，銀器科，刺繡科などは工芸改良のために設立されたものである。商部の高官は工芸の改良と国産品の販路拡大に関し，国産品が滞貨になり，外国の製品に劣る原因は，工芸の面では「中国が拙劣で古く，彼の国が巧みで新しく，また生産効率の面では中国が遅く，彼の国が速いことにあり，国産品の値段は外国の製品より高くなった」ことを認識した (『申報』1905年12月26日)。そこで商部左参議王清穆は「考察閩粤沿海各埠商務摺」の中で「製造の方法を講ずるのは実に商務振興のかなめである」と強調した (『東方雑誌』第3巻3号)。商部は本部工芸機構の設立，製造の改良に力を入れただけではなく，全国に向けそれを提唱し，工芸の改良，機械化を指導した。

1905年1月，浙江の廩生虞輝祖などは上海科学儀器館を創設し，付設の理科講習所で各種の理化学の機械と器具を模造しようとしたが，これは商部によって許可された。同年5月，虞輝祖は百種にいたった機械と器具を北京に輸送した。商部はそれらを審査し試験した後，各省の将軍と督撫に公文書で，今後「実用の助けになり，且つ商人を奨励するために，学校の応用機械と器具は上海科学儀器館によって引く受けるべき」ことを要求した (『大公報』1905年5月21日)。翌年6月，商部は御史顧瑗が上奏した工芸工場を設立し機器を製造することに関する返書で，顧瑗の建議に同意し，「工芸振興と製造拡大について，まず機械を自ら製造し，広く伝習することから手を付けるべし」，「利権回収はこれより先にはできない」と認めた。中国の工芸技術者および留学経験者のうち独創的な機械を製造した者に対しては，商部より「その助成のために公金を酌量して貸し出し，あるいは各工場から随時に使用を予約させる」ことを提示し，工業の振興を図った (『東方雑誌』第3巻8号)。1906年10月1日，商部はイギリス駐在中国公使汪大燮の国外の機械製粉業に関する報告を各地商会に転送して，模倣するように要求し，石臼からスチール臼へ変えることを勧告した (『蘇州商会档案』第1輯261頁)。また，同年8月商部は紙巻タバコの製造，葡萄酒の醸造，製糖などの新しい方法について伊犁将軍に通達し，所属の各処に試みに実施することを要求し，地場産業の改良と商業の振興を図った (『大公報』1906年8月30日)。

前述した上海機器造紙公司が1904年5月6日に商部の上奏によって成立した後，商部は自らのあらゆる公文書はまず同会社の製品を使用し，その他にも鉄道，鉱業，商業，電報および各地の工芸局に対しても同会社の製品を皆使用することを命じ，さらに今後国家の紙幣，収入印紙も同会社に注文すべきであるとした（『大公報』1904年9月24日，10月13日）。1906年夏，商部は各省の督撫に公文書で照会し，今後「すべての製造工場，あるいは鉄道の応用機器は漢陽鉄工場が引く受けるべきである。確かにその工場が模造できなかった場合だけ，国外に発注できる」とした（『大公報』1906年8月4日）。商部の援助の下で，京師丹鳳火柴公司は「開業以来非常に景気がよくなり」，製品の売れ行きは大幅に伸びた（『大公報』1906年6月27日）。それらと同時に商部は国産品の販売拡大に対しても全般的に着目した。1906年5月，商部は再び各省の督撫に公文書を送付し，各商務局に対して迅速に地場生産品の拡大に努めさせることを伝えた（『大公報』1906年5月31日）。

(6) 国内における産業の調査

商部は「我が国の商品は非常に多く複雑であり，籠中の乱れた糸のように糸口が見つからなく，我が国の商人がばらばらになっており，部屋中に散乱したばら銭のように数えられない」という現状を考慮し，「商戦で勝ちを制する」ために産業調査をたいへん重視し，「本部は産業行政を統轄し，詳細に調査しなければ，振興の方法を施すことができない」と認識した（『大公報』1905年3月15日，5月2日）。

商部による産業調査の方式の一つは，商部から直接人員を派遣することであった（表3-6）。「商部開辦章程」と商部が初期に上奏した文書の中で，すでに同部によって「商務視察の各員を派遣する」ことが言及されている（『光緒朝東華録』総5072頁）。本書の第2章で述べたが，王清穆を1904年春から1906年春まで長江と沿海の各開港場に派遣し，地場産業の実情を視察させたほか，商部は「理財に精通する者」を派遣して他の地区を視察させた（『大公報』1903年9月29日）。その重点の一つは東北地域にある。表3-6で示したように，1905年冬から1906年春にかけて，商部は二度にわたり同部の官員をそこへ派遣し，商務を視察させた[49]。その後，魏震は再び商部から張家口

地区の産業視察に派遣され，商部にその地区に商会を設立するための根拠を提供した[50]。

表3-6　商部人員による産業視察

時期	地区	派遣された人員	内容
1903年10月	上海，漢口	商部の官員	紡績工場などの情況。
1904年5月 -1906年1月	長江と沿海各省の通商港	王清穆など	各産業の視察。
1905年11月	奉天	魏震，田歩蟾，胡宗瀛など	通商港となる地区の測量と作図。工芸の優劣，産物と売れ行きがよい商品，商会設立準備，林業会社，鉱山採掘の情況。
1906年2月	東北地域	呉振麟	商務の情況。
1906年3月	各省の通商港	商部官員	新設された各民営工場の情況。
1906年春	張家口地区	魏震	貿易，産物，中外商人の店舗。
1906年5月	喀拉喀地区	魏震	地場の遊牧など（蒙古の公爵博迪蘇と一緒に）。
1906年5月	膠州湾，青島	金某	商務および鉄道の情況。

【出所】『大公報』1903年10月24日，1905年12月2日，10日，1906年1月31日，2月24日，3月4日，5月13日，『農工商部档案』庶務司40，経費，『申報』1905年12月18日，1906年1月31日，『茹経自訂年譜』乙巳十月，『第2次統計表』，『商務官報』光緒32年1期，2期，6期，『上諭档』32冊121頁より作成。

　次に商部は各省の地方官員と商会に産業調査を実施することを勧めた。表3-7で示したように，1904年から1905年に，商部は「商部開辦章程」での計画と商部が制定した「各省商務議員章程」第8条に記載された各省の産業の実情は四半期ごとに詳細に報告し，年末に総括報告を提出するという規定に基づき，先後して「農工商綜計表」，「考察各省土貨表」，「工芸調査表」，「航路調査表」などを公布し，既定の様式に準じて，慎重に調査の上記入し商部へ報告することを要求した[51]。商部によって「上海は商務の中心地であり，輸出品と輸入品の数量が一番多く，市価の騰落と販売の消長に対して，早急に詳しく調査すべし」と見なされたことにより（『大公報』1906年5月20日），上海および江蘇は商部が産業調査を促進する重点となった。産業調査の実施について，いくつかの省では商務局による調査報告が遅れたため，商部は不満であった[52]。各地で商会が設立されるにつれ，「商会簡明章程」第8款で規

表3-7 各省の産業調査に関する商部の通達

時期	通達対象	公文書の内容
1903年10月	各省督撫	商部は各省に「開業と未開業の機器，工芸，農務，鉱山などを調査し，その関連章程を含めて商部に報告させる」ように上奏し許可された①。
1904年5月	各省督撫	農業，商工業を調査し，各局廠，学校，会社の様子を商部が頒布した「農工商綜計表」(その様式は『東方雑誌』第1巻9号に掲載)の11項目ごとに，詳しく記入させ，毎年まとめて商部に提出するように督撫に要請。
1904年7月	各省督撫	国産品の調査。農業類，動物類，鉱産類，製造類に分け，それらの品種，価値，運送経路，消費地，課税などを詳細に調査し，まとめて考究して「考察各省土貨表」に記入した後商部に提出。
1904年12月	各省督撫	商部は川蒸汽船を推し広めるために「航路調査表」を送った。
1905年3月	両江総督	所属の各地の局，工場，学校，会社，教養局，習芸所の情況を商部が頒布した「工芸調査表」とそれ以前の「農工商綜計表」および「考察土貨表説」に記入し商部に提出②。
1905年4月	湖広総督	所属の各開港場に新設された民営企業の情況を作表して商部に報告。
1905年5月	各税関監督	輸出品と輸入品に対する調査。
1905年7月	山東巡撫	開業した各局，工場，会社，学校の情況を調査表に記入し商部に提出。
1905年夏	各省	「工芸調査表」の提出を催促。
1905年12月	各省商務議員	川蒸汽船の情況を調査作図し，王清穆の提案による「航路調査表」に記入した後商部に送る。
1906年1月	両江総督	所属の各商務局に早く各会社の名称，開設時間，経営者，資本金，業績などを商部が制定した様式通りに記載させ商部に報告。
1906年5月	浙江巡撫	寧波，台州，温州の漁業の情況を調べて明らかにした後商部に報告。
1906年5月	上海道，商務総会	各商会に各種の輸入品と輸出品の数量，市価の騰落を月ごとに調査し商部に報告。

1906年5月	上海商会、天津と漢口の商務議員	各業種の商董に主要商品の時価を毎月商部に報告し、異常に変動する場合には随時に報告することを伝達するように命じた。
1906年7月	各省商会	商部は江寧商務総会総理、商部議員の劉世珩による各行の店舗の情況を調査する様式を転送し、統一してそれ通りに調査し、記入して年ごとに商部に提出。
1906年7月	黒龍江、吉林将軍	鉱産と森林を詳細に調査。
1906年9月	新疆巡撫	商務の情況、優良品や売れ行きの良い産物の情況を調査し作表して商部に報告。

【出所】 『上諭档』29冊262頁、30冊211頁、『申報』1903年11月15日、1905年4月17日、1906年7月6日、『大公報』1904年4月26日、5月31日、1905年5月2日、24日、8月1日、1906年1月6日、12日、5月13日、5月20日、10月4日、『山西農務公牘』巻4、『東方雑誌』第1巻5号、9号、第2巻7号、『商務報』36期、『商務官報』光緒32年2期、9期、『蘇州商会档案』第1輯201頁などにより作成。

【註】 ①後に袁世凱などは商部に報告したが、上海道は南洋大臣に報告した。②それまでただ直隷農務局などは前の各表に記入したが、工芸局、工場の情況は空白であった。直隷、吉林はわずかその章程だけを送り、成果については簡略に述べた。

定されている商会による産業調査を促進した。商部は商会を通して産業調査を進め、上海、蘇州などの商会で実施された産業調査は優良であった[53]。

第2節 鉄道・鉱業に関する政策とその実施

本書の第1章で日清戦争後、清朝が鉄道、鉱業を重視したことを述べた。商部も成立後これらを重要な政務の一つとした。商部が制定した鉄道、鉱業政策は、日清戦争後の下関条約によって誘発された外国資本の中国鉄道敷設、鉱山採掘への参入によって、中国が利権を大量に失なったことが背景となっていた。その過程は、『大公報』に1906年夏、秋に日本語から翻訳した「中国路鉱航運危亡史」という長文が掲載され、具体的に追跡し総括された[54]。こうしたことを契機に経済民族主義が高揚し、外国人の非望を絶やし、利権

を回復するために中国人が自ら鉄道敷設と鉱山採掘に取り組むべきだという考えが流行となった（『申報』1906年2月3日）。一方では，洋務運動後期から民間経営は官営，官督商弁や官民合弁より高く評価され，1900年代になるとその評価はさらに高くなり，「民営は弊害がない」と認識されるまでになった（『大公報』1905年6月25日）。このような認識は，鉄道や鉱業にも及んだ[55]。官営に反対し，民営が主張される原因について，たとえば広東総商会の「籌集粤漢路股章程」では，「もし粤漢鉄道が官営にされたら必ず徴税され，それは止むことがない」と述べられている。反対に民営は「鉄道敷設の費用以外出すには至らない」と認識されていた。また「官営にすればその利益は官に帰し，民営にすればその利益は商人に帰する」ことも重視された。[56]

1．民営鉄道の政策

(1)「鉄路簡明章程」

商部が鉄道事務を接収し管理し始めた後，中国各地の鉄道資本はほとんど外国からであるという情勢に直面し，「空言だけでは排斥できず，各国の民有鉄道を例にし」，中国商人を呼び集めて鉄道敷設を提唱した（『商務官報』光緒32年27期）。1903年12月2日，商部は「鉄路簡明章程」24条を上奏し許可を受けた。この章程の主旨は，「国家の大権を重んじ，中国民衆の利益を保全すること」にあり（『鉄路史資料』第3冊1059頁），「各省の官と商からの資本募集」により鉄道の幹線と支線を敷設すること，中国の鉄道敷設を依頼された外国商人に対して規定を統一することにあった。

この章程と，第1章で述べた鉱務鉄路総局が1898年11月19日に公布した「鉱務鉄路公共章程」23条を比較すると，確かに商部が上奏文で指摘したように数多くの訂正と増補が行われたことがわかる（『申報』1903年12月31日）。それはおよそ以下の三つにまとめられる。一つはもっと外国資本の拡張を制限することで中国鉄道の利権を保護したことである。商部の章程は，中国会社や外国会社を問わず中国と外国との株持ちの比率を三対七でも認可できると解釈されて施行された「鉱務鉄路公共章程」第10条を改め，明確に中国系資本による会社と外資による会社に区別して対処した。中国の会社に対

して，第6条で「株募集は総じて中国系株が多数を占め，やむを得ず外国へ譲渡する株は中国人が持った株の数より多くないように制限し」，さらに「外国への株の譲渡や外国からの借款は許可できない」と規定した。また外資系会社に対しては，第7条で「株募集の数にかかわらず，つねに必ずその株金総額の十分の三を残しておき，中国人が随時に元の値段で買える」と規定した。また，中国系民営会社が外債で鉄道を敷設することについて，同章程は条件によって制限した。第10条で会社の「機械，不動産を外債の担保とすること」を許可したが「一切土地を担保とすることができない」と規定し，借金の額は「元の予算の十分の三以内である」とした。第12条ではさらに鉄道の権益を抵当に入れて外資を借りたり，密かに鉄道敷設権を売買した者は懲罰することを規定した。第15条では外国の鉄道専門家を招聘することを許可し，それを保護すると同時にまたその監督方法を規定した。第22条では鉄道の巡査にはすべて中国人を雇用すべきことが規定された。これらの新しい規定は，当時の列強が中国鉄道の管理権，地権，人事権などを大いに侵害しているという険悪な情勢を改善するためであった[57]。

　第二に鉄道行政を商部が管轄しようとしたことがわかる。第1条で宣布されたのは，敷設中や開業中の鉄道を商部の管轄としただけでなく，「現在申請中で批准されていない」鉄道も商部の審査を待つべきこととなった。第2条ではいかなる中国，外国の官や商人でもすべてこの章程を遵守すべきことが規定され，以前の各省の鉄道章程でこの章程に違反する者は「一切施行できない」とした。商部の許可を経て敷設された鉄道は，すべて「商部が公布した『公司律』を遵守すべきであり，違反できない」とした。第5条で中国商人は外国へ株を譲渡する場合には，「商部に申請し審査を待つ以外，外務部の審査も必要である」とした。また外国商人が引き受けるかあるいは中国株を購入する場合には，外務部に報告し指示を受けるほか，「商部に報告し審査されることが必要である」とした。第10，11条では中国商人の会社が外債を借りる場合，その許可権は商部にあることを規定した。第19条では各会社は開設情況のリストを作成し年末に商部へ送り，審査を受けることを規定した。第13条では商部より許可された鉄道経営者は中外を問わずすべて許可された日より6ヶ月以内に敷設予定地の調査をし，調査終了後6ヶ月以内に着工する

ことを規定した。また軌道の幅は4.85フィート（1.435メートル）に統一した。第22条で鉄道の巡査は必ず商部および当地の将軍，督撫から配属し，勝手に雇用することは禁じた。

　第三に中国商人の会社を奨励し保護することが具体的に示された。第9条では商部が1903年11月9日の「奨励華商公司章程」の規定に重ねて中国商人の鉄道敷設を奨励することを表明した。第20条では「鉱務鉄路公共章程」の「鉄道の場合には剰余金の十分の四を公の物として」戸部に上納すべきという規定を取り消した。

(2) 各省鉄道会社の設立促進

　「鉄路簡明章程」を公布した後，商部はその実施に力を注いだ。重点の一つは各省の鉄道会社設立を促進することであった（表3-8）。商部期に15の鉄道会社が創立された。四川では官営，雲南では官民合弁，湖北と湖南では官督商弁であったが，その他の11の会社（潮汕，江西，安徽，浙江，福建，広東，新寧，江蘇，同蒲，広西および湖南全省枝路総公司）はすべて民営であった。[58]

　従来の研究では，これら鉄道会社を設立する過程で商部が果たした役割をほとんど重視してこなかった。だが，表3-8で示したように，実際11の鉄道会社は商部の上奏によって創立が許可されたのである。その中でとくに四つの会社は商部から直接指導を受けたといえる。

　最初の民営鉄道会社は潮汕鉄路有限公司であった。これは華僑商人の張煜南が1903年秋に開設準備に着手したもので（『鉄路史資料』第3冊929頁），督辦京漢鉄路大臣盛宣懐と成立したばかりの商部の支持を得た。商部尚書載振は1903年12月12日，創立を上奏した。この上奏文の中で載振は，張煜南が中国株募集による民営鉄道敷設を首唱し，華僑商人や国内の紳商が「続々つめ掛けて来る」ことになるならば，「各省の鉄道敷設が適宜に自営できるだけでなく，各省の鉱産も大いに中国株を募集することで採掘できるわけであり，大局に有利であることはまことに少なくない」と述べた。さらに彼は朝廷から両広の総督，巡撫に以下のように命じることを要求した。その内容は当地の官吏から張煜南の鉄道敷設を保護し，予定地の調査，土地の購入，材

第 3 章　商部の産業振興政策とその実施　　　　　　　　　　　119

料の運搬,工事の着工などに対して「随時に妥当に支持する」ことである(『鉄路史資料』第 3 冊 930 頁)。これらの要求はすべて当日の上諭で許可された。その後,財務処と商部は張煜南を派遣し,海外で華僑資本を募集し潮汕鉄道を敷設することにした[59]。1905 年 9 月 5 日,商部は登記済みの潮汕鉄路有限公司に許可証を発給した。

　新寧鉄路公司は商部の援助で成立したものである。アメリカで40年間鉄道事業に従事した経験を持つ華僑商人の陳宜禧が,1904 年 7 月から故郷の広東新寧で鉄道を敷設するため,アメリカ華僑から株を募集し始め[60],一年後にその額は200万元に達した。しかし広東商務局提調余乾耀はそれを妨害し,人員採用や金銭管理に対する陳宜禧の権利を奪おうとし,このことで着手できず遅延し,陳宜禧は「極めて困っている」と感じていた。1905 年秋,商部左参議王清穆は広東で商務の視察をし,このことを知ると数回にわたって陳宜禧と会見し,彼を「充分に励ました」。また商部に書簡を送り,陳宜禧の功績を力説し,もしこれが中途半端になるならば,今後「内陸の各省では商人の株の募集による各種の会社の設立はありえない」とし,商部に陳宜禧を代表者として新寧鉄路公司を創立することを許可するように求めた[61]。そこで1905 年 11 月 7 日,新寧の紳商は陳宜禧を総理に選挙し,審議のうえ同会社の章程を定めた。後に陳宜禧は上海に行き,その関連事項について王清穆と直接面談した。翌年初め,商部は商人の利益を保護する立場から,両広総督岑春煊が商部へ電報で提出した同鉄道が完成した後,一定の期限を超過すれば「国家の財産に改めて帰属させる」という建議を否定した[62]。商部はその関連する情況を調査し,1906 年 2 月 14 日同会社の設立を上奏して許可を受けた。その約二ヶ月後,商部はさらに同会社の保護を要求し,訂正を加えた「新寧鉄路章程」を上奏して許可を受けた(『商務官報』光緒 32 年 3 期)。

　浙江の民営鉄道会社は設立準備計画中に商部の指導を受けた。1903 年 10 月,浙江の商人李厚祐は「商辦杭州鉄路公司」の設立を計画した。しかしその路線と1898年夏総理衙門から認可され,盛宣懐が議定書の草案に調印していたイギリス系企業からの借款で敷設する予定の蘇杭甬鉄道(蘇州から杭州を経由して寧波まで)の路線は部分的に重なっている。1904 年秋,上海に駐在していた商部左参議王清穆,右参議楊士琦がこれを知ってから,李厚祐に

「たびたびその関連情況を尋ね」、商部からの「切に配慮している意」を伝えた。李厚祐などは「ますます感奮し」、上海駐在のそのイギリス系企業の代理機構と交渉していた。同年冬、王清穆、楊士琦の指示で、「主権保護と商業資金確保のために」、李は関連する詳しい情況を商部尚書載振に報告した(『鉄路史資料』3冊999～1000頁)。商部官員のこのような態度および粤漢鉄道利権回収運動の影響で、1905年になり、浙江の紳商は蘇杭甬鉄道の草案破棄を要求しはじめた。同年8月、浙江出身で北京の官員であった黄紹箕などは商部に対し浙江鉄道の自営を文書で要求し、署両淮塩運使湯寿潜を総理候補に推薦し、候補四品京堂の劉錦藻を副総理候補とした。この要求は同月26日に商部が上奏し許可を受け、湯寿潜は四品卿衛を授与された。その後、商部は商法に基づいて湯、劉二人による同会社の章程の草案を改訂し、1906年7月4日に上奏し許可を受けた[63]。その後、同会社が株を募集し、線路を測量し、土地を購入する際、商部は湯寿潜、劉錦藻に照会し、もしも当地のごろつきや有力者から阻害されたら、商部がすぐ公文書で浙江巡撫にそれを調べて処罰するよう要求することを表明した(『商務官報』光緒32年10期)。

江蘇の鉄道会社は利権回収運動のブームにのり、商部の直接指導の下で創設された。1905年9月粤漢鉄道が回収され自国の敷設になった後、江蘇に隣接している浙江で民営鉄道会社が商部の上奏で設立された。これらのことによって商部一等顧問官である張謇をはじめとする江蘇の紳商は非常に励ましを受け、1905年4月に着工されていた滬寧鉄道は盛宣懐によるイギリス借款の受け入れが多すぎ、蘇杭甬鉄道と同様に契約を廃棄して自国敷設にすべきだと主張した。同年11月江蘇の紳商は文書で商部に盛宣懐では衆望をつなぎ難いとし、商部左参議王清穆を滬寧鉄道の正監督に推薦することを伝えた。また北京の江蘇出身の官員たちは連名の公文書で商部一等顧問官張謇を滬寧鉄道の会弁に推薦することを商部に要求した[64]。翌年2月27日商部は秘密の電報で、蘇州商務総会の「蘇省商辦蘇南鉄路有限公司」の開設準備に関する要請に返答した際、「鉄道のことは重要であり、素早く丁重に図るべし。これを各紳商に伝え、しっかりと計画し、『蘇省鉄路公司』と改めて設立を準備するように。それから公文書で商部に報告し、商部は再び審査決定する」ことを明確に指示した(『蘇州商会档案』第1輯769頁)。ここで重視すべきなの

は，商部のこの指示は蘇州商務総会の以前の請求に不満足であり，さらに江蘇での民営鉄道の範囲を同省南部から全省へ拡大したことである。3月5日商部はまた同商会に打電し，「早く総理，協理を選挙し，簡明章程を制定する」ように指示した65)。しばらくして出身地が江蘇である商部章京阮惟和は開封・海州間鉄道の敷設準備を要請する文書を商部に提出した。それについて協議するために，商部は両江総督，江蘇巡撫，河南巡撫へ打電した（『鉄路史資料』第3冊1006頁）。商部とその官員のこれらの活動は江蘇での民営鉄道事業を推進した。1906年5月江蘇出身の北京の官員と在籍の紳士惲毓鼎など256人は「蘇省鉄路有限公司」開設のため，商部右丞王清穆を総理，商部一等顧問官張謇を協理に公選した。同様な考えは江蘇出身の工部尚書陸潤庠も文書で商部に表明した。このようにして，商部は5月25日同会社の創立を上奏して許可された。6月24日商部は同会社に総理への関防を発給することを上奏した66)。

　他の民営鉄道会社の設立に対して，商部は代わって上奏するという決まりきった公務だけではなく，その前には「公司律」に基づいてそれぞれの章程の制定を督促し訂正し，実際の資本金と責任者および董事会の構成を審査した。こうした一連の厳格な手続きをした後にはじめて，そのための上奏や関防の発給を行った。各省の督撫による上奏で設立された各鉄道会社に対しても，商部は指導した。たとえば「鉄路簡明章程」が公布された後，商部はそれを署四川総督錫良に送付した。錫良はすぐ上奏し，川漢鉄路公司が「一切商部の章程に基づいて先に中国商人の株を募集する」ことを表明した（『申報』1904年3月9日）。1905年春，商部は外務部や戸部と共同で，同会社の章程を訂正し上奏した67)。また1905年5月，雲貴総督丁振鐸は雲南省の鉄道会社の創立を上奏した後，四川・雲南間鉄道の敷設準備のために商部の指導を要求した。商部は先に資金を集め，路線測量と請負工事をしばらく猶予するよう回答し（『大公報』1905年6月15日），翌年同会社の株募集章程を訂正した。

　当時，各省の鉄道会社の多くは，最初に同省出身の北京の官員が連名で創設を呼びかけた。公選された各会社の責任者（総理，総弁，協理など）はほとんど退任や在任の官吏であったから，商部は上奏する時「派令」という言

葉を使い，彼らに路線の測量，資金の募集，土地の購入，着工などの要点を

表3-8　商部期に設立された各省の鉄道会社

企業名	設立時期	提案者	商部の開設促進
川漢鉄路総公司①	1903年7月	署四川総督錫良	錫良は1903年7月計画準備を上奏。同年冬商部は「鉄路簡明章程」を錫良に送った。1905年4月15日商部は戸部，外務部と共同で審査した同会社の株募集章程を上奏。
潮汕鉄路有限公司	1903年冬	華僑商人張煜南	商部は1903年12月12日上奏し設立許可を受けた。張煜南は総弁。
湖南全省枝路総公司②	1904年6月	湖南紳士龍湛霖，王先謙	湖南巡撫趙爾巽の開設提案に返答するため，1904年6月5日商部は外務部と共同で上奏。その中で先に常徳・辰州間鉄道を株の募集で敷設する要求に賛成し，外国からの借款計画を否定。
江西全省鉄路総公司	1904年11月	江西出身の北京官員李盛鐸など111人	商部は1904年11月18日に上奏し設立許可を受けた。在籍前江寧布政使李有棻が総理に公選された。その後商部は同会社の章程の制定を命令。1905年6月14日商部はその章程を上奏して許可され，関防を発給。
滇蜀鉄路総公司	1905年5月	在籍紳士陳栄昌，羅瑞図など	1905年5月15日雲貴総督丁振鐸が上奏し，計画準備の許可を受けた。商部は1906年3月同会社の株募集章程を改定。
安徽全省鉄路有限公司	1905年7月	安徽出身の北京官員呂佩芬など	1905年7月14日商部は上奏。候補四品京堂，駐滬随辦商約大臣李経方が総理に公選。同年8月26日関防を発給。
浙江全省鉄路有限公司	1905年8月	浙江出身の北京官員黄紹箕などと浙江の紳商	1905年8月26日商部は上奏。元両淮塩運使代行湯寿潜を総理に，候補四品京堂劉錦藻を副総理に。1906年7月4日商部は同会社の章程を上奏。
福建全省鉄路有限公司	1905年9月	福建出身の北京官員張亨嘉など	1905年9月25日商部は上奏。元内閣学士陳宝琛を総理に。1906年12月17日関防を発給。
新寧鉄路有限公司	1906年2月	華僑商人陳宜禧	1905年10月王清穆は電報で商部に陳宜禧を総理に推薦。1906年2月14日商部

第3章　商部の産業振興政策とその実施　　　　　　　　　　　　　　123

			は登記許可を上奏。同年4月25日「新寧鉄路章程」を上奏。
広東全省粤漢鉄路総公司	1906年4月	広州総商会、九善堂など	1906年5月1日両広総督岑春煊は上奏し設立許可を受けた。鄭観應を総弁に公選。同時に商部に登記請求の公文を送った。
江蘇省鉄路股分有限公司	1906年5月	在籍紳士惲毓鼎と江蘇出身の北京官員	1906年5月25日商部は上奏し登記許可を受けた。商部右丞王清穆を総理に、張謇を協理に公選。同年6月24日商部は関防の発給を上奏。
同蒲鉄路有限公司	1906年6月	山西在籍翰林院庶吉士解栄輅、李廷颺など33人	山西巡撫張曾敭が1905年8月19日計画準備のために上奏。1905年9月商部は同会社の章程の制定を催促するために山西巡撫に打電。1906年6月4日商部は上奏し登記許可を受けた。元甘粛布政使何福堃を総弁に選挙。
湖南全省鉄路有限公司	1906月7月	同省商会協理陳文瑋、坐弁周声洋	1906年8月3日商部は上奏。順天府府尹袁樹勲を総理に選出。元江西按察使余肇康と候選道張祖同を協理に公選。
広西鉄路有限公司	1906年9月	広西出身の北京官員陳嘉晉など68人	1906年9月5日商部は計画準備を上奏。広西提学使于式枚を総理に、候補四品京堂左宗蕃を協理に公選③。

【出所】　『鉄路史資料』第3冊930頁，987頁，1054頁，1056～1058頁，1098頁～1099頁，1119頁，1123頁，1135頁，1147～1148頁，『大公報』1904年1月8日，12月27日，1905年7月12日，8月5日，8月9日，9月19日，10月31日，1906年2月23日，6月7日，7月25日，『申報』1905年4月18日，9月5日，1906年1月20日，『商務官報』光緒32年3期，5期，6期，12期，16期，『東方雑誌』第2巻3号，第3巻1号，『上諭档』30冊191頁，31冊69頁，89頁，110頁，132頁，32冊114頁，『光緒朝東華録』総5375頁，5400頁，5519～5520頁，『清季外交史料』（光緒朝）巻173，『郵伝部奏議分類続編』路政などにより作成。

【註】　①川漢鉄路総公司は1907年3月4日錫良の上奏によって商法に基づき「商辦川省川漢鉄路有限公司」に改名された。②粤漢鉄道を回収した後，湖南全省枝路総公司は活動を停止した。③于式枚は後に郵伝部侍郎に転任した。1907年3月梁廷棟を協理に選挙。1907年7月6日商辦広西鉄路辦事公所が設立されたが，広西鉄路有限公司は結局成立しなかった（『鉄路史資料』第3冊

1139頁，1145頁）。④1906年2月に設立された湖北商辦粤漢，川漢股分鉄路有限公司は湖広総督張之洞の上奏文による官督商弁である。

商部の章程に基づいて「妥当に計画準備し，商部に報告すべし。商部はそれらを詳しく審査し上奏することで，事権を統一する」ことを要求した。また注意すべきなのは江西全省鉄路総公司開設準備を審査し批准した際から，商部は各民営鉄道会社（安徽，浙江，福建，同蒲など）の経営者に「三年以後に成果が挙げれば，即時に酌量し奨励することを上奏する。長い年月の間に功がないならば，鉄道行政を重視するために商部がその職務を剥奪することを上奏する」と明確に規定した。これは数年後，郵伝部が各省民営鉄道を整頓することに直接の影響を与えたといえるであろう。

表3-8の中で列挙した鉄道会社以外，商部は他の地域の鉄道会社の開設を準備することに努めた。1906年3月6日商部は陝西，甘粛での鉄道敷設準備の情況を上奏した（『清徳宗実録』巻555）。同年8月商部はロシアが黒龍江，吉林の鉄道に手を付けることを免れるため将軍程徳全，達桂に早く鉄道会社を計画準備し，詳細な章程を商部に報告するように打電した（『大公報』1906年8月11日）。商部のこれらの努力は，郵伝部時期にそれらの地域での鉄道会社の正式の成立のために基礎を作ったのである。

2．鉱業政策

(1) 関連章程
 1)「暫行鉱務章程」

商部成立以前，清朝の上諭によって許可され公布された鉱業の関連法規は，前述した鉱務鉄路総局の「鉱務鉄路公共章程」23条以外に，1902年3月外務部が上奏し許可を受けた「籌辦鉱務章程」19条がある（『申報』1902年6月3日）。後者の章程は，中国の鉱業へ参入する外国資本に対する制限が前者の章程よりかなり緩やかである点に特徴がある。たとえば①中国資本による経営のほか，外国資本による経営あるいは中外合資による経営も認可した（第5条）。②許可証を発行した後，着工するまでの期限を従来の半年から一年へ

と延長した（第7条）。③各鉱山の現場では巡査として中国人のみを採用すると規定したが，「採鉱工場内での機械の管理，帳面の経理には必ず外国人を招聘し任命しなければならない」とした（第15条）。この外務部による章程に対して，当時外国商人は外国資本のみで土地を購買し鉱山を採掘できることを喜んでいたということであった[68]。しかし当時湖広総督張之洞，両江総督劉坤一および会辦商務大臣盛宣懷など，清朝の高官たちの一部は外国資本に対してこの外務部の章程は制限が少なすぎると異議を唱えた。その後，劉坤一と張之洞は上奏で「各国の鉱業法を受け入れ，詳しく参酌し，章程を十分に相談する」ことを要求した[69]。1902年8月12日の上諭はそれに同意し，またこの両名を新章程作成の責任者とし，「利権を守るために弊害なく実行できる」と期待した（『上諭档』28冊177頁）。当時の世論も「鉱律」は詳細に制定すべきであるとした（『申報』1903年7月18日）。1903年恩科陝西郷試の試験問題の中で，中国の鉱山開発は「中外合資という名義だが，実際には外国株数が多くて中国株数が少なく，外国商人の権益が大きくて中国商人の権益が小さく…流弊ははなはだ大きい」と真っ向から批判した（『申報』1903年10月6日）。

　商部は1898年と1902年の二つの章程を「皆修正し増補すべきところがある」とし，張之洞による西洋の鉱学関連図書の翻訳，編纂は「時日がまだかかる」ため，「暫行鉱務章程」38条を立案した。これは1904年3月17日に上奏し許可された（『東方雑誌』第1巻3号）。

　商部が立案した「暫行鉱務章程」の特徴を総括すると，一つ目は外国資本に対する制限が回復し強化されたことである。その内容は前述した「鉄路簡明章程」の外国資本を制限する関連規定に類似している。たとえば外国人へ譲渡する株数が中国人の保有する株数を超えることを禁じ，さらに外国人への株譲渡のほかに外債の借入も禁じた（第16条）。中国の鉱業資本家が仮に一時的に外資を借入れざるを得ない場合においても，本来の株価総額の三割を超過してはならず，かつ鉱区内の土地を借金の抵当とすることを禁じ（第17条），違反者は処罰することになっている（第18条）。二つ目は商部が全国の鉱業を集中的・統一的に管理する地位を確立したことである。中国商人，外国商人を問わず，その鉱業経営の各段階ごとに，商部の管轄を受け，新しい

章程を遵守しなければならないことが規定された。商部は人員を鉱区へ派遣し経営台帳を調査することができる（第36条）。中国商人が地方官から鉱業事務の不当な処理に直面した際には，商部による調査を具申することができる（第28条）。三つ目は鉱業の管理に対してさらに整然と筋道を立て，具体化したことである。たとえば許可証は試掘許可証と採掘許可証の二種類に分け（第2条），試掘（第7～12条）と採掘（第13～15条）の二種類の情況に応じてそれぞれ異なる規定を作成した。試掘許可証の有効期限は1年とする（第8条）。採掘許可証の有効期限は30年とし（第30条），認可された期日より6ヶ月以内に着工すること（第24条）。さらに鉱区面積は30平方里以内とした（第4条第5款）。この外に鉱区への鉄道支線の敷設（第22条），鉱税の軽減（第34条），鉱区樹林の保護（第32条），外国人技師の保護と監督（第26条）などに対し新しく規定した。

　商部による「暫行鉱務章程」の対象は，主に資本金が「万金」以上の金属鉱産および機械で採掘する炭鉱であり，資本金が「万金」以下の伝統的な方法で採掘する石炭の小鉱山は対象外とした。しかしその石炭は「日用炊事の必需」であるため，商部は1905年1月，小鉱山の採掘者に対して資本金の規制を緩和すること，小資本による鉱業経営を認可することを各省へ文書で通達し，民衆の生活需用に適応するようにした[70]。

　2)「鉱政調査局章程」

　商部が中国鉱業に参入している外国資本を規制した原因の一つは，当時「各省の鉱産は外国人によって勝手に採掘され，あるいは悪者によって密売されている」ことがあったためであった（『大公報』1905年9月24日）。1905年6月24日商部は各省の不正商人が密かに鉱産を売ったことを厳格に調べるように上奏した（『軍機処録副奏摺』532号3252～3254頁）。その後両江総督周馥は二回にわたって，江南地域の鉱産を調査し，株を募集して開発し，鉱産の密売を厳禁するように上奏した（『申報』1905年9月6日）。商部はその二つの上奏文に返答する際，中国固有の自然資源を開発するために「鉱業の振興は重要であり」，各省では早くそれをすべきであり，まず鉱政調査局を設立し，鉱産調査から始めるべきだと指摘した。また各省督撫の選んだ委員を商部が鉱務議員に任命することを主張した[71]。

「鉱務暫行章程」の補充として，1905年11月27日商部は「各省鉱政調査局章程」24条を上奏し許可された[72]。この章程は二つからなる。一つは「辦事之法」（1～15条）である。それは主に鉱政調査局の構成，職責，権限，経費などについて規定している。また，それまで「設立された鉱務総局および査鉱公所などをすべて鉱政調査局に改組すべし」と命じ（第1条），勝手な鉱山の採掘や売買を厳禁し（第7，8条），外国人の技師を監督し（第9条），各省の「既存の鉱山」に対する改良を奨励する（第3，13条）ことなどを規定した。もう一つは「勘鉱之法」（16～24条）である。それは主に実地踏査と試掘についての順序，方法および技術的要求などを具体的に規定した。

(2) 鉱山開発の促進

1) 鉱産調査と開発の督促

この章の第一節で述べた産業に対する商部の調査の中では，鉱業調査に関する内容が含まれていた。それ以外には，商部は各省に対してとくに鉱産の調査と開発を督促した（表3-9）[73]。

表3-9 鉱産調査と開発に対する商部の督促

時期	通達対象	公文書の内容
1904年春	各省督撫	「査報鉱務総表」を送った（その様式は『東方雑誌』第1巻5号に掲載）。
1905年1月	各省督撫	鉱業法編纂のため鉱産，鉱脈，鉱物分類を調べて商部に報告。
1905年5月	陝甘総督	利権保護のため早く鉱産を調べ，商部章程に基づいて計画し商部に報告。
1905年5月	山西巡撫	採掘された炭鉱，鉄山などを調べ一覧表にして商部に報告。
1905年9月	両江総督	江南地域で採掘された鉱山を「鉱務総表」に記入し商部に報告。
1905年9月	各省督撫	「各省鉱産表」を送った。鉱産を調べた後記入。
1905年10月	湖広総督	利権保護のため，湖北各府の鉱産を迅速に調べ，試掘し，採掘すべし①。

1905年10月	伊犁、熱河、雲貴、陝甘	速やかに人員を派遣し当地の鉱脈を詳しく試掘し商部に報告。外国人の非望から逃れるために必ず資金を調達し採掘。
1905年12月	陝西巡撫	延長県の地下埋蔵石油開発のための詳細な章程と株数を商部に報告②。
1905年12月	湖南巡撫	綏寧銀鉱を早く調べる。採掘できれば,商人に呼び掛け開発すべし。
1905年12月	各省督撫	各地の紳商に勧告し,年内に早く東北地域に行き,そこの鉱山を開発。
1906年1月	河南巡撫	鞏県の鉱産を表に記入し作図し,商部に報告。
1906年1月	各省督撫	両江総督周馥の要請によって商部は各省に中国資本を集めて江蘇古楼岡金鉱を採掘することを要求。
1906年2月	各省督撫	表に記入された各省の金属鉱産物について,鉱質分析のためにすべてサンプルを採取し商部に送る。
1906年3月	貴州巡撫	民営のために貴州の鉱産を表に作り商部に報告。
1906年3月	奉天将軍	早く人員を派遣し奉天義州などの炭鉱を調べ商部に報告。
1906年3月	新彊巡撫	塔城の石油の質量,株数,採掘方法,章程などを表に作り商部に報告。
1906年4月	吉林将軍	琿春銀鉱の開発状況を商部に報告。
1906年春	黒龍江将軍	早く金牛山など六ヶ所の金鉱を開発し,利権を守る。
1906年5月	陝甘総督	利権を回収するために早く人員を派遣し羌代などの錫鉱山を試掘し商部に報告。
1906年5月	伊犁将軍	利権保護のため,庫車などの石油を試掘し,密かにロシア人に売っているかどうかを調べ迅速に商部に報告。
1906年5月	湖南巡撫	利権を握るために早く彬州鉱山を開発。
1906年7月	奉黒吉将軍	開発中の鉱産が1%くらいなので,鉱産が多い地域の開発計画をたてる。
1906年夏	江西巡撫	徳化鉄鉱を早く開発するように株を募集。

【出所】 『申報』1905年9月30日,10月13日,21日,31日,12月12日,1906年1月8日,7月10日,『大公報』1905年1月23日,5月15日,17日,12月26日,28日,1906年1月9日,2月9日,3月10日,11日,22日,4月20日,24日,5月9日,15

第 3 章　商部の産業振興政策とその実施　　　129

日，22 日，7 月 12 日，『光緒朝東華録』総 5396 頁，『東方雑誌』第 3 巻 6 号などにより作成。

【註】①その後張之洞は鉱産が一番多いという荊州，鄖陽，宜昌の鉱山を表に作り商部に報告した（『申報』1905 年 10 月 20 日，『大公報』1905 年 11 月 30 日，12 月 9 日）。②その後陝西巡撫曹鴻勲は技師を招聘し延長石油を試掘しており，数ヶ所の金鉱を調べ，楊宜瀚などを日本へ考察に行かせ，それを湖北と共同で開発準備するなどのことを商部に報告した（『申報』1905 年 12 月 26 日）。

商部の督促は成果があった[74]。表3-10から各省が商部に報告した鉱産調査の情況がわかる。調査された項目は企業名，鉱区面積，鉱物の種類，経営方式（官営あるいは民営），技師の有無，採掘方法，資本金の状況などがあった。

表3-10　商部に報告した各省の鉱産調査

時期	報告者	公文書の内容
光緒 29 年 12 月	熱河都統	鉱産の表と報告書
光緒 30 年 4 月	陝西巡撫	同上
光緒 30 年 10 月	雲南巡撫	同上（貴州を含む）
光緒 31 年 3 月	新疆巡撫	同上
光緒 31 年 4 月	陝西巡撫	同上
光緒 31 年 11 月	北洋大臣	同上（直隷のみ）
光緒 32 年 1 月	奉天商務局	同上
光緒 32 年 1 月	河南鉱政調査局	同上
光緒 32 年 3 月	湖北鉱政調査局	同上
光緒 32 年閏 4 月	両江鉱政調査局	同上（江蘇，安徽，江西三省）
光緒 32 年 5 月	黒龍江将軍	同上
光緒 32 年 8 月	湖南鉱政調査局	同上
光緒 32 年 9 月	四川鉱政調査局	同上
光緒 32 年 9 月	両江鉱政調査局	同上（安徽の続報）

【出所】『第 1 次統計表』工政，『大公報』1905 年 4 月 22 日，『申報』1905 年 4 月 5 日〜8 日，10 日，1906 年 1 月 19 日などにより作成。

2) 鉱山開発の審査

商部による審査の重点は主に各鉱山の関連章程が商部の規則に符合すること，鉱区の範囲，株金の真偽および額，外国株の有無などにある。以下はそれらの例である。

1905年安徽蕪湖晉康公司の呉徳懋が要求した強山炭鉱の開発を商部が再審査する理由は，その上申書が商部の規則に符合しなかったためである（『大公報』1905 年 9 月 22 日）。

　1905年商人沈寿康が直隷宣化府鶏鳴山炭鉱の開発を申請したが，商部はその鉱区面積が商部の基準に合わなかったため，沈に改めて正確な境界線を定めなければ，許可証を発給しないと返答した。後に沈寿康は商部の要求通りに処理しその試掘許可証を取得した[75]。

　1906年江西巡撫が公文書で康托山炭鉱の開発を商部に要求したが，商部はその詳細な章程および資金調達と株募集の方法が不明確なので，再度商部に送付するように催促した（『大公報』1906 年 3 月 10 日）。商人閃国勲が昌平州仙人洞金鉱の開発を上申したが，商部はその投資額が不明で，しかも少額では金鉱の開発が不可能であるため，1906年春それを再び報告することを要求した（『商務官報』光緒32年1期）。後に商部はこれを許可し試掘許可証を発給した（『商務官報』光緒32年6期）。商部に否定されたのは往々に株金不足や不実なケースであった。1906年直隷宛平県黒豆港炭鉱の開発を要求した商人姚栄寿の上申に対して，商部は天津と上海で募集したという株（銀12万両）の株主の氏名が提出されておらず，自己資金（銀5千両）も不実であるため，拒否した（『大公報』1906 年 4 月 4 日）。

　商部は商人李培雨が株の募集によって順天府九龍山炭鉱を開発することを批准した後，1905年11月ベルギーへその株を譲渡したといううわさを新聞で知り，即座にそれを調査するように命じた[76]。翌年春商部は甘粛黒爾嶺鉛鉱山の開発に対して，ロシアへ株を譲渡することがなければ登記できると返答した（『大公報』1906 年 5 月 11 日）。

　上述した例から商部の審査がかなり厳格なものであったことが分かる。「鉱務暫行章程」38条では商部が鉱業の振興を急いでいたことを表明しているが，その後商部は各商人が申請した鉱山の開発について否定することが多かった。先行する研究では，このため商部の鉱業政策に対して批判的なものが多かった。しかし実際の原因は鉱産を外国人に個人が売買することを防止するためであり，また民間で多額の鉱山開発資金を募集することはかなり困難なためであった（『申報』1906 年 7 月 30 日を参照）。このほか商部は鉱山開発の申請

を審査する際，「地方官の返書で判断する」ということであったが，「地方官は保守的な者が多く，頑固でない者は少なく」，つねに「いろいろ差し障りがある」と返答したことであった[77]。このような情況は各省で鉱政調査局が設立され，商部により各省の鉱務議員が任命された以後，改善されるところとなった。

商部の審査は厳格であったが，完全な統計ではないがそれによると，商部に審査を申請した鉱山は50ヶ所に上った[78]。その中で採掘許可証と試掘許可証を発給された者は半数以上であった。表3-11，3－12を見れば，商部の鉱業政策が民営重視で行われていたことがわかる[79]。しかも採掘が許可された鉱山では，資本金が銀1万両とそれ以下の者が多く，金鉱，硫黄鉱各1ヶ所を除けば，そのほかはすべて炭鉱であった。この点からも，商部が民間の中小資本で炭鉱を開発することを軽視し排斥したという考えは成立しない。

表3-11 商部から発給された採掘許可証

年次	所在地	鉱物	経営方式	投下資本額	経営者
光緒30年	熱河朝陽県小塔子溝	金鉱	民営	株，銀4万両	黄宝森など
光緒31年	奉天海龍県杉松岡	炭鉱	同上	銀2万両	張紹華など①
	奉天錦州大窯溝	同上	同上	銀1万両	王岐山
	直隷曲陽県野北村	同上	同上	株，銀4.8万両	陳念新など②
	直隷阜平県炭灰舗村	同上	同上	株，銀2千両	周万然など
	安徽涇県窯頭嶺	同上	同上	銀2万両	張栄舜
	安徽繁昌県強家山	同上	同上	銀1千両	呉徳懋
光緒32年	奉天鉄嶺県大台山	同上	同上	銀1万両	錫珍など
	直隷阜平県老母堂凹など	同上	同上	銀2千両	張玉琯③
	直隷曲陽県白石溝	同上	同上	株，銀5万両	孫進甲
	山西陽曲県王封山	硫黄	官商合弁	銀1万両④	劉篤敬
	安徽東流県坦埠柴	炭鉱	民営	銀1千両	方時涵など
	安徽東流県泉水塘など	同上	同上	銀1千両	呉瀾照⑤
	安徽貴池県瑯山柴など	同上	同上	銀1万両	劉世琛など⑥
	安徽繁昌県幢山寺など	同上	同上	銀2.5万両	呂宝賢⑦
	安徽広徳州翎猪洞など	有煙炭	同上	銀3万両	楊錫琛など⑧

【出所】 『第1次統計表』工政，『東方雑誌』第3巻6号，『商務報』69期17～18頁，『大公報』1905年3月26日などにより作成。商部から採掘許可証を取得したが，後に閉山した者は含まない。

【註】①経営者が10名いるので個別に10枚の許可証を発給。②その採掘許可証の様式は『支那経済全書』第10輯464頁と465頁の間にある。1907年7月10日農工商部工務司の給照官王曽綬などは陳念新による株の銀6万両の中に外国人の株がないことを確認したので,新しい採掘許可証を発給した(『天津商会档案』上冊1197〜1200頁)。③柏樹林炭鉱,東岸子炭鉱を合わせて三ヵ所(『商務報』66期1頁)。④商務局による銀3千両,株募集銀7千両。⑤別に大楓山炭鉱があった。⑥別に梅精山など三ヵ所の炭鉱があった。⑦後に霊山寺炭鉱は農工商部から採掘許可証を取得。⑧別に梁家山有煙炭があった(『大公報』1905年10月17日,『東方雑誌』第3巻12号)。

表3-12 商部から発給された試掘許可証

年次	所在地	鉱物	経営方式	投下資本額	経営者
光緒31年	熱河灤平県潮河川	金鉱	民営	株,銀1万両	呉景毓
	安徽天長県冶山	炭鉱と鉄山	同上	銀1万両	何象彭など
	江蘇上元県棲霞山	炭鉱	同上	銀8千両	何鉞
光緒32年	順天昌平州石梯溝	同上	同上		李永寛①
	順天昌平州勾勾崖	銀鉛鉱	同上		閃国勲
	順天昌平州仙人洞	金鉱	同上		閃国勲②
	直隷張家口庁馬連圪達	炭鉱	同上	株,銀1万両	張文炳など
	直隷阜新県饅頭山	同上	官営		関内外鉄路局
	直隷独石口庁黒坨山	銀鉱	民営	銀5千両	王永成
	山東臨朐県葫蘆山	金鉱	同上	銀2万両	金世昕
	江蘇上元県幕府山	炭鉱	同上	銀4千両	銭源

【出所】『第1次統計表』工政,『商務官報』光緒32年6期,20期,光緒34年1期などにより作成。

【註】①1908年2月15日,商部は試掘の期限を6ヶ月延長する申請を批准した(『商務官報』光緒34年1期)。②1908年2月11日,商部は試掘の期限を6ヶ月延長する申請を批准した(『商務官報』光緒34年1期)。

3)鉱業保護,奨励,改良の政策や措置

1906年1月商部は各省で地上に露出している鉱脈を踏査し試掘させたが,往々にして悪質な者たちが風水(占い)にかこつけ,故意に妨害し,個人的に売買することがあったため,各鉱務局に対して後に同様なことがあれば,当地の督撫に報告すると共に,商部へ報告するように要求し,鉱山の開発阻止を厳しく懲罰するように上奏した(『大公報』1906年1月4日)。1906年6

月商部は各省督撫,将軍および都統に文書で通達し,商部は「商務保護を重視し,鉱産開発の申請が商部によって批准された商人に対して,許可証を発給するほかに,必ず当地の官員に鉱山保護を公文で送付する」ことを重ねて表明した。また「各省では商部が発給した許可証および商務保護の文書を軽視していた者が多い」ことを批判し,「各地方官に切実な商務保護を厳しく命じる」ことを要求した(『大公報』1906年6月15日)。同年商部は各造幣局が銅貨鋳造の増加による銅不足のため,みな銅を海外から輸入しているが,それは大きな損失だとし,「奨励銅鉱章程」を立案し,各省督撫に人員を派遣し銅鉱を実地調査して早く採掘するように要求した(『大公報』1906年2月3日,10月27日)。

　商部の「暫行鉱務章程」第34,35条には鉱税に関連する規定がある。これは鉱務鉄路総局の「鉱務鉄路公共章程」第21条[80]と外務部の「籌辨鉱務章程」第6条より鉱税の軽減が見られ(表3-13),とくに各鉱山に対して鉱物採掘税,輸出税を完納した後にその他の税をすべて徴収しないことを規定した。しかし各省では鉱山に対して「徴収した厘金などの税が往々に商部の規則に従っておらず,鉱物採掘税,輸出税以外,口実を設けて増税した」。典型的な事例として,山西の王封山硫黄鉱がある。商部は1905年8月湖南試用道劉篤敬が同鉱山を開発することを許可し,同部の「暫行鉱務章程」に基づき厘金を免除することに同意した。しかし山西巡撫は山西では洋関,常関がないとの理由で同鉱山の免税措置に反対した。商部は中国商人が「石炭などの鉱山開発を申請した件は以前より多くなった」が,「外国から輸入した石炭に対する徴税が軽く,中国商人の力が不足である」ことを考慮し,1905年12月17日山西巡撫の要求を否定することを上奏して許可を受けた。その上奏文の中で,商部の章程に基づき納税後は地方通過税などを全部免除すべきこととし,各省の将軍,督撫が鉱物徴税の不正請求を禁じ,「商人の困難に同情するように」要求した[81]。1906年夏,商部は各省督撫に対し,鉱税が一定ではないという状況を改善し「勝手に規則に違反してはならない」ことを通達した(『大公報』1906年6月24日)。また各省が商部へ鉱産の輸出税についての情況を報告しないので,各省督撫に徴収額を一覧表にして四半期ごとに商部へ報告するように電報で要請した(『大公報』1906年7月27日)。

表3-13 鉱物採掘税に対する商部の軽減措置

鉱物分類	「籌辦鉱務章程」の規定	「暫行鉱務章程」の規定
石炭,鉄,アンチモン鉱,明礬石,ホウ砂など	従価5%の税を徴収	従価5%の税を徴収
石油,銅,鉛,錫,硫黄,辰砂など	従価10%の税を徴収	従価7.5%の税を徴収
金,銀,白鉛,水銀など	従価15%の税を徴収	従価10%の税を徴収
ダイヤモンド,水晶など	従価25%の税を徴収	従価20%の税を徴収

　前述したように，商部は従来の方法で小鉱山を開発し，鉱権を保有することで外国商人の非望を排斥することを支持した。1906年5月商部は再び各省の将軍，督撫に通達し，従来の方法で小規模な炭鉱を開発し，かつ開発土地面積が1平方里以内の者に対して，試掘，採掘許可証を発給する際に必要な費用を半額にすると宣言した（『大公報』1906年5月6日）。そのほかに商部は機械による新しい採掘方法をも提唱した。1904年夏，商部は広東商人黄宝森などが銀1.5万両を募集し熱河の金鉱を暫時従来の方法で試掘し，必要であれば機械を購入し採掘するとのことに同意し，許可証を発給した（『大公報』1904年7月18日）。約一年後，同鉱は「従来の採掘方法では利益が得られなかった」ため，黄宝森と鄭文業は上海へ行き，機械を購入することを商部に報告した[82]。1904年2月，商部はアメリカの石油の採掘と精製の新技術を詳しく紹介した小冊子を北洋大臣などへ送付し，「油田があれば，外国の方法を採用すべき」であり，株募集で会社を設立するように建議した（『大公報』1904年12月下旬各日）。1906年夏，商部は塔爾巴哈台大臣が当地の油田の開発に必要な機械を購入し，油田開発を改善するために人員を日本へ派遣することを批准した[83]。

註

1) 農業,鉱工業,商業三者の内どれをまず発展させるかという議論は,当時意見の不一致が認められた。1903年9月26日の『大公報』によれば,商部の取り組みは「まず銀行と鉄道,鉱業から着手した」と報じている。1905年2月17日付けの同報の「商部奏定新章五章」という広告では,「商部は中国の国力を振興する重要な機関」であり,その産業行政には「水上運輸の拡張,鉄道の敷設,会社の設立,商会との連絡,鉱山の採掘などの重要な点」があると記載されていたが,同年3月28日付けの同報の論説では,「中国当務農戦説」というテーマで異なる見解を示している。1906年7月16日付けの『商務官報』に掲載されている日本留学卒業生であった同報編集者の汪有齢の「論中国宜求為工業国」という論文はアメリカの例を挙げ,農業国から工業国への転換の必要を訴え,「農業だけで国富を増進するのはとても難しい」とし,「今産業振興にはまず必ず工業を重んずべきだ」と断言した。

2) 『大清新法令』第10類,実業。この二つの法規が脱稿後,1903年12月29日に商務大臣を辞職する前の袁世凱と協議された。

3) 『第1次統計表』によると,商部期における登記済みの会社の中で株式会社の数がもっとも多かった。ある官民合弁の企業も民営化された。たとえば江西景徳鎮瓷器公司は元々同省巡撫柯逢時によって上奏し設立された官民合弁の企業であったが,後に江西候補道李嘉徳と江海関道瑞澂が「商人が公金を受取ることにより職権に不平等が生じることを危惧したため,官民合弁を適当ではない」と判断し,商法に基づいて株式会社に改め適切な章程を制定することを決定した。その後,元上海商務総会総理であった曽鑄などによって改名し開設された商辦江西瓷業有限公司は農工商部から許可を得た。『商務官報』光緒32年21期,張謇研究中心・南通市図書館編『張謇全集』(江蘇古籍出版社,1994年) 第6巻578頁,『端忠敏公奏稿』巻8を参照。

4) この条文は株募集の会社によってよく引用された。たとえば「上海機器造紙有限公司章程」,「福建全省鉄路有限公司章程総則」,「湖南省商辦粤漢鉄路有限公司招股章程」などであった(『大公報』1904年10月13日,『鉄路史資料』第3冊988頁,1035頁など)。

5) 『東方雑誌』第1巻5号。1906年夏,商部は「商人の個人経営による局,廠,商店」向けの「独資商業 註冊呈式」を公布した(『商務官報』光緒32年11期)。農工商部は引き続きそれを重ねて声明し執行した(『申報』1910年4月23日)。

6) 『上諭档』32冊98頁,『商務官報』光緒32年8期。当時「破産律」については各地の銭荘商人も異議を申し立てた。江蘇商会は張謇を通して同年7月21日に商部へ打電し,上海,寧波,鎮江の銭業商人が「破産律」の延期を要求した意見を伝え,

漢口の銭業商人もその中の多くの条項に反対した(『申報』1906年6月23日,7月26日,9月24日,10月1日,7日,8日,11月2日,『大公報』1906年8月7日を参照)。しかし商部は張謇および上海商会に宛てた書簡で,「破産律」が「不都合であるならば,施行してこそ証拠を得ることができる。条文を見るだけで,にわかに全て通用しないと判断すれば,公平の議論ではない」とした(『商務官報』光緒32年12期)。1907年冬,農工商部はこの「破産律」を訴訟法,商法と統一して編纂するため法律館にわたすことを上奏した。

7) 『上諭档』30冊134頁,『大清新法令』第10類,実業。また,1904年8月17日～18日の『大公報』に「商標 註冊試辦章程細目」23条が掲載された。

8) *Document Illustrative of the Origin, Development, and Activities of the Chinese Custums Service*, p.402 (総税務司署統計科による刊行),『大公報』1904年4月23日。

9) 『大公報』1904年9月30日,11月8日,16日,『支那経済報告書』第4号33頁(明治41年6月30日),外交史料館所蔵『外務省記録』通商門産業類6項第15号,22号。

10) 中国第一歴史档案館所蔵『外務部档案』4468号,『大公報』1905年6月13日,『申報』1905年11月15日などを参照。

11) 後に農工商部は,商部の新しい章程に対する中国駐在各国公使の承認を得るため,努力したが,中国駐在フランス,オーストリアの公使はそれをやはり「障害となるところがある」としていた(『大公報』1906年12月18日)。本書の第5章第一節,崔志海「中国近代第一部商標法的頒布及其夭折」(『歴史档案』1991年3期)を参照。

12) この章程が公布された後の同年8月,商部は上海商務総会の江蘇,浙江,安徽,江西,湖南,湖北,直隷などの省での商船総会の開設計画を積極的に支持した(『大公報』1906年8月17日)。

13) 『東方雑誌』第1巻5号,『大公報』1904年6月13日,14日。北京各業の商会については,『歴史档案』1991年4期,前掲虞和平著『商会与中国早期現代化』164頁を参照。

14) 『大公報』1905年2月19日,20日,『茹経自訂年譜』甲辰。

15) 『天津商会档案』上冊4～5頁。『大公報』1905年1月20日,2月10日を参照。

16) 『第1次統計表』商政。『大公報』1904年5月11日を参照。

17) 『大公報』1904年7月19日,『上諭档』30冊79頁。徐鼎新,銭小明著『上海総商会史(1902～1929)』(上海社会科学院出版社,1991年)59～66頁を参照。

18) 『大公報』1905年2月17日,9月15日,10月20日,『東方雑誌』第2巻7号,『商

第3章　商部の産業振興政策とその実施　　　　　　　　　　　　　　　137

務官報』光緒32年15期。
19)　『上諭档』31冊95頁,『光緒朝東華録』総5376～78頁,『商務官報』光緒32年15期,『大公報』1906年2月12日,『通商彙纂』第42号14～26頁(明治43年8月1日)などを参照。
20)　『申報』1905年10月12日,11月5日,11日,『大公報』1905年11月20日。陳の代わりとして邱曾瓊が協理に選挙された。
21)　『商務官報』光緒32年4期,『大公報』1906年5月24日。
22)　『大公報』1906年8月21日。商部の厳しさは地方大官にも影響を与えた。たとえば杭州拱宸の商人は警察総巡の穆某を総理に公選したが,巡撫張曾敭は「商部の章程に合わない」ため,認可しないように同省商務総局に命じた(『申報』1906年2月21日)。
23)　寧波商務総会の総理,協理は楊士琦の報告によって商部に登記された(『第1次統計表』商政)。
24)　この三つの商務総会の総理と協理が後に農工商部によって承認された。
25)　『商務官報』光緒32年2期,7期。陶氏は1906年3月その職に就任した。
26)　たとえば山西同蒲鉄路有限公司のそれであった(『鉄路史資料』第3冊1122頁)。この章程の第1条(顧問官を世襲できる),第2,3条(商務議員を世襲できる),第16条などの規定に関する批評は,1904年12月15日の『大公報』に掲載していた「論商部奨励華商公司章程」という論説を参照。
27)　『大公報』1904年5月19日。このことは政治的名誉回復と関係があるから,当時国内外で大きな反響を呼んだ(『大公報』1904年5月28日などを参照)。
28)　『大公報』1905年10月5日,『申報』1905年10月15日,『第1次統計表』商政。
29)　『申報』1905年5月27日,12月4日,27日,『大公報』1905年6月14日,12月20日,『商務報』第67期27頁。
30)　『大公報』1906年5月20日。光緒32年1期の『商務官報』によると,後に商部は不正な金品要求から守るために,劉樹屏が外国商人の例にならって紙巻タバコの税金を納付することができることを批准した。しかしこの会社は1908年に負債で倒産した(『大公報』1908年9月15日)。
31)　その中で,事件結審までにかかった時間を計算すると,二ヶ月以下のが8件,二,三ヶ月くらいのが9件,四,五ヶ月くらいのが4件,六,七ヶ月くらいのが6件,九ヶ月から十一ヶ月くらいの件が7件,一年以上の件が4件である。
32)　『大公報』1905年12月15日,『申報』1905年11月29日。
33)　『大公報』1906年3月22日。1906年5月,商部は元商部郎中で,奉天商務議員に転任した陶大均による「暫行商訟章程大綱」に対して「かなり称賛した」(『大公

報』1906年5月24日)。
34) 『商務官報』光緒32年6期,『上諭档』32冊86〜87頁。
35) 当時張之洞はこれに対し異議があった。1904年1月,商部が彼に商部の行政方針について意見を求めた時,以下のように答えた。「工芸は,官は勧めることができず,商のみが勧めることができる」。「会社の開設を官が勧告するのは,絶対無益である。取れる大利があり,資金の募集ができれば,おのずから恐れずに会社を開設する。官の勧告を待つには及ばない。自信がなければ,勧告されてもできない」(『張文襄公全集』巻221書札8)。
36) 『大公報』1906年5月24日。『商務官報』光緒32年2期,3期を参照。
37) 彭澤益編『中国近代手工業史資料(1840〜1949)』(三聯書店,1958年)第2巻520〜576頁。
38) 『大公報』1904年10月13日。同会社の総董の7人の中で,厳信厚,祝大椿,呉少卿,蘇葆生などは上海の紳商層の重要人物であった。
39) たとえば1895年5月張弼士が煙台で創設した張裕葡萄醸酒公司の免税3年の申請は,直隷総督王文韶が上奏し許可された(汪編『近代工業史資料』第2輯999頁)。
40) 『大公報』1904年6月14日。しかし1908年春になり,崇文門税関は北京で販売する商品のすべてに対して「落地税」を徴収することを上奏し許可された。呉金印もそれまでの免税優遇を失った(『商務官報』光緒34年6期)。
41) 厳中平著『中国棉紡織史稿』89頁,科学出版社,1963年。
42) 前掲彭澤益編『中国近代手工業史資料』第2巻260〜265頁。南京国民政府期にも工業奨励の法規の中には「準在一定区域内有若干年之専制権」という奨励の方法があった。中国第二歴史档案館編『中華民国史档案資料彙編』(江蘇古籍出版社,1991年)第5輯第1編2〜7頁,113〜120頁を参照。
43) 農工商部期になり奉天,直隷,山東省でも15年間の独占権を獲得した。同会社の章程は『商務官報』光緒33年2期にある。『東方雑誌』第4巻12号,『第1次統計表』農政を参照。
44) 『申報』1902年8月5日。後に山東巡撫は公文書で外務部,戸部および商部,北洋大臣に通達した(『大公報』1904年4月13日,7月1日)。
45) 『大公報』1904年12月4日。類似の事例については『商務報』65期,『東方雑誌』第3巻10号,『商務官報』光緒32年7期,12期などを参照。
46) 『商務官報』光緒32年3期。1904年,附生厳鐘崙が資金を集めて四川五通橋でガス会社を創立し,新法を実験することに対して,四川総督はもしその効果が大きかったら,商部に30年間の特許権を申請することになると認識していた(『大公報』1904年7月22日)。当時各省の督撫は直接商人の「専利」を許可したことがある。

商部は1905年10月と1906年夏,公文で各省に通達し,今後「専利」申請の件については すべて商部によって審査されるべしと表明した(『大清新法令』第10類,実業46頁,『東方雑誌』第3巻6号,『申報』1905年11月24日)。

47) 『大公報』1905年4月4日,『商務報』68期,『商務官報』光緒33年5期。

48) その会社は湖広総督張之洞の批准で25年以内ほかの商人が湖北境域内マッチ会社設立不可という営業独占権を取得した(『東方雑誌』第3巻8号)。

49) 『農工商部档案』庶務司40,経費。『申報』1906年1月31日を参照。『茹経自訂年譜』乙巳十月によれば,1905年「呉振麟,魏震などが東三省へ派遣され,各種の実業を視察した」。

50) 『商務官報』光緒32年6期。当時北京・張家口間の鉄道は着工したが,蒙古公爵の博迪蘇が提案した張家口・庫倫間の鉄道の計画が西太后に重視された。魏震の調査によって張家口地区での中国商の店舗が1037に上り,英国,ロシア,ドイツなどの商社が17であることが明らかになった。その調査の結果から,1906年夏商部は張家口が「実に重要な商品の集散地であり」,北京・張家口間の鉄道が竣工した後,北方の蒙古とロシアに対する貿易のかなめとなると予測し,商戦で勝ちを制するために商会の設立は「他の地区より重要である」とした。そして商部は直隷総督に「商会簡明章程」を地場の官吏に転送し,確実に商会設立を勧告し,その情況を商部に報告するように要求した。1908年9月張家口商務総会の総理,協理の人選が農工商部で許可された(『申報』1906年2月10日,『商務官報』光緒32年6期,16期,『大公報』1906年11月3日,『東方雑誌』第3巻13号,『第2次統計表』商政)。

51) 1906年10月商部は新しい産業調査表を計画した(『大公報』1906年11月6日)。

52) 商部の督促の下で,1904年秋山東省農工商務局に付設された物産調査所がそれを専門に担当し,商部の様式に基づいて植物,動物,工産,鉱産の4種,27細目に分けた詳細な様式を作成した(『東方雑誌』第1巻9号)。

53) 『商務官報』光緒32年4期,前掲馬敏・朱英著『伝統与近代的二重変奏――晩清蘇州商会個案研究』151頁。

54) 『大公報』1906年8月3日,4日,10日,19日,22日,9月6日,11日,10月3日。

55) 1906年2月13日の『申報』に掲載された「鉄路官辦民辦平議」という文章は,欧州と日本の鉄道業では「初めに民業であったが,後に多く官業になった」経験から,「創立する際民間に任せ,開業した後政府によって買収されるべきだ」と主張している。

56) 『大公報』1906年2月27日。『申報』1905年11月14日の「論督撫之不当督辦鉄路」という文章は官と商の実業に対する三つの相違点を列挙し,「兼職の多くは我が国の官界の大害だ」とし,南洋大臣が盛宣懐の滬寧鉄道大臣の職に取って代わる

という盛宣懐の建議を批判した。『申報』1907年10月19日の「論浙路擬帰官辦之謬説」という文章を参照。

57) 19世紀末から20世紀初にかけて中国が各種の鉄道利権を失ったことについて,楊勇剛著『中国近代鉄路史』(上海書店出版社,1997年)第2章第4節を参照。

58) 『商務官報』光緒32年27期,『鉄路史資料』第3冊1022頁,王清穆「中国商辦鉄路痛史」(同氏著『農隠廬文鈔』巻1所収)。

59) 『大公報』1904年1月8日。『申報』1903年12月25日,1904年1月4日を参照。

60) 林金枝著『近代華僑投資国内企業概論』172頁,厦門大学出版社,1988年。

61) 『鉄路史資料』第3冊946頁,『大公報』1905年10月31日。

62) 『大公報』1906年1月11日。『申報』1905年12月25日,29日,31日を参照。

63) 『清徳宗実録』巻547,『東方雑誌』第3巻1号。商部に上奏された「浙江鉄路公司章程」は『大公報』1906年7月26日,8月1日,2日に掲載。湯と劉による同会社の章程の草案は『申報』1905年10月3日,4日,6日,8日,9日に掲載。

64) 『大公報』1905年11月25日,『申報』1905年11月14日,27日。『張謇全集』第6巻564頁(1905年12月31日の日記)を参照。

65) 『蘇州商会檔案』第1輯770頁。その語気と署名から推測すれば,この電報は商部郎中唐浩鎮から送られたものであろう。唐は出身地が江蘇無錫であり,その後に江蘇鉄道会社設立のための商部への意見書に署名した。4月25日彼は上海で立憲派の重要人物である鄭孝胥と会見した。

66) 『上諭檔』32冊83頁,98頁,『商務官報』光緒32年5期,『光緒朝東華録』総5519〜5520頁を参照。1910年5月8日郵伝部は同会社の章程に基づき,同会社の株主会の選挙で王清穆,張謇を元の職務に再任することを許可した(『郵伝部奏議分類続編』路政15〜16)。

67) 『大公報』1905年5月9日,『鉄路史資料』第3冊1061頁。1907年3月4日錫良は商法によって「商辦川省川漢鉄路有限公司」と改名することを上奏した。『錫良遺稿』(中華書局,1959年)第1冊653頁を参照。

68) 『光緒朝東華録』総4941頁,『中外商約交渉函電稿』上冊79〜80頁。一方で外国商人はこの章程では「徴税が重過ぎる」とした。この章程では鉱税を落地税と出口鉱税に分け,税関で出口鉱税を納税した後「地方通過税をすべて免除する」とする(第6条)。鉱山採掘に必要な機器,資材を輸入する際,税関で納税するほか「地方通過税免除」とし,国内で資材を購入し鉱山現場へ輸送する際にも,「地方通過税免除」とした(第9条)。

69) 『清朝続文献通考』考11347〜11348,『愚斎存稿』57巻19頁,『劉坤一遺集』第6冊2673頁。

70)『申報』1905年1月31日,『東方雑誌』第2巻3号。商部のこの公文は「鉱務暫行章程」の付属文書となった。
71)『光緒朝東華録』総5396頁,『申報』1905年10月21日。
72)『上諭档』31冊192頁によると,『光緒朝東華録』総5438頁ではこの上奏文の日時を光緒31年10月丙寅と書き違った。『商務報』第69期を参照。
73) 1905年5月4日の『大公報』の論説は商部と各省督撫が共同で人員を派遣し露出している鉱脈を試掘し,技師を招聘し,株を募集し採掘すべしと提唱した。
74) その一部分として広西と東北の関連情況が1905年3月31日と同年12月29日の『大公報』に掲載された。
75)『大公報』1905年3月18日,7月21日。しかし,後に沈は商部の密売を禁止する規則に違反したため,1906年5月商部はその試掘許可証を返却するように命じた(『商務官報』光緒32年3期,8期)。
76)『商務報』66期。『申報』1905年11月15日を参照。
77)『大公報』1904年12月23日。同じ日付けの新聞に掲載された「論商部宜賛成紳商開鉱」という文章では,商部は鉱山開発を申請する商人に対して,もし「人目を引きつけてこまかし欺くこと」がないと確認したら,即座にそれを批准すべしと建議し,「鉱産を密かに外国人に売ることを厳禁すべきことのほかには,一切規制を緩和すべきであり,一つの金や石炭の塊も外国人の手に入らないように民間に私有される方がいい」と呼びかけた。
78) 年度別に数えると,光緒29年1ヶ所,光緒30年10ヶ所,光緒31年15ヶ所,光緒32年(9月まで)24ヶ所(『第1次統計表』総綱を参照)。『歴史档案』1991年4期49頁,52〜54頁によると,商部が各地の鉱山を審査した後に試掘と採掘許可証を発給した数は,光緒30年に5枚,光緒31年に31枚(もしも奉天海龍杉松岡炭鉱を1ヶ所とすれば,21枚になる)。
79) 当時地方大官の中でも、たとえば1905年8月27日両江総督周馥と江蘇、安徽、江西三省の巡撫は連名で両江地域の官有の石炭、銀、銅、鉄などの鉱山を改めて株募集で開発するように上奏した(『軍機処録副奏摺』532号2026頁,『申報』1905年12月14日)。
80) それは正式の納税以外,各鉱山の営業利益金の2.5割を戸部に上納することを規定していた。
81)『大公報』1905年12月28日,1906年2月25日,『申報』1905年11月14日,1906年1月8日。
82)『申報』1905年10月31日,『大公報』1905年12月27日。
83)『大公報』1906年7月5日。当時各省もまた商部に鉱山開発の技術的な改良とそ

の指導を望んでいた。たとえば1906年8月伊犁将軍は商部に巴哈台喀図山の金鉱は品質が高いので,同鉱山の開発経費はすでに準備したものの採掘方法がよくなく困難な情況であることを伝え,商部に詳細な技術規則を求め,改良して利益を求めようとした(『大公報』1906年8月8日)。

第4章　農工商部への改組

第1節　改組の背景と原因

　1906年11月6日,清朝は中央官制の改革に関する上諭を公布した。その内容の一つは「工部を商部に編入し,農工商部へ改組する。汽船,鉄道,電信,郵政については専門的機関を設立すべきであり,郵伝部と命名する」ということであった(『上諭档』32冊196頁)。

　この改組は実際上工部が消失したことと,農工商部には交通業に対する管理権がないことを意味している。そのために慶親王奕劻などが1906年11月2日に上奏した「内閣,部,院官制節略清単」の中では,「農,工,商は富強の源である。既存の商部は本来農工をも兼ねて管轄すべきである。わずかに商のみと名づけたのでは,その意義が不十分である。よって名を正しく農工商部と改名すべきである」と解釈していた。また「汽船,電信,交通,郵政は専門的な部を設立しなければ,その運営は効き目がないため,工部を郵伝部に変えるべき」だとした[1]これ以前,出使各国考察政治大臣の戴鴻慈と端方は1906年8月25日に「全国の官制を改定し,立憲の予備とする」ことを上奏した際,農業,工業,商業を「それぞれ職能ごとに分けるべきであり,それにより適切な対策を講ずることができる。しかし目下農学,工学などはまだ深く研究されておらず,専門家の数もかなり不足しているため,イギリス,イタリアなどの制度を模倣し,(農業,工業,商業を——筆者)既存の商部がすべて管轄することが望ましく,後に増設することを考慮する」とした(『端忠敏公奏稿』巻6)。彼らが述べたこれらの原因以外には,商部を農工商部へ改組することには,以下のように幅広い背景がある。

1．産業発展上の必要性

　商部成立後の三年あまりの間に，中国近代産業の発展が見られた。これは鉱工業の面に顕著である。それについては本書の第3章で述べた。その他には，各省の鉄道会社が成立した後，さらに株を募集し，あるいは路線を測量し，敷設工事に着工する者もあった。資本金額については，1906年の時点で粤漢鉄路公司が銀 6,432,384.64 両であり，香港ドル 1,421,264.97 元であった（『鉄路史資料』第3冊1055頁）。川漢鉄路公司が銀600万両であった[2]。敷設工事に着工した鉄道には1905年9月から前後して潮汕鉄道，新寧鉄道，粤漢鉄道（1906年夏，広州黄沙から敷設し始めた），浙江鉄道（光緒32年9月，杭州・楓涇間の一段から着工した）などがあった。[3]

　水上運輸業では商部期における関連企業の設立総数は日清戦後期より少なかったが，年度別の平均にすれば，その数は12であり，甲午戦後期の毎年9より多かった（表 4-1）。

表 4-1　1895年～1906年中国水上運輸業の企業数

日清戦後期	年次	1895	1896	1897	1898	1899	1900	1901	1902	合計
	設立数	3	10	10	13	11	7	7	11	72
商部期	年次	1903	1904	1905	1906					
	設立数	8	13	17	11					49

【出所】　杜恂誠著『民族資本主義与旧中国政府（1840－1937）』32頁，478～485頁より作成。

【註】　起業の資本額は1万元以上である。これらの企業の中で浙江商務利用公司は1897年設立され，官輪船局を付設し，官督商弁であり，1902年設立された九江豫章商輪公司は官営である。その他にはすべて民営である。

　近代産業の発展にともなって中央産業行政機関である商部の行政担当に調整が必要となった。商部は行政遂行過程の中で，確かに既存の各行政機関との間に矛盾があった。1906年，商部左侍郎唐文治が言ったように「既存の各

部の名義はすべて商部の管轄する事務と差し障りが無いではない」という状態だったのである(『茹経堂奏疏』巻2)。その中で目立ったのは工部と戸部であった。

2．工部の職能の縮小および商部と戸部の矛盾

　工部の職能は商部成立後，縮小していった。工部銭法堂の下の宝源局は造幣機構であり，その職能が戸部の宝泉局と類似していた。1903年9月，商部尚書載振は工部宝源局と戸部宝泉局を商部に編入しようと計画した(『大公報』1903年10月1日)。それは当時実現できなかったが，二年後の1905年10月に戸部と財政処の上奏で工部宝源局が戸部に併合された[4]。1904年1月25日の上諭は，練兵は急務であるにもかかわらず軍費の調達が難しいため，工部と内務府に「すべての緊要でない工程を停止し，その一部の費用を融通し急用に役立てること」を命じた(『上諭档』29冊367頁)。鹿伝霖は工部尚書を代行した際，1904年冬工部の料估所など五つの機構を撤廃することを上奏し批准された(『申報』1904年12月27日)。1905年5月7日の上諭は，商部左侍郎陳璧と鉄良を一緒に景陵，隆恩殿工事および東陵，西陵工事の責任者に任命した(『清徳宗実録』巻544)が，陵墓の営繕は本来工部の管轄であった。工部の飯銀処は同年夏，廃止された(『大公報』1905年8月21日)。

　1906年から工部を撤廃すべきだという議論が出始めた(『大公報』1906年1月30日)。同年5月御史王歩瀛は「商部が設立されたからには，工部は無用なものとなった。工部の管轄はただ営造に過ぎなく，その官職の存在には浪費が多かった」ため，工部を廃止し，その営造の関連事務を内務府に編入すべきであり，あるいは欽工処を新設し工部に代えることを上奏した(『大公報』1906年5月24日)。同年8月閩浙総督端方も上奏し，公共事業や宮廷の営繕を新しい部に帰属させるべきであり，「責任がかかってはじめて体制は乱れず，工部という役所は取り組むべきことがすでにない」とし，早く廃止すべきだと主張した(『端忠敏公奏稿』巻6)。その後，工部の廃止が朝廷の議事日程に入れられた[5]。

　工部を廃止する理由のもう一つは，その腐敗がひどかったことにあった。

清末の各中央行政機関の中で，工部は「二百年あまりの間に悪人や悪事をかくまうところ」といわれ，とくに品行が正しくない官員は工事の管理を利用して着服し，「無い物をある物とし，一の支払いに百を支出した」という（『籌備立憲档案』上冊478～479頁）。1905年末，工部は本部事務の整頓に関する上奏文の中でも「営造を司り，以前から実費よりも多く付け込み，労働力と材料をピンハネするなどの弊害があった」と反省した（『東方雑誌』第2巻12号）。また工部での賄賂の悪習も甚だしかった。1904年11月25日，商部が工部主事栄光を免職すべきだと上奏したのは，彼が商人周啓霖の炭鉱開発許可の上申のために，商部郎中毛祖模へ書簡で周による銀500両の賄賂の意思を伝えたためであった[6]。

工部と違い，商部の職権は相当広かった。本書の第3章から商部が商工業，鉄道と鉱業の面で大きな力を発揮したことがわかる。だが，農務の面では商部の成績には限界があった。その原因の一つは戸部が従来農業を司り，開墾と養蚕を管理する権限があり，商部の平均司の職能と重複していたことにあった[7]。それだけではなく，商部はその職権を農業，商工業，鉄道，鉱業以外の領域に広げた際，戸部と矛盾した。

戸部は「銭糧の中心」といわれ（『光緒朝東華録』総5474頁），全国財政を管理する総機関であるが，各省から戸部への納金が遅延し（『大公報』1906年8月12日，28日），国庫金が不足し，往々に商部が産業を振興するための必要を満たせなかった。そこで商部は1906年5月25日，商業模範銀行の開設を準備することを上奏し，同部右丞王清穆，右参議煕彦をその総理の候補者として推薦し，とくにその目的はこの前成立した戸部銀行と「助け合う」ことだと説明した（『商務官報』光緒32年5期）。しかし，その後に戸部と財政処は上奏文で反論し，「銀行は全国の財政と関わり，戸部の専任である」ため，戸部は中央銀行と他の銀行を「皆統轄する権力を持つべき」だと強調した。さらに日本正金銀行の経験を援用し，総理が株主による選挙ではなく商部による任命であるのは「商業銀行の方法に合わなく」，たとえ総理を任命するにしても，戸部に任せるべきであると主張した。戸部と財政処のこの意見が上諭によって認可された（『光緒朝東華録』総5530～5531頁）。

戸部に対して，商部の職権拡張があった。塩政は従来戸部で管理されてい

たが，商部は二回にわたって各省の塩政を「商部に統轄しようとする」こと を計画した[8]。また直接直隷の製塩事務を公文で指示し(『大公報』1904年12 月26日)，沿海各省に塩業の整理，塩の品質改良および販路の拡大などのこ とを電報で要求した(『大公報』1906年8月3日)。1903年山東巡撫周馥は山 東の塩を商人で請け負い，ウラジヴォストークへ輸出することを上奏したが， 戸部の異議で実現できなかった。後に直隷の塩商人は日本商人と株式会社を 設立し，ウラジヴォストークへ塩を販売しようとし，商部は「商業を興すた めに塩の輸出は国産品の輸出の発端だ」と認識し即座に許可した。しかし戸 部は塩政が国の課税に関わり，外国商人が塩を輸入し内地へ販売する可能性 があるという理由で，急に商部にその許可を変更するように通達した。商部 は「戸部が頑固で旧習を守り，外国事情を知らない」とした(『大公報』1904 年6月19日)。

以上の事例から，商部と各中央行政機関との関係という問題を解決するた めには，さらに中央官制に対する改革の力を借りる必要があったことがわか る。

3．中央官制の全体的改革と農工商部

本書の第1章ですでに述べたように，1901年の政務処，外務部の設立は清 朝中央行政機関の改革の始まりである。これに続き1903年4月に財政処が， 9月に商部が設立された。1904年には学務処が設立された。1905年10月に 巡警部が設立され，同年12月には学務処が改組され学部となった。1906年5 月税務処が設立された。しかし従来の各中央行政機関については，1902年2 月詹事府と通政使司を廃止したほか，基本的には改変されていない。このよ うに新しい機関を増設するが，既存の機関は廃止しないという改革方式は， 実に戊戌時期の行政改革に対する康有為の提案をまねたものに過ぎないが， また戊戌変法中に突然多くの古い官衙を廃止した結果，大反対を招き改革そ のものが失敗したという教訓を活かした面もある。

しかし新しい機関を増設するが既存の機関も保持することは，一時的に矛 盾を回避したに過ぎず，旧機関は余分な存在となる(たとえば商部に対する

工部，税務処に対する戸部，学部に対する礼部などである）。新しい機関の職能は，対応する旧機関の機能と多かれ少なかれ重複していた。新しい機関はその職能が実施され拡大していく過程の中で，対応する既存の官衙と矛盾が生じるのは必然であった。このようにして新しく増設された機関を成長させ，既存の機関を廃止しようとする傾向が生まれた。たとえば「商部開辦章程」の中に記されたいくつかの職能が戸部や工部と重複していた。このため商部がこれを試行した際，相互間でつぎつぎに矛盾や衝突が生じた。このような矛盾や衝突が中央行政機関のシステム全体に影響し，改革を推進する動力の一つとなった。当時，既存の中央官制を改革すべきことは徐々に時論の認識となっていた。フランス駐在中国公使の孫宝琦は1904年2月に上奏文で，官制改革の問題に対して「鉄道，鉱業が商部に隷属すべき」であることを認めると同時に，「学務，農務，郵政，電信は皆専門的な部を増設すべき」だと建議した（『大公報』1904年2月24日）。1905年春『大公報』は「振興中国何者為当務之急」というテーマで作文を募集する際，この新聞の編集者は「教育と実業を当面の急務とすべき」だという観点に対して「政体が変わらなければ，根本は堅くならず，教育，実業が興されても上と下の隔たりは以前のとおりである」（『大公報』1905年4月28日）と強調した。

　中央官制の全体的改革を刺激した外因の一つは，1905年日本がロシアとの戦争に勝利したことである。中国の世論はこの理由を日本は立憲であるがロシアは専制であるためだとした。このような世論の影響を受けながら，戴鴻慈，端方と載澤，尚其亨，李盛鐸などの大臣が朝廷から派遣され，それぞれ前後して1905年12月19日，1906年1月14日に上海から日本やアメリカ，ドイツ，イギリス，フランス，北欧各国，オーストリア，ロシア，イタリア，オランダなどの国々へ各国の憲政の考察に出発した（『籌備立憲档案』上冊1～24頁を参照）。1906年8月，戴鴻慈，端方は帰国すると直ぐに官制の改革を立憲の準備とすることを上奏した[9]。官制の改革が立憲より先行すべきだという理由については，1906年9月1日の上諭では「現在規則・制度が備わっておらず，民衆の教育水準が低い」ため，「長年の弊害を取り除き，責任を明確に定めることは必ず官制から着手すべきだ」と指摘されていた（『籌備立憲档案』上冊43～44頁）。この上諭より先に，朝廷の会議でも「既存の各行政

機関は権限が不明確で，それぞれの責任をはっきり持っていないので，必ず先に官制を改良しなければならない。その後に立憲のことに着手しやすい」と認識されていた（『大公報』1906年8月22日）。また官制改革の基準とは，権限を区分し「それぞれの責任をはっきりさせる」ことであった（『籌備立憲档案』上冊464頁）。これは当時公文書では常用語となっていた。

　ここで注意すべきなのは，商部高官の載振，唐文治，王清穆，楊士琦なども立憲と官制改革を積極的に主張したことである。商部と既存の各中央行政機関との関係を調整するのは困難であるため，載振は早くも1905年11月27日に「官制を改定し，責任を明確にさせる」ことを上奏していた[10]。同年，「日本を模倣し立憲政体へ変え改める」と主張した唐文治による「請立憲折」が上奏された（『茹経堂奏疏』巻3）。載振はさらに端方などと共に西太后に対して，高官を海外へ派遣し憲政を考察させることを進言し，また商部の官員6名を選出して随行させることにした[11]。1906年3月，商部右丞王清穆は西太后に召見された際立憲の実行を奏請した（『申報』1906年3月22日）。「宣示予備立憲先行釐定官制」という上諭を公布した翌日の1906年9月2日，朝廷は載振を官制編纂大臣の一人に任命した（『上諭档』32冊129頁）。その直後，北京海淀の朗潤園に編纂官制局が成立され，楊士琦は同局の責任者の一人に任命された（張一麐『古紅梅閣筆記』）。

　1906年9月，朝廷は「擬定官制大綱」を公布し，ようやく旧来の各部を新しい部へと変改することを宣言した[12]。その内容は戸部を財政部（後の度支部）へ，刑部を法部へ，兵部を陸軍部へ，工部を交通部（後の郵伝部）へと変改するものであった。数年前に設立した部についても調整することを計画した。商部を農工商部へ酌量・改組し，巡警部，工部および戸部の一部を併合し内政部（後の民政部）へ改組する。このことには抵抗があったが，勢いからみて中央官制の全体的改革を実行しなければならないことを示した[13]。

第2節　改組の過程

1．商部と工部の合併

立憲にはまず官制改革から着手すべきであり，官制改革にはそれぞれの責任を明確にすることが必要であるという認識に基づいて，1906年11月6日清朝は中央官制改革の上諭を公布した。これは実質上軍機処を中心とした君主専制体制を改変するわけではないが，千年の歴史を持つ六部の伝統的な体制は十一部の新体制へ改変することを宣言した。その内容の一つは工部が商部に併合され農工商部となったことである。この上諭が公布された後，工部を統合する準備が始った。しかしこの大変革は順調に運んだわけではなく，まして各中央行政機関の官吏の利益を調整し新たに配属しなければならないという問題が生じた。

工部の職位数は本来他の各部より多く，農工商部に編入される前の時点で，候補者を合わせて350名あまりとなっていた[14]。農工商部は全員を受け入れることは困難であり，同部は「工とは専らに工芸のことをいい，従来の工部の工という文字の意味とは違う」とし，工部の組織については，「年間経費の増加のために，ただ水利事業からの収入がかなり多い都水清吏司のみを接収管理する」つもりであった。この知らせが伝わると，直ぐに元の工部の人員は「驚き慌てて頼るところを失う」状態となった（『大公報』1906年11月14日）。このような抵抗を軽減するために，農工商部は1906年11月20日に上奏し，工部はしばらく元どおりの状態で維持し，二，三ヶ月経過した後，「一切の公文書，図籍および国庫金などをはっきり調べ」，その時接収することとした。人員の配置についても，農工商部尚書載振が東北地域への視察を終えて北京に戻ってから協議すべきだとした。同日，工部の保存する書類などを整理するのに時間が必要だったため，農工商部は工部の建物を法部，大理院へ引き渡すことを延期させるように上奏し認可された[15]。

しかし旧工部の人員たちの不満はまちまちであった。そこでかつて工部の廃止を奏請した御史王歩瀛は，1907年1月21日の上奏文の中で，農工商部が「工芸を重視する」ということを承認したが，農工商部が工部のそのほかの部門，たとえば虞衡清吏司，屯田清吏司，営繕清吏司の職能の十分の一を礼部に帰属させ，十分の八を内務府に帰属させること」には反対し「礼部の職能は工程と絶対に類似しておらず，内務府の情況は各部の例に合い難い」ことを強調し，もしも農工商部が水利以外の工程を全て他へ排除するならば，「経

書の意義と従来の制度に違反する」ことになるとした(『籌備立憲档案』上冊479頁)。

　王歩瀛の異議に対して，農工商部はほとんど譲歩せず，「専責成」，「清権限」というこの官制改革の基準に従って，農工商部の職能が必要か否かによって工部内の各部門を接収するか否かの境界線を確定するとした。このように新旧の制度の転換期には機能の専門化という歩みが見られる。王歩瀛が上奏した翌日，軍機大臣奕劻と農工商部は共同で「帰併工部辦法」を上奏した(『商務官報』光緒32年29期)。その中で，農工商部が承認した旧工部から引き継ぐ職能は，主に河川工事，水利，防波堤，揚子江の治水，通水溝，船舶管理，鉱業，陶磁器，鋳物，度量衡などであった。工部のその他の部門に対しては，その他の部へ編入することを要求した。たとえば北京以外の土木工程の営繕と会計検査はすべて民政部へ，典礼は礼部と内務府へ，軍需は陸軍部へ(ただしその中の機器製造については工芸に関連があるため，各省の製造局が農工商部によって検査されるとした)編入し，旧工部の所轄であった各省の税関(竹，木，運輸の徴税)は度支部へ移行させることにした。この上奏文でさらに旧工部所轄の節慎庫，芸学館を廃止するように要求し許可された。

　準備作業を経た1907年3月11日，農工商部は工部から公文書と公金の接収，法部への建物の譲渡，印判の廃止などのことについて正式に上奏した(『商務官報』光緒33年3期)。

2．郵伝部の新設および農工商部との権限区分

　1906年の清朝中央官制改革の中で，唯一新設された部は郵伝部であった。
　早くも1906年3月，湖広総督張之洞が「緊要で秘密な公文書を送るために」，郵政，電信に関連する部を設立することを建議したという記事があった(『大公報』1906年3月9日)。しばらくして専門的な部を設立し鉄道，汽船会社を管理するという張之洞の上奏文に商部が反対したと報道された[16]。同年7月，朝廷は鉄道，船舶のために部を増設することについて論議したが，奕劻は巨額の費用の調達が難しいという理由で，それを延ばすべきだとし，やは

り商部によって真剣に整頓する方がよいと主張した(『大公報』1906年7月18日，22日)。

　1906年9月になり，全体的中央官制改革の勢いにより，朝廷は交通事業を専ら司ることとし，船舶司，鉄道司，郵政司，電報司からなる郵伝部を設立することを決意した。その後「擬定官制大綱」が公布され，これは確定した[17]。

　郵伝部を新設した理由に関しては，出使各国考察政治大臣の戴鴻慈と端方が1906年8月「改定全国官制以為立憲予備」という上奏文の中で，「汽船，鉄道，電報が盛んとなり，交通行政の事務はだんだんと多くなったため，ほとんどの国で専門的な部を特設した」とし，中国の鉄道業に対して各国が早くから非望を持っているので，中国は急いで経営に取り組むべきであることを指摘した。交通の要点である郵政は今でも各税務司の手に任されており，それを経営することは困難であり，その他に汽船，電信の創立は比較的早い時期であったが，その進展は甚しく遅く，それらを整頓しまた拡張するために必要となるのは職権の統一である，といったことをまた指摘した。これらの理由により戴鴻慈と端方は「それらを合わせて日本の逓信省を模倣し，交通部を特設すべき」だと提案した(『籌備立憲档案』上冊372～373頁)。朝廷はこの提案を採用した。その後奕劻などが1906年11月上奏し批准された「内閣部院官制節略清単」では，「汽船電信，交通，郵政は専門的な部を設立しなければその運営はうまくいかない」と指摘した[18]。一方で，当時中国の鉄道業では「各省による路線が往々に省の境界線に基づき明確に区分されており」(『光緒朝東華録』総5515頁)，軌道の幅，工程や運転規則がまちまちであるなどの問題があった(『商務官報』光緒33年27期)。四川省と湖北省の間では川漢鉄道の測量と株募集のために紛糾があった[19]。各鉄路大臣および直隷総督袁世凱などは，商部との間で権限の矛盾ひいては衝突を引き起した。商部はかつて路務議員の任命，「訂定鉄路購地章程」の公布，各省にある鉄道全図の編集，外国人技師雇用の方法を規定するなどの措置によって鉄道行政を統一しようとしたが，力不足であった[20]。電信については，先に盛宣懐，後に袁世凱によって支配されていた[21]。1905年4月政務処は「職権の統一」のため電信を商部に帰属させることについて議論した(『大公報』1905年4月27日)が，1906年9月6日に袁世凱と親しい商部左丞楊士琦が会辦電政大臣

にようやく任命された(『上諭档』32冊134頁)。郵政については,商部は1905年春総税務司ハートからそれを接収管理しようとしたが実現できなかった(『中国海関密档』第7巻814頁)。以上のことから郵伝部の設立を通して交通業を統一的に管理する清朝の中央集権化の意向がわかる。

郵伝部の新設により,元商部が持っていた交通業の管理権を農工商部は持たないことになった。1906年12月23日同部は鉄道業の関連公文書をすべて郵伝部に引き渡した(『郵伝部統計表』総務,沿革概略)。1907年1月22日,農工商部と軍機大臣奕劻などは連名で「農工商部厘定職掌事宜」を上奏し許可された(『商務官報』光緒32年29期)。その中では,すでに元商部通芸司が管轄した鉄道,船舶,電報などの事務を郵伝部に引き渡したと報告されたが,農工商部は同時に「商人が請け負うことを保護し奨励することに対して敢えて責任を放棄せずその名と実を相伴わせるべき」だと主張した[22]。

また郵伝部に管理を移行したものの中に,元商部の管轄であり,その経費は輪船,電報の二局が年ごとに補助していた上海高等実業学堂があった。1907年3月31日農工商部はこのことを上奏した(『商務官報』光緒33年5期)。一ヶ月後郵伝部は楊士琦に代わって電政存記道の楊文駿が同学堂の監督を引き継ぎ就任することを上奏し許可を受けたが(『郵伝部奏議類編』総務9),楊文駿が「兼務し難い」ため,1907年10月14日元農工商部左侍郎唐文治を同学堂の監督に改めて命じた(『郵伝部奏議類編』総務61)。

3. 農工商部とその他の部との権限区分

「農工商部職掌事宜」により農工商部の権限が規定されたが,農工商部が政務を執行する過程で各中央行政機関の権限との区分が徐々に明確となった。具体的な内容は以下の通りである。

戸部:旧戸部に属していた「農桑」,開墾,牧畜,「樹芸」などの項目および工部と共同で管轄していた度量衡が農工商部に取り入れられた。[23]

外務部:その所轄であった商務,機器,製造が農工商部へ帰属した。

度支部:以前商部が管理していた商業銀行は農工商部が引き続き管理した[24]が,1908年以後,度支部の管轄に変更された[25]。

学部：以前商部が管理していた各省の実業学堂は，農工商部が引き続き管理した[26]。しかし1906年学部は各省の実業学堂を学部の実業司の管轄に帰属させることを上奏し許可をうけた[27]ため，農工商部は実業教育において，もはや商部期のような主導的地位を持ってはいなかった。だが，各省で新設された各種の実業学堂は同時に学部と農工商部に報告し登記され，農工商部は学部と共同で各実業学堂の章程などを審査した。また，学校のほかに蚕桑講習所などについても農工商部および各省の勧業道が管理していた（『内閣官報』宣統3年8月28日を参照）。

　改組の当初，各中央機関の中における農工商部の序列は第十位であった。外務部に次ぎ，六部の前に位置づけられた商部の地位に遠く及ばなかった[28]。しかし朝廷は産業振興と農工商部の重要性を相変らず強調した。1907年8月2日慈禧太后は「懿旨」を公布し，外国では「実業を一番重んじる」ことに言及し，中国は「富裕になる正しい筋道を早急に講ずるべし。国家は農工商部を特設し，一切を総理する」とし，農工商部に産業奨励の新しい章程を制定することを命じ，産業上の成績を官吏審査の基準とすることを規定した（『上諭档』33冊129頁）。

第3節　農工商部の内部組織と職権

1．政策執行の機構

　1906年11月10日，農工商部は新しい印判を鋳造することを上奏し許可を受け（『上諭档』32冊216頁），これを政務の始めとした。1907年1月22日農工商部と軍機大臣奕劻などは「農工商部職掌事宜」（『商務官報』光緒32年29期）を上奏し許可を受けた。その中で農工商部の政策執行の機構が四司と二庁からなることを規定した。

　農務司の職権は田畑，開墾，「樹芸」，養蚕，紡績，森林，水産，「山利」，海域，牧畜，狩猟に関することで，農政の整理，農業の開拓，農産物の増殖，農産品の調査，農会の設立，農具と漁具の改良，農務報告の刊行，国産シルクと茶の整頓，各省の水利工事の管理，各所のクリーク修繕費用の審査，各地

の農務学堂，農業会社と「局廠」，各省の船舶事務および農政，河工，水利に従事する人員の統轄で，京師農事試験場の管理などであった。

　工務司の職権は工芸資材，機器製造，工業の奨励と労働者募集，工場の設立，製品の弁別，磁器製造業の改良，各種技術職人の保護，全国鉱産の調査，鉱山開発の審査，試掘許可証と採掘許可証の発給，鉱業技師の招聘，あらゆる鉱工業行政，機器，手工業に関する管理で，各地の工芸製造，鉱務学堂，会社と「局廠」，鉱工業行政の人員の統轄で，農工商部が直轄する実業学堂，芸徒学堂，工芸局，勧工陳列所，繍工科，銀器科，化分鉱質所，度量権衡局（および後に新設された首善工芸廠，工業試験所）の管理などであった。

　商務司の職権は商会，通商港，「商勲」，博覧会関連事業，特許権，保険業の管理，貨物の運輸および水上貨物保険の規則の制定，商船と水運業の保護，民間資金の募集による勧業，商業，貯蓄などの各銀行，農業，鉱工業や商業の会社の設立，その提唱，保護，奨励，調査，報告，訴訟，禁令に関することで，各地の商務学堂，会社と「局廠」および商事行政の人員の統轄で，農工商部に所属する商律館，商報館，公司註冊局，商標局，商務官報局，印刷科の管理などであった。

　庶務司の職権は費用の収支と会計検査，各司の人員の昇進や転任，俸給の管理，本部の雑務従事者などの管轄，部内雑務および各司の管轄しない事務の処理，書類の管理などにあたる承値所の統轄であった。

　上記の各司の職権について，度支部，郵伝部，学部で異議があり多少の変更があった（『農工商部档案』庶務司1，章制）。たとえば農務司が各省の水利，クリークの修繕費用を審査することについて，度支部は同部により管轄すべきだと認識し，「款項核銷」の四文字を削除した。また「行政綱目」に基づき，各省の船舶事務に対する農務司の管轄権が郵伝部に移された[29]。農務司は各省の農務学堂を，工務司は鉱務学堂を，商務司は商務学堂を管轄したが，後に学部はすべて同部に帰属させるべきだとした。しかし農工商部は1910年に資政院議員羅傑の質問に対する返答で「実業教育は農工商部と学部の共同で取り扱うべきだ」と主張した[30]。農工商部工務司の保存書類によれば，1911年10月にいたるまで各省の鉱務学堂の開設準備と管理には相変らず勧業道が参与し，農工商部にその関連情況を文書で報告していた（『農工商部

档案』工務司250)。

　これら四司の外に,農工商部は各部と同様に承政庁,参議庁を設けた。それは「各部官制通則」に基づき設立したもので,その職権は各部と同じであった。承政庁は主に機密事項,人事,公文の管理,統計報告の編纂,経費出納および予算,決算,費用の審査,部内雑務などを担当した。参議庁は主に法規,章程,文書の起草およびその修正を担当した(『籌備立憲档案』上冊466〜467頁)。しかし両庁の具体的な構成については記載が見られなかった。

　農工商部期には各司の下にさらに以下の科が設立された。
　農務司には蕃殖科,宣防科,劭農科,勧農科があった。
　工務司には鉱務科,勧工科,恵工科があった。
　商務司には商業科,商政科があった。
　庶務司には例政科,会計科,保儲科,庶績科があった。
　中国第一歴史档案館に現存する商部,農工商部の保存書類には欠本があるため,上述した科はその保存書類より調べたが,全部であるとは言い切れず,各科に関連する具体的な機能について明文化した規定は見受けない。

2. 直轄の諸機構

　郵伝部に引き渡した上海高等実業学堂を除けば,商部期に設立あるいは開設準備中であった各直轄機構はすべて農工商部が引き継いだ。その中で1907年,1909年と相次いで工芸局および繍工科が拡充された(本書の第5章第1節を参照)。農工商部は1909年8月芸徒学堂を改組し,初等工業学堂と中等工業学堂に分けることを上奏し批准された[31]。1910年3月高等実業学堂を移転するために新しい校舎を建築したことを上奏文で報告した[32]。

　農工商部によって新設された主な直轄機構は以下の通りである。
　統計処　1907年10月22日の上諭で設立された(『申報』1907年12月15日)。その機能は各中央機関のそれと同様で,主に「各種の表の様式を設計してまとめ,憲政編査館に提出し審査を受ける」こと,「各司の公文書を考究」すること,「歴年の重要な政務を農,工,商の大綱に分け,細目を定め」,統計総表と分表を作成することであった(『商務官報』光緒34年24期)。統計

処の提調は同部の郎中顧祖彭，員外郎単鎮であった。統計処は第1次，第2次統計表を編纂し，1908年，1909年に前後して出版した。これは中国史上初の近代産業関連の全国的統計資料である。

度量権衡局　1907年10月に農工商部が上奏し設立された[33]。その機能は主に古今中外の法律例規，官，商，民間の習慣を参酌し，度量衡制度の改革と統一を行い，関連の章程，法令を制定することであった。同局の初代提調は農工商部参議上行走の趙椿年など三名であった。局内職員は20数名であり（その中の三分の一は帰国した留学生），「旧制の究明」，「規則の調査」，「製造の考究」，「文献の翻訳」などのグループに配属された[34]。1908年，農工商部は官員をフランス，ドイツ，日本へ派遣し，各国の器具を購入するための経費は3908両銀に達した（『第2次統計表』総綱）。翌年夏，数種類の度量衡の「原器」を製作し，その後各省に模造し試用させることを公布した（『大公報』1909年8月25日，9月15日）。1911年春同局は器具の製造のため，見習工を募集した（『大公報』1911年4月21日）。

度量権衡用器製造廠　1909年4月，農工商部により開設準備が上奏され許可を受けた。「原器」はフランス駐在中国公使が注文し，工作機械はドイツ商人から購入した。1910年8月5日に正式に開業し，度量衡の新しい器具の製造を試行した（『農工商部档案』工務司250）。「度，量，権，衡」の四つの器具の中でまず度器（営造尺，矩尺，折尺，鏈尺），量器（合，勺，升，斗であり，方形と円形に分ける），権衡器（法碼，桿称，天平）を製作した。農工商部の高等実業学堂，初等工業学堂の卒業生から工場で研修する人材を選出し，研修後各省の通商港に設立した度量衡分工場に配属した（『商務官報』宣統2年11期）。

首善工芸廠　1906年慶親王奕劻と各部の尚書が共同で北京城内外に9ヶ所の工場を建設することを提案し，1908年秋に竣工し開設された。この工場は北京の八旗の兵士と民間人を募集し「自己の力で生活できるように工芸を学習させ，技術を持たせる」ことを宗旨とした。工場内には織科，繍絵科，提花科が設けられた（『大公報』1908年11月22日）。その年間経費は外務部，度支部，陸軍部，農工商部，郵伝部，南洋大臣と北洋大臣などが共同で調達した。それは毎年銀11万6千両であり，その中で農工商部は毎年銀1万両を

補助した。同工場の督弁は農工商部左侍郎熙彦であり，会弁は署農工商部左侍郎耆齢，右参議袁克定などであった[35]。

首善第一女工廠 1908年夏，農工商部参議上行走，候補参議魏震と度支部左侍郎，前農工商部左丞紹英が，首善第一女工廠を北京西城闢才胡同に創設した（『商務官報』光緒34年24期）。1910年8月5日，農工商部により立案，上奏し許可をうけた。その主旨は女子による工芸の提唱で，北京および北京以外の貧しい女性を募集し工場の各科で学習させ「一つの技芸に精通させ，女子工場の教員を担任でき，生計の道を広げる」ことであった。工場内には織物，タオル，ミシン縫製，造花，編み物，図画，刺繡の七科が設けられ，一年制の速成班と三年制の完全班に分かれていた。その年間経費は農工商部の初等，中等工業学堂の経費項目から毎月銀300両を，首善工芸廠から毎年銀1000両を補助した。この工場は開設後「各種の製品はかなり売れており」，製作品展覧会も行われた（『商務官報』宣統2年10期）。

工業試験所 1910年1月23日，農工商部は工業試験所を開設したことを上奏した。同所は本部の勧工陳列所内に付設された。主な機能は「原料の検証，商品の審査，新理論の発明による工業の進歩の促進」であり，機械設備や化学試薬などを購入し，化学エンジニアなどを招聘し工業，化学実験を行った[36]。

化分鉱質局 1907年春，農工商部は「農工商部職掌事宜」の規定に基づき，「化分鉱質所」の開設準備に着手した[37]。1910年5月化分鉱質局が開設され，農工商部高等実業学堂に付設された（『商務官報』宣統2年18期）。局の主旨は1911年1月農工商部が上奏し許可を受けた「化分鉱質局章程」によると，すでに試掘されたが採掘していないあるいは中断されている各鉱山に対して，「鉱質の弁別，成分の化学実験，優劣の検査研究を行い，鉱山開発の申請者に確かに自信を持たせ，鉱業の実効を得る」ことであった。また局内に鉱質研究所および鉱質陳列館を設けることを規定した（『商務官報』宣統2年28期）。

初等農業学堂 1911年創立し，同年夏生徒を募集し試験を実施した。農工商部農事試験場に付設された。その宗旨は「農業および開墾の経営のために農業の学芸を伝授する」。入学資格は10～15才の初等小学校卒業生である。

二つのクラスの定員はそれぞれ30名，三年制であった（『大公報』1911年8月29日）。

上述した直轄機構のほかに，農工商部はさらに高等農業学堂を設立したが，関連する保存書類が見られなかった[38]。

3．商部の内部組織・職権との比較

上述した農工商部の職権と商部のそれとを比較すれば，以下の三点が認められる。

第一に分業がさらに詳細で明確になった。農工商部は交通管理について権限を持たなかったが，商部に対応する各方面においては農工商部の職権は比較的広範であった。

第二に本部の直轄機構は商部に比べると増加した。これは農工商部の機能が専業化し商部より向上したことを示している。

第三に部，司，科の三層構造で編制され，商部の部，司の二層構造よりさらに近代的意義での「責任分業制」に近づき，行政がより効率的になった。科は旧中央行政機関の中にあったが大まかで，その人員の流動性も比較的大きく，兼任も多かった。これは近代の「責任分業制」とは異なっている。奕劻などが1906年11月2日に上奏した『各部官制通則』第13条（『籌備立憲档案』上冊467頁）に基づき，農工商部も科を設置した。これは日本農商務省の編制の経験を重視したものである。光緒32年第3期，4期の『商務官報』には商部に在任した日本留学経験者である張奎，章宗祥が共同で翻訳した「日本農商務省分課規程」が掲載されている。その中で日本農商務省の五局一所（農務局，商工局，山林局，鉱山局，水産局，地質調査所）に設置された各課の機能が詳細に紹介されている。同年第6期の『商務官報』には，商部会計司員外郎の単鎮がその年の夏に「新訳日本農商務省官制叙言」を書き，その中で「日本の官制は細密である。農商務省は無駄な職位がなく，大蔵省とはっきり権限を区分している。さらに省の中をいくつかの局にわけ，局の中をいくつかの課に分けられる。…枝は幹に付属し，筋道が一貫している。権限がはっきりすれば，責任は自然に明確になる。長く在任している者はいつ

も半生をかけて耳目と知力を尽くし，本職を研究している。それ故に職務に熟練しており，企画したことはすべて実情に符合し，農業，工業，商業などの実業は次々と実行に移すことができる」と賞賛した。彼はさらに日本の勢いが盛んなのは「無論実業の振興によるが，さらに官制が細密であるため，担当者は責任を逃れず，部外者は干渉することなく，人々は本職に励んでいる。その効果はかなめがここにこそある」と指摘した。この文が発表されたのは中央官制が全面的に改革される前であり，清朝の官界ではそれぞれの職責が不明瞭であり，みだりに兼職し，仕事の割に人員過剰となっていた現実に対処しようとするものであったろう。

第4節　農工商部の官職・人員と経費

奕劻などが上奏した『各部官制通則』は，外務部から始まり，その後商部へと続いた中央官庁の新しい編制を定型化し各部に広げた。これには農工商部も含まれていたが，その官職の設置はほぼ商部と同じで，各司の官員の上にやはり尚書一名，侍郎，丞，参議各二名が設けられ，満族と漢族を区別しなかった。

1．尚書の交替

商部が農工商部へ改組した後も載振は引き続き尚書を担当した。しかしながら約半年後，彼は政治の権力争いで辞職に追いやられた。

中央官制改革の上諭が公布された翌日，すなわち1906年11月7日，載振と巡警部尚書の徐世昌は共に東北へ赴くことが批准された。その頃，日露戦争後の東北地域は両国による争奪の下で日増しに危急存亡に瀕していた。このような背景の下，この局面を救うために，清朝は行省を設立し，商工業を興し，民衆の困苦を改善しようとした（『大公報』1906年10月30日）。それより先に載振などは1905年9月15日，東北地域の商務振興について上奏していた。同日の上諭は外務部，商部は北洋大臣袁世凱，盛京将軍趙爾巽と共同でそれを全面的に計画し，東北地域の都市を選定した後開港し，実業を興

第4章　農工商部への改組

すことを命じた(『上諭档』31冊123頁)。一年後趙爾巽は朝廷が大員を東北地域へ派遣し,考察し対策を講じるように上奏した。載振,徐世昌はおよそ二ヶ月間の視察を終え1907年1月北京に戻り,東北地域での行省の設立[39],内陸部から辺境への移民,鉄道の敷設などについて上奏し許可された。

　1907年4月20日の上諭により徐世昌は東三省総督に,唐紹儀は奉天巡撫に,朱家宝は署理吉林巡撫に,段芝貴は署理黒龍江巡撫にそれぞれ任命された(『上諭档』33冊31頁)。この任命で袁世凱の部下であった段芝貴が道員から地方高官へと一躍昇進したので,袁世凱や奕劻と対立していた瞿鴻禨,岑春煊などが異議を唱えた。瞿鴻禨の門下生であった御史趙啓霖は1907年5月7日,載振が東北地域を視察するため天津を通過した際に,段芝貴が芸妓の楊翠喜を買い載振に献上したこと,また天津商務総会総理王竹林から「10万金」を工面してもらい奕劻へ誕生祝として贈ったことなどを上奏し弾劾した(『上諭档』33冊43頁)。同日段芝貴は朝廷の上諭で免職となった。趙啓霖の上奏に対して,醇親王載灃,大学士孫家鼎は「調査したが,確かな根拠がなかった」と結論づけたが(『上諭档』33冊49頁),載振は官界世論の圧力に押され1907年5月17日辞職した[40]。

　載振が辞職したことはいわゆる「丁未政治風潮」の一幕であった。その後にこの風潮は瞿鴻禨,岑春煊の免職で終わりを告げた。しかし載振本人の政治的な前途はこれを境に不振となり[41],そのために農工商部にも多少影響し,載振が在位していた頃の政治的な勢いは失われた。しかし,載振が辞職した翌日,朝廷は財政大権をにぎった初代度支部尚書の溥頲を次の農工商部尚書に任命した。彼は皇族出身で,また奕劻の姻戚であった(『東方雑誌』光緒32年12月臨時増刊)。これは農工商部がやはり権勢人物奕劻によって保護されることを意味し,序列が低かった農工商部が清朝最後の数年間に,産業振興を進める助けになったであろう。

　溥頲は高年でまた穏やかな性格だといわれた[42]が,開墾や財政の経験を積んだ彼が任命されたのは載振が若年で軽率であり,物議をかもしやすかったことを省みたからであろう。資料によれば彼は気勢を強く上げることは少なかったが,識見があることも記載されている。たとえば官営企業の弊害に対して,彼は農工商部の尚書を担当した後,鉱業の整頓に力を注いだ際,それ

を明らかに認識していた。「数年以来の私の考察によれば,大抵の民営の鉱山が官営より効果を収めやすく,利潤を大きく得ることができる」のは,民営の鉱山では株が「元手であり利潤のために全力で尽くさないことがない」からだとし,損失が多い官営鉱山を民営化すべきことを主張した(『大公報』1909年12月31日)。また彼は直隷工芸総局総弁周学熙を強く推挙し,周は才能があり任用に堪えると認め(『大公報』1908年4月22日),後に周学熙を農工商部丞参上行走の職務に転任させた(『農工商部档案』庶務司,職官5)。農工商部の産業振興政策を制定し実施するために,溥頲は右侍郎楊士琦などの人材に対して高い信頼を寄せた。たとえば1908年の農会章程の検討,1910年の茶業整頓の計画などについて,彼は楊士琦の意見を採用していた[43]さらに溥頲は政治の面でも保守的にこだわるタイプではなく,武昌蜂起が起こった後に,彼は即座に皇族内閣を解散し,立憲を宣言することを山東巡撫孫宝琦,江蘇巡撫程徳全と連名で上奏した[44]。このことからも彼の柔軟さが証明できる。

　1911年3月22日,清朝は溥頲を熱河都統へ転任させ,溥倫に農工商部尚書を担当させた。直ぐ後の中央官制の変動で,溥倫は農工商大臣に任命された。彼は満族貴族の中で,若くかなり進歩的な人物だったといえる。1904年アメリカのセントルイス博覧会で,彼は中国の正監督を担当した(『清季外交史料』光緒朝,巻416)。彼はこの博覧会に参加して面目を失った経歴(中国館で女性の纏足を展示していた事など)があり,多くの華僑商人と接触し彼らの苦しみや望みを知るところとなり,帰国後すぐに立憲の試行,教育の改良,交通業と鉱業の推進,留学生の重用などを西太后と光緒皇帝に陳情した(『大公報』1904年9月15日)。当時世論は彼に期待を寄せた(『大公報』1904年9月1日,6日)。彼は1907年9月2日より崇文門税関監督を一年間担当し(副監督は元商部左丞紹英),経済行政の経験を積んだ。彼はさらに資政院の初代総裁を三年もの間担当し,中国の憲政が試行準備されるために努力した。清朝の滅亡が寸前に迫ったが,農工商部の職に在任していた溥倫は以下のような改革方策を提出した。同部の過剰官員を選別すること,専門的な人材に各省の勧業道を担当させるために派遣すること,官営鉱業を整頓すること,北京農業博覧会の開催を準備すること,日本を模倣し通商港に専門官を配置す

ること⁴⁵⁾などである。

2．侍郎と丞・参議の異動

　尚書以下で農工商部期の重要人物はまず楊士琦である。彼は1907年1月25日顧肇新が死去した翌日，左丞から右侍郎へ昇進した。
　楊士琦は農工商部で中心的に働いた。これは商部での唐文治のような存在であった。楊士琦の商部期における行政上の実績はすでに本書の第2章で述べた。農工商部期になり彼はさらに重んじられた。人脈から言えば，彼は袁世凱，奕劻と密切な関係があり（『申報』1907年9月10日），また兄の楊士驤は袁世凱の後任として直隷総督（1907年9月5日〜1909年6月28日）を担当し，七人の兄弟は「皆官途において要人」（『張謇全集』6巻553〜554頁）となった。政治的な見識と機敏な言動で，彼は立憲に関わる重要な政務に参加した。1907年夏，「実業を興し革命を消滅する」（『大公報』1907年8月7日）との対策を上申し，朝廷の考えと合致した。この年の秋，彼は朝廷の上諭による任命で考察外埠商務大臣として華僑商会の設立を勧告指導するために東南アジアに派遣された⁴⁶⁾。楊士琦は華僑の大商人胡国廉などに対して，帰国し福建，広東などで鉱業に投資するようにと説得した⁴⁷⁾。当時彼の影響は多大で，行政実績や才能が明らかとなった。そこで彼の兄が死去し，摂政王載澧が袁世凱を駆逐し河南の故郷へ追いやったにもかかわらず，楊士琦の実際の職権は袁世凱の長男袁克定のように多大な影響を受けることは無かった。1909年10月ある朝廷の重臣が，彼と李家駒などを中央官庁の中で貴重な官員として列挙した。摂政王載澧がその評価に「かなり賛成し」（『大公報』1909年10月21日），彼を重んじたのはその行政実績と才能のためであろう。載澧が彼を農工商部の代表として1910年南洋勧業会の審査総長に任命したのも無理はない。この会がある程度の成果を挙げたのは彼の努力と切り離すことはできない。南洋勧業会が終了した後，彼は北京に戻り，農工商部へ以下のように述べた。中国国産品の人気がないのは「実に税則が重過ぎ，そのうえ様々苛酷に取り立てており，商人はそれに堪えられないからである」（『大公報』1911年3月14日）。当時高官の身分でこのような鋭い直言をする者は

極めてまれであった。溥倫が農工商部の政務を整理する際，彼の力添えは大きく作用した（『大公報』1911年6月17日）。

熙彦は載振，徐世昌の随員として東北地域を考察し北京に戻った後，1907年2月7日農工商部の左侍郎に昇進し（『上諭档』32冊287頁），その地位は楊士琦よりも高かった。彼は農工商部の初年，引き続き本部工芸局と高等実業学堂を主管した（『第1次統計表』工政）。しかしその後服喪した。熙彦が服喪していた間，左丞耆齢が農工商部左侍郎の代理を務めた（『上諭档』34冊151頁）。だが，1909年3月27日の上諭は「情況に熟知している」という理由で，熙彦に平常どおり登庁し執務させた（『上諭档』35冊91頁）。除服した後の1910年10月29日原職に任命した。

農工商部期において参議から部の丞に昇進した者には耆齢，沈雲沛，李国杰，祝瀛元，袁克定がいた。新任の参議は誠璋，邵福瀛であった。

耆齢は1907年2月に右丞に昇進し，翌月には左丞に就任した。彼は農工商部工芸局の拡大工事を担当した経験があり，陵墓営繕などの責任者を担当した（『上諭档』34冊352頁）。

祝瀛元は外務部に在職時の1902年春，載振の通訳として日本の大阪第五回内国博覧会に随行した経験があった[48]。翌年商部に転属した。勧工陳列所の責任者などの職務経験があった。農工商部期に長年の努力が報われ，1907年4月司員から左参議に昇格し，1910年10月より左丞を担当した。

沈雲沛は進士出身であり，日清戦争中，張之洞の上奏で故郷の江蘇海州で団防を組織したことがあったが，その後農業経営へ転身し，さらに工業へと投資を拡大し富を得た。その業績は突出していた（表4-2）。彼は江蘇海贛商務分会総理を担当した経験がある。唐文治，楊士琦の推薦によって1906年11月10日農工商部右参議に任命された。その翌年左参議，右丞へと昇進した。右侍郎楊士琦が南洋を視察した時，彼が楊の代理を務めた。1910年10月29日の上諭で，沈の農工商部右丞の職を免除し侍郎の候補者に任命した（『上諭档』36冊373頁）。彼は農工商部で京師農事試験場の責任者などの要務を担当したことがある（『商務官報』光緒34年10期）。その才能が認められ権力者の奕劻，徐世昌などから重用された（『大公報』1911年8月26日）。1908年3月より先後して署郵伝部右侍郎，幇辦資政院開辦事務大臣，幇辦津浦鉄路大

臣,署郵伝部左侍郎などを兼職した。

表4-2 沈雲沛による主な企業活動

企業名	創立時	投資額	備考
海州種植試験場	1895年	銀30万両	桑,ピーナッツ,タバコ,アイ,ラミー,サトウキビ,綿などを植えた。
果木試験場	1895年	銀5万両	アメリカの種と栽培方法を取り入れ,葡萄,リンゴなどを栽培し,果実酒を醸造。
臨洪油餅場	1895年	合資銀20万両	1898年から輸出。
海州溥利樹芸公司	1898年	銀10万両	松,クヌギなどの樹木を一千万株あまり植えた。
雲台茶業樹芸公司		株30万元	両江総督劉坤一の上奏で開設したが,1906年春沈は株募集で引き続き経営。
織布廠	1903年	銀5千元	通州大生紗廠の糸を使用。
毛巾洋胰廠	1903年	銀5千元	
上海漁業公司	1904年	合資銀10万両	海州でジャンクを購入し,上海漁業公司に参加。
海贛墾牧公司	1905年	株銀30万両	稲,麦,綿を一万畝あまり栽培。
硝皮廠	1906年	株銀60万両	海州で本社工場,安徽寿州,河南周家口,山東沂州で支社工場を設立。
耀徐玻璃公司	1905年	株銀10万両	株総額は銀80万両であり,沈はその八分の一を募集。
海豊面粉公司	1905年	株銀5万両	株総額は銀20万両であり,沈はその四分の一を募集。
贛豊油餅公司	1905年	株銀6万両	株総額は銀30万両であり,沈はその五分の一を募集。

【出所】 『商務官報』光緒32年6期,『第1次統計表』農政,『申報』1905年10月24日,11月5日などにより作成。

【註】 近代産業への沈雲沛の投資額が1911年まで114.75万元だと見積もられる。馬敏「論中国近代民族資本的分化与粘連」(『社会科学戦線』1994年1期)を参照。

李国杰は李鴻章の孫である。1908年1月27日彼は廂黄旗蒙古副都統の身分で，農工商部が1907年9月20日に上奏し許可を受けた「欽定大清鉱務章程」は中国商人に「疑いと心配を生じさせる」と批判し，制限を緩和するように上奏した。朝廷と農工商部はこれを重視した（『商務官報』光緒34年3期）。そこで，李国杰自身は1908年8月23日から1910年11月ベルギー駐在中国公使を担当するまでの二年間，農工商部左丞を担当し，その鉱務章程の修正作業に参与した。また，1909年冬，彼は直隷総督端方を弾劾し，それによって端方は罷免された。このことからも彼の影響力の大きさがわかる。
　袁克定は袁世凱の長男であり，1907年4月30日分省補用道として農工商部右参議に任命された。その前の1905年，彼は出使各国考察政治大臣の随員に選ばれた（『端忠敏公奏稿』巻4）。後に黒龍江の商務を視察し，璦琿の開港，汽船会社の設立，新民・斉斉哈爾間鉄道の敷設，銀行の開設，国産品の改良などについて具体的に建議した（『趙爾巽档案』175号）。彼は耆齢と共に農工商部工芸局の拡大工事を担当した。奕劻の庇護のもとで，袁克定は袁世凱が失脚した後の1910年10月29日に同部右丞に昇進した。だがその当時，彼と同部尚書溥頲は意見が合わないと噂された（『大公報』1910年7月30日）。
　誠璋の出身は北京の漢軍正白旗であった。1903年春載振の通訳として日本大阪内国博覧会に随行した（『申報』1903年3月5日）。農工商部に務めた後，同部農事試験場の建築を担当し同試験場の責任者に就任した。後に蚕業講習所の創立準備，同部初等農業学校の開設などを行なった[49]。彼は1910年10月から農工商部左参議を担当した（『上諭档』36冊372頁）。
　邵福瀛の詳しい資料は見当たらないが，表2-1と表4-3から彼の履歴が分かる。
　丞参の外に，1907年より農工商部は商部期にはなかった「参議上行走」，「候補参議」，「丞参上行走」を増設した。それらを担当した者の多くは実績があるか，あるいは農工商部の直轄機関で責任者を務めた者であった。たとえば胡祥鑅は農工商部で「公司註冊局総核官」と繡工科の責任者を兼任しており，袁思亮は農事試験場の総弁を担当したことがあった（『第2次統計表』農政）。彼らは候補者として参議に昇進する可能性があった。表4-3からわかるよう

に，彼らのつながりは昇進や転任と密な関係があった。これは人員の安定

表4-3 農工商部期における参議上行走，丞参上行走，候補参議

姓名	元の肩書き	職位	任命時期	備考
袁克定	分省補用道	参議上行走	光緒33年1月	光緒33年3月18日右参議に昇進，10月左参議の代理。光緒34年7月30日左丞の代理。宣統2年9月27日右丞に昇進。
祝瀛元	郎中	同上	同上	光緒33年3月18日左参議に昇進，10月右丞の代理。宣統2年9月27日左丞に昇進。
邵福瀛	員外郎	同上	同上	光緒33年10月右参議の代理。宣統2年9月27日右参議に昇進。
袁思亮	江蘇候補道	同上	同上	宣統2年1月郎中を授与。前商部顧問官袁樹勲の息子。
誠璋	内務府員外郎	同上	光緒33年11月	光緒33年12月8日参議上行走に任命された。翌年9月9日三四品京堂候補を授与，10月左参議の代理。宣統2年9月27日左参議に昇進。
周学熙	前長蘆塩運使	丞参上行走	光緒34年3月	農工商部が上奏し批准を受けた。
胡祥鑅	郎中	候補参議	光緒34年9月	農工商部が上奏し批准を受けた。
関景賢	候選知府	参議上行走	宣統元年8月	1905年夏出使各国考察政治大臣の随行人員に選ばれた。
趙椿年	江西候補知府	参議上行走	宣統元年8月	1906年冬農工商部の公文書で江西から「有能な役人」として同部に転任。後に度量権衡局提調に就任。
英俊	工部郎中	参議上行走	宣統元年8月	
魏震	花翎三品銜	参議上行走	宣統2年6月	後に候補参議。表2-1を参照。

【出所】 『農工商部档案』庶務司（職官），『端忠敏公奏稿』巻6，『商務官報』宣統2年10期，『大公報』1906年12月31日，1907年2月21日。

確保と産業行政の効率を高めるのに役立った。彼らの身分は各司より上で，丞参より下に位置し，農工商部が産業振興政策を制定し実施する過程で重要

な働きをした。その中で比較的特殊なのは「丞参上行走」であり，これは一名のみ設けられた。長年の産業振興とその際立った実績から周学熙は清朝が滅亡するまでこれを担当した。この職衝により彼は農工商部の重要な政務と華北地区の産業実務を兼務した（たとえば北京自来水公司を創立し，その総理を担当しながら，直隷省銀行の開設計画などをした）。ある参議上行走は農工商部の代表者として各地の産業振興を指導した（たとえば袁思亮は1909年9月南京で南洋勧業会を視察した）。

3．政策執行機構の官員

　農工商部期における各司官員の状況について注意すべきところは以下の通りである。

　一つは官員の数が商部期より増加したことである。

　農工商部の各司の正式な職位は郎中12名，員外郎16名，主事18名であった。各司の郎中，員外郎数は平均して3名と4名であり，それぞれ商部期より1名と2名多かった。主事の配属は庶務司が6名であったが，農，工，商三司がそれぞれ4名であり，商部期より2名多かった。また，農工商部は「額外司員」の数に対して商部のように明文で規定したことがなかった。そこで「額外司員」と他の人員はますます増え，1909年冬には81人に急増し，翌年の秋にはさらに110人に増えた。

　二つ目は官員の採用方式が商部期と一部異なったことである。

　1906年12月8日，農工商部は官員の採用方式について上奏し，この方式は「他の部と異なる」と強調した。それは商部期のように，外務部の慣例に倣って各官庁から人員を試験で選び出し，皇帝に謁見させた後任用する方法であり，また各官職の候補者などを酌量し転任させることができるとした。また「吏部がくじ引きで官員を派遣することは必要ではない」とした（『商務官報』光緒32年26期）。この上奏文は当日の上諭で批准された。その後農工商部は同部の職位数が「工部の十分の三に及ばなかった」ため，旧工部の官員を一部受け入れるほか，さらにもし吏部の方式で農工商部に官員を派遣するならば，「必ず仕事の割に官員が多すぎる」こととなると上奏文で陳情した（『商

第4章 農工商部への改組

務官報』光緒33年1期)。当時,農工商部は「事務が非常に繁雑であり,人材が早急に必要である」という理由で,新式教育を受けた卒業生などを採用した(『商務官報』宣統元年25期)。

しかし,1909年から農工商部の官員の一部は吏部がくじ引きで派遣した。吏部の方式によって農工商部に派遣された者は同年夏の時点では,挙貢の出身の小京官2名,訳学館の卒業生や留学経験者の小京官の19名(『商務官報』宣統元年19期),翌年6月の時点では,卒業した留学生の20名あまり(『申報』1910年7月4日,11日),1911年1月の時点では訳学館の卒業生謝氷などであった。また1910年夏,科挙制が廃止された後各省の生員を就職させるために,1909年の抜貢を受験させて選出し,吏部の方式で各部に派遣した。その中で「分部学習小京官」として農工商部が受け入れた抜貢は劉應昭などの14名であった(『農工商部档案』庶務司41,経費)。

三つ目は農工商部が商部に引き続き新式教育を受けた人材を採用したことである。

他の部よりとくに専門的人材が必要であるという理由で,農工商部は「採用した人員はだいたい専門教育を受けた卒業生であり」(『商務官報』光緒32年26期),とくに卒業した留学生の採用を重視した。そのために農工商部は帰国留学生に対する試験に参入した(『大公報』1909年10月11日)。その中で「機械,紡績,染色,窯業などを勉強した者はかなりおり,応用化学を専門とする者はさらに多かった」という(『政治官報』宣統3年3月25日)。1908年夏邱中馨など5名(『申報』1908年6月10日)や,1910年夏王煥功など20名あまりの留学経験者が農工商部に配属された。また農工商部は1910年12月,本部が直轄した高等実業学堂の最優秀卒業生4名,優秀卒業生7名などを上奏して採用した(『商務官報』宣統2年25期)。

各司の官員以外,一等,二等芸師および一等,二等芸士を増設した。これも商部期にはなかったものである。農工商部による「奏定官制清単」第16条の規定によると,その担当者は「専科の卒業証明書を持つ者であり,農工商部の試験で選び出し,それぞれ上奏し,任用する」という(『商務官報』宣統元年24期)。1908年夏から1909年秋にかけて『大清搢紳全書』にあった額外芸師芸士は葉基楨,廖世綸,薛錫成,王季点,洪鎔の5名であった。農工商

部の保存公文書から彼らがすべて留学卒業生であったことが分かる。

表4-4は1911年春の農工商部各司の人員リストである。

表4-4　農工商部各司の人員

所属	姓名	肩書き	出身地	功名	備考
農務司	＊顧祖彭	郎中	江蘇上元	進士	表1-1を参照。
	＊柏鋭	郎中	満洲廂白旗	翻訳生員	表1-1を参照。
	＊王大貞	郎中	福建晋江	挙人	表1-1を参照。
	奎璧	員外郎	満洲廂藍旗	監生	元工部員外郎。
	＊恩慶	員外郎	漢軍廂黄旗	監生	元候選知府。1906年4月商部は上奏し配属。
	松僑	員外郎	満洲廂藍旗	監生	
	定信	員外郎	満洲正黄旗	貢生	元工部員外郎。1907秋以前農工商部に転任。
	郭家声	主事	順天武清	進士	1903年10月25日商部による試験を受けた。
	＊李徳星	主事	安徽太湖	進士	表2-1を参照。
	和康	主事	満洲正紅旗	監生	
	＊葉基慎	主事	江蘇太湖	挙人	表2-1を参照。
工務司	＊単鎮	郎中	江蘇呉県	進士	表2-1を参照。
	＊沈瑶慶	郎中	福建侯官	附生	同上。
	趙従蕃	郎中	江西南豊	進士	元工部製造庫郎中。考察各国政治大臣の随員。
	万際軒	員外郎	湖北潜江	進士	元工部員外郎。
	鐘彬	員外郎	漢軍正白旗	蔭生	元広東候補知府。1909年9月以前農商部に配属。
	＊玉貴	員外郎	満洲廂白旗	抜貢	表2-1を参照。
	王汝淮	員外郎	漢軍廂黄旗	監生	イギリス留学。鉄道，鉱業を学習。
	＊張鍈緒	主事	直隷天津	留学	表2-1を参照。
	＊張奎	主事	江蘇上海	留学	表2-1を参照。
	＊瑞光	借補主事	満洲正黄旗	生員	元礼部員外郎。1906年4月商部は上奏し転任。
	中興	借補主事	満洲正黄旗	翻訳進士	元工部員外郎。1907年秋以前農工商部に転任。
商務司	張露恩	郎中	奉天復州人	抜貢	
	＊冒広生	郎中	江蘇如皋	挙人	表2-1を参照。
	延兆	郎中	満洲正紅旗	附貢	
	＊田歩蟾	員外郎	江蘇清河	進士	表2-1を参照。
	＊陸大坊	員外郎	江蘇太倉	蔭生	表2-1を参照。
	陳光弼	員外郎	四川合江	監生	
	栄文	員外郎	宗室廂藍旗	挙人	元商部保恵司行走。

第4章 農工商部への改組

	姓名	職	出身地	科挙	備考
商務司	恵霖	主事	満洲鑲紅旗	翻訳生員	
	張光宇	主事	山東濰県	附貢	
	趙湘洲	主事	貴州広順	進士	
	周錫璋	主事	江西廬陵	附貢	元工部郎中。
庶務司	時宝璋	郎中	江蘇儀徴	監生	表2-1を参照。
	汪朝模	郎中	江蘇呉県	進士	
	*袁思亮	郎中	湖南湘潭	挙人	1906年4月商部は上奏し転任。表4-3を参照。
	*関文彬	員外郎	広東南海	進士	表2-1を参照。
	*力鈞	員外郎	福建永福	挙人	同上。
	*陸長儁	員外郎	江蘇太倉	挙人	商部主事として考察各国政治大臣の随員に選ばれた。
	崇衡	員外郎	満洲鑲黄旗	生員	
	何景崧	主事	順天宝坻	進士	
	*夏循塏	主事	浙江仁和	学生	表2-1を参照。
	方燕庚	主事	安徽定遠	挙人	1903年7月経済特科一等に合格。同年10月25日商部による試験を受けた。
	郝樹基	主事	順天三河	学生	京師訳学館。ロシア留学、専攻は鉱業。
	*文治	主事	漢軍正黄旗	監生	元候選知州。1906年4月商部は上奏し配属。
	張璧田	主事	直隷遵化	進士	
額外司員	*呉桐林	郎中	四川郫県	蔭生	表2-1を参照。
	徳陞	郎中	満洲鑲白旗	監生	元工部郎中。1907年秋以前農工商部に転任。
	*連捷	郎中	満洲鑲白旗	副貢	1906年4月商部は上奏し転任。1907年秋候補員外郎。
	闇燾	郎中	湖南平江	監生	花翎三品銜商務司行走。
	任鳳賓	郎中	江蘇宜興	監生	後に商務司行走。
	王煥功	郎中	江蘇上海	附貢	留学経験者。1910年夏より農工商部に就任。
	陳崇揆	郎中	広東番禺	廩貢	農務司行走。
	汪声瀚	郎中	安徽休寧	副貢	花翎三品銜。1909年9月以前農工商部に転任。
	*文琦	員外郎	満洲正藍旗	挙人	京師大学堂卒業。1906年4月商部は上奏し転任。
	水祖培	員外郎	江蘇阜寧	学生	
	陳恩梓	員外郎	江蘇呉県	廩生	塩運使銜候補知府。1909年9月以前農工商部に配属。
	鹿学檀	郎中	直隷定興	蔭生	元法部候補員外郎。1909年9月以前農工商部に転任。
	袁鴻鈞	員外郎	河南考城	監生	花翎四品銜、商務司行走。
	俞鑠	主事	浙江会稽	挙人	
	*華学涑	主事	直隷天津	挙人	表2-1を参照。
	*呉振麟	主事	浙江嘉善	学生	表2-1を参照。

額外司員	＊吉祥	主事	満洲正藍旗	附生	京師仕学館卒業。1906年4月商部は上奏し就任。
	唐宗郭	員外郎	江蘇無錫	挙人	
	毓康		満洲正白旗	貢生	元工部主事。1907年秋以前農工商部に転任。
	胡樹培		浙江慈谿	附貢	元工部主事。1907年秋以前農工商部に転任。
	松清		満洲廂藍旗	挙人	元工部主事。1907年秋以前農工商部に転任。
	孫慶祺		浙江山陰	監生	元工部主事。1907年秋以前農工商部に転任。
	＊胡宗瀛	主事	安徽休寧	進士	表2-1を参照。
	＊王守善	主事	江蘇上海	挙人	表2-1を参照。
	＊廖世綸	主事	江蘇嘉定	工科挙人	東京高等工業学校卒業。1906年9月以前商部に就任。
	＊王季点	主事	江蘇呉県	挙人	東京高等工業学校卒業生。1906年4月商部は上奏し就任。
	祝爾宏	主事	江西鉛山	挙人	農務司行走。
	邱中馨	主事	福建長楽	挙人	東京蚕業講習所卒業生。1908年夏より農工商部に就任。
	潘承謀	主事	江蘇呉県	副貢	元内閣中書。1909年配属。
	鄧振瀛	主事	湖北江陵	留学	東京蚕業講習所卒業生。
	陳耀西	小京官	福建侯官	挙人	留学経験者。1908年夏より農工商部に就任。
	屈蟠	主事	江蘇常熟	学生	日本留学，法政科。1908年4月10日より農工商部に就任。
	張培	小京官	直隷安平	挙人	京師訳学館卒業。
	姚長庚	小京官	江蘇江寧	挙人	元各国駐在中国大使館の通訳。
	徐鼎元	小京官	浙江会稽	挙人	日本早稲田大学政治経済科卒業生。
	李振鐸	小京官	江蘇句容	挙人	留学経験者。花翎員外郎銜。
	于守仁	小京官	江蘇山陽	附貢	候選州同。1909年9月以前農工商部に配属。
	楊鴻綬	小京官	直隷天津	優貢	山西補用知県。1908年1月農工商部に配属。
	趙啓華	小京官	順天大興	監生	分省知県。1908年1月農工商部に配属。
	楊辰	小京官	直隷天津	附貢	分省試用知県。1909年9月以前農工商部に配属。
	李秉仁	小京官	直隷高陽	附貢	候選布理問。1909年9月以前農工商部に配属。
	唐廼釗	小京官	江蘇山陽	副貢	1910年8月以前農工商部に配属。
	孫鼎元	小京官	奉天義州	挙人	1910年8月以前農工商部に配属。
	謝森	小京官	直隷豊寧	供事	候選布理問。1909年9月以前農工商部に配属。
	蒋嘉鈞	小京官	江蘇呉県	監生	優先選用州同。1909年9月以前農工商部に配属。
	陳秉鑑	主事	直隷天津	廩貢	山東試用県丞。1909年9月以前農工

					商部に配属。
額外司員	胡懋銓	小京官	安徽廬江	学生	候選府経歴。京師法政学堂卒業。1909年9月以前農工商部に配属。
	呂光臣	小京官	江蘇武進	優貢	福建補用県丞。1909年9月以前農工商部に配属。
	于長藻	小京官	直隷天津	学生	候選県丞。直隷法政学堂卒業。1908年4月10日農工商部に配属。
	崔變邦	小京官	安徽太平	学生	布理問。1909年9月以前農工商部に配属。
	黄金科	小京官	江蘇海州	学生	州判。日本宏文院卒業。1909年9月以前農工商部に配属。
	貝宗濂	小京官	江蘇呉県	歳貢	州同。1909年9月以前農工商部に配属。
	蔡綱	小京官	江蘇崇明	附生	州同。1909年9月以前農工商部に配属。

【出所】 栄宝斎『大清搢紳全書』光緒辛亥春,『農工商部档案』工務司249, 商務司289, 庶務司14, 41,『上諭档』34冊94頁,『歴史档案』1998年1期,『政治官報』宣統元年8月21日, 宣統2年8月1日,『大公報』1903年7月16日, 1906年4月30日, 1908年6月8日, 1910年7月1日, 5日, 7日, 9月8日, 9日, 10月6日,『申報』1906年4月26日, 7月17日, 9月18日, 10月24日, 1908年6月10日, 1909年10月13日, 1910年7月4日, 7日, 11日, 9月11日, 13日,『商務官報』宣統2年25期, 宣統3年7期,『端忠敏公奏稿』巻4などにより作成。

【註】 ①姓名の前の*は商部期から就任している者である。②額外司員96名のうち, 上記53名について筆者が調べたが, そのほかについての詳細は不明である。③1911年6月28日の『大公報』によると, 朝廷の試験に合格した留学経験者の58名が農工商部に配属された。その中に郎中2名, 主事7名, 小京官49名がいった(『歴史档案』1997年2期, 4期)。

4. 財源と支出

(1)財源

　工部が農工商部に併合された際, 工部の残金の中で正式な費用としての銀81,000両, 銅銭10,000串あまりが度支部に納入された。農工商部が工部の節慎庫から受納したのは銀20,879両である(『第1次統計表』総綱)。それ以外の工部の収入について(水利工事からの収入など)は, 農工商部が上奏し認可された「帰併工部辦法」の中で各省督撫がそれぞれ以前と同じ金額を農

工商部に「官員増加の費用」として引き渡すことを規定した[50]。

初め農工商部には商部からの残金があったが,総体的に行き詰まっていた清朝の財政は農工商部にもマイナスの影響を与えた。1907年春両江総督は端境期の救済のため,上海道が管理し上海の銭荘に貯金している義和団賠償金の利息で農工商部に支給されるもののうちから銀100万両を臨時的に借りることを上奏し批准された(『農工商部档案』庶務司46,経費)。同年11月民政部と内務府は上奏し,元工部から農工商部に移した水利事業収入などの2割を要求した[51]。

農工商部期には商部期より「一切の重要な政務は増加し,現金が早急に必要である」こととなった。そこで同部は1906年12月8日各洋関が商部期通りに農工商部へ納金することを南洋大臣,北洋大臣から命じることを上奏し許可された[52]。本書の第2章で述べたが,商部の財源は主に以下の二つがあった。一つは江海関が管理し上海の銭荘に一時的に貯えた義和団事件の賠償金の利息であり,その金額は一定ではない。二つは各洋関の「平余」から商部の経費を調達したもので,年額は商部期には銀9万両あまりであり(『農工商部档案』庶務司40,経費),農工商部期には1907年からの山海関分を含め,毎年銀10万両となった。『農工商部統計表』(第1次,第2次)によると,山海関から農工商部への納付は1907年に銀5,000両,1908年に銀1万両であった。しかし,農工商部期の各洋関の滞納額は商部期より増えた。そこで各省督撫あるいは各洋関へ頻繁に打電し,納金を催促することは農工商部の「一切の重要な政務」中の要務となった。

『農工商部統計表』(第1次,第2次)によれば,1907~1908年同部の収入は表4-5の通りであった。

表4-5 農工商部の収入

年次	各洋関の定例収	臨時収入	直轄機構の収入
1907	700,925	88,486	338,230
1908	384,899	90,272	114,215

【註】 単位は京平足銀両である。両未満は四捨五入。表4-7までは同じ。

第4章 農工商部への改組

　表4-5の数字から見ると，農工商部の収入は1907年が最高であったが，1908年には急激に減少した。これはまず各洋関の定例収入の中で比率が一番高い江海関の賠償金の利息が減少したためである。1907年庫平銀56万4850両が1908年には庫平銀25万5273両に激減した。

　1909年以後の史料は不足しているが，中国第一歴史档案館に残っていた農工商部の保存公文書から収入の情況の一部がわかる。

　農工商部は1910年8月2日，翌年の経費予算案のために度支部へ公文を送った（『農工商部档案』庶務司40，経費）。その中で同部は，次のような点を指摘した。1909年，江海関の賠償金の利息から銀70,000両を受け取った。各洋関から農工商部への「平余」は銀10万両あまりであった。それ以外にも臨時収入が少しあったが，「支出に不足する額」は銀47万7789両に達した。そして農工商部は，度支部に対して1909年の江海関からの納金は1907年のわずか八分の一だと伝えた。

　その後二年間，農工商部が経費を捻出することはさらに困難となった。1910年，上海道蔡乃煌による「銀300万あまりの損失」（『軍機処録副奏摺』563号2943頁）が生じたため，1911年江海関は賠償金の利息から農工商部へ一切納金しなかった。よって同年の農工商部予算案のうち銀30万両という財源の一部が失われた。農工商部は度支部に救いを求めた。そのため同年7月18日，度支部の上奏文を批准した上諭により，籌辦江皖賑務大臣盛宣懐に救済金として銀30万両を捻出し農工商部へ引き渡すことを命じた。だが農工商部の支出不足額は，まだ銀6万両もあった（『政治官報』宣統3年閏6月3日）。

　さらに深刻なことは，農工商部が以前比較的安定して得ていた各洋関の「平余」も規定額通りに受領できなくなったことである。1911年10月13日農工商部は，このために直接中国南部の八ヶ所の洋関へ打電し納金を催促した（『農工商部档案』庶務司55，経費）。それによると，各洋関が滞納した金額は1910年下期の時点で銀11,750両であり，翌年上期の時点で銀1万両であった。各洋関の中で江海関が農工商部へ納付すべき「平余」の額は一番多く，毎年銀2万両であり，宣統2年上期（春季）まで規定通り納金した。だが，宣統2年下期の納金は「平余」の収入が不足したため，納金できなかった（『農

工商部档案』庶務司53，経費)。宣統3年上期分は1911年7月28日にようやく庫平銀1万両を調達し度支部へ納付した。しかしそれを農工商部が受領したのは10月25日であった。浙海関は宣統2年下期に農工商部の経費とする金をはなはだしく滞納した。度支部は1911年8月3日それを受け取ったが，農工商部へ引き渡したのは同年9月24日であった（『農工商部档案』庶務司56，経費）。江漢関が納付すべき分は商部期の定例では毎年銀1万両であったが，1908年にはその半分となった。また1910年の経費について農工商部は1911年6月21日湖広総督より納金したという報告をようやく受けた（『農工商部档案』庶務司61，経費）。

華南の各洋関による滞納と比較すれば，北部にある三ヶ所（津海関，東海関，山海関）は1911年上期まで皆規定通りに農工商部の経費を納付した（これと同様に納付できた洋関にはまだ南方の粵海関，梧州関があった）。だが，1911年下期の分は武昌蜂起がおこったため，北部の各洋関でも納金できなくなった。そこで1911年12月27日農工商部は急いでそれぞれ三ヶ所の洋関へ打電し，二年前のように度支部への納金ではなく，直接農工商部へ納金するように要求した（『農工商部档案』庶務司55，経費）。しかし，当時すでに清朝の滅亡が寸前に迫っており，北部の各洋関は農工商部の要求には従わなかったであろう。

以上の史料から1908年以後，農工商部の年間経費は窮迫していったことがわかる。1910年になると農事試験場の人員への俸給を支給することさえ困難となった[53]。

農工商部は経費の調達のために別の方法で努力した。1908年農工商部が塩業を管理しようとしたことが報道された（『大公報』1908年8月14日）。1909年10月5日同部は欧州各国の方法を採用し「勧業富籤公債票」の発行を準備することを上奏し批准された。その具体的な方法は二段階に分けられる。まず額面洋1元の富くじを1千万枚発行し，1千万元とする。その中の300万元を奨金とする。また100万枚の富くじを当選の対象とする。さらに100万元を農工商部が発行する富くじの印刷費，運営費などとする。このようにすると農工商部は600万元を獲得できる。一方で，当選しなかった900万枚の富くじに対して，農工商部は60年の期限で年利4厘を与える。農工商部はとく

第 4 章　農工商部への改組　　　　　　　　　　　　　177

に「この富くじからの収入をすべて官営銀行に預託し，農業，商工業，鉱業などを興すことと民営企業を援助することに専用する」と説明した（『商務官報』宣統元年26期，29期）。しかし，世論の反対があったため，攝政王載澧は1909年10月末と12月の二度にわたって，この富くじの延期を命じた[54]。その後1910年，農工商部は部の銀行の開設を計画したが，実現できなかった（『大公報』1910年6月3日，8月20日）。

　溥倫は農工商部尚書に就任した後，全力で努力したため，度支部は宣統4年の予算案のうち，農工商部の実業費を銀200万両に増加することに同意した（『大公報』1911年8月24日）。

(2) 支出

　1909年1月16日度支部は「清理財政辦法」を上奏して許可を受け，各中央官庁は収入をすべて度支部に渡し，度支部がこれを受け入れ発給すると規定した（『籌備立憲档案』下冊1035頁）。農工商部は同年3月9日同部に残った銀40万両を度支部に引き渡した（『農工商部档案』庶務司40，経費）。その後各税関は北京の各中央官庁への納金を改めて度支部に引き渡し，農工商部を含めた各中央官庁は度支部から費用を受領した。

　農工商部は成立後の1年目から，収入が支出に追いつかなかった。『農工商部統計表』（第1次，第2次）から1907, 1908年の支出情況が表4-6のように分かる（1909～1911年の統計資料は見あたらない）。

表4-6　農工商部の支出

年次	定例の支出	臨時支出	直轄機構への支出	支出合計	収入総額	本年不足額	繰越金	残高
1907	234,572	11,736	1,009,119	1,255,427	1,127,641	127,786	1,009,211	881,425
1908	257,729	62,075	704,785	1,024,589	589,386	435,203	881,425	446,222

　以下農工商部の重要な経費支出を分類して述べる。その分類はほぼ商部と同様である。資料に限りがあるため，支出情況を全面的に比較できるのは1907, 1908年に限定される。1909～1911年の現存する農工商部の保存公文書は不完全であるが，説明の補充として利用する。

一つは本部の人件費，事務費や官庁工事費である。1907年と1908年の合計で銀50.8万両あまりであった。人件費および事務費の増加は，工部が併合されたのちの農工商部期の人員と機構が商部期より増加したためである。

二つ目は産業援助費の支出である（表4-7）。

表4-7 農工商部の産業援助費

年次	項目	金額
1907	なし	
1908	アメリカ農業公院および漁業博覧会の参加費	12,792
	溥利呢革公司の株購入	10,000
	京師首善工芸廠への寄付金	10,000
	京師首善第一女工廠の年間経費	1,800
	合計	34,592

この面の支出は商部期より減少している。しかし京師首善工芸廠，京師首善第一女工廠については，農工商部は1908年以降，依然として上記の数字は毎年その補助として交付した[55]。農工商部は1911年夏にさらに銀2千両をロンドン中国茶公会に補助金として支出し，同会の業績（中国茶のイギリスでの販売量は5年前の6倍に達したこと）を奨励した（『大公報』1911年8月5日）。

三つ目は実業教育（主に本部に直轄した各学校や留学生）への費用である。1907年と1908年の合計で銀55万両あまりであり，商部より増加した。

その中で留学を支援する費用の支出も商部より多かった。1907年留学生への派遣費は銀18,547両であり，1908年イギリス，アメリカ，フランスの中国留学生への費用は銀17,224両であった。また農工商部は人材を募集するために，卒業後農工商部に任用することを条件とし，1908年の二学期からイギリスに留学している鉱学専門の学生李順義を援助した[56]。

四つ目は農工商部のその他の直轄機構（農事試験場，工芸官局，勧工陳列所，繍工科など）への費用である。1907年と1908年の合計で銀108.4万両あまりであった。

以上から，農工商部の各種経費支出中，直轄の諸機構の費用は商部期と同

様に首位を占めていることが分かる。しかし各直轄機構の中では産業の模範となり，実業教育に関連するものが主である。たとえば本部農事試験場への支出（1907年と1908年の合計で銀58万両あまり）は各直轄機構の中で第一位を占めている。このことは農工商部が同試験場の建設をとくに重視していたことを反映している。各直轄機構の費用の中では建築費用の比率が高い。これは建築には基礎的な設備が必要であるためである。それに対し各直轄機構の設備費，試験費の比率が比較的低いのは，経費に限りがあるためでやむを得ないことであった。

註
1) 国家档案局明清档案館編『清末籌備立憲档案史料』上冊470頁，中華書局，1962年。以下『籌備立憲档案』と略。
2) この数は筆者の推算である。『鉄路史資料』第3冊1091頁によると，光緒31年以後，同会社の資本金額は年ごとに約300万あまりであり，光緒30年から光緒33年5月にかけて募集してきた株は庫平銀757万5千両あまりであったという。
3) 『鉄路史資料』第3冊939頁，952頁，953頁，1008頁，1055頁。
4) 『大公報』1905年10月14日，1906年7月26日，前掲李鵬年ほか編著『清代中央国家機関概述』296頁。
5) 1906年10月14日の『大公報』によると，当時朝廷は工部都水司の仕事を商部に引き移すように議定した。
6) 『上諭档』30冊194頁。『申報』1904年12月10日，『大公報』1904年12月3日を参照。
7) 『上諭档』29冊239頁によると，1903年9月戸部は奉天の池沼の開墾をめぐって工部との間で意見の不一致があった。一方で湖広総督張之洞は商部が山林，湖沼，開墾などの農事を管理すれば，地方官吏の権力を妨害することになるとした（『張文襄公全集』巻221）。
8) 『大公報』1903年12月14日，1906年1月30日。以下に述べる商部の行いは実に塩政改革と専制塩法・商専売制との衝突をあらわしているといえるであろう。清末の塩業と塩政改革については，渡辺淳の関連研究を参照。
9) 『端忠敏公奏稿』巻6。1906年9月22, 23日の『大公報』に掲載された載澤の上奏文を参照。

10)『上諭档』31冊192頁。『申報』1905年12月6日,『大公報』1905年12月10日,1906年3月28日を参照。
11)『張謇全集』第6巻564頁,867頁,『端忠敏公奏稿』巻6。
12)『大公報』1906年9月21〜22日。『東方雑誌』光緒32年臨時増刊,『籌備立憲档案』上冊465頁,470頁を参照。
13) 当時内務府は太監が西太后に涙ぐんで訴えたため維持された。保守的な官員の中には学部を礼部に,商部を工部に,外務部を理藩院に,巡警部を五城に編入すべきだと主張した者もいた。さらにこの官制改革は総体的なものであり,その抵抗は大きく「戊戌の年より勝るとも劣らず」といわれる状態であった。旧来の各部の改組により不要な官員が生じ,「北京の官界はたいへん不安になった」。また旧来の各部と新設の各部の間でどのように「権限を区分する」かという問題が起こり,新しい各部の設立は「暫時に延ばす」と報道された(『大公報』1906年9月1日,30日,10月1日,5日)。
14) この数字は光緒32年12月19日付けの農工商部の上奏文からのであるが,この前,光緒32年9月29日付けの工部の上奏文によると,492名だという(『商務官報』光緒32年23期,33年1期)。
15)『上諭档』32冊223頁,『商務官報』光緒32年23期。
16)『大公報』1906年4月14日。しかし軍機大臣,工部尚書鹿伝霖は張之洞の意見に賛成した。
17)『大公報』1906年9月15日,18日,21日,10月2日,『籌備立憲档案』上冊465頁。
18)『籌備立憲档案』上冊470頁。奕劻などが主張したのは,新設ではなく,「工部を郵伝部へ改組する」計画についてである。
19) 四川総督錫良が人員を派遣し湖北境域内を測量し,株を募集したことに対して,湖広総督張之洞は不満であった(『申報』1905年9月24日,『大公報』1905年12月29日)。
20)『東方雑誌』第3巻11号,『申報』1905年12月10日,1906年7月11日,9月4日,『大公報』1906年7月20日,9月6日,『光緒朝東華録』総5539頁。商部の中央集権的な産業行政について,前掲曽田三郎論文「清末の産業行政をめぐる分権化と集権化」は深く論述した。
21) 袁世凱は1902年1月15日から督辦電政大臣を担任していたが,盛宣懐が電信の管理権を彼に引き渡したのは1903年4月であった。
22)『籌備立憲档案』上冊481頁。この主張が実行された。たとえば農工商部は1907年夏考察外埠商務大臣の張弼士による恵州・潮州間鉄道敷設のための株募集に関す

る章程を商法に基づいて審査し改定した(『商務官報』光緒33年12期)。
23) 「商部開辦章程」の中で度量衡は商部の責任とすると規定したが,「全国の財政と関わること」であるため,1905年戸部の管理に戻された(『茹経堂奏疏』巻2,『大公報』1906年6月29日)。
24) 『商務官報』光緒33年22期,23期,26期。
25) 『商務官報』光緒34年2期,3期,4期に度支部による各銀行則例がある。『商務官報』光緒34年10期,『政治官報』光緒34年7月18日を参照。
26) 『商務官報』光緒33年9期,31期,3期,15期,22期。
27) 『学部官報』光緒32年2期によると,学部の実業司は「農業学堂,工業学堂,商業学堂,実業教員講習所,実業補習普通学堂,芸徒学堂」を管轄する(『清朝続文献通考』考8828を参照)。各省の実業学堂の奨励についても,また学部が責任を負った。『商務官報』宣統2年20期,23期,27期,30期,『農工商部档案』工務司246,庶務司1を参照。
28) しかし1906年11月7日の上諭が定めた各中央機関の当直名簿によると,農工商部は第8位で法部の次であったが,学部は農工商部,内務府,都察院などの後ろの第15位で,郵伝部は序列最後の第18位であった(『大公報』1906年11月9日,『上諭档』32冊202頁)。
29) 農工商部は引き続き各商船会社を管理しようとしたが,郵伝部の第1,2,3次統計表の「船政」によると,各省の商船会社はすべて郵伝部の管理下におかれた。
30) 『農工商部档案』庶務司14(統計),庶務司1(章制)。
31) 『商務官報』宣統1年20期,『農工商部档案』工務司246,247「農工商部宣統3年中,初両等工業学堂予算」。
32) 『商務官報』宣統2年4期。そのための工事費は銀10.5万両であり,設備費などは銀1万両であった。
33) 『商務官報』光緒33年27期,『申報』1907年10月28日,11月7日,9日。『大公報』1907年11月10日によると,10月26日開設したという。
34) 『第2次統計表』工政,『農工商部档案』工務司252。
35) 『農工商部档案』庶務司12(統計),『申報』1908年10月9日。前掲李鵬年ほか編著『清代中央国家機関概述』304頁は,これを農工商部工務司の下に記載している。
36) 『商務官報』宣統2年1期,『農工商部档案』工務司256,同所の宣統3年度の予算報告。
37) 『大公報』1907年2月7日。商務官報』宣統2年2期を参照。
38) 『商務官報』光緒32年26期によると,高等農業学堂は1906年冬準備開始とあっ

た。1907年7月6日付けの『大公報』に高等農業学堂計画開設の関連記事がある。
39) 比較的早くこのことを提議したのは両江総督の劉坤一であった。彼は1902年7月7日に外務部へ打電し、「変法自強」の意を示すために東北地域で行省を設立することを要請した（『清季外交史料』光緒朝、巻159）。
40) 『上諭档』33冊50頁。だが、民間世論では載振に同情する者もいた。『東方雑誌』第5巻10号にあった記事には載振の辞職を惜しみ、彼は商人を理解し奨励したと記載している。
41) 1911年彼は廂紅旗蒙古都統の身分で弼徳院顧問大臣を担当した。
42) 実際には、溥頲には厳しい面もあった。彼は1905年11月16日北京へ向かう途中で「金品を不正に要求した従僕を放任した」科布多参賛大臣瑞洵を弾劾し、瑞洵は罷免のうえ流刑にされた（『上諭档』31冊185頁、『清徳宗実録』巻554）。
43) 『大公報』1908年4月19日, 1910年11月21日, 『申報』1910年11月13日。
44) 中国史学会主編『辛亥革命』（中国近代史資料叢刊）四, 49頁, 上海人民出版社, 1954年。
45) 『大公報』1911年5月30日, 7月13日, 24日, 『申報』1911年4月4日。
46) これに対して、張之洞は彼が「北京各部の大員の中の有力者であり、遠くに出して、政治の協議をする人がいなくなるのは宜しくない」という異議を述べた（『大公報』1907年9月18日）。
47) 『光緒朝東華録』総5853頁。『商務官報』宣統2年1期を参照。
48) 『大公報』1903年2月26日, 5月30日, 『申報』1903年3月5日。
49) 『商務官報』光緒34年19期, 『大公報』1910年1月21日, 1911年3月26日。
50) 『商務官報』光緒32年29期, 33年3期。
51) 『政治官報』光緒33年11月22日。農工商部は農事試験場, 度量権衡局や実業学堂の経費の必要という理由でそれを拒否した（『申報』1907年12月28日, 『大公報』1907年12月31日）。
52) 『上諭档』32冊232頁, 『商務官報』光緒32年25期。
53) 『大公報』1910年5月28日, 7月8日, 23日, 29日, 12月7日, 1911年1月13日。また『支那経済報告書』第50号23頁（明治43年5月30日）によると、「部員の俸給は皆八割として支発する」という。
54) 『東方雑誌』第7巻1号, 『大公報』1909年10月31日, 12月25日, 1910年7月8日, 『国風報』第1年第2号。
55) 『農工商部档案』庶務司12, 統計, 『政治官報』宣統3年3月25日。
56) 『農工商部档案』工務司249。1908年6月1日の『申報』によると、農工商部, 郵伝部は「公金で自費の留学生を援助したことがはなはだしく多かった」。

第5章　農工商部の産業振興政策とその実施

　清末新政期における中国近代産業の発達は，中央産業行政機関が遂行した産業振興政策がその要因の一つとしてあげられる。当時の中央産業行政機関には商部と農工商部があったが，先行研究の多くは産業振興に対する農工商部の作用について商部ほど高く評価していない。1906年11月に商部を改組して成立した農工商部については，産業振興の実行力が弱くなったと認識する傾向があるし，産業振興の完遂を事実上放棄したという主張さえある[1]。

　ところが，農工商部は，商部を基礎として産業振興政策の推進に力を注いだ。そのうえ農工商部期の産業行政は商部期に比べて計画的になっている。その社会的背景のひとつとして，清朝が立憲の予備期を9年にすることを公表した後の1908年10月23日，西太后が各中央機関に年々の施政計画の編制を命じたことがある。その中には「農工商部の職責は実業の提唱，利権の守りにあり」，6ヶ月以内に本職の関連事業を9年間に分けて，それらを取り扱うべき方法を上奏することが明言されている（『上諭档』34冊230頁）。そこで半年後の1909年4月，農工商部は1908年から1916年までの「分年籌備事宜表」全128条を上奏・報告した。それは調査，計画，開始，編制の四つの部分に分かれており，内容は農業，工業，商業の多方面に及んでいた[2]。その後，農工商部は年度計画を立案し，清朝滅亡前の三年あまりで一年ずつ実施に移していった[3]。

　以下は商工業，鉱業および商会などの面から農工商部の産業振興の実態を述べたい[4]。それは商部期の基礎をもとに拡充を促進することに力を注ぎ，商部期とは異なる特徴を備えていることを示している。

第1節　商工業の促進

　農工商部期の商工業は商部期に比較して新たな発展が見られ，企業設立総数，投資総額ともに商部期を上回ったといえる。民営鉱工業企業の設立数とその開設当時の投資総額を例として比較してみると，商部期に設立された民営鉱工業企業は192社，農工商部期では339社で，その開設当時の投資総額は商部期が銀40,996千元，農工商部期が銀56,402千元であった（表5-1）。1914年に出版された『中華民国元年第1次農商統計表』（農商部総務庁統計科編，中華書局）によれば，登記された中国商工業企業の設立数と資本総額について，商部期（1904年～1906年）のそれらは149社で，銀29,457,230元であり，農工商部期（1907～1911年）のそれらは343社で，銀179,890,134元に上った。これらの数字に見られる近代産業の発展は，以下に述べる農工商部による産業振興の努力と無関係ではなかった。

表5-1　商部期と農工商部期における民需鉱工業企業の設立数と資本額の比較

		官営		官民合弁		民営		中外合弁		合計	
		A	B	A	B	A	B	A	B	A	B
商部期	1903	1	57	3	133	13	4,888	-	-	17	5,078
	1904	1	19	2	768	33	10,401	-	-	36	11,188
	1905	4	4,992	4	645	68	8,306	-	-	76	13,943
	1906	8	6,071	1	161	78	17,401	2	2,026	89	25,659
	小計	14	11,139	10	1,707	192	40,996	2	2,026	218	55,868
農工商部期	1907	9	2,504	2	685	86	13,831	2	1,200	99	18,220
	1908	8	1,238	1	1,680	70	15,566	1	2,354	80	20,838
	1909	6	1,255	5	3,148	71	11,692	-	-	82	16,095
	1910	5	5,439	6	1,639	76	10,630	2	2,150	89	19,858
	1911	-	-	3	907	36	4,683	1	350	40	5,940
	小計	28	10,436	17	8,059	339	56,402	6	6,054	390	80,951

【註】　この表は杜恂誠著『民族資本主義与旧中国政府（1840－1937）』33頁より作成。その中で，Aは設立数であり，Bは資本額である。Bの単位は銀千元である。官督商弁という企業は商部期にも農工商部期にもなかった。

1．産業奨励制度の完成

(1) 奨励法規の改正と補充

　実業家への奨励は商部の既定政策の一つではあるが，それは「奨励華商公司章程」(1903年11月)，「奨給商勲章程」(1906年10月) という二つの法規中に集中して具体的に表記されている。しかし前者は奨励条件としての会社設立時の株式募集額が大きすぎて当時の中国の実情に合致せず，施行するのは極めて困難であった。かつて商部が実施した奨励は実際にその規定条件に達していなかった (第3章第1節を参照)。後者は公布された直後，商部が農工商部に改組されたため，その実施は商部期には間に合わなかった。

　農工商部は商部による奨励の基本方針を継承したが，「近年以来の中国では実業を求める気風が次第に強まっているが，新原理を発見し新機具を創製し，改良された独創性を持ち，利権回復に足るものはまことに少ない」(『商務官報』宣統元年24期) と認識したうえ，商部が制定した法規を改正するとともに，新たな法規の制定を加えて実施した。

　1906年12月13日，農工商部は「通飭各省研精工芸并先酌予奨励」を上奏した。その中では各省から京師勧工陳列所へ送った各官営工場の製品に対し表彰する額を授与し，手工芸職人による製品であったら功労牌の様式を参照し奨牌を授与すべきだとした。また精緻で美しく，売れ行きの良い各省で製造された商品に対して，農工商部が「奨給商勲章程」に基づき奨励すべきだとした。これらの提案は同日の上諭によって批准された (『商務官報』光緒32年26期)。1907年3月21日，農工商部は「情況を酌量し」，商部の「奨励華商公司章程」の中の二等議員に五品銜を加える条文を柔軟に処理し，潮汕鉄道を完成させた華僑商人張煜南に「破格の奨励」を与えることを上奏したが，その結果は三品京堂候補が授与された (『商務官報』光緒33年4期)。1907年8月21日には，農工商部は1903年に商部が制定した章程を全面的に改めた「改訂奨励華商公司章程」を上奏し，奨励を受けられる条件 (株式募集額) を大幅に引き下げた (平均60パーセント以上)。たとえば五等議員に七品頂戴を加えるという最低レベルで株式募集額がわずかに銀20万元であったが，商

部が制定した当初の章程では，五等議員になるには銀50万元の株式募集額が必要であった。同じ日にまた，「華商辦理農工商実業爵賞章程」を上奏した。この法規は製造業を重視し，奨励の対象を「実業に従事して利源を切り開き，商品を生産して国民の生計を拡充できるもの」に制限し，ただ「販売・流通・金融による営利を生業とするもの」は除外していた（第2条）が，この法規によると，受賞の最も低い五品銜は資本額がわずかに10万元であった。また規定を補充し，資本は少なくても「よく独創性を発揮して利権を回収できるもの」は，やはり商部の「奨給商勲章程」に照らして処理することにした（『大清新法令』第10類，実業49～50頁）。

このほか，農工商部では「奨給商勲章程」が発明や製造を重視し，「普通の工芸制作の優良なもの」への適用がなされていないことを考慮して，1907年9月20日また「援照軍功外奨成例酌擬商業奨牌摺」を上奏し奨牌の授与を可能にした。さらに「中資産家の資金」を集めるために，「商人で銀1万元から銀8万元以上を出資して営業し，著しい成功があった者」には，それぞれ七品から九品の奨牌を授与できることを規定した（『商務官報』光緒33年23期）。

これらの法規の公布で，工業から商業までの産業分野，投資による実際の生産から発明・創造まで，大資本から中小資本までの資本規模それぞれに対して奨励が可能になり，それに応じて奨励の等級も勲爵，官位から奨牌まで体系的に整備されるようになったが，このことは中国近代における産業奨励制度の完成を示しているといえるであろう。

(2) 産業奨励の執行

改正し新しく公布された上述の産業奨励の法規に基づき農工商部期に奨励の授与者数は実際に商部期を大幅に上回った。不完全な統計ではあるが，辛亥革命までに60名以上が奨励を受けていた（表5-2）。

表5-2が示している奨励以外，農工商部はいろいろな形式で産業発達の有功者を奨励した。上海の有名な紳商，二品頂戴直隷補用道厳信厚が死去した後，1907年4月農工商部は彼が商工業の有功者であると評価し，優待救恤するように上奏し許可を受けた。同年9月厳に内閣学士を追贈することになった（『申報』1907年10月17日）。商人楊秉信が陶器や謄写版を改良したため，

第 5 章　農工商部の産業振興政策とその実施　　　　　　　　　　　　　187

農工商部は1908年1月29日奨牌を授与することを許可した[5]。

表5-2　商工業者への農工商部による奨励

姓名	元の肩書き	株式銀募集額	主な業績	授与の肩書き	上奏の時期
張煜南	頭品頂戴,候補四品京堂	200万元以上	潮汕鉄路公司の創立	三品京堂候補	光緒33年2月
余兆熊	浙江挙人		刺繍の改良	四等商勲,五品頂戴	光緒33年4月
沈正恂	漆器商人		漆器の改良,アメリカの博覧会で受賞	四等商勲,五品頂戴	光緒33年4月
呉金印	商人		麦稈真田の改良	五等商勲,六品頂戴	光緒33年8月
龐元済	候補四品京堂	60万元以上	上海機器造紙公司の創立	三等議員,正二品封典	光緒33年12月
祝大椿	道員衛	200万元以上	源昌機器廠などの創立①	二品頂戴	同上
厳義彬	三品銜直隷候補道	80万元以上	浙江通久源軋花紡織廠の創立	二等議員,二品頂戴	同上
許鼎霖	二品銜安徽候補道	60万元以上	江蘇海豊面粉公司などの創立	三等議員,正二品封典	同上
楼景輝	四品銜候選州同	40万元以上	浙江通恵公紡織公司の創立	四等議員,三品頂戴	同上
顧釗	三品銜中書科中書	40万元以上	浙江和豊紡織公司の創立	四等議員,二品頂戴	同上
蕭永華	三品銜兵部郎中	40万元以上	汕頭自来水公司の創立	四等議員,二品頂戴	同上
馬吉森	候選道	40万元以上	河南六河溝煤鉱の採掘	四等議員,三品頂戴	同上
蒋汝坊	分部郎中	40万元以上	江蘇済泰公紡織公司の創立	四等議員,四品頂戴	同上
劉世珩	二品銜度支部右参議	20万元以上	安徽貴池墾務公司の創立	五等議員,正二品封典	同上
史履晋	御史	20万元以上	京師華商電燈公司の創立	五等議員,四品頂戴	同上
程恩培	二品頂戴,浙江候補道	20万元以上	安徽裕興搾油公司の創立	五等議員,正二品封典	同上
曽鋳	候選道	20万元以上	鎮江機器造紙公司の創立	五等議員,三品頂戴	同上
程祖福	二品頂戴,福建補用道	20万元以上	河南清華実業公司の創立	五等議員,正二品封典	同上
顧思遠	候選道	20万元以上	山東玻璃公司の創立。	五等議員,三品頂戴	同上
顧潤章	商人	20万元以上	湖北楊子機器製造公司の創立	五等議員,七品頂戴	同上

黄蘭生	商人	20万元以上	湖北漢豊面粉公司の創立	五等議員,七品頂戴	同上
胡国廉②	花翎塩運使銜	200万元以上	福建安溪鉱山の経営など	三品卿銜	光緒34年3月
呉梓材	二品封典候選道		東南アジアで数十年商売	四品卿銜	同上
林汝舟	五品銜		ペナンで五十年商売と教育	道員銜	同上
宋煒臣	二品頂戴候選道	300万元あまり	漢口既済水電公司などの創立	三等顧問官	光緒34年12月
林爾嘉	二品頂戴,候補五品京堂	125万元	福建信用銀行の創立	頭等議員	同上
孫多森	直隷候補道	100万元以上	上海阜豊機器面粉公司の創立	頭等議員,三品銜	同上
馮恕	候選同知	株募集増加,20万元	京師電燈公司の創立と拡充	五等議員,四品頂戴	同上
陳宜禧	花翎塩運使銜	260万元あまり	新寧鉄路公司の創立	四等顧問官,二品頂戴	宣統元年9月
廖樹蘅	四品銜,鉱務総局提調		湖南水口山鉛鉱の経営	二等商勲,三品頂戴	同上
廖基植	候選訓導		湖南水口山鉛鉱の経営	四等商勲,五品頂戴	宣統2年2月
章邦直	三品銜江蘇試用道	60万元あまり	大生紡織公司などの創立	三等議員,二品頂戴	宣統2年3月
惲祖祁	二品頂戴,元興泉永道	20万両		五等議員,三品頂戴	同上
周逵③	州同銜江蘇候補知州			五等議員,三品頂戴	同上
孫多焱④	員外郎銜候選主事			五等議員,四品頂戴	同上
徐履祥	候選道	20万元		五等議員,三品頂戴	同上
陳惟壬	江蘇候補知府	20万元		五等議員,三品頂戴	同上
李士鑑	候選道	20万元		五等議員,三品頂戴	同上
王清穆	三品銜浙江財政官監理,辞職した直隷按察使		商工業行政,江蘇鉄路公司の運営	頭等顧問官	同上
劉世珩	度支部右参議		商工業行政の運営	頭等顧問官	同上
周廷弼	二品頂戴候選道		紡績,鉱業,銀行などの創業	四品京堂候補	宣統2年11月
譚学裴	二品頂戴直隷試用道	100万両	溥利呢革布服公司の創立⑤	頭等議員	宣統2年12月
李煜瀛	度支部郎中	120万元	豆腐公司の創立。	頭等議員,四品頂戴	同上

第 5 章　農工商部の産業振興政策とその実施　　　　　　　　　　　　　　189

程祖福	二品頂戴湖北補用道	60万元以上	湖北水泥廠などの創立⑥	三等議員	同上
厳良沛	即選知府	50万元以上	鞏華制革公司の創立	四等議員	同上
王鴻図	花翎二品頂戴,候補四五品京堂⑦		上海華昌搾油公司の創立	三等顧問官	同上
羅乃馨	花翎二品頂戴,広西候補道		広東東莞墾牧公司や上海華昌搾油公司の創立	三等顧問官	同上
黄思永	翰林院侍讀学士		商工業の経営	二品頂戴	宣統3年5月
許鼎霖	安徽候補道		商工業の経営	三代正一品封典	同上
黄華	山東試用道		山東工芸伝習所の管理と南洋勧業会のための運営	四等商勲,三品頂戴	同上
武瀛	前雅州府知府⑧	50万両	邊茶公司の創立	二品頂戴	宣統3年6月

【出所】　『第1次統計表』,『第2次統計表』,『商務官報』光緒33年4期,22期,宣統元年1期,27期,29期,宣統2年28期,30期,宣統3年5期,6期,『政治官報』光緒33年12月13日,光緒34年12月30日,宣統元年12月25日,宣統2年2月23日,4月12日,宣統3年2月24日,5月23日,25日,閏6月2日,『大公報』1907年4月13日,『申報』1911年1月5日,『上諭档』36冊85頁,『天津商会档案』上冊1249頁などにより作成。

【註】　①上海市工商行政管理局,上海市第一機電工業局機器工業史料組編『上海民族機器工業』（中華書局,1979年）第102〜110頁によると,祝大椿の源昌機器五金廠は実際存在しなかったものであった。②胡国廉,林汝舟,呉梓材の受賞はみな楊士琦の上奏によるものである。③,④農工商部の「改訂奨励華商公司章程」によると,受賞する商人はその賞を本人の兄弟や姪に移すことを請求できるということから,周学熙は姪の周逵に,孫多森は弟の孫多焱に受賞を移すことを申請した後,批准された。⑤陸軍部は譚学裴が開設を準備した溥利呢革布服有限公司を上奏し許可された（鄧実輯『光緒丁未政芸叢書』芸書通輯巻3）後,農工商部は光緒33年8月10日に銀1万両の公金で同会社の株を購入することを承諾した（『商務官報』光緒33年22期）。⑥程祖福は光緒33年7月湖北大冶で湖北水泥総廠を創立した。株の銀60万両である。農工商部は宣統元年4月22日同会社の登記を批准した（『商務官報』宣統元年14期を参照）。⑦王鴻図は資政院議員,雲南四川騰越鉄路公司総董,雲南商務総会総理などの職も兼任（『申報』1911年1月22日）。⑧当時,武瀛の現職は四川署高等審判庁庁丞であった。⑨宣統3年5

月,農工商部は南洋勧業会の奏奨の出品者15名に頭等商勲を授与することを上奏した。拙稿「南洋勧業会と清末新政期政府の産業振興政策」(『広島東洋史学報』第3号,1998年)を参照。

2．商工業の援助と保護

商工業に対する保護は,成立すると直ぐに商部が提起したものである。農工商部はこれをほぼ継承したが,1907年5月,農工商部は各省に通達し,「真剣に商務を保護」するよう重ねて表明した(『大公報』1907年6月2日)。農工商部による商工業の援助と保護は広い範囲に及ぶので,ここでは主に以下のいくつかについて述べることとする。

(1)公金による援助

農工商部期の産業行政費は,工部併合後,「すべての重要な政務は,増加し続け,必要な資金は巨額になる」と称される状態であったが(『商務官報』光緒32年25期),各省から中央への送金は遅く不足していた(『大公報』1907年9月29日)。そこで商部期と比べると,はるかに経費が逼迫しており,各地での鉱工業企業開設のための貸付金の請求に対して,その多くは対処することができなかった。たとえば河南巡撫は1907年6月公文で農工商部に同省の工芸と農林事業などのために同部の剰余金を請求したが,農工商部は「剰余金が多くない」という理由で認可しなかった(『大公報』1907年6月9日)。江蘇耀徐玻璃公司総理許久香は1909年冬農工商部に補助金を申請したが,拒否された(『申報』1910年9月15日)。東三省総督錫良は1910年11月「実業管理の中枢」という農工商部に黒龍江の金鉱を開発するために「酌量して現金を調達する」ように打電したが,結果は得られなかった(『申報』1910年11月9日)。

しかし,このような情況のもと,農工商部は何も方策を講じなかったわけではなく,新式の企業と資金が窮迫している企業に重点をおいて公金の調達や貸付を行なった。1908年4月京師自来水公司が株を募集し開設を計画したとき,投資者の心配を軽減するために,農工商部は直隷総督から特別支出金

第5章　農工商部の産業振興政策とその実施　　　　　　　　　　　　191

を調達し，三年間に毎年銀15万両を利息保証として銀号に預けることを上奏し許可された[6]。1909年，上海龍章機器造紙有限公司の資金不足を救済するために，農工商部は長期の低利率で公金15万両の貸付をした[7]。同年，農工商部尚書溥頲は適宜に経費を調達し，庫倫の鉱山開発を援助することを承諾した（『大公報』1909年9月5日）。翌年6月26日，農工商部は直隷総督，両江総督，湖広総督，山東巡撫，湖南巡撫から合計銀16万両の公金を拠出して恒久の補助金に充てることを上奏し認可された。そして当時外国の新しい精錬方法を採用し，生産効率を高めていた湖南華昌錬鉱股分有限公司に補助金を提供した[8]。1911年7月，農工商部は太原の石油の開発のために株を募集することを山西巡撫に打電したが，募集額が不足した場合には農工商部から補助金を与えることとした（『大公報』1911年7月21日）。この他，農工商部は地方官僚に対して，鉱工業への補助金の調達をも要請した。たとえば1907年7月農工商部は，四川玻璃山の民営銅鉱が資金不足で採掘を中止したことを知ると，四川総督に対して「急いで調査を行ない，方法を講じて資金を調達して採掘できるように」し，「利権を保つ」ように要請した[9]。

(2) 営業独占権や特許の認可

農工商部は「同業者が争っているうち，外人が利を得る」ことを避けるために（『天津商会档案』上冊1234頁），商部の方針を続行し，新しく設立した一部の鉱工業企業に「専辦」という営業独占権を与えた。それにあたっては新しい工芸や技術を重視したため，農工商部から営業独占権を取得した企業がかなりあった。1908年，上海商務総会は農工商部に中国火柴公司のための営業独占権を申請したが，農工商部尚書溥頲は人員を派遣し，同会社の製品を詳しく検証して「用に適する」と査定し，特に同会社の研究で「独創的に中国の原材料を改めて採用し，外国製品の模造と異なる」と評価し，5年の営業独占権を授与した（『大公報』1909年1月9日）。日本に留学した楊度による湖南華昌煉鉱公司はフランスの鉱石精錬の方法とその関連機械の特許権を購入した。その後，農工商部は1909年3月同社の開設の日より「専辦」10年の優遇を与え，この年限以内に湖南省内でアンチモンを精錬するほかの工場を開設してはいけない」ことを上奏し許可された（『商務官報』宣統元年7期）。

1910年5月14日農工商部が河南商人阮文衷の元豊芝麻分場に河南省内で「専辦」5年を批准したのは，阮文衷が新しく製造した機具が「独創的な物」だと評価したためである（『商務官報』宣統2年4期）。

数年間経営し成果を挙げた企業に対しても農工商部は営業独占権を授与することがあった。たとえば「5年間経営し，たいへん苦労した」河南広益紡紗公司に対し通州大生紗廠の前例に従って河南彰徳府内での5年の営業独占権を1909年2月10日認可した（『商務官報』宣統元年2期）。その後，同社は一層発展し，「規模が拡大し，実際に河南における各会社の第一位」となり，製品の品質は「舶来品よりも十倍以上」だと評価された（『申報』1910年5月14日）。

農工商部が批准した営業独占権の年限は三年から五年までが比較的多く，商部よりさらに短く，区域の制限も明確であった（表5-3）。天津冷機小輪公司が農工商部の批准によって天津区域内の3年の営業独占権を取得した後，それを天津以外に拡大することを請求したが，農工商部はその「範囲が広すぎる」と考え退けた（『大公報』1910年5月11日）。広東電力公司の「恒久的に営業を独占する」という申請に対し，農工商部は同社の資本金が甚だ多いことを考慮し，30年の「専辦」を批准したが，もし満期後経営の発展を本当に遂げるならば，延期することが可能であると答えた（『申報』1910年9月28日）。当時営業独占権や特許の申請者は多かったが，農工商部は厳しく対応し，濫発を避けた。直隷房山県高線運煤公司は設立時に「専辦」20年を請求したが，農工商部は1907年2月1日「多額の資本金が必要であるため，同様の公司が開設することはありえない」との理由で，同意しなかった（『天津商会档案』上冊1286頁）。天津華勝製造燭皀公司は成立して2年後，1908年6月直隷区域内で「専辦」20年を申請したが，農工商部は「新たな開設ではない」と却下した（『天津商会档案』上冊1180頁）。農工商部は「必ず独創性を持ち，検証され，用に適する器物でこそ」，「専辦」を酌量して授与するという基準（『商務官報』光緒32年27期）を堅持し，商人鄒万成の合成客桟公司，仲介や競売をする商人劉樹堂の達先公司，商人許興祥の絽織の紗などに対しては，すべて「専辦」を許可しなかった[10]。

営業独占権が満期になった企業に対して，農工商部は即時にそれを解禁し

た。1909年秋農工商部は「呉金印が籐や麦藁での帽子を改良したため，取得した『専辦』が現在満期になり，他の商人はそれを模造し販売することができる」と公表した[11]。また農工商部は各省の営業独占権の申請はすべて必ず先に報告するという商部の規定を度重ねて表明した[12]。

表5-3 農工商部が付与した営業独占権

付与時期	地区と年限	企業名	創立者	備考
光緒33年9月	寧波境域内5年	不詳	胡国珍	学校用の石版を改良
光緒34年12月	上海県内5年	上海中国火柴公司		
光緒34年12月	天津県内10年	京師丹鳳火柴公司第二工廠		株募集は銀15万両
宣統元年1月	彰徳府内5年	河南広益紡紗廠	鄭永員など	株募集は銀100万両
宣統元年1月	漢口地区（年数不詳）	漢口既済水電公司	宋煒臣	株募集は銀300万元
宣統元年2月	湖南省内（年数不詳）	湖南電燈公司		
宣統元年2月	湖北省内5年	湖北應城石膏公司	袁桂華	
宣統元年2月	黒龍江境域内10年	黒龍江富華製糖公司	李席珍	株募集は銀80万元
宣統元年閏2月	湖南省内10年	湖南華昌煉鉱公司	楊度	投資額は銀30万両
宣統元年8月	北京境域内5年	北京軋花玻璃機器廠	彭化民	綿繰り機械を発明
宣統2年以前	天津県内3年	天津冷機小輪公司		
宣統2年4月	河南省内5年	河南元豊芝麻分廠	阮文衷	
宣統2年8月	広東省内30年	広東電力公司		
宣統2年9月	江蘇省内3年	不詳	杜耀庭①	毛筆を改良
宣統2年10月	湖北省内5年	湖北水泥廠	程祖福	セメント電柱と枕木を製造
宣統2年11月	奉天省内3年	奉天錦州石棉紙利用公司	朱忠格	
宣統2年11月	北京境域内5年	北京模宋印刷公司	傅范初など	
宣統2年11月以後	広東省内10年	広東宝昌銻鉱公司	王寵佑	株募集は銀20万元
宣統3年6月	直隷境域内5年	不詳	王金富②	謄写版用やすり板を改良

【出所】『商務官報』光緒33年26期，宣統元年2期，3期，6期，7期，10期，27期，宣統2年2期，4期，18期，22期，24期，『天津商会档案』上冊第1234頁，『上諭档』36冊464頁，『大公報』1909年1月9日，3月15日，30日，1910年5月11日，18日，11月1日，12月14日，1911年7月11日，9月7日，『申報』1907年11月8日，1910年9月22日，28日などにより作成。

【註】①農工商部はかつて杜耀庭に上海での「専辦」3年を与えた。今回は江蘇全省にそれを拡大したが,「専辦」の年数を増加する要求を拒否した。②王金富は天津鉄工会の会員である。③宣統元年35期の『商務官報』によると,農工商部はかつてそれぞれ天津商人高鵬雲,営口万聚鑫機器廠の劉世増に営業独占権を授与。④農工商部期には各省督撫による「専辦」の授与が少なくなったが,まだある。たとえば直隷総督は高陽県工人王増申が製造した鉄輪織布機に直隷での「専辦」3年を批准した(『大公報』1910年6月16日)。

農工商部期には特許保護の専門的法規が正式に公布されてはいないが,ある企業の新しい製品や新しい発明に特許による保護を与えた。たとえば天津造胰有限公司製の洗濯石鹸について1908年5月特許が申請されたが,農工商部は5年の特許権を認め,他人の模造を禁止した[13]。1909年,商人張樹桂の泰山製鎖公司の独創性的な製品と商人彭化民が発明した綿繰り機械は,それぞれ農工商部の保護許可を取得した(『大公報』1909年8月12日,9月18日)。1910年7月,商人郭鳳怡がイギリスから購入した煉瓦製造の特許権が農工商部によって認可された(『商務官報』宣統2年17期)。さらに注意すべきことは農工商部が特許に関する法規の制定を進めたことである。1911年4月農工商部は「本部による商法が上奏し批准され通用する」として,その第3条の発明や創造を奨励し特許を与え,模造を禁止するという内容を黒龍江巡撫などに送付した(『大公報』1911年4月18日)。

(3) 課税の減免

1906年7月清朝は税務処を設立した後,全国の税務管理を次第にその下の管轄へと移行させていった。農工商部は各地商人の課税減免の要求を審査し,減免すべき者を税務処に伝え,税務処の決定を受けた後,商人に通知した[14]。『商務官報』に掲載された農工商部の関連審査指示によれば,農工商部を経た商人の課税減免の請求に対して,税務処は同意したことが比較的多く,拒否したことが比較的少なかった。同意された場合,商部期の先例を準にすることがあった。たとえば税務大臣は1906年11月,耀徐玻璃公司の先例に基づいて博山玻璃公司に正式に納税は一回のみとし,免税の優遇を与えた(『商務官報』光緒32年23期)。1907年夏商人朱疇は商部期上海三星紙煙公司の先例

第5章　農工商部の産業振興政策とその実施

によって免税を請求したが，それは農工商部から税務処へ伝えられた後，批准された（『商務官報』光緒33年18期）。さらに税務処は課税減免について新しく規定した。たとえば機械で小麦粉を加工する工場に対して，税務処は「専らに中国商人に勧業をするために」，1907年9月から5年間皆免税することを決定した[15]。農工商部は形式的に公文の転達を行なっただけではない。商人の負担を軽減するために，農工商部は税務処や度支部にしばしば建議した。たとえば1909年春欧米へ輸出する景徳鎮磁器に対して輸出税を免除することを税務大臣と商議した。1910年4月税務処と度支部の瓷税増加の主張に対して異議を唱えた。同年10月「コストが高すぎる」国産品に対する出口税を「少し引き下げる」ことを，また同年12月内地の美術品の輸出に対する免税措置を提議した[16]。そのほか，農工商部は以下のように民需企業に向け若干重要な課税減免措置をした。

　これはとくに民営鉄道とその関連企業を保護する面で顕著に表れた。1907年4月30日，農工商部は南方五省（浙江，江蘇，福建，江西，安徽）の民営鉄道会社および粤漢鉄道が用いる資材について，官営鉄道に準じて暫時一律に免税することを立案し，郵伝部と共同で上奏した（『商務官報』光緒33年8期）。同年8月11日商人宋煒臣などが設立した揚子機器製造有限公司が製造した鉄道用資材に対し，農工商部は単独で免税を上奏した（『商務官報』光緒33年20期）。その二ヶ月後，農工商部は再び郵伝部と共同で上奏し華僑商人陳宜禧が請け負った新寧鉄道で使用する資材に対し免税することを求めた（『商務官報』光緒33年17期，25期）。同年10月30日，農工商部はさらに郵伝部と共に民営鉄道で使用する民営の湖北大冶水泥廠の製品に対し免税措置を上奏した（『商務官報』光緒33年28期）。これらの奏請はすべて朝廷により批准された。一方，農工商部は1908年4月28日と1911年3月17日の二度，京師自来水公司が購入する資材と機械に対し免税することを上奏した[17]。また鉱業に対しても農工商部による減税措置がある（本章の第3節を参照）。

(4) 不正・抑圧の厳禁

　農工商部期にも各地の税関や厘局の商人に対する金品強要などの不正・抑圧は存在した。農工商部は商部の後継者としてそれを極力正すことに力を注

いだ。1907年春，農工商部と度支部，税務処は共同で上奏し，これより前に両広総督が商人の負担を軽減するために行なった広東の東西砲台などの税関を撤去する上奏文を支持した（『東方雑誌』第4巻3号）。同年10月，農工商部は各省に通達し，「商務の振興はかなめが官と商が連絡し相通ずることにあり」，官吏は「とくに商人の立場を理解してこそ，景気が良くなる」と強調し，各省の将軍と督撫に「厳しく部下の文武官員および各局所，税関，委員に一律に商人の立場を考慮することを命じ」，「努めて金品強要と引き延ばしなどの弊害を除去する」ように要求した[18]。農工商部が不正と抑圧を厳禁することを部分的に示している表5-4から見れば，農工商部の努力は決して完全に効果がないわけではない。

表5-4　不正・抑圧に対する農工商部の禁止措置

時期	事由	農工商部の対処とその結果
1906年12月	上海阜豊面粉公司は松滬厘局が落地捐を徴収することを上申。	商部はそれを免除すべきとした。農工商部は両江総督端方に公文で再び催促した。
1907年4月	義昌成などの商号は福州閩関銅幣局の支払いの滞り（銀10万両あまり）を上申し，取り戻しを請求。	公文で調査し処理することを要求。その後同局総弁馮景融が免官して拘禁されたが，農工商部は「商人の元手にかかわることだ」と考慮し，「お金を返還させるべし」と督促した。
1907年5月	寧波商務総会は新しく徴収された小棗捐を免除することを請求。	山東巡撫は農工商部の転達を受けた後，小棗捐を廃止した。
1907年6月	福建の茶業商人は各税関や吏員の不正，抑圧を上申し，鮎魚山徴税所の撤去を請求。	江西巡撫に調査し処理することを要求。江西巡撫は禁止したと返事。
1907年7月	浙江象山の漁業商人金福泉は福建省漁業の地方通過税が倍加したことを上申。	福建商務議員に調査し処理することを命令。福建財政局はそれを暫時に徴収しないことを許可。
1907年9月	鎮江商船公会は鎮江六岸督銷局の金品強要と抑圧を上申。	両江総督，江蘇巡撫にそれを調査し処理することを要求。

第 5 章　農工商部の産業振興政策とその実施　　　　　　　　　　　　197

1908 年 1 月	江西商務総会は販売商人が各税関に引き延ばされたことを上申。	江西巡撫にそれを調査し処理することを要求。
1908 年 9 月	福建茶税稽報局は苛酷な輸出茶税を徴収。	閩浙総督に福建茶税稽報局の廃止を指示。
1908 年 2 月	琿春商会は旗標軍隊が久しく商店を占拠していることを上申。	東三省総督徐世昌に人員を派遣しそれを調査し処理した後返事することを要求。
1909 年 1 月	河南彭城商会は地方官吏が商人劉万青を略奪した匪賊を捕まえないことを上申。	河南巡撫に商人保護のために指定の期日までに匪賊を逮捕することを要求。
1909 年 3 月	商人李長緒は磁州知州黄祖戴が借金を返還しなく，勢力を持って恫喝したことを上申。	直隷商務議員にそれを調査し処理することを命じた。
1909 年 4 月	厦門商務総会は中国商人に対する出口証明書などの雑費の徴収を停止することを請求。	それは「実に商人に便利なことだ」とし，批准した。
1909 年 4 月	商号徳泰隆は呉城税局が商人を苦しめることを上申。	江西巡撫にそれを調査することを要求。
1909 年 5 月	福建浦城商会は浦城厘局が苛酷に徴税することを上申。	福建の地方通過税を四割増加することが延期されたが，浦城厘局の苛酷な徴収を廃止すべしとし，閩浙総督に処理することを要求。
1909 年 6 月	安徽桐城県附生劉氏は官吏の抑圧を上申。	安徽巡撫に調査し処理することを要求。
1909 年 7 月	福建泉州商会は匪賊の集団争闘が商業を加害したことを上申。	閩浙総督松寿に厳しく処理することを要求。
1909 年 8 月	福建晋江商人金順興は税関の強要と増税を上申。	閩浙総督松寿に早速に調査し処理した後，返事することを要求。
1909 年 9 月	六河溝煤鉱公司は高邑県による苛酷な煤車捐を停止することを請求。	直隷総督は農工商部の転達を受けた後，酌量にして軽減すると返事。
1909 年 9 月	京師商務総会は商船が苑口徴税所から金銭強要されたことを上申。	度支部に規則に基づいて処理することを要求。
1910 年 4 月	福建製紙商人石恩綸は延平府捐局が「紙厘」を増税したことを上申。	閩浙総督に調査した後，返事することを要求。

1910年春	吉林琿春商人は琿春税関の苛酷な徴税に反対してストライキした。	暫時収税を停止し、速やかに詳細な善後策を定めることをイギリス人の税務司に命じた。
1910年5月	河南商城商人易深周は金家溝などの徴税所の苛酷な徴税を上申。	安徽巡撫は農工商部の転達を受けた後、各徴税所に勝手な増税を禁止すると命じたことを返事。
1910年5月	河南商人任国恩は将校馬喜雲の苛酷な徴収と強要を上申。	河南勧業道に詳細に調査した後、返事することを命じた。
1910年11月	湖北商人梁棟降は当地の地方自治公所総董伍鳴球などが油捐を徴収したことを上申。	湖広総督に調査し処理することを要求。
1911年7月	浙江平陽茶業商人林宝芬は当地の茶捐が苛酷であることを上申。	浙江勧業道に調査し処理することを命じた。
1911年10月	盱眙関五河徴税所は規則に違反して商人の貨物を勾留し、勝手に強要した。	安徽巡撫に早く調査したうえ、徴税所の整頓章程を報告することを要求。

【出所】『商務官報』光緒33年7期、10期、14期、18期、19期、23期、光緒34年1期、宣統元年26期、『申報』1906年12月4日、1907年9月10日、『大公報』1907年4月29日、1908年9月22日、1909年1月5日、30日、3月4日、4月27日、29日、5月29日、6月14日、7月30日、8月23日、9月2日、12月12日、1910年4月9日、5月9日、5月17日、11月15日、1911年8月3日、10月7日、『支那経済報告書』第47号39～40頁（明治43年4月15日）などにより作成。

(5) 産業関連法規の執行や修正による指導と保護

　商部期に制定された産業関連法規に対して、これが商務の保護と直接関わることから農工商部は慎重に執行していた。清朝滅亡前までの間、農工商部は全国の商工業界を自己の管理下に置きたいと願っていた。当時各省の開港場での会社が往々にして勝手に開設された後、報告しなかったし、且つ会社の名義を借りて株を募集し騙したこともある（『申報』1910年7月23日）。そこで農工商部は各省の会社や商店に必ず「全体が規則に従って部に登記すべし」と重ねて声明し、このようにしてこそ「保護の利益を得られる」と強調した（『天津商会档案』上冊1150頁）。『商務官報』に掲載されている農工商部歴年の「本部要批一覧表」を通読すると、農工商部は商部の「公司律」と

「公司註冊試辦章程」によって当地の督撫や産業行政機関に, 登記済みの会社を一律に保護するように別別に公文で要求したことを知ることができる[19]。関連資料によると, 農工商部期に登記された会社の数は403に達した。これに対して商部期ではその約半分（207社）に過ぎなかった[20]。

会社の開設許可や登記にあたっては, 農工商部は商部の「公司註冊試辦章程」に基づいて, 不適格であれば却下し, 手続きに不備があれば補完させるなど, 厳格な審査を行った。商人朱忠格は錦州石棉紙公司の開設を計画したが, それに対し農工商部は開設許可の前に奉天勧業道に, 株式の実数, 本人の素質, 原材料の購入, 製造の方法, 製品の用途, 会社の人事, 外国人の招聘などについて作表し報告するように命じた[21]。直隷宛平県の商人殷文煜などは銀5千元の株でガラス工場の開設を申請したが, 農工商部はそれを審査し, まず工場の規則, 株募集の章程, 株の様式やガラスの原料などを部に送り, 検査を受ける必要があると強調した（『申報』1911年2月7日）。安徽竹帽工廠の登記が申請されたが, 農工商部は安徽勧業道にその製品が精緻で実用的であるか, 売れ行きが良いかを調査するように命じ, それが明らかになったうえで許可証を発給した（『大公報』1911年9月16日）。

農工商部は会社の開設許可や登記の審査の際に共に指導した。1908年2月, 紳商程祖福は湖北水泥廠を同氏による清華実業公司に付属して登記しようとすることを申請したが, 農工商部はそれはできず, 別に登記すべしと指示した（『商務官報』光緒34年3期）。翌年冬, 商人許椿之などが江蘇銅山県製蛋合資有限公司を開設することを審査した際, 農工商部は同会社が資本金の銀2万両だけで綿糸, 舶来品や特産物, 乾物類などを兼営しようとすることはできず, 「資本の回転が活発ではないと, 流弊を引き起こしやすい」とし,「無限公司」としてこそ初めて登記できると指示した（『商務官報』宣統元年36期）。

企業運営中発生した問題に対して農工商部は会社関連法規に基づいて対処した。たとえば無錫業勤機器紗廠は開設以後十数年に剰余金が銀四五十万両あったが, 経理楊宗瀚が一手に握っているため,「各株主は割増配当金を得られないし, 帳簿を検査することもできなかった」（『申報』1907年10月4日, 15日）。農工商部は各株主の上申を受け取った後, 江蘇巡撫に農工商局の人

員を調査に派遣するように要求し，また1907年9月29日，10月2日，11月23日の三度，株主全体の意見にかなうよう「商法に従った」規約の改訂と帳簿の公開を指示した（『商務官報』光緒33年24期，29期）。

「破産律」は商部期において実施が猶予されたが，1907年11月，営口商会が粤商東盛和などの巨額債務によって，市場が大きな打撃を受けていると急報してきたことに対して，農工商部はすでに度支部に資金を交付し，「その資金で融通して，市場を維持し，人々を安心させる」ことを求めたと表明した（『商務官報』光緒33年29期）。この措置は実に「破産律」第63条に合致した。1907年12月2日，農工商部は「破産律」を訴訟法，商法と統一して編纂するため法律館に渡すことを上奏した（『商務官報』光緒33年30期）。その後，法律館と修律大臣にそれを改正するように数回催促した[22]。

商部の産業関連法規を執行するとともに，農工商部はそれらを修正するために努力していた。

1909年，商部が起草したものの他，日本の商標法をまねた商標章程が農工商部から提出されたが，中国駐在各国公使の反対で実施することができなかった（『東方雑誌』6巻11号）。二年後の1911年夏，農工商部は再び修訂した商標注冊章程を脱稿し，同年度の資政院の討論に回すことを決定した[23]。その過程で，農工商部は力の及ぶ限り商標を保護した。商標保護を要求した会社に対して審査したうえ，記録許可し，商標章程改訂の後処理すると表明した[24]。さらに実際措置もした。1908年冬，陝西義礼公司火柴廠が漢口燮昌公司の双獅の商標を盗用した件に対して，農工商部は陝西巡撫に調査し処理するように要求した後，模造品を廃棄処分とさせた（『商務官報』光緒34年32期）。1909年4月，農工商部は各省に打電し，本部の商標局が商標の盗用を禁止し，違反者を厳しく懲罰することを宣布した（『大公報』1909年4月30日）。

近代産業の発展に従い，簡略であるといわれる商部の「商人通例」と「公司律」を修正や補充することが必要となった。1907年12月に設立される法律館がそれを担任することとなったが，完成までに数年間かかるという[25]。そこで，農工商部は1910年7月商部の「公司律」を修正して「暫時の章程」とすることを上奏し批准された[26]。同年12月，農工商部は改訂した商法の草案

を資政院の討論に回すように上奏した。この草案は広範に西洋各国や日本の商法を参考にし、さらに上海商務総会、商学公会、予備立憲公会および全国各地と海外華僑の商会が共同で農工商部に送った『商法調査案』に照らし合わせ「一条ずつ比較して調べ」、検討のうえ多く選んで取り入れた[27]。その中で、商部による「商人通例」の簡単さや商人の定義の偏狭、「公司律」の会社分類の不明確や会社の変更方法の欠乏などを、また株主の権利と義務、会社の倒産、株式の外国人への譲渡などをもそれぞれ改正した。この新しい商法草案の構成は7章73条の「商律総則」と6章249条の「公司律」からなる。商部の会社関連法規より300条あまり増加し比較的詳細なものとなった（『申報』1910年12月31日）。

そのほか、農工商部は若干の産業関連法規を新たに制定した。1910年10月同部は起草した「保険規則」と「運輸規則」を資政院の審議に提出した（『上諭档』36冊339頁）。前者は商工業界の要求に適応したものである[28]。その内容は七章（総則、股分公司、相互公会、物産保険、生命保険、罰則、付則）からなり、160条ある[29]。後者は、資政院が議決し「運送章程」と改名した後、農工商部と共同で1911年1月に上奏し公布した。その内容は三章（総則、運送承辦人、運送営業者）からなり、54条ある（『政治官報』宣統3年1月21日）。農工商部による中国史上初のこの運輸業法規の主旨は「旅商人の便利を計り」、「運送人を保護」し、「運輸を下等営業と見なす」という伝統的心理を是正して「商業の発達」を促進することにあった[30]。

3．新工芸技術の応用と経済競争の提唱

(1) 工芸局・工場開設の提唱

商部は以前順天府に設置されていた工芸局を自らに所属させた（本書の第2章第1節を参照）が、その成績には限界があった。農工商部は「全国的な工芸事業のモデルを樹立させ、各省に工芸の創業を提唱し」、西洋の新しい工芸技術を普及させるために1907年からこの工芸局を増築し拡充した[31]。農工商部はこの事業のために銀17.8万両あまりを費やし、970あまりの工場や部屋などを建設し、工芸各科の実習材料を準備し、新式器具を購入し設置した。

また実習生の募集人員を増やし（『申報』1907年10月10日），年間経費を増額し，規則を定めて同年11月に京師工芸局が完成した。同時にこの工芸局で購入する資材の免税と，卒業生が北京や直隷で新工芸技術を伝えることを上奏し批准された（『商務官報』光緒33年28期）。その後，各省の工芸局，工場に対し，農工商部所轄の京師工芸局の卒業生の中から優秀な技術者を選考し，指導のために派遣することが通達された。1911年，京師工芸局の卒業生数は300名あまりになった（『政治官報』宣統3年3月25日）。

　農工商部所轄の京師工芸局は各省，各県の工芸局に対して模範を示し，推奨する働きをした。このため商部期にすでに優秀な成績を得ていた直隷，山東などの地方の工芸局は引き続き発展し，沿海，内地，ひいては遠い辺境地域でも続々と工芸局，工場が新設された[32]。農工商部はさらに京師工芸局の優秀な卒業生を奉天，吉林，陝西，新疆などの地方へ技術を伝えるために派遣した（『政治官報』宣統3年3月25日）。これらの工芸局および付設の工場，工芸伝習所などは，民間に対して伝統的な各種紡績品，日用品，工芸品などを改良するためにどのように先進技術や方法を採用すればいいのか模範を示し，国内外の市場での競争力を高めようとした。商部から農工商部にかけて作られた産業奨励制度のもとで，工芸局が発揮したもう一つの機能は，有用な企業の設立を奨励したことである。たとえば直隷工芸総局はかつて竹製器具商人苑士林，高陽の綿布，天津麟記煙巻公司などに賞牌を授与した[33]が，これらは中国近代農村工業に促進作用を及ぼした。不完全な統計ではあるが，1911年初頭の時点で，全国20省に設立された工芸局所，工場は590あまりであった[34]。

(2) 勧工陳列所・商品博覧会・南洋勧業会の提唱

　商部による準備を基盤に，農工商部は1906年11月25日京師勧工陳列所を公開した（『大公報』1906年11月27日）。ここでは全国各省の工芸製品や特産物の展覧，代理販売をし，大変人気があった。入場者は普通一日2千人，多い日には4千人に達したが（『大公報』1907年2月4日），1908年3月18日火災のため取り壊された[35]。農工商部は1908年9月28日さらに広い場所で再建することを上奏し（『大公報』1908年10月12日），一年後完成した（『政治

官報』宣統元年8月21日)。再建後の勧工陳列所は農工商部から「全国工業の中枢」と見なされ、「工芸局と共に検証・研究に取り組み，互いに助け合う」ことや、各省の会社や工場の「新製品」（化学工業品，機械器具を含む）を、広めることを重視した[36]。京師勧工陳列所で入選した優良製品に対し農工商部は奨牌を発給した[37]。また同所は「寄售貨物章程」を制定し、販路拡大のために各省の製品を代理販売していた（『東方雑誌』第4巻9号）。たとえば1909年5月に河南省から調達された1500の絹織物は一ヶ月未満だが、売り切れた（『大公報』1909年9月11日）。1910年春同所で南洋勧業会のための出品展覧会が行われ、観光客は多く、10日間に延期した（『大公報』1910年5月11日）。1911年秋京師勧工陳列所はさらに「考工会」設立し、「工業の進歩を促すために」全国各省に向け各種製品を募り集め、1912年から毎年三回（4月、7月、10月）それを評定し、分別して奨励することを計画した。評定される製品には独創的新製品、洋品の模造品、改良された旧製品を含めた。そのために農工商部は各省に当地の各製品を送るように通達した。[38]

　京師勧工陳列所の先導のもと、安徽、広東、江西、江蘇、陝西、湖北、浙江、貴州などの省都で勧工陳列所の設立や開所が行われた。奉天商品陳列所などは開設準備のため京師勧工陳列所から各省の商品を購入した（『申報』1907年10月12日）。農工商部は厦門百貨陳列所の設立に資金を援助した（『大公報』1908年9月28日）。また「揚子江の沿岸地帯では勧工場が多数建設され、展覧会が開催された」（『商務官報』宣統元年23期）。1911年に全国各地の勧工陳列所や商品陳列所は20ヶ所以上あった。これらの機構の活動によって社会の保守的な風習が除かれ、工芸の進歩が推進され、経済競争が刺激された。

　勧工陳列所の設立意図の一つは、各省から物産を集めて、博覧会の開催を準備することであった。1907年6月農工商部はこの件について議論したことがある（『大公報』1907年6月20日）が、1908年春には各省に対し多くの優秀な製品の提供を求め、それによって京師勧工陳列所でイタリアやベルギーを模倣した博覧会を開催する計画を通達した（『大公報』1908年2月27日、3月4日）。さらに農工商部は商人に海外の博覧会に参加するように度々催促し、勧告指導した。1908年のわずか一年間に、農工商部は続けて四回も各省

の督撫や各商会に通知し，アメリカ，日本，オランダ領インドネシア，ベルギーなどの国々での博覧会に参加するための準備を要請した[39]。こうして各省の商人が国外で受賞した数は，だんだんと増加し，とりわけ1911年のイタリアでの博覧会の成績は優秀で，中国の出品による受賞は256にのぼった（『東方雑誌』第8巻10号）。農工商部の提唱に呼応し，中国国内でもさまざまな形式による商品博覧会が次々に開催された。たとえば1906年12月の天津内国博覧会，奉天商品展覧会，1907年5月の天津商業勧工会，1908年の成都勧工会，1909年の武漢勧業奨進会などである。武漢勧業奨進会の規模はかなり大きく省の範囲を超えて，湖北以外に直隷，湖南，上海，寧波などの地区が参加し，開催以前に農工商部と税務処，度支部によってこの会に出品する製品に対し免税措置をとることが上奏され，批准された（『商務官報』宣統元年26期）。

　中国の歴史上最初の全国博覧会は，1910年6月～11月に開催された南洋勧業会で，農工商部も大いに支援した。まず第一に免税をしたことである。1909年8月26日，農工商部と度支部，税務処は両江総督端方を支持して出品の免税の請求を上奏し，批准後各省の督撫にその執行を通達した（『商務官報』宣統元年23期，31期）。第二には組織による協力である。1909年9月電報で各省の督撫に通達し，勧業道，商務議員と商会は紳商，教育各界に連絡し，直ちに協賛会を成立して出品のための収集，運輸，評定にあたるように命じた（『大公報』1909年9月22日）。第三は審査員の派遣である。1910年4月17日，朝廷は農工商部の上奏を批准し，同部の右侍郎楊士琦を南洋勧業会の審査総長に任命した（『大公報』1909年4月18日）。楊はその後直ちに専門家や経験者をつれて10万あまりの出品について厳格な分類と審査，評定を行ったが，彼は「実業の推奨を専らにし，会社と工場の提唱を優先する」という原則をたてた（『商務官報』宣統2年24期）。第四は奨励を与えたことである。受賞者は合計5,269名である。その内一等は66名であるが，生糸や茶などの農産品や化学工業製品，染織品などが比較的多く，農工商部によって頭等商勲をみな授与することが決定した（『政治官報』宣統3年5月25日）。

(3) 工芸改良への努力と「工会簡明章程」の公布

国内外市場で国産品の競争力を高くするために，農工商部は工芸改良を重視した商部の方針を引き続いだ。農工商部成立後，各省に上奏文や公文でいくども繰り返し「工芸を究め求め，上質にさせる」ことを要求した[40]。また農工商部は1909年各省の省都に国産品改良のための専門の局を設立するように通達した（『大公報』1909年5月15日）。その後各省督撫に工芸改良の成績，とくに独創的製品を詳細に作表し同部に報告し，それによって奨励することを送付した（『大公報』1909年9月3日）。

　農工商部は外国の新方法の採用や機械での生産を積極的に提唱した。1906年11月同部は各省に湖北の先例を模倣し，機械で麻製品を製造し，旧来の粗悪を克服するように要求した（『商務官報』光緒32年24期）。直隷高陽県では先に木製の人力織機で織布していた（『大公報』1910年5月24日）が，その後改めて鉄製の織機で布を織ることに対し農工商部は支持し，その製品の販路拡大のために1907年9月26日河北境域で高陽のサラサを専売する運送会社設立に関する商人莫福の申請を拒否した際，「高陽の布製品は販路を拡大すべきで，絶対に特定の地区を指定し専売するわけがない」と指摘した（『商務官報』光緒33年24期）。1908年7月農工商部は余紹先などの5人を欧米各国へ派遣した。その目的は「製造を改良する」ために紡績業の考察，機械の購入であった（『大公報』1908年7月19日）。翌年農工商部尚書溥頲は北京と南京で機械による製紙工場の開設を計画し，製紙の新法を詳しく視察するために人員をそれぞれ日本や欧米の各国へ派遣した（『大公報』1909年4月9日，8月24日）。1911年2月農工商部は「各国の実業振興は多く機器によるのである」と認識し，電報で各省に機器工場を開設し，それに機器学堂を付設するように通知した（『大公報』1911年2月28日）。

　輸出向けの製品には農工商部がその改良を提唱した。広東省の筵は同省の主な輸出品であり，かつてアメリカへの販売高が高かったが，原料が精選され品質が良い日本製の筵がアメリカ市場に進入してから，低下していった。1907年春農工商部は公文で両広総督に商人に筵を改良させることを伝えた（『商務官報』光緒33年8期）。麦稈真田は山東省の主な輸出品であった[41]が，農工商部は1907年9月10日に籘や麦藁で編んだ新型の帽子を改良した商人呉金印に五等商勲，六品頂戴を授賞することを上奏したほか（『商務官報』光

緒33年22期），さらに麦稈真田を改良し山西，河南，直隷などの省に広めることを提唱した。1908年3月，5月，9月の三度，農工商部は公文で天津，保定，煙台，河南，営口などの商務総会に，輸出増加のため麦稈真田の製造を改善し，そのサイズが標準に合わないものに対し輸出厳禁を措置するように通達した。[42]

　工芸改良に努力した個人をも農工商部は奨励した。歴年の『商務官報』に掲載されている農工商部の関連指示からそれがわかる。たとえば挙人薛位が製造した石鹸，挙人呉元瑞が改良した織機，商人王恩栄が製作した水圧エンジン，学生許用海が改良した汽船，商人苑士林が模造した日本の竹製器具，商人楊占甲が改良した陶器などを農工商部は評価し激励したが，優れた者に対し保護の許可をした。[43]

　農工商部は科学および工芸研究の団体設立を支持した。1908年留学生陳祖良は中国化学支会を組織し，農工商部はそれが西洋の科学を中国へ注入し，実業に関心を示すことであると評価し，許可するとともに，各商会にそのようなことを提唱するように通達した（『商務官報』光緒34年33期）。1909年夏広東化学支会が成立した。農工商部はその章程などを審査し許可したうえ，両広総督に支持するように要求した（『商務官報』宣統元年21期，22期）。1910年2月高陽県商務分会は高陽の布製品を改良するため工芸研究所を設立することを計画し，農工商部の批准を得た（『天津商会档案』上冊239頁）。

　工芸改良を推進するもう一つの重要な措置として，農工商部は本部の工業試験所を開設した（本書の第4章第3節を参照）後，1910年1月に官営の工業試験所の設立が当時の重要政務の一つであることを各省に伝えた（『大公報』1910年1月27日）。同年9月農工商部は人員を各省に派遣しそれを調査し，各省勧業道に督促した（『大公報』1910年9月10日）。また農工商部は1911年7月各省勧業道に工業試験場や工業講習所の開設の情況を詳細に調査し，部に報告するように命令した（『大公報』1911年7月27日）。

　「団体を作って深く研究することは工業の拡張の根本である」という認識から，農工商部は工芸改良を推進する民間社会組織の設立のため，1911年1月「工会簡明章程」25条を上奏し批准を受けた（『商務官報』宣統2年28期）。この章程は「工会の宗旨は工学の研究，工芸の改良，工業の提唱，実際上の

進歩の拡大にある」(第2条)としている。工会の組織的システムに関して，この章程は商会の経験を参考にして各省都に総会の開設を，各府庁州県に分会の開設を規定した。工会の内部では選挙制を実行する。工会董事の当選資格については人品，才能，当地での居住年数と名望などによると規定している。その中の「才能」とは「かつて工学上の体得が確かにあり，あるいは工芸上の業績が著しくあり，あるいは工業上の経験に富む者」だという（第5条）。工会の機能は，主に当地の物産や国内外の貿易の調査，工業界の紛争の調停，工業講習所，工業試験所，勧業場，製造工場や工業の新聞などの創立（第15条），資金を集めて改良した製品や発明した新製品の生産を始める（第16条）ことなどについて規定された。

　農工商部が公布した同部の「分年籌備事宜表」の中には，宣統2年以内に「工会規則」を制定するという予定があることから，「工会簡明章程」が公布される前にある地方で工会の開設準備が始められた。最初は江南地域であり，その「規模も頗るあった」。農工商部尚書溥頲は人員を開設方法の調査に派遣することと，各省にそれを模倣し工会を開設させることを計画した（『大公報』1911年3月15日）。江南の影響を受け，1910年冬湖南紳商張国維などは湖南工業総会の開設準備を始め，湖南巡撫と勧業道の支持を得た。その直後長沙県と善化県に工業分会の開設準備もされた（『申報』1911年1月1日，2月11日）。「工会簡明章程」が公布された後，それに基づき天津工業界では1911年春から工会の開設準備が開始された。天津商務総会に所属している天津工商研究総会はそのための規則を制定した。手工芸職人は個人会員として，各鉱工業会社，工場や手工業関連の店舗は団体会員として入会できることが規定された。同年5月21日天津造胰公司創立者の宋寿恒などが会董に選出され，天津工務分会が設立された[44]。1911年10月までに，農工商部が審査し批准して開設された工務総会は3ヶ所（福建，湖南，マニラ）あり，工務分会は11ヶ所（天津，赤峰，蕪湖，青陽，営口，新民，開原，昌図，撫順，鉄嶺，八面城）ある（『農工商部档案』工務司）。

　上述したほかに，農工商部は引き続き産業の調査に力を注いだ。表5-5と表5-6はその一部の情況を示している。1908年同部の統計処が設立された後，専らにそれが担任した（『大公報』1908年4月29日）。産業を調査したうえ，

1908年の農工商部第1次統計表,1909年の農工商部第2次統計表や1910年の各省実業生産統計表が次第に編成された。

表5-5 農工商部人員による産業視察

時期	地区	派遣された人員	内容
1906年12月	長江沿岸	祁聰軒	各産業の情況
1908年9月	江蘇	甘粛候補道李璜	棉業の情況および各紡績工場の経営など
1908年12月	南京,通州,蘇州など	道員李百珍	各紡績工場の経営と業績
1909年3月	南通	李璜,章邦直	大生紗廠の経営と業績
1909年9月	江蘇,浙江など	李璜	商務の情況。作表した後農工商部尚書溥頲に報告
1909年8～9月	厦門	本部郎中侯偉東	商務の情況
1909年10月	湖北,四川,雲南,陝西,山西など	朱恩紱	工業の情況
1909年	上海	本部人員	上海鼇華制革廠の製品品質
1910年6月	山東	本部人員	各産業の情況と山東における外資系企業の情況
1910年6月以前	熱河	本部人員	商務の情況

【出所】『大公報』1906年12月23日,1908年12月30日,1909年3月9日,9月23日,10月12日,1910年6月25日,26日,『申報』1909年9月19日,23日,1910年3月10日,『蘇州商会档案』第1輯212頁,汪編『近代工業史資料』第2輯1121頁などにより作成。

表5-6 各省の産業調査に関する農工商部の通達

時期	通達対象	公文書の内容
1906年11月	各省商務議員	創立一年以上の農業,商工業各会社,工場の生産,販売などを調査し,詳細に農工商部に報告。

第 5 章　農工商部の産業振興政策とその実施　　　　　　　　　　209

1907年春	各省	当地のすべての会社の販路，製品と市場での競争力を調査。
1907年4月	各省督撫	改良の方法を研究するために当地の産業情況を四半期ごとにまとめて農工商部に送る。
1907年7月	各省督撫	「工芸調査表」を送った。各府庁州県にそれを完成させる。
1907年9月	各省商務議員	各府庁州県による農業，商工業の重要な政務を詳しく農工商部に報告。
1907年10月	各省督撫	外地と外国への国産品の販売，外地と外国から本省への輸入品を詳細に調査し農工商部に報告。
1907年10月	各開港場商会	省内各地で使用している各種度量衡の原器を農工商部に送る。
1907年11月	広東	所管各地の工芸を調査し，作表して農工商部に提出。
1908年3月	各省	商業の様子，特産品の種類，製造品などを調査することを催促。
1908年4月	各省	商務統計のために，「商務分類冊」を作成し農工商部に報告。
1908年8月	税務処，度支部	国産品の輸出額。
1908年10月	各省督撫	国産品の情況を作表し農工商部に送る。
1909年6月	各省商会	物産の種類，産額，産地と各鎮の定期市，縁日の情況を調査。3ヶ月以内農工商部に報告。
1909年8月	各省	農工商部の「工芸種類表」の様式によって詳しく記入し部に送付。
1909年9, 10, 12月	各省勧業道，商務総会	商品出入の大概の数目と商務消長の大概の情況を分類し調査。作表し三ヶ月以内に農工商部に提出。
1909年12月	各省勧業道	年内に各種物産を詳細に作表し農工商部に報告。

1910年1月	直隷勧業道	全省の定期市、縁日と店舗の規定を調査し作表し、農工商部に送る。
1910年5月	各省勧業道	輸入品の価格と国産品の輸出価格を毎月一回調査し、年末にまとめて農工商部に送る。
1910年8月	各省勧業道、商務総会	本年春と夏の各地の商務の消長を詳しく調査し作表。7ヶ月以内に農工商部に報告。
1910年8月	雲貴総督	雲南・ベトナム間鉄道が開通した前後の商務情況を詳しく調査・比較し、作表し、農工商部に送る。
1910年9月	広東勧業道	商品の詳細な出入数、商務の盛衰の実在の原因を調査し、部の様式によって作表し報告。
1911年3月	各省勧業道	本省での華僑による各産業の情況を調査し作表した後、農工商部に提出。
1911年8月	各省督撫	地方官と各商会が協力して各開港場の輸出品、輸入品を調査し詳細に作表。半年ごとに農工商部に報告。

【出所】『申報』1906年11月29日、1907年10月16日、11月20日、1909年8月29日、10月26日、12月21日、1910年5月15日、9月12日、『蘇州商会档案』第1輯208頁、216頁、『天津商会档案』上冊1009頁、『大公報』1907年4月28日、7月27日、9月29日、10月4日、1908年3月12日、4月15日、6月30日、8月30日、10月20日、1909年6月30日、8月13日、12月25日、1910年1月9日、8月5日、16日、1911年3月14日、8月1日、『東方雑誌』第4巻4号、『商務官報』宣統元年25期などにより作成。

第2節　鉱業政策

1.「大清鉱務章程」の公布と改訂

　商部が1904年3月に「鉱務暫行章程」を公布した後、湖広総督張之洞は1902年8月12日の上諭によって、引き続き新しい鉱業法規の立案に取り組んだ。1904年冬、彼は外務部右侍郎伍廷芳がイギリス、アメリカ、ドイツ、フラン

第5章　農工商部の産業振興政策とその実施　　　　　　　　　　　　211

ス，オーストリア，ベルギー，スペインなどの国々の鉱業法規を参考として起草した原稿を受け取ったが，それは「簡略に近い」と判断した。そうして専門の役人と日本に留学した法学専攻卒業生は張之洞の委任で「日本の鉱業法規を取り入れ」，伍廷芳による原稿を細心に校訂し審査し，「中国鉱務正章」74款，附章73条を作り上げた。1905年12月14日に張之洞はそれを上奏した（『張文襄公全集』巻65奏議65）。朝廷の命令と張之洞の度重なる催促の下，農工商部と外務部はこれを詳細に検討して改訂し，1907年9月に上奏し批准を受け，「大清鉱務章程」が公布された[45]。

「大清鉱務章程」の内容として，まず正章の15章がある（『商務官報』光緒33年23期～30期）。総要（第1款）から，管理（第2～6款），旧商限制（第7, 8款），新商限制（第9, 10款），鉱質分類（第11, 12款），地権（第13～20款），以地作股（第21款），執照（第22～41款），鉱界年租（第42～44款），鉱税（第45～48款），鉱商應遵之禁令（第49～56款），樹木水道（第57, 58款），外人合股（第59～64款），鉱工（第65～71款），鉱務警察（第72～74款）といった順序で構成されていた。これらの内容が外務部の「籌辦鉱務章程」19条や商部の「鉱務暫行章程」38条より多岐にわたり細分化されていることは明白である。「大清鉱務章程」の新しい特点は主に以下の通りである。第一に中国の鉱業管理システムと各行政機関の職責を明確に規定した。全国の「鉱業事務およびその関連人員のすべて」は農工商部によって管理し（第2款），また各省の鉱業事務は本省の鉱政総局（あるいは鉱政調査局），鉱務議員およびそれらが派遣した各州県の鉱務委員が管理する（第3, 4款）。第二に試掘許可証は今後農工商部からは直接発給せず，該当する省の鉱業行政機関（鉱務総局あるいは鉱政調査局）に任せた（第5, 23款）[46]。しかし採掘許可証については，従来通り農工商部から発給する（第2, 6款）。「官営，民営や中国と外国の合弁による鉱山開発にかかわりなく，すべて部の採掘許可証を取得した後に，採掘することができる」という（第14款）。第三に中国の主権を守ることをさらに一歩強調する（第8款）。外国資本と中国商人の共同出資による鉱山開発を許可すると同時に，「外国商人は地主になることができなく」，「どんな方法でも鉱区の土地を占有することができない」（第9款）と規制する。すなわち採掘権は認めるが土地所有権は与えず，また「中国人

の出資がなければ,外国商人だけでの鉱山開発をしてはいけない」と規定した(第14款)。第四に鉱物を甲,乙,丙の三種類に別け,分類して管理することとした[47]。第五に鉱税を鉱界年租(土地の賃借に対する課税)と鉱産出井税(鉱物採掘税)(第6款)に区分した。後者については軽減した(詳細は以下に述べる)。第六に鉱山試掘の期限は一年とし,期限の延長は半年までとし,期限以降は許可しない。満期になり採掘しなければ,他者による請け負いを認める(第25款)。鉱業商人は採掘許可証を受領した後「すぐ着工できる」(第39款)。ただし「操業停止が一年になり,鉱物を採掘しなければ,その商人がその鉱山経営を永遠に停止することと見なす」(第49款)。第七に鉱山労働者が有するストライキの権利(第67款),鉱業商人から鉱山労働者の立場への理解(第68款),および鉱山労働者に対する解職と懲罰について規定した(第69,70款)。

　正章のほかに附章73条により施行細則を定めた。注意すべき点は鉱務委員の職責(第3条),権限(第15,16,26,28,30条)について具体的な規定が多く定められ,その責任の所在が明確にされた[48]。その他に附章で規定されていることは,試掘(第5～9条。第9条は試掘の期限を1年とした)や採掘(第10～14,18,25条)の関連事務とその管理,鉱区面積の測図(第19～25条),鉱務訴訟(第31～33条),採掘許可証の認可と発給(第34～35条),外国人の出資申請に関する方法(第36条),鉱業商人と地主間における紛糾に対処する方法(第39条),鉱務冊報(第43～46条),鉱税(第47～52条),鉱務登記および費用(第54～57条),鉱業商人の帳簿の様式(第58条),鉱図(第57～66条),鉱区の縮小(第71,72条),許可証の取消し(第73条)などである。

　1907年10月朝廷が批准した農工商部の上奏に基づき,「大清鉱務章程」は1908年3月15日より正式に施行された(『商務官報』光緒33年26期)。だがこの章程は国内外から批判された。外国の批判に対する農工商部の態度はかなり強硬であった。当時,ロシア,イギリス,アメリカなどの中国駐在公使は「この章程に同意しなかった」。1907年12月ロシア公使は照会で中国外務部に「再び補充し改訂する」ことを要求した。農工商部はこれに対し反駁し,その章程は「上奏し定めたばかりであり」,「此の時決して口実をもうけて干

渉するのにまかせておかない」と指摘した（『申報』1907年12月17日）。1909年冬，アメリカ商人への農工商部の返答は，同章程は「すでに上奏し定めたから，各国公使の多くは賛成しなくても，再び改訂することは難しい」と表明した（『東方雑誌』第6巻11号）。

　しかし農工商部は国内の高官から出された批判を回避することができなかった。副都統李国杰は1908年1月27日と3月12日の二度にわたり上奏し，この章程を批判した。彼は「この章程によって商人が引き受けた後，官員との交渉が多くなることは免れがたいかもしれない。もしも措置にたまたま障害があれば，外国人と競争できないだけでなく，元手も守れない」とした。農工商部は李国杰の意見を重視した。1908年2月と6月に返答した上奏文で，李国杰が提出した「各省の人民は官業と民業を問わず，どんな鉱物でも採掘でき，採掘許可証の発給を地方官に任せる」という意見には同意していないものの，「鉱山開発のために帰国した華僑が成文法の束縛に苦しみ，官員が苛酷であることを恐れるのが実情である」点を考慮し，この鉱務章程を「酌量し変通する」ことに同意した[49]。1910年4月17日農工商部は上奏文の中で以前張之洞が立案し，農工商部が上奏し公布した「大清鉱務章程」について次のように認めた。この章程は「条理が法制的に厳密であり，もしも鉱業が発達すれば，執行に弊害がないはずである。ただ現在各省の商人による鉱産経営は気風がまだ保守的であり，尽力して提唱しても，つねに規則が厳しいから，やや様子を見ることがある。…また中国と外国の合弁による鉱山については，外交上の交渉を起こし易いから，法則が厳し過ぎるならば，服従させることを期待し難く，規制が少し緩和するならば，利権の外国への流出を恐れる」とした[50]。そしてこの章程が再び改訂された。1910年10月農工商部と外務部は新しい「大清鉱務新章」（正章14章81款，附章9章46条からなるもの）を上奏し批准された。それは「適当に緩和し，商人に便利にするために，鉱山試掘に対する限定，許可証を取得する方法および費用の軽減，鉱山労働者への理解などについては，前の正章と附章の一条項ずつ修正した」ものであった（『農工商部档案』庶務司14, 統計）。その後農工商部はこの「大清鉱務新章」の施行期日に関する上奏文の原稿を起草したが，「まだ斟酌するところがあるので上奏しなかった」（『商務官報』宣統3年1期，5期）。よっ

て，この新しい章程は施行に至らなかった。

2．鉱産開発の促進

(1) 鉱産調査と開発への督促

　農工商部は商部と同様に各省鉱産の調査を鉱業発達の重要な前提と見なした。調査の内容については，各地の鉱山の分布，試掘や採掘の状況などが含まれた。調査の方法については，一つは本部人員を直接派遣した。1908年夏農工商部尚書溥頲は開発中や未開発の各鉱山を調査するために各省に同部の官員を派遣した（『大公報』1908年8月3日）。1910年5月鉱学専攻の卒業生であった黄某は溥頲の特派を受け新疆の庫車の石油を調査した（『大公報』1910年5月27日）。1911年6月農工商部は安徽鉱業の状況を調べるために魏震を派遣した（『大公報』1911年6月28日）。もう一つの方法は各省督撫や産業行政機関に対して鉱産の調査と鉱山開発を督促した（表5-7）。

表5-7　鉱産調査と開発に対する農工商部の督促

時期	通達対象	公文書の内容
1907年12月	各省督撫	新しく発見した鉱山を必ず電報で農工商部へ報告。
1908年2月	各省	すべての鉱山を採掘する前に必ず部の許可証を持つ。小資本経営の鉱産も必ず部の章程に従うべきであり，それを隠して報告していけない。
1908年3月	各省督撫	金属鉱産物を調査し，採掘方法を講ずるように要求。
1908年6月	各省	すべての鉱山を開発中か未開発，官営か民営，あるいは中国と外国の合弁に区分し詳細に部へ報告。
1908年8月	黒龍江巡撫	吉拉利河金鉱の採掘や経営を調査。
1908年12月	各省	全国で登記済みだが採掘していない鉱山が308ヶ所に達したから，それそれの期限を定めて採掘を催促。
1909年1月	江蘇巡撫	洞庭山付近の鉱産が豊富。人員を派遣しそれを実地に詳しく調査し，作表し部へ報告。
1909年2月	新疆巡撫	庫車や拝城などの銅鉱を調査し，採掘方法を改良。

		機械の購入,資金の調達,株の募集や利益の獲得などを詳細に部へ報告。
1909年5月	各省督撫	光緒34年1月から今まで所管の鉱産(官営か民営,金属鉱産物か非金属鉱産物を問わず)を調査し作表し部へ報告。
1909年6月	山東勧業道	早く人員を派遣し未開発の鉱山を調査させたうえ,上質鉱を株募集で開発。
1909年6月	各省督撫	採掘許可証を持つ商人が期限を過ぎて鉱山採掘をしない場合は,その許可証を返納し廃棄。
1909年7月	湖広総督	松滋県の鉱産が豊富。迅速に実地調査をした後採掘。
1909年8月	雲貴総督,貴州巡撫	外国人の非望を杜絶するために雲南と貴州の鉱山開発を全般的に計画。公金を調達し難い者を株募集にする。地方官吏は民営の鉱山を保護。
1909年10月	浙江巡撫	杭州府遂安県のアンチモン鉱の開発申請があるかどうか調査。
1909年11月	山西巡撫	蒲州の炭鉱や鉄鉱が採掘できるかどうか早く調査し部へ報告。
1909年11月	東三省総督	中国商人を集めて興京の炭鉱を採掘。その経営章程を早く部に送付。
1909年11月	雲貴総督	資金の調達や株の募集で30ヵ所あまりの上質の銅鉱,鉛鉱や鉄鉱を早く採掘。
1910年2月	新疆巡撫	各種類の鉱産を迅速に作表し作図し部に送付。
1910年2月	烏里雅蘇台参賛大臣など	公金を調達し拡充するために,当地の金鉱の情況をを部へ報告。
1910年3月	東三省総督	東三省諮議局が鉱業に関する各議案を部に送付。部はそれを審議。
1910年4月	山東、東三省、科布多辦事大臣、駐蔵大臣など	所管の鉱産やそれに関する外国人の最近の動向を調査。
1910年5月	山東巡撫	寧海金鉱の鉱脈が盛んである。外国人の採掘要請を拒否するために人員を特派しそれを実地調査し自国で採掘。
1910年5月	各省督撫	本省の鉱産総数と各鉱山の毎年の納税数を詳細に調査し作表し部に報告。

1910年6月	山東巡撫	外国人の申請を拒否するために本省の鉱産を詳しく調べ，開採を提唱。株が不足である場合，公金を適量に調達し補助することを要求。
1910年8月	山西巡撫	炭鉱と鉄鉱の情況を調査。以前採掘された各鉱山の拡充や新しく試掘された各鉱山の採掘を分別し部へ報告。
1910年8月	熱河都統	熱河鉱政調査局に各処の鉱業成果を詳細に報告させるように要求。
1910年8月	各省督撫	紳商が許可証を取得し，鉱山を開発している歴年の情況を四半期ごとに詳しく部に報告。
1910年10月	雲貴総督	早く各府庁州県の鉱産を調査。鉱務調査分会を組織。成立した中国資本の鉱業会社を維持。
1910年10月以前	雲貴総督	今後新貨幣の鋳造のため，ニッケルの需要量が甚しく多くなる。採掘準備のためにニッケルを含んでいる鉱山を保護。
1910年11月	河南巡撫	河南鉱産や株募集の情況を切実に実地に踏査し作表し部に報告。
1910年11月	貴州巡撫	外国人の非望を杜絶するために金鉱の採掘を講ずる。
1910年11月	各省勧業道	部が資金を調達し採掘し，貨幣鋳造のために金，銀，銅，ニッケルなどの鉱山を調査し，早く部へ報告。
1911年4月	安徽巡撫	この前方履中に銅陵涇県炭鉱の採掘許可証を発給したが着工するかどうか調査。
1911年6月	湖広総督	採掘のために湖北興国州龍角金鉱を勧業道に調査させる。
1911年7月	両広総督	広東新安県の鉱産は甚しく豊富。早く人員を派遣し採掘の可能性を調べ，作表し部に報告。
1911年7月	山西巡撫	早く中国商人の資本を集めて太原の鉱山を採掘。資金不足ならば部の補助金を交付。
1911年10月	各省勧業道	開発されている本省の鉱山の株金の不足，使い込みや外国人への株譲渡などをすべて徹底的に調査。

【出所】『大公報』1907年12月12日,1908年2月19日,3月14日,6月26日,9月2日,12月27日,1909年1月7日,2月4日,5月26日,6月17日,18日,7月4日,8月8日,10月12日,11月6日,7日,1910年2月19日,3月1日,11日,4月20日,5月12日,29日,5月27日,6月20日,8月19日,22日,10月21日,31日,11月7日,8日,9日,24日,1911年6月27日,7月13日,21日,『商務官報』宣統2年12期,『両広官報』宣統3年6月上旬第4期などにより作成。

農工商部の督促は決して成果を挙げなかったわけではない。新疆巡撫は農工商部が何度も促したから,同省商務総局に命令し,人員を各地に行かせ,鉱産を実地に調査し,作図し作表した後,1909年夏農工商部へ同省の鉱山分布,鉱物の分類や鉱産開発の情況などについて詳細な公文を送付した(『商務官報』宣統元年25期)。1909年秋広西省にある開発の可能性を持つ鉱山は300ヵ所あまりであることが農工商部へ報告された。その中で鉄鉱は一番多かったという。鉱山開発を申請した会社は貴県の宝興公司,振華公司,池州の慶雲公司,賀県の天腴公司などである(『申報』1909年11月24日)。奉天鉱政局は1910年5月次のように農工商部へ報告した。同省の鉱山は総数が177ヶ所あり,その中で採掘されている者は40ヶ所あまりであり,採掘を申請した者は20ヶ所あまりである[51]。

(2)採掘許可証の発給数の増加

農工商部期において各省の鉱業行政機関から発給された試掘許可証と,農工商部から発給された採掘許可証の数は,いずれも商部期より上回った。表5-8が部分的に示した採掘許可証の発給数を見れば,光緒32年10月から光緒34年12月までにそれは約80ヵ所であった。この二年あまりの間の合計数は商部期の総数より多かった(表3-11を参照)。1910年8月に農工商部は上奏文の中で発給された試掘許可証と採掘許可証を合わせて365ヵ所であると述べている(『商務官報』宣統2年12期)。

表5-8から見れば,江蘇上元県仏寧門山の炭鉱は官営であり,王寵佑による広東宝昌公司と方履中による安徽涇銅鉱務公司は官民合弁であったが,ほかはすべて民営であった。これらの数字から商部期の民営鉱業重視の政策が農工商部期にも引き続き遂行されていたことがわかる[52]。その理由の一つと

表5-8 農工商部から発給された採掘許可証

年次		所在地	投下資本額	投資者や経営者	鉱物分類	経営方式
光緒32年	安徽	宣城県炭冲山	株,銀1千両	呉徳懋	石炭	民営
		繁昌県雷家溈	同上	同上	同上	
		貴池県猪形山,罐窑山	株,銀1.2万両	孫発緒など	同上	
光緒33年	奉天	東平県小犁樹溝	株,銀2万両	王賛廷など	石炭	民営
		開源県打虎荘	株,銀1万両	秦鴻勝など	同上	
		錦州府義州北大平	同上	句徳激など	同上	
		遼陽州牛頭崖小南溝	同上	辛茂第など	同上	
		興京庁高麗溝	同上	宋潤田など	同上	
		撫順庁搭連咀子	同上	孫世昌など	同上	
		寧遠州頭道溝	同上	劉仙洲	同上	
		遼陽州張家溝	同上	曹佩文など	同上	
		法庫庁崔家溝	株,銀5千両	馬恵亭	同上	
		寧遠州偏道溝	株,銀2千両	張筱石など	同上	
		寧遠州尖山子	株,銀1千両	張儒など	同上	
		錦西庁白楊木溝	同上	張儒など	同上	
		錦西庁尖山子	同上	李聯芳など	同上	
		錦西庁雑樹溝	同上	王岐など	同上	
		海龍府鞍子河	株,銀1万両	劉長富	鉄	
	直隷	宣化県王家楼	株,銀5万両	郝爾蓀など	硫黄	民営
		曲陽野北村	株,銀6万両	陳念新	石炭	
	山西	垣曲県同善鎮	株,銀5万両	楊敏田	銅	民営
	安徽	繁昌県倉家沖霊山寺	株,銀2.5万両	呂宝賢	石炭	民営
		歙県亀形山	株,銀5千両	汪林など	同上	
		宿松県王家山	株,銀1千両	段士璋	同上	
		貴池県梅坦墩	同上	沈慶堃	同上	
		貴池県煤山壕	同上	焦寿林	同上	
		貴池県八畝田	同上	定超など	同上	
		貴池県大凹山	同上	倪鴻など	同上	
		涇県牛形山	同上	李鋆	同上	
	福建	安渓県珍珠郷	株,銀200万両	胡国廉など	石炭,鉛	民営
光緒34年	奉天	錦西撫民庁碭石溝	株,銀1千両	高寓書	石炭	民営
		本渓県王干溝	株,銀1.5万両	盧興唐	同上	
		興京庁蜂蜜溝	株,銀1万両	高元品など	同上	
		遼陽州窯子峪	同上	李秉中など	同上	

順天	宛平県青龍澗	株,銀10万両	林鳳鈞など	同上		
	宛平県碑碣子	株,銀2万両	陳全福	同上	民営	
	昌平州小恵山	株,銀2千両	李敬修	礬土		
直隷	独石庁黒坨山	株,銀5千両	王永祥	銀		
	張家口庁馬連圪達	株,銀1万両	張文炳	石炭	民営	
山東	淄川県前河荘	株,銀1万両	王懐琪など	同上	民営	
	嶧県南安成村	株,銀7万両	梁歩海など	同上		
山西	鳳台県孫村	株,銀1万両	山西保晋公司,馬吉森など	同上	民営	
湖南	湘郷県涵渓土段	株,銀1万両	蒋徳鈞	黒白鉛		
	臨武県塘頭坳	株,銀2万両	周鵬南	鉛,すず		
	湘郷県開家沖	株,銀1万元	蒋徳鈞	石炭		
	祁陽県曽家嶺	株,銀4千元	羅煥文など	同上	民営	
	祁陽県白露塘	株,銀2,400元	羅振章など	同上		
	新化県晏家舗	株,銅元9千串	蕭荘など	同上		
	益陽県板渓	株,銀5万両	梁煥章	アンチモン		
	慈利県界牌峪	株,銀3万両	余金声など	同上		
	新寧県龍口裏	株,銀2万両	蕭金寿	同上		
	新化県陶塘	株,銀1万両	袁世通	同上		
	新化県陶塘	同上	廖兆鎔など	同上		
	新化県錫鉱山	同上	張唐など	同上		
	邵陽県宝塔坪	同上	蒋徳鈞	同上		
	邵陽県硫璜山	株,銀1万元	彭宝中など	同上		
	邵陽県龍山,観音山	同上	王昇椿など	同上	民営	
	邵陽県茆岡洞	同上	謝鐘械など	同上		
	新寧県高掛山	同上	蒋徳鈞	同上		
	沅陵県魚児山	株,銀6千両	彭延熾	同上		
	漵浦県蕎菜沖	同上	秦孝培	同上		
	東安県張家嶺	株,銀5千両	王鴻猷	同上		
	東安県塹沖裏	同上	李廷斌	同上		
	邵陽県鐘家嶺	株,銀6千元	謝鐘械など	同上		
	漵浦県大蛇沖	同上	姜湘泉	同上		
	新化県錫鉱山	株,銀5千両	王昇椿など	同上		
	邵陽県厚洞沖	株,銀1,260元	謝鐘械など	同上		
	新化県錫鉱山	個人経営	段自立	同上		
	新化県錫鉱山	同上	楊源懋	同上	民営	
	新寧県斜石板	株,銭1万串	徐自潔など	同上		
	邵陽県沙子蕩	同上	謝鐘枡など	同上		
江蘇	上元県仏寧門山	銀5万両		石炭	官営	
	上元県林山	株,銀6千両	金樹滋など	同上	民営	

		上元県林山	株, 銀 2 千両	陸紹栄	同上	同上
	安徽	繁昌県陳山沖	株, 銀 1 千両	車毓霖	同上	同上
	広東	儋州島槍嶺	株, 銀 30 万元	胡国廉など	すず	同上
		儋州那金嶺	株, 銀 10 万元	同上	同上	同上
宣統元年	直隷	宣化府鶏鳴山		京張鉄路局	石炭	官営
		青龍澗		林鳳鈞	同上	民営
		磁州西佐村		宋発祥	同上	同上
		詳細不明		劉席珍	同上	同上
	湖南	茶陵県金銀塔など		龍倫沛など	アンチモン	同上
	広東	新安県白石塘		葉大韶など	鉛	同上
		詳細不明	株, 銀 20 万元	王寵佑など	アンチモン	官民合弁
宣統 2 年	雲南	蒙自県		李菽延	すず	民営
	湖南	新化県錫鉱山		潘昇良	アンチモン	同上
		臨武県香花嶺		劉洪勝	同上	同上
	広西	貴県小天平山		葉恩	銀, 鉛 銅, 金	同上
	江蘇	江寧府林山			石炭	同上
	熱河	朝陽府平頂山		朱忠格	不灰木	同上
宣統 3 年	山西	帰化城 28 鉱			石炭	民営
	安徽	宿松県七葉塢			同上	同上
		涇銅鉱務公司	株, 銀 30 万元	方履中	銅, 石炭	

【出所】 光緒32年10月から光緒34年にかけては『農工商部統計表』(第1次, 第2次)により, 宣統元年以後は『天津商会档案』上冊1199頁, 『大公報』1909年6月27日, 1910年2月19日, 4月13日, 7月25日, 11月28日, 1911年6月19日, 汪編『近代工業史資料』第2輯上冊534頁, 537頁, 『商務官報』宣統元年32期, 33期, 宣統2年24期, 『申報』1910年6月1日, 28日, 1911年2月7日, 4月17日, 『支那経済報告書』第39号39頁 (明治42年12月15日), 第40号44頁 (明治42年12月30日), 『両広官報』宣統3年6月上旬4期, 中国第二歴史档案館編『中華民国史档案資料彙編』(江蘇古籍出版社, 1991年) 第3輯674頁, 686頁などにより作成。

【註】　①江南財政局は両江総督端方の命令で公金銀5万両を調達し江蘇上元県仏寧門山の炭鉱に交付した。民営の宝華公司が買収された。但しこの炭鉱は宣統1年6月に閉山した（汪編『近代工業史資料』第2輯553～554頁を参照）。②葉恩はアメリカの華僑商人であり，出身地が広東である。彼が1907年銀300万元で創立した振華公司は広西天平山銀鉱の外，銀行，交通，開墾なども兼営したが，経営不振で巨額の損失を生じており，1910年倒産した（『民国貴県志』巻11第326～327頁を参照）。③広東新安県白石塘の鉛鉱は翌年地下水で操業が停止した。④銅陵県銅官山の銅，涇県の石炭を採掘するために，安徽鉱務総局総理方履中は募集した株で安徽涇銅鉱務公司を設立した。農工商部は同会社へ二枚の採掘許可証を発給した。涇県炭坑は宣統3年3月1日に，銅官山銅鉱は宣統3年5月15日に着工した（『大公報』1911年7月7日，前掲『中華民国史檔案資料彙編』第3輯826～839頁，918頁を参照）。

して農工商部は「官営によって提唱しても，つねに資金不足の恐れがあるから，すべて紳商が多く株を募集することにより，鉱山開発を拡大する」ことを認識していた（『商務官報』宣統2年12期）。

　表5-8が示しているように農工商部の批准で開採された鉱山は資本金が銀1万両（元）以下のが多かった。しかし農工商部期には，中小資本による民営の鉱業企業が支持を受けただけでなく，鉱山開発のための華僑大資本も導入された[53]。そして商部期にない資本金が銀30万元や銀200万両に達した大企業もあった。1907年10月，1908年2月農工商部が前後して批准した華僑商人胡国廉，区昭仁による福建安渓県の炭鉱，鉄鉱や広東儋州那大墟付近のすず鉱がそれであった。1908年8月農工商部は「鉱業と市況に通じている」胡国廉を「福建商辦鉱務総理」の職に就任させるように上奏し許可を受けた（『商務官報』光緒34年22期）。

　利権回収運動を通して中国に返還された鉱山に対して，農工商部はそれを開発することを積極的に支持した。商部期に登記済みの山東華徳中興煤鉱公司はかつて中国とドイツが合弁で創設したものだが，山東塩運使張蓮芬の努力で同会社を100%の中国資本に転換させた。直隷総督楊士襄は公文で農工商部に同会社の名称の中から「華徳」（中国とドイツ）という文字を取るように請求した。それに応じて1908年12月17日農工商部は上奏して，「商辦山東

嶧県中興煤鉱有限公司」という木質の関防を発給し,張蓮芬が同会社の総理を担任することを認可した(『商務官報』光緒34年33期)。また農工商部は「保護,維持のために」(『申報』1909年12月17日),「公金の増資で官商合弁にさせる」ことを計画した(『商務官報』宣統元年20期)。1909年夏,農工商部は同部丞参上行走の周学熙を派遣し同会社の情況を調査させた[54]。周は同会社が「資金不足なので,発達できなかった」とし,「今は銀220万両を必要とし,株募集に関する章程を改訂し,迅速に資金を集めるべし」と建議した。その後周は同会社の新しい株募集の章程の制定を指導し,さらに5年発展の計画,鉱山採掘とその専用鉄道の敷設などの予算,生産量の予想,銀220万両の株募集などをまとめて農工商部へ公文で報告した。農工商部は公文で同会社に株主と株募集の方法を協議すべきことを指示し,予算の年限以内は毎日の石炭生産量が2千トンにのぼるように要求した[55]。1910年6月周学熙の建議で石炭販路の拡大のための棗荘・台児荘間軽便鉄道が開通した[56]。

(3) 鉱業保護,減税,改良の政策や措置

農工商部は鉱山開発に対する阻害などを排除するために努力した。当時,各省の官吏はしばしば試掘許可証と採掘許可証を商人にわたすことを遷延し,酷い事に「気ままに金銭を強要した」者さえもいる。それに対し1908年10月同部は,各省督撫にそれを厳禁するように打電した(『大公報』1908年10月13日)。1909年7月30日農工商部は地方官が鉱産開発を阻害した紳士を随時に調査すべきことを上奏した(『上諭档』35冊263頁)。1910年春湖南集益公司が錫鉱山に建造した鍛冶場は地回りによって焼いて破壊された。農工商部はそれを知り,電報で湖南巡撫に調べて懲罰するように要求した(『大公報』1910年5月14日)。同年夏,湖南桂陽州の官員が鉱産開発を「故意に阻害し,商人の鉱産開発の申請を気ままに軽視している」ことについて,農工商部は湖南巡撫に公文を送付し,それは「鉱業発達の害である」と指摘し,早く調査した後返答するように要求した(『大公報』1910年7月24日)。

鉱業商人の負担を軽減するために農工商部は商部期に比べ,一層減税の措置をとった。1907年9月同部が上奏し批准を受けた「大清鉱務章程」は,商部の「暫行鉱務章程」より鉱物採掘税を軽減した(表5-9)。

第5章　農工商部の産業振興政策とその実施

表5-9　鉱物採掘税に対する農工商部の軽減措置

鉱物分類	「暫行鉱務章程」の規定	「大清鉱務章程」の規定
石炭，鉄	従価5%の税を徴収	毎トン銀1銭を徴収
アンチモン	従価5%の税を徴収	その市価の3%を徴収
すず，銅，硫黄	従価7.5%の税を徴収	その市価の3%を徴収
水銀	従価10%の税を徴収	その市価の3%を徴収
宝石など	従価20%の税を徴収	その市価の10%を徴収

　「大清鉱務章程」では，表5-9の項目の外に乙類という鉱物について市価の1%を徴収すること，丙類という鉱物について市価の3%を徴収することを規定している。これらも商部期より軽減した。

　減税の規定を遂行するために，農工商部は1908年8月湖南巡撫に公文を送付し，「大清鉱務章程」に基づいて商人蕭金寿への厘金を免除するように要求した（商務官報』光緒34年19期）。また1909年9月，河南安陽六河煤鉱公司が「河厘」などの税金を免除するよう求めた請求に応じて，同部は直隷総督，山東巡撫に調査し酌量して免除するように要求した（『大公報』1909年9月25日）。1909年農工商部は各省の銀鉱では純益の分配について時々部の章程に違反していることに対して，銀鉱の余利の中で鉱業商人に与える分が50%を占めるべきことを重ねて強調した（『大公報』1909年6月2日，7日）。鉱税の整頓のために，同部尚書溥頲は1909年5月各省督撫に，鉱政調査局が本省の鉱産総数や各鉱山の毎年の納税額を詳細に調査し作表し部へ報告することを要求した（『大公報』1909年5月29日）。

　外国の新技術や新方法を取り入れた鉱業企業に対して，農工商部は特別な免税を措置した。1910年12月農工商部はアメリカに留学した鉱物学専攻の王寵佑博士による広東宝昌銻鉱股分有限公司への減税を上奏し許可を受けた（『申報』1910年2月28日）。また同部は1909年3月と1911年3月に二回にわたり，湖南華昌錬鉱公司に対して鉱物の採掘税と輸出税を酌量して軽減することを上奏し許可を受けた[57]。

　農工商部は外国の新方法による鉱石の精錬を積極的に提唱した。1908年5月同部は新疆巡撫に，資金を調達し「部が公布した精錬の方法」を採用するように打電した（『大公報』1908年5月12日）。1909年に農工商部は新疆商

務総局総弁に対して人員をロシアに派遣し，機器を購入し石油の精製をするように督促した。同年5月同部は広東では伝統的な方法によるアンチモン鉱は生産量が低いし，売れ行きも悪いことを調査によって知り，両広総督に採掘拡大のために精錬の新方法を研究することを打電した（『大公報』1909年5月18日）。同年秋各省督撫に「必ず一律に精錬場を設立し，その方法を講ずる」ように通達した（『大公報』1909年10月4日）。

商部は1905年11月「各省鉱政調査局章程」第13条で，各省の鉱政調査局に「化験処」を設立することを規定したが，実施できなかった。農工商部は各省における化分鉱質局の開設を鉱業改良を推進する重要な措置とした[58]。1909年5月同部は鉱産調査の結果から「鉱物分析を外人に依頼しては，利権も国外に流出しかねない」ことを憂慮した。そこで冶金技術を改良し進歩させるために，まず南北の重要な通商港で化分鉱質局を開設することを決定した（『大公報』1909年5月23日）。1911年1月農工商部は「化分鉱質局章程」を上奏し，各省勧業道の下，あるいは鉱政総局に化分鉱質局を付設することを規定した（『商務官報』宣統2年28期）。同年3月，同部はまた上奏し，御史黄瑞麟の新方法によって湖南省鉱産を開発することに関する建議を支持した（『政治官報』宣統3年2月16日）。その後各省勧業道に部の章程に基づいて迅速に化分鉱質局を開設するように命じた（『大公報』1911年3月22日）。農工商部の提唱と督促の下で，1909年以降広東，直隷，四川，浙江などの勧業道によって化分鉱質局の開設が準備され，成立していった[59]。

第3節　新たな商会設立の推進

商会の設立は農工商部期にも産業振興の重要な内容だとされていた。1909年秋，農工商部尚書溥頲と同部右侍郎楊士琦は全国各省と東南アジアで創設された商務総会が44であり，商務分会が135であったという調査の結果を知ったが，楊士琦は「広大な中国で商会数がこれだけであることから中国の商務が不振であることがわかる」といった（『申報』1909年10月23日）。この話は新たな商会設立の推進に対する農工商部の重視を表明したといえるであろう。

農工商部は商部期の政策を基盤として引き続きそれを推進したが，また商部期と比較して新たな特色がある。

1．商務総会の拡大

農工商部の上奏によって設立許可を受けた商務総会は以下のような情況である。

商部期に試験的に開設されていた商務総会に対して，農工商部は審査を実施し，適格性を確認した後，商部の前例に照合し続々と「関防」の授与を上奏した。こうした事例は南昌，北京，安慶，汕頭，煙台，成都，河南，重慶などに見られる。その中で北京商会の開設準備については，本書の第三章第一節ですでに述べたが，ここで京師商務総会の開設情況を補充したい。商部期に設立された北京商会総公所を基礎として，農工商部は1906年冬さらに「商務総会の設立を勧告し，商部の章程に基づき投票し，各商董から総理と協理を選出する」ことを指示した。その後農工商部右侍郎楊士琦などがその投票を監督し，総理の馮麟霈と協理の袁鑑が選出された[60]。1907年1月23日京師商務総会が正式に成立し，「各業種の商会がそれに隷属した」という。同年4月20日農工商部は同商務総会の開設と関防の交付を上奏した[61]。京師商務総会の経費について，農工商部は公金を割り当てたうえ，電報局から毎年銀500両を交付することを郵伝部と議定した（『大公報』1909年3月13日）。

商部期に設立された商務総会の多くは沿海および長江沿岸の省都や通商港にあった。農工商部期における商務総会の設立が省都所在地や九江，青島などの通商港以外，地域的にも商部期より内地へさらに拡大した。東北地域での営口，安東，哈爾濱，山海関，長春などや，西南地域の広西省での梧州，南寧，柳州，百色庁，潯州府，龍州庁，桂林，慶遠府で，商務総会はそれぞれ新設された[62]。西北地域に対しては，農工商部は「成果があった」甘粛商務総会の方法を模倣し蒙古などの商会創設を催促した[63]。1910年5月農工商部はとくに新疆巡撫に打電し，早く商会を設立しなければ，「西部の商務がついに発達の日がない」と指摘した（『大公報』1910年5月17日）。

一部の商務総会の設立には，農工商部は省レベルの産業行政機関を通して

督促した。煙台商務総会は商部期の1905年から試験的に開設されたが,当地の商人が出身地によって浙江,潮州,福建,広東,江蘇,山東などの六つの同郷的集団に分かれる状態であった。農工商部は煙台が盛んである通商港だと認識し,「真剣に連絡すべし」と公文で命じた。山東省農工商局は一年間の勧告指導で煙台商人の各同郷的集団の先入観を除去し,新しい総理や協理が選出された。1907年7月農工商部の上奏で関防が授与された(『商務官報』光緒33年16期)。奉天商務総局は1906年春人員を派遣し安東商務総会の設立を勧告したが,農工商部はその後,奉天勧業道黄開文にそれを督促することを命じた。1908年8月同商務総会の設立と関防の授与を上奏した(『商務官報』光緒34年21期)。察哈爾都統誠勲は張家口商務総会設立のために商務総局を創設したことを1907年11月上奏した[64]。1908年9月同商務総会は総理や協理の選挙結果が農工商部によって認可された。一年間の試験的開設後,農工商部1909年11月の上奏でようやく関防が授与された(『商務官報』宣統元年31期)。

　農工商部は国産品の振興を考慮し,省都や通商港以外のところでも商務総会の設立を支持した。たとえば1907年秋,安徽北部の正陽関では,商人たちが市況に通じるために農工商部に対し商務総会の設立を要請した。農工商部は正陽関が国産品の集積地であることを考慮してそれに賛同し,1908年10月関防の授与を上奏し認可された[65]。また,磁器の都といわれる景徳鎮で,商人呉簡廷などが農工商部に商務総会の設立を要請する意見書を提出したが,農工商部は江西巡撫に公文を送り,同省農工商局に命じ情況を調査させた。その結果ほどなく開設されたが,江西磁業公司を経営する康達が総理に選挙され,農工商部によって1909年1月6日関防の授与が上奏された[66]。

　経済の発達が比較遅い地域,たとえば熱河でも都統廷杰が商会の設立を要求するという農工商部の公文でそのための準備をした。1907年春から郡街での商会が一年間試験的に設立された(『商務官報』光緒34年4期)。農工商部は郡街が通商港ではないが,外国商人と競争するために商務総会を設立すべしと認識し,1908年7月同商務総会の設立と関防の授与を上奏した(『商務官報』光緒34年17期)。

　各商務総会の設立に対する農工商部の審査は厳しかった。営口での商務総

会の開設準備中，農工商部は「選出された総理が営口の小役人であり，何を営業するか報告がなく，部の章程に合わないとし，補充し報告することを命じた」。その後東三省総督徐世昌，奉天巡撫唐紹儀は公文で，その総理などが経営している商店や本人の履歴，地位と名望などを詳しく報告し，農工商部はそれを審査した後，1907年8月同商務総会の設立と関防の授与を上奏した（『商務官報』光緒33年19期）。1907年3月広西巡撫代行の張鳴岐は南寧商務総会の設立情況と名簿を報告したが，農工商部は「その章程は不完全であるため，補充し訂正するように命じた」。このことと同商務総会総理や協理の選出が1908年1月考察外埠商務大臣張弼士によって報告されたうえ，農工商部は同年2月その設立と関防の授与を上奏した（『商務官報』光緒34年3期）。農工商部は太原商務総会の開設準備を審査する際，その章程が部の章程に合わないところがあるし，また選出された総理や協理の才能や名望についても報告しなかったことがわかり，その章程を訂正し，名簿を補充させた後，1908年3月同商務総会の設立と関防の授与を上奏した（『商務官報』光緒34年6期）。江寧商務総会の役員の改選の際，新しい総理の候補者の宋恩銓が「商業に従事しているかどうか」不明であるから，農工商部は宋が「個人経営で営業していることが確実である」ことを調べて明らかにした後，1909年夏宋の就任を公文で認可した（『大公報』1909年6月7日）。

　辺境地域で官吏が商会の運営を代行している違法現象に対して，農工商部はそれを制止させた。たとえば吉林省都では，かつて吉林将軍代行の達桂が商会へ総董，副総董を任命し派遣していたが，1907年6月，農工商部は審査にあたって，その総董，副総董の名称が商部の「商会簡明章程」とは符合せず，また公選を経ていないことに気づいたので，訂正を命じた。投票によって総理，協理を選出し，同年10月関防の授与を上奏し認可された（『商務官報』光緒33年26期）。

　1910年10月までに新疆を除いた全国各省に商務総会が設立された。その中の約半数は農工商部期に設立された[67]。そのほか，農工商部は新たな商船公会の設立にも尽力した。1908年10月商船公会の設立準備を進めるために長江流域の各省督撫に公文を送った（『大公報』1908年10月25日）。同年以降，農工商部の上奏で江西，安徽，広東などの商船公会が前後して設立され関防

を受けた[68]。

2. 商務分会と商務分所開設数の増加

　商務分会は商務総会に対して隷属する関係にあり，商務総会より遅く出現した。しかしながら数の上ではすぐに商務総会を追い越し，農工商部期には商部期の数を上回った。不完全な統計ではあるが，商部期に全国に設立された商務分会の数は147であったが，農工商部期には商務分会の数は1911年に630に達し，その中で1909，1910の両年，設立の高揚を迎え，その数はそれぞれ185，183であった[69]。開設の地域分布を見ると，経済が比較的発展していた江蘇，浙江などが多く，直隷，廣東などの省もかなり目立った。直隷の商務分会は，商部期に設立した秦皇島1ヶ所を除き，農工商部期に設立したものは39ヶ所に達する（『天津商会档案』上冊276〜282頁）。広東では海南島の三亜に商務分会を設立し，1910年夏農工商部は同分会が選出した総理の就任を認可し，分会の「図記」（公印）の様式を発給した（『申報』1910年8月24日）。

　商務分会の設立数は多かったが，農工商部は無制限に設立することを主張したわけではない。1907年春武生の丁錫純は河北易州商務分会の設立を請求したが，農工商部は易州が「山奥にあり，商務が発達しておらず」，また武生である丁は市況を詳しく知らないと判断し，それを否定した（『商務官報』光緒33年7期）。1908年12月22日，同部は各省に公文書を送り，府庁州県に関わりなく，同じ城に二ヶ所の商務分会の設立を認めないということを言明した（『大公報』1908年12月23日）。浙江省臨海県商務分会はかつて海門に商務分所（これについては後で述べる）を設立した。その後，ほかの人はまた海門に商務分会を設立しようとしたが，農工商部は1909年9月浙江勧業道にそれを調べるように命じた（『大公報』1909年9月10日）。1908年冬江寧に居るが，出身地が安徽である商人宋恩銓は江寧での安徽商人だけの商務分会の設立を請求したが，農工商部によって拒否された（『商務官報』光緒34年32期）。

　新しく設立された商務分会を農工商部は厳しく審査した。1907年2月同部

は直隷磁州彭城鎮商務分会の章程を審査した際，磁器商人の出荷を規制するというその第19条が流通に害があると指摘し，訂正するように命じた（『商務官報』光緒33年2期）。不凍港である秦皇島に商務分会を設立する必要性を認識していたが，農工商部は1907年3月23日同分会の章程第25条に対して訂正し，商会の経費を商人から無理に取り立てないように要求した（『商務官報』光緒33年4期）。吉林盤石県商務分会の章程に対しても，農工商部は訂正すべきところがあると指摘した（『商務官報』光緒34年25期）。

　商務分会の総理は必ず農工商部に報告し，審査を受けた後，任命された。しかしながら農工商部は「商人たちによる公選であってはじめて，任命を認める」（『天津商会档案』上冊79頁）としたが，次の事例は総理の人選について商人たちの信用を農工商部がいかに重視していたかを示している。1906年11月16日，農工商部は江蘇江震商務分会の成立を批准したが，二年後，ある者が匿名で農工商部にこの分会の総理龐元潤を告発し，農工商部による更迭命令を要求した。この後，各商務分所は続々と龐の無実を明らかにした。また農工商部が調査したところ，龐元潤は「商人との関係も良く」，投票の時最多得票が幾度もあったので，継続し任用することを批准した（『蘇州商会档案』第1輯108～110頁）。

　商務分会の「図記」（公印）の様式もすべて農工商部の文書によって通達され，後にその様式に合わせて刻印した（『蘇州商会档案』第1輯74頁）。この公印は社会での公的地位を表わす象徴的な記号であるばかりでなく，商務分会の経済活動に具体的な経済利益をもたらした。たとえば1907年11月に成立した直隷高陽商務分会は，機械による高陽国産布の生産を提唱した[70]。この綿布は売れ行きが良く，偽造を防ぐために農工商部は，1909年12月30日商務分会に書面にて「公印の様式を自ら各税関に上申し」，税関では公印の確認で税の軽減を得るよう指示した[71]。

　「商務が盛んである」が，行政レベルが州県以下のところ（主に鎮）で，農工商部は商部の「商会章程附則」第2，4条の規定に基づき（『天津商会档案』上冊59頁），適宜に商務分会を設立することを批准した。農工商部期における鎮レベルの商務分会は，1908年の年末までに41ヶ所に達し，商部期に設立されたそれの10ヶ所より大きく上回った。表5-10が示すように，鎮レベルの

商務分会は江南地域にあるのが多く，直隷，広東，奉天，福建，湖北などの省にもあった。

表5-10 農工商部期に設立された鎮レベルの商務分会

所在地と名称		農工商部の認可時期
江蘇	南彙県周浦鎮商務分会	光緒32年10月
江蘇	婁県泗涇鎮商務分会	光緒32年11月
江蘇	華亭県莘荘鎮商務分会	光緒32年12月
安徽	鳳陽府臨淮鎮商務分会	光緒32年12月
浙江	海寧県峡石鎮商務分会	光緒32年12月
奉天	安東県太平溝商務分会	光緒33年7月
奉天	海龍府属朝陽鎮商務分会	光緒33年7月
直隷	磁州彭城鎮商務分会	光緒33年3月
江蘇	江浦県浦口鎮商務分会	光緒33年10月
江蘇	泰州海安鎮商務分会	光緒33年12月
安徽	東流県張渓鎮商務分会	光緒33年12月
河南	許州漯河鎮商務分会	光緒33年6月
浙江	徳清県新市鎮商務分会	光緒33年4月
浙江	平湖県乍浦鎮商務分会	光緒33年5月
浙江	湖州府烏青鎮商務分会	光緒33年7月
江西	南昌府呉城鎮商務分会	光緒33年2月
広東	東莞県石龍鎮商務分会	光緒33年9月
広東	広州府仏山鎮商務分会	光緒33年10月
広東	開平県赤磡埠商務分会	光緒33年11月
広東	高要県禄歩都商務分会	光緒33年12月
雲南	大理府趙州下関商務分会	光緒33年7月
奉天	山城鎮商務分会	光緒34年5月
奉天	大孤山鎮商務分会	光緒34年5月
江蘇	宝山県羅店鎮商務分会	光緒34年1月
江蘇	高淳県東覇鎮商務分会	光緒34年1月
江蘇	桃源県衆興鎮商務分会	光緒34年2月
江蘇	崇明県外沙商務分会	光緒34年6月
江蘇	塩城県上岡鎮商務分会	光緒34年9月
江蘇	泰州姜堰鎮商務分会	光緒34年12月
江蘇	邳州磁湾鎮商務分会	光緒34年12月
安徽	河南道口鎮商務分会	光緒34年5月
浙江	嘉興王店鎮商務分会	光緒34年2月
浙江	帰安県菱湖鎮商務分会	光緒34年2月
浙江	海塩県沈蕩鎮商務分会	光緒34年5月
江西	会昌県筠嶺市商務分会	光緒34年1月
江西	清江県樟樹鎮商務分会	光緒34年6月
広東	南海沙頭埠商務分会	光緒34年3月
広東	増城県新塘墟商務分会	光緒34年3月

第 5 章 農工商部の産業振興政策とその実施

広東	新会県江門埠商務分会	光緒34年5月
広東	南海県江浦司官山墟商務分会	光緒34年9月
広東	新安県深圳埠商務分会	光緒34年12月
江蘇	青浦県珠衝鎮商務分会	宣統元年6月
江蘇	朱家角鎮商務分会	宣統元年7月
福建	南平県峡陽鎮商務分会	宣統元年8月
安徽	定遠炉橋鎮商務分会	宣統元年10月
直隷	文安県勝芳鎮商務分会	宣統元年11月
直隷	東鹿県辛集鎮商務分会	宣統元年11月
直隷	大成県王口鎮商務分会	宣統元年12月
江蘇	上海閔行鎮商務分会	宣統2年7月以前
直隷	静海県独流鎮商務分会	宣統2年7月
直隷	豊潤県河頭鎮商務分会	宣統2年9月
湖北	新堤鎮商務分会	宣統2年11月
安徽	含山県運漕鎮商務分会	宣統2年11月

【出所】『第1次統計表』商政,『第2次統計表』商政,『商務官報』光緒32年28期,光緒33年5期,33期,光緒34年3期,26期,宣統元年25期,32期,宣統2年11期,『東方雑誌』第4巻9号,『申報』1907年9月21日,1909年7月29日,1910年12月13日,18日,『大公報』1909年10月3日,『蘇州商会档案』第1輯194頁,『天津商会档案』上冊247～258頁,258～264頁,279頁,282頁などにより作成。

商務分会の下,農工商部はさらに各商会の情況によって商務分所の設立を支持した。これは「商会簡明章程」の中には無かったものであるが,江南地域では経済が発展しており「商店が集まる」町が比較的多く,一つの県にただ一つの分会を設立したら,「実業の指導や金銭貸借の清算」は困難であるとして,農工商部は1906年11月同部三等顧問官,錫金商務分会総理である周廷弼の提案を採用し,商務分会の下に商務分所を設立することにした[72]。新たな情況に対するこの柔軟な処理によって,市鎮での商人が商会組織をつくる要求に応じた。全国の商務分所の数を明らかにすることはできないが,表5-11からそれが部分的にわかる。地域分布について見ると,南北の格差が顕著である。江蘇南部の商務分会の下には多くの商務分所があり,もっとも多いのは江震商務分会で,そこに所属する商務分所は12に達した(『蘇州商会

档案』第1輯109頁)。ところが直隷ではわずか灤州稲地鎮商務分所の一ヵ所に過ぎなかった(『天津商会档案』上冊245頁)。

表5-11 農工商部期に設立された商務分所

	所在地と名称	農工商部の認可時期
江蘇	嘉定県安亭鎮商務分所	光緒32年11月5日
江蘇	揚州大橋鎮商務分所	光緒33年3月28日
江蘇	奉賢胡家橋鎮商務分所	光緒33年5月2日
江蘇	崑山県菉葭浜鎮商務分所	光緒33年5月11日
江蘇	上海県杜行鎮商務分所	光緒33年6月16日
江蘇	上海県三林塘鎮商務分所	光緒33年6月
江蘇	新陽県巴城鎮商務分所	光緒33年7月21日
江蘇	常熟福山商務分所	光緒33年10月15日
江蘇	嘉定県安亭鎮商務分所	光緒33年11月5日
江蘇	如皋県豊利商務分所	光緒33年12月21日以前
江蘇	鎮江大港鎮商務分所	光緒34年6月4日
吉林	烏拉商務分所	光緒34年7月26日
浙江	杭州石門湾商務分所	光緒34年11月22日
浙江	杭州塘棲商務分所	同上
浙江	杭州双林鎮商務分所	同上
江蘇	瀏河新塘商務分所	宣統元年閏2月
安徽	天長県銅城鎮商務分所	宣統元年閏2月25日
広東	広寧溝帮子鎮商務分所	宣統元年3月10日
浙江	銭塘県瓶窰鎮商務分所	宣統元年4月
吉林	赫爾蘇商務分所	宣統元年5月
江蘇	徐州土山鎮商務分所	宣統元年5月
直隷	灤州稲地鎮商務分所	宣統元年7月
江蘇	江都県爪州鎮商務分所	宣統元年8月5日
福建	福州琯江商務分所	宣統2年5月3日
福建	厦門同安灌口商務分所	宣統2年5月12日
浙江	紹興倉塘鎮商務分所,馬山,柯橋三鎮商務分所	宣統2年秋
浙江	紹興安昌,斗門,孫端三鎮商務分所	宣統3年1月農工商部に報告

【出所】『第1次統計表』商政,『第2次統計表』商政,『商務官報』光緒32年27期,光緒33年9期,12期,13期,17期,20期,29期,光緒34年1期,15期,20期,33期,宣統元年8期,8期,24期,宣統2年5期,『東方雑誌』第4巻9号,『申報』1907年9月24日,1911年2月9日,『大公報』1909年3月23日,5月8日,13日,6月27日,7月10日,12日,『天津商会档案』上冊245～246頁などにより作成。

【註】①浙江臨海県海門商務分所が強制的に寄付させたことがわかり,農工商部は1910年浙江勧業道に命じ,同分所を解散させた。『商務官報』宣統2年8期を参照。②

この表のほかには，農工商部の批准を経たかどうかわからないが，一部の商務分所が設立された。たとえば江蘇青浦県金澤鎮商務分所，楓涇鎮商務分所などであった（その関連記事については『申報』1909年10月25日，11月10日，1910年3月2日などを参照）。③商務の発達の必要によって農工商部は一部の商務分所を商務分会に改組した。こうした事例が福建浦城，江蘇姜堰鎮，吉林烏拉などにあった（『商務官報』光緒34年26期，28期，宣統元年29期，『大公報』1909年4月5日を参照）。

3．華僑商会開設の重視

海外の華僑商人に商会の創設を勧めることは，すでに商部の「商会簡明章程」に明確な規定があった。本書の第3章第1節で述べたように，商部は長崎，マニラ，シンガポールでの華僑商会の設立準備を指導した。しかしながら主に中国国内各省での商会の創設が優先されたため，商部が上奏し関防を授与した華僑商務総会は，シンガポール中華商務総会ただ一ヵ所であった。農工商部期の海外華僑の商務総会設立数は，現在手元にある資料の統計によると，合わせて36に達した（表5-12）。その中で，農工商部が関防の授与を上奏し批准された時点を正式の成立の指標として計算すると，設立数が一番多い年は1909年でその数は16である。これらの商務総会の地域的分布は広範で東南アジア，北東アジア，北アメリカに及び，オランダ領インドネシア，マレーシア，ブルネイ，ミャンマー，タイ，ベトナム，アメリカ領フイリピン，日本，ロシア，カナダ，アメリカ，メキシコなどの国々が含まれている。その中で，インドネシアの数はもっとも多く，16ヵ所であった。

表5-12　商部期と農工商部期に設立された華僑の商務総会

所在地と名称	批准時期	総理	副総理	協理
シンガポール中華商務総会	光緒32年5月3日	呉世奇	陳景仁	林文慶など10人
長崎商務総会	光緒32年11月28日	沈明久		潘達初，欧陽仁
ペナン中華商務総会	光緒32年12月19日	林克全	梁家耀	温震東など12人
ジャカルタ中華商務総会	光緒33年5月19日	李興廉		邱鷺馨
スラバヤ中華商務総会	光緒33年6月20日	黄俊慧	張済安	王国梁など16人
スマラン中華商務総会	光緒33年9月4日	鄭宗熙	周炳喜	馬厥猷

ポンチアナク華商総会	光緒33年9月24日	頼喜図	周昇翹	林南貴など4人
マニラ中華商会	光緒33年11月16日	施秉福		
ソロ中華商務総会	光緒33年11月28日	張先興	呉家連	林維南
バリ中華商務総会	光緒33年12月18日	梁應麟	陳瑞村	黄貽連など8人
ジョクジャカルタ中華商務総会	光緒33年12月18日	李金泉		張廷儀,湯徳馨
ヤンゴン中華商務総会	光緒33年12月18日	楊逢年	陳世瑞	陳国章など12人
マカッサル中華商務総会	光緒34年5月29日	湯河清	梁英武	張皋謨など10人
ブリアンゲール中華商務総会	光緒34年7月3日	楊明簡	陳雲龍	
ウラジヴォストーク中華商務総会	光緒34年7月23日	関礼中		王垂法など3人
サンフランシスコ中華商務総会	光緒34年12月15日	鄧広英		趙綽
アンパナ華商総会	宣統元年1月17日	王加禄	洪玉輝	鄭紹基など10人
セランゴール華商総会	宣統元年閏2月8日	陳秀連		辛百卉
ベリトウン華商総会	宣統元年2月28日	鐘佩文		林其修
ペラ中華商務総会	宣統元年3月19日	胡国廉		姚克明
サンダカン華商総会	宣統元年3月29日	曽道林	文澄濱	関信良など5人
パダン華商総会	宣統元年4月20日	呉淑達	黄景祥	
バンクーバー華商総会	宣統元年5月10日	李驥		林継朝
ビクトリア華商総会	宣統元年6月1日	黄福康		周錫良
コーチシナ中華商務総会	宣統元年7月21日	李立		郭紹智,強思賢
大阪中華商務総会	宣統元年8月2日	叢良弼		張益三
神戸中華商務総会	宣統元年8月12日	鄭瑞図		馬席珍,王徳経
スカブミ中華商務総会	宣統元年8月21日	陳泮		呉文松
メダン中華商務総会	宣統元年9月22日	張鴻南	邱文光	
横浜中華商務総会	宣統元年10月2日	盧瑞棠		呉廷奎,魏之俊
パレンバン華商総会	宣統元年10月12日	林金鐘	謝謙諧	
ハバロフスク中華商務総会	宣統2年10月12日	李万容		孫国詰,劉学俊
ウスリースク中華商務総会	宣統2年10月22日	逢学増		宋徳,姚万財
タイ中華商務総会	宣統3年2月27日	高学修	陳瑜魁	
シンカワン中華商務総会	宣統3年閏6月4日	唐文林	謝璿甫	
トウルンアグン中華商務総会	宣統3年閏6月28日	林善謨	鄭宣民	
メキシコ華僑商工総会	宣統3年9月21日	関以堂		鐘超瓊

【出所】『第1次統計表』商政,『第2次統計表』商政,『上諭档』32冊258頁,280頁,『商務官報』光緒32年8期,29期,光緒33年1期,14期,17期,25期,27期,32期,33期,光緒34年1期,14期,15期,18期,21期,宣統元年3期,4期,7期,9期,12期,13期,14期,16期,20期,24期,25期,29期,31期,宣統2年15期,20期,22期,『政治官報』宣統元年10月12日,宣統3年3月11日,閏6月12日,『内閣官報』宣統3年7月7日,10月1日,『支那経済報告書』第28号(明治42年6月30日)などにより作成。

第 5 章　農工商部の産業振興政策とその実施

【註】　①マニラ中華商会の施秉福以外に，各華僑商会の総理，副総理と協理は初代であった。②スマトラのパダン華商総会の初代協理数は 12 人であった。

　異国に居ること，交通の連絡が不便などの理由で，華僑商人による商会の設立は国内に比べ明らかに困難であった。農工商部はこのため幾つかの方式を採用した。
　一つは中国の海外駐在外交官の協力を求めたことである。
　農工商部はオランダ領のインドネシアのジャワ島などに居住している中国商人が多いことから，1907 年夏電報で当地駐在の中国商務委員に彼らと連絡し，切実に調査し，「商務総会の設立を勧告するように」指示した（『大公報』1907 年 7 月 19 日）。その中でジャカルタ，スラバヤ，スマラン，ソロ，アンパナなどの華僑商会の創設が，オランダ植民地駐在の中国外交官銭恂がこれらのところへ商会設立を勧告に行ったため進められ[73]，同時に農工商部に電報で連絡をとり，その審査を受けて完成した。また，ロシアのウラジヴォストーク，ハバロフスク，ウスリースクなどの商務総会は，ウラジヴォストーク駐在の清朝「辦理交渉商務委員」の桂芳（後にウラジヴォストーク駐在の中国総領事に昇任した）が当地を視察する際，華僑商人に指導した後，商部の「商会簡明章程」に基づいて設立された[74]。日本の神戸，横浜の華僑商会の開設時にも，神戸，大阪駐在の中国領事張鴻申と横浜駐在の中国総領事呉仲賢の支持があった[75]。
　二つは本部高官を東南アジアへ華僑商会設立の指導に直接派遣したことである。
　これは，商部が 1905 年冬に考察外埠商務大臣張弼士をシンガポールに派遣して商会の開設準備をさせた経験を参考としたものである。農工商部により右侍郎楊士琦は考察南洋商務大臣として，同部官員の楊寿枏，単鎮，王大貞，田歩蟾などを随行させることを上奏し許可を受けた後（『申報』1907 年 9 月 8 日），1907 年 10 月 26 日上海を出発し，華僑商人への慰問や宣伝，華僑商会の設立などのために，東南アジアへ行った。彼らはマニラ，サイゴン，バンコクとインドネシアの主な通商港，およびシンガポール，ペナン，ブルネイなどを経由し数ヶ月後帰国した。楊士琦は訪問地で演説し，商会設立の勧告，商

会の業務指導，祖国への投資の呼び掛けなどを行なって華僑から歓迎された[76]。ベトナムでは商務総会の開設準備のため資金援助も行なった（『商務官報』宣統元年24期）。華僑商人たちは楊などの訪問で清朝が産業振興と華僑保護を推進する意図があることを具体的に知り，「多数の商人たちは感動し」（『商務官報』光緒34年15期，21期），その後各国で華僑商人による商務総会の開設が盛んになった。楊士琦の職権は広く，地理的にも広い範囲に及んだので，与えた影響や成果は張弼士よりも大きかったといえるであろう[77]。

　三つは華僑の大商人への依頼で当地の商務総会を創設したことである。

　1909年5月に農工商部が上奏し関防を授与されたマレーシアのペラ中華商務総会は，華僑の大商人胡国廉が会則を定め，華僑内部の紛糾を解決して開設したものである（『商務官報』宣統元年12期）。胡国廉は当地や東南アジア各地での鉱山開発で成功しており，また中国国内へ巨額を投資し，華僑の中で名声があるので，この商務総会総理に選任された。1909年11月に農工商部が上奏し関防を授与されたスマトラのメダン中華商務総会では，張鴻南を同商会総理に選出した（『商務官報』宣統元年29期）が，農工商部に提出した申請書には兄の張煜南の名前が筆頭に書かれていた。この二人の兄弟はいずれもインドネシアでは屈指の華僑実業家であった。注意すべき点は張氏兄弟も胡国廉も同様に中国国内でも投資して清朝および農工商部と密接な関係があった。

　各華僑商会の開設計画の過程で，農工商部は各国の華僑商人に商部の「商会簡明章程」の規定に基づいて推進するように強調したが，そのためかなりの商務総会の会則には修訂箇所があった。しかしながら，国外の情況は中国国内とはとても異なっており，とくに華僑は国内の各地（主に福建や広東）出身のため，同郷という観念で結ばれた集団を形成していた。商会の選挙では各集団がそれぞれ自分の集団の中から代表を選出しようとしたので，商会の協理をただ一名決めるという「商会簡明章程」の規定は彼らの要求を満足させなかった。そこで，商部がかつてシンガポール中華商務総会の協理の増員を認可したうえ，農工商部は1907年1月の日本長崎中華商務総会の設立時，正式に華僑商会の協理の人数を適当に増やすことを上奏し批准を受けた（『商務官報』光緒32年29期）。このように柔軟性のある処理によって，華僑商人

各集団間の矛盾が解決したので，華僑商会の設立はさらに進展した。

　華僑商務総会の幹部の人選について，農工商部は審査，批准の際にその商務の経歴，実業経験や華僑界での人望を重視した。それは商会内部の組織力を高め，多くの華僑たちへの影響力を強めるためであった。農工商部は関防を授与するほか，華僑商務総会の社会的な地位を高めるために，1908年9月マカッサル中華商務総会の要請に対して銀の記章を製作することに同意し，商会の仕事や国際的な活動などに使用し，「とくに優秀であることを示す」ことにした。また各国の華僑商会がこれと同様に取り扱うように規定した[78]。

　ある華僑商務分会に対して，農工商部は当地の実情を考慮し，それを商務総会に改組することを批准した。バンドン中華商務総会は1909年1月にスカブミで商務分会を設立したが，スカブミはバンドンから「たいへん離れている」ため，同分会において重要な事柄があったとしても，総会で協議することは難しい。そこで農工商部は翌年9月スカブミの華僑商人の請求に応じて商務総会への改組を上奏した（『商務官報』宣統2年15期）。

　以上のほかには，農工商部はジャカルタ，スラバヤ，スマラン，ヨグヤカルタなどの華僑商会が成立したため，外務部に公文を送付した。その内容は外務部が中国駐在オランダ公使に照会し，それらの華僑商会への保護をオランダ政府に伝えるように要求するものであった（『商務官報』光緒33年14期）。

　農工商部による産業振興の政策は，決して成果をあげなかったわけではない。

　商工業について見ると，商工業者への栄誉や奨励の制度を結実させた。「酌改奨励華商公司章程」施行後，農工商部は毎年の奨励を引き続き実施した。同部が授賞した商勲も多かった。この奨励制度は投資者たちに歓迎されたようで，基準に到達していないにもかかわらず，慌てて事前に申請だけをした商人もいた（『商務官報』宣統2年30期）。農工商部が民営鉄道で用いる資材について免税を上奏した後，1909年「主な市場は鉄道関連」という啓新公司の製品は「買手が多く供給しきれない情勢」になった（『北洋公牘類纂続編』巻19）。農工商部から資金援助を受けた湖南華昌錬鉱公司が精錬した標準アンチモンは「品質は良いため外国商人に人気があり」，イギリスの商人は3年間続

けて発注した[79]。

鉱業について見ると,表5-13は農工商部期における鉱業の発展が商部期より比較的大きい様子を示している。農工商部期における民営の鉱業企業の資本額は商部期を大きく上回った。また,それは商部期と農工商部期における官営の鉱業企業をも上回った。

表5-13 商部期と農工商部期における鉱業（燃料や金属鉱物の採掘,冶金など）企業の設立

		官営		官民合弁		民営		中外合弁		合計	
		A	B	A	B	A	B	A	B	A	B
商	1903	1	57	1	28	1	84	-	-	3	169
部	1904	1	19	1	699	3	112	-	-	5	830
期	1905	2	295	-	-	3	868	-	-	5	1,163
	1906	1	279	-	-	8	894	-	-	9	1,173
	小計	5	650	2	727	15	1,958	-	-	22	3,335
農	1907	7	4,854	-	-	7	2,396	1	700	15	7,950
工	1908	7	835	-	-	5	4,604	-	-	12	5,439
商	1909	2	836	2	434	5	1,110	-	-	9	2,380
部	1910	1	79	2	269	3	600	1	2,000	7	2,948
期	1911	-	-	-	-	2	283	-	-	2	283
	小計	17	6,604	4	703	22	8,993	2	2,700	45	19,000

【出所】 前掲杜恂誠著『民族資本主義与旧中国政府（1840－1937）』附録,462～464頁,473頁,474頁より作成。

【註】 ①この表の中で,Aは設立数であり,Bは資本額である。Bの単位は銀千元である。②この表には官督商弁という鉱業企業は含めていない。③汪編『近代工業史資料』第2輯下冊770頁,虞和平・夏良才編『周学熙集』（華中師範大学出版社,1999年）257頁によると,北洋灤州官鉱有限公司の設立時期は1907年であった。

商会について見ると,農工商部は商務総会だけでなく,農工商部期に多数設立された商務分会をも通して産業振興を積極的に援助した。たとえば高陽県聚和紡織廠,溧陽県墾務樹芸公司などの登記申請は,現地の商務分会の仲介で農工商部に報告されたものである。手続きの補完などの問題で商会の補

佐的な役割を得たので，登記はいっそう進展した（『商務官報』宣統元年28期）。農工商部が華僑商会の開設を提唱したのは，商会を通して華僑を団結させ，彼らの投資を集めて産業を振興させることに着目していたからである。楊士琦は東南アジアで商務を視察し，帰国後清朝に対して強力に華僑大商人の胡国廉を保証・推薦した（『商務官報』光緒34年7期）。胡は福建，広東，海南島などで鉱山や鉄道をはじめ農業開墾，牧畜や塩業の経営をしており，また投資も多かった[80]。各華僑商会は直接中国国内に投資している[81]ほか，農工商部のために国際的な経済市況の把握や先進技術の理解および商品の改良などといった貢献をした。たとえば長崎商務総会章程は「商業の考察，商学の研究によって農工商部の諮問に役立てる」ことを主要な宗旨の一つとした（『商務官報』光緒33年24期）。農工商部は1907年と1909年上海から輸出する土壌用肥料に偽物を混入した事件を解決するため，上海商務総会のほか長崎商務総会の協力を得た[82]。

　清末新政期の近代産業の発達に対して農工商部が中央産業行政機関として指導と推進の作用を果たしたことは明らかである。上述したように多くの事実がこれを証明している。農工商部期の産業発達は，すべて商部期の既定政策によって得られたものではない。農工商部が商部の政策だけを実施し，継続的な修正や補足をしなかったのならば，このような産業発展の成果を得ることは困難であったろう。

註
1) 前掲鄭起東論文「清末『振興工商』研究」，倉橋正直論文「清末，商部の実業振興について」などを参照。
2) その上奏文は宣統元年8期の『商務官報』にあり，表は宣統元年閏2月28日の『政治官報』にある。本書の終章を参照。
3) 『商務官報』宣統2年2期，18期，『内閣官報』宣統3年9月6日。
4) 農工商部の職責範囲は商部と比較すると，かなり変化している。それは工部を編入し，郵伝部を新設したためである（本書の第4章を参照）。また農工商部の産業行政方針は変化が認められる。1910年，農工商部の代表が資政院議員の質問に対し

て,「農業・工業ともに重んじ,農業を先に工業を次とする」と明らかに返答している(『農工商部档案』庶務司1,章制)。農工商部の農務政策などについては,この章では述べない。

5)『商務官報』光緒34年1期。当時,朝廷は往々にして官職で実業を奨励することがあった。たとえば1911年8月17日の上諭は「実業の創業に成果が際だって顕著である」翰林院庶吉士王鴻翔に編修の職を授与した。

6)『商務官報』光緒34年9期,『天津商会档案』上冊1216頁,陳真・姚洛共編『中国近代工業史資料』(三聯書店,1957年)第1輯367頁。1911年10月7日農工商部はその利息保証の年数を1年間延長することを上奏した(『内閣官報』宣統3年9月2日)。

7)『農工商部档案』庶務司40,経費。『申報』1909年5月30日を参照。

8) その内訳は直隷総督と両江総督はそれぞれ銀4万両,山東巡撫は銀3万両,湖広総督と湖南巡撫はそれぞれ銀2.5万両であった。『上諭档』36冊169頁,『政治官報』宣統2年6月13日,7月28日,汪編『近代工業史資料』第2輯下冊790頁などを参照。

9)『大公報』1907年7月18日。1908年3月2日の同報を参照。

10)『商務官報』光緒32年26期,27期,光緒33年29期,宣統元年20期。

11)『商務官報』宣統元年29期,『大公報』1909年12月6日。

12)『商務官報』光緒33年7期,宣統2年3期。

13)『大公報』1908年5月18日,1909年7月31日,『天津商会档案』上冊1158頁。

14) 1910年12月20日の『大公報』に掲載された資政院議員の質問に対する農工商部の返答によると,「関税問題については,すべて税務大臣によって主宰しており,本部の権限ではない。だが,機器による製品に対して」,たとえば武昌造磚廠,湖北水泥廠,広東士敏泥廠,吉林造磚公司などの煉瓦と耐火煉瓦,鉄鋼や銅の製品,強酸,また各省の磁器業,窯業,ガラスとその原材料,マッチ,電燈,水力電気,アンチモン,機械による織布,絹織物,石鹸などに関連する各会社や工場について,「本部は商人の請求に応じて,税務処に輸入品のように正式の納税以外,免税するように伝えた」という。

15)『商務官報』光緒33年27期,『申報』1909年8月14日。

16)『支那経済報告書』第27号34頁(明治42年6月15日),『大公報』1910年4月20日,『南洋群島商業研究会雑誌』宣統2年第2期,『申報』1910年12月12日。

17) 許可された免税年限はそれぞれ3年,1年であった(『商務官報』光緒34年9期,『政治官報』宣統3年2月29日)。

18)『大公報』1907年10月28日。その後農工商部は税務大臣と協議し現行の各税法

を各新聞に公布することを打算した（『大公報』1909年8月21日）。
19) 『天津商会档案』上冊1208頁，1247頁，1324頁，『大公報』1909年4月5日，5月6日，7月14日，『申報』1909年7月2日，1911年1月25日などを参照。商部による「各省商務議員章程」には各省の商務議員も登記済みの会社を保護すべしという規定がある。
20) 前掲陳真・姚洛共編『中国近代工業史資料』第1輯10頁。
21) 『申報』1910年10月30日，『商務官報』宣統2年27期。
22) 『大公報』1909年2月5日，8月21日，9月23日。
23) 『大公報』1911年5月2日，6月4日，8月4日。
24) 『商務官報』光緒33年26期，宣統2年22期，宣統3年1期。
25) 計画の予定は1913年（宣統5年）に公布し，1915年（宣統7年）に施行することであった。
26) 『商務官報』宣統2年9期，『上諭档』36冊176頁。
27) 『資政院会議速記録』（宣統2年第1次常年会）第28〜29号30〜32頁，『大公報』1910年12月24日。農工商部の前に，予備立憲公会は1907年5月まっさきに商法草案の編纂を提起し，上海商務総会と商学公会が発起し，全国範囲で各開港場の商慣習調査を展開していた。さらに全国十数省や海外華僑の商会の代表を集めて1907年11月と1909年12月の二回にわたって商法討論大会を行い，「公司法調査案」と「商法総則」の二つの部分からなる『商法調査案』という書物を編集した。1910年1月それをそれぞれ農工商部と法律館に送った（『天津商会档案』上冊283〜294頁，『申報』1907年9月10日，11月20〜24日，1909年12月20日，1910年1月26日）。
28) 1907年11月上海での商法討論大会の際，会社法以外の保険法を制定すべきという提議があり，「会社法より保険法を先に制定する必要がある」といった代表さえもいる（『申報』1907年11月21日）。
29) 『申報』1910年6月30日。1911年5月4日の農工商部の上奏文によると，資政院が閉会したから「保険規則」124条が議決されなかった（『農工商部档案』庶務司，統計）。
30) 『資政院会議速記録』（宣統2年第1次常年会）第18〜19号69頁，『大公報』1910年10月29日。
31) 前掲彭澤益編『中国近代手工業史資料』第2巻511頁，『商務官報』光緒33年25期。
32) 『商務官報』光緒33年29期，光緒34年16期，宣統2年2期，『政治官報』光緒34年3月24日，6月29日。

33) 『商務官報』宣統2年12期,『天津商会档案』上冊223頁,1145頁,1171頁などを参照。
34) 『大公報』1911年4月12～16日,18日による計算。習芸所は含まず。当時「工芸」とは「手工業の技芸や機器製造などであり」,罪犯習芸所とは異なると浙江勧業道董元亮によって見なされた(『申報』1909年8月29日)。
35) 『大公報』1908年3月21日,22日,5月15日。
36) 『商務官報』光緒34年25期,宣統元年17期,21期。
37) 『商務官報』光緒33年3期。京師勧工陳列所に送った各地(蒙古,浙江,甘粛,山東,上海など)の製品については,『大公報』1909年7月6日,『商務官報』光緒33年2期,光緒34年2期,25期,宣統元年20期,『申報』1907年9月15日,10月8日,1909年8月19日などを参照。
38) 『商務官報』宣統3年15期。京師勧工陳列所に付設された考工会は天津勧工陳列所の経験を吸収した(『天津商会档案』上冊1144～1148頁)。
39) 『商務官報』光緒34年5期,7期,17期,30期。
40) 『上諭档』32冊234頁,『大公報』1907年7月12日,1908年3月2日。
41) 『東方雑誌』第4巻6号,『商務官報』光緒34年23期。
42) 『大公報』1908年3月2日,『商務官報』光緒34年23期。
43) 『商務官報』光緒33年16期,19期,光緒34年,宣統元年36期,宣統2年12期。
44) 『大公報』1911年4月25日,5月5日,7日,9日,10日,15日,24日,25日。
45) 『上諭档』33冊193頁,『商務官報』光緒33年23期,『申報』1907年9月12日,10月9日。
46) 各省の勧業道は次々に設立された後,農工商部は1909年各省に公文を送付し,試掘許可証が本省勧業道によって発給されると規定した(『大公報』1909年3月12日)。
47) この章程の第11款によるよ,甲類とは石英,粘板岩,砂岩,花岡岩,石灰岩,大理石,石膏,苦灰岩,泥灰岩,耐火粘土などの建造用材料であり,乙類とは砂鉱,沼鉄鉱,マンガン鉱,エメリー,コランダム,石綿,雲母,ボーキサイト,硝酸塩,燐酸塩,バリタ,ステアタイト,漂布土,珪藻土,トリポリ石,海泡石,軽石などであり,丙類とはアンチモン,砒素,ビスマス,銅鉱,クロム,コバルト,金鉱,イリジウム,モリブデン,ニッケル,オスミウム,白金,銀,錫,ウラン,亜鉛,石油,鉱油,アスファルト,瀝青,無煙炭,石炭,褐炭,硫黄,宝石などである。
48) 察哈爾都統溥良などによって上奏された道員彭汝孫の意見書は,「鉱務委員ははなはだしく苦労し,あまねく山奥に行ったり,鉱坑の底に入ったり,いろいろな艱難や危険があり,普通ではない公務である」と指摘した(『政治官報』宣統2年10

第 5 章　農工商部の産業振興政策とその実施　　　　　　　　　　　　　　243

月 16 日)。
49)　『上諭档』33 冊 326 頁, 34 冊 19 頁。『商務官報』光緒 34 年 3 期, 14 期などを参照。
50)　『上諭档』36 冊 63 頁,『商務官報』宣統 2 年 4 期。当時各省の督撫の中でも, たとえば東三省総督錫良と奉天巡撫程徳全は農工商部に対して, この章程が「すこぶる厳しく, 商人を集め難い」と指摘した (『商務官報』宣統 2 年 2 期)。
51)　細分化すれば, 金鉱 55, 銀鉱 5, 銅鉱 9, 鉄鉱 7, 鉛鉱 9, 炭鉱 85. 石綿 2, 玻璃鉱 2, 岩石鉱 2, アンチモン鉱 1 などがある (『申報』1910 年 5 月 21 日)。
52)　面積が一方里以内である小炭鉱の場合に許可書の費用は半減するという商部の規定に対して, 農工商部は引き続き執行すべしと言明した (『商務官報』光緒 34 年 28 期,『大公報』1908 年 11 月 10 日)。
53)　これは商部期からあった。1906 年商部は出身地が広東である華僑商人, 元のペナン駐在中国領事の梁廷芬に広西富, 賀両県にあるすずなどの鉱山を実地に測量調査に行くことを命令した (『商務官報』光緒 32 年 29 期, 9 期)。
54)　中国第一歴史档案館所蔵『会議政務処档案』任用 528。
55)　『商務官報』宣統元年 22 期,『申報』1909 年 12 月 17 日,『大公報』1910 年 3 月 9 日, 12 日, 13 日, 25 日。
56)　前掲陳真ほか編『中国近代工業史資料』第 1 輯 756 頁。
57)　『商務官報』宣統元年 7 期,『政治官報』宣統 3 年 2 月 29 日。
58)　農工商部直轄の化分鉱質局について本書の第 4 章第 3 節を参照。
59)　その中で広東の化分鉱質所がかつて農事試験場に付設されたが, 1911 年夏別所に移転され, 化分鉱質局が正式に成立された。四川化分鉱質局は技師を招聘し, 新式の反射炉を建造した (『大公報』1910 年 7 月 8 日, 8 月 1 日,『申報』1909 年 7 月 30 日, 1911 年 4 月 6 日,『両広官報』宣統 3 年 8 月 18 期)。
60)　次期の選挙にあたって, 農工商部はまた同商務総会の要求に応じて人員を派遣し投票の監督に行かせた (『商務官報』光緒 34 年 33 期)。
61)　『商務官報』光緒 33 年 1 期, 7 期,『第 1 次統計表』商政, 李華編『明清以来北京工商会館碑刻選編』(文物出版社, 1980 年) 172～173 頁。
62)　『商務官報』光緒 33 年 15 期, 光緒 34 年 3 期, 宣統元年 1 期, 宣統 2 年 17 期,『政治官報』宣統 2 年 5 月 21 日, 宣統 3 年 3 月 24 日, 4 月 17 日, 5 月 19 日。
63)　『大公報』1910 年 4 月 12 日。1909 年 5 月 23 日, 11 月 16 日の同報を参照。
64)　『政治官報』光緒 33 年 12 月 24 日。この商務総局が後に撤廃された (『政治官報』宣統 2 年 4 月 15 日)。
65)　『申報』1907 年 9 月 24 日, 10 月 11 日, 11 月 1 日,『商務官報』光緒 34 年 26 期。
66)　『商務官報』宣統元年 1 期,『申報』1909 年 3 月 18 日。

67) 『商務官報』宣統2年18期, 26期。1911年の年末までの全国商務総会の総数に関しては、さまざまな説がある。馬敏著『官商之間——社会劇変中的近代紳商』(天津人民出版社, 1995年) 256頁の統計では49,『中国社会経済史研究』1983年1期に掲載されている徐鼎新の論文「旧中国商会溯源」の統計では55とある。
68) 『商務官報』光緒34年6期, 27期, 32期,『大公報』1908年3月30日, 5月9日。
69) 前掲徐鼎新論文「旧中国商会溯源」。これに関連する数字について, 上海社会科学院出版社が1987年出版した『中国近代経済史研究資料』第7輯に掲載されている王笛の論文「関于清末商会統計的商榷」が詳細な考証をした。
70) 高陽商務分会総理と商人石春和などは合資で直隷清苑県大荘村鉄輪織布工廠の開設を準備した(『商務官報』宣統元年18期, 28期)。
71) 『商務官報』宣統元年35期,『天津商会档案』上冊228～230頁。
72) 『東方雑誌』第4巻1号。『第1次統計表』商政によれば, 光緒30年8月成立した江蘇通州商務分会の内に付設した四鎮商務分所と, 崇明商務分会の内に付設した内沙堡鎮商務分所があった。付設の時期は不詳であるが, 農工商部が周廷弼の提案を採用した後のはずである。
73) 『商務官報』光緒33年33期, 宣統元年4期。
74) 『商務官報』光緒33年3期, 光緒34年21期, 宣統2年22期。
75) 『商務官報』宣統元年25期,『政治官報』宣統元年10月12日。
76) 『光緒朝東華録』総5863～5866頁,『商務官報』光緒33年27期, 32期。
77) 楊士琦は帰国した後, 東南アジアへの考察に人員を定期に派遣することについて提案した。そうして1909年春から夏にかけて, 農工商部員外郎王大貞は東南アジアの各通商港に行き, 華僑の慰問, 商務の考察, 商会の業務指導, 華僑の建議や意見の取り入れなどを行なった(『上諭档』35冊327頁,『大公報』1909年9月7日,『申報』1909年10月5日)。また1911年春から夏にかけて, 農工商部郎中趙従藩は同部の派遣により考察商務委員として東南アジアへ華僑を慰問に行った(『上諭档』37冊191頁,『申報』1911年4月15日,『大公報』1911年5月3日)。
78) たとえば1910年9月24日にウラジヴォストーク中華商務総会の協理馬紹謨など21名に記章の授与が農工商部によって批准された(『商務官報』光緒34年23期, 宣統2年15期)。
79) 『申報』1910年3月1日,『大公報』1911年4月26日。
80) 鄧実輯『光緒丁未政芸叢書』芸学文編巻3,『光緒朝東華録』総5853～5854頁, 汪編『近代工業史資料』第2輯下冊984～986頁,『商務官報』宣統2年1期。
81) たとえばインドネシアのジョクジャカルタ中華商務総会は福建鉄道などの株を購入していた(『商務官報』宣統元年20期)。

82) 『商務官報』光緒33年24期,『申報』1909年10月23日。

終章

第1節　商部・農工商部とその産業振興に対する評価

1．中央産業行政機関の創設とその沿革について

　清末新政期の産業振興は，中国が農耕経済から産業社会へと移行する経済近代化のチェーンの一環であると見なすことができるであろう。中国の近代化は世界史的に見れば「外部からの近代化」(modernization from without)という類型に属する。中国社会の内部には近代化が発動するための必要条件が不足していたため，近代化の指導者という役割を清朝国家が歴史的に担わされることとなった[1]。しかし，既存の清朝の国家制度は中国の農耕社会の産物に過ぎず，皇権・軍機処・六部からなる中央政治体制下で，経済に関わる伝統的な中央行政機関の工部や戸部はアヘン戦争以降の中国社会経済の新たな変化に速やかに対応することはできなかった。さらにアヘン戦争，アロー戦争や太平天国により打撃を受けた清朝国家は，中国王朝時代の末期に置かれており，衰弱していた。これらは「多方面で経済成長の展開を抑えた」[2]。中国の経済近代化を進め，近代的生産力，会社制度および市場制度などを国外から有効に導入するために，国家制度（行政体制や政治体制を含める）などの改革を進め，政府の経済的職能を拡張，強化し，工業化の目標を定めること，とくに中央から地方まで産業行政機関を設置することなどが何としても必要となった。

　アロー戦争の敗北後，清朝は「自強」というスローガンを掲げ王朝自身を救うために，いわゆる洋務運動[3]を開始した。中央行政機関である総理衙門が新設されたが，これは外交上の必要に応じたものである。その機能は複雑で，産業行政に専念することはできなかった。さらに六部の伝統的な中央行政体制の中で終始正式な地位を得ることはなく，「多くても中国の政権における付属品にすぎない」[4]ため，経済近代化を効果的に推進することができな

かった。そのほかに新設された南,北洋通商大臣,船政大臣,鉱務大臣など
の近代産業に関連する官職のうち,多くは兼職であり,総理衙門に所属して
はいなかった。このように,経済近代化は中央から地方まで専門的な産業行
政機関による実行や分担がないため,全国的な計画を展開することはできず,
ただ数ヶ所の地方大員(南,北洋通商両大臣など)がそれぞれの地方で分散
的,断続的に経済近代化を試行した。

　日清戦争後,各国が中国の通商港に工場を開設することが合法化されたこ
とに対抗して,清朝は洋務運動期以来進められてきた官主導の経済政策を変
更し始め,主に民営企業によって商工業,鉱業,交通業を発展させるという
形式を提唱した。制度改革の面で,戊戌変法中に新しい中央行政機関(鉱務
鉄路総局,農工商総局)を創設し,各省に商務局を設立することを命じた。し
かし伝統的な中央行政体制とさまざまな保守的勢力に阻害され,戊戌政変が
起こった。それにより全国の近代産業の統轄を意図した農工商総局は撤廃さ
れ,残った鉱務鉄路総局が重要な役割を果たすのは困難となった[5]。その後
近代化に対しても反抗した義和団事変がおこった。このように日清戦争後新
しい経済政策は制度的に専門的な中央産業行政機関による推進が欠乏し,そ
の政策の連続性に対して疑問や心配を持った商工業者や地方官がいた。よっ
て産業発展のスピードは遅くなった。

　「辛丑和約」が締結された後,外国の大きな圧力の下で,空前の深刻な危機
に直面した清朝はようやく新しい中央行政機関を設立し,政府の専門的な職
能の拡大を行った。まず総理衙門が外務部へ改組された。次に商部が創設さ
れた。この二つの部の正式な地位はいずれも六部より高かった。これは伝統
的な中央行政体制の打破が始まったことを意味している。

　商部の創設はその必要性と役割をめぐる認識に関連がある。1880年代後
期,上海格致書院の学生は初めて商部設立を主張した。その後『申報』や早
期改良思想家の鄭観應などがこれに続いた。さらに戊戌変法期になると,商
部設立に関する議論が多くなった。のちに官僚の一部も賛同したが,20世紀
初頭ようやく最高権力者がそれを認可した。このように商部の設立が議論か
ら現実となっていく過程で,商務大臣盛宣懐,若い皇族の載灃と載振,また
華僑大商人張弼士などの上奏が重要な役割を果たした。

工業化に対して中国史上初の中央産業行政機関——商部の創設はとても重大な意義がある。そのことは産業振興が清朝の国家目標の一つに定められたことを示している。よって中央政府は新たな社会経済の改革のための職能を有し，その後中央産業行政機関の主管で統一された産業振興政策や法規が全国的に実施される可能性が生まれた。

商部は外務部を模倣して設立したものであるが，外国人から命じられて設立したものではない。制度改革から見れば，外務部より進んでいた。第一に，四司一庁の内部組織および各直轄機構の設置から商工業を重視する政策傾向がわかる。第二に，経済行政経験者や留学経験者を重用した。第三に，紳商や華僑大商人を同部の顧問官などの職に就かせたことは，国内外の商工業界との連絡に有利であり，経済法規や政策の制定とその実施の中で比較的多く資本家の利益を考慮し，工業化の需要に符合させた。これらは中国歴史上に前例がなかった。このほか，商部の尚書を一名のみとしたことで部の責任者が定められた。これは新設された中央各部の手本となった。商部の侍郎がすべて漢族であったことは，清朝の慣例を打ち破ったことになる。商部尚書載振，中核的な作用があった唐文治，王清穆などの要員は当時清朝の中央官僚の中で比較的世界の大勢に明るく，改革推進に力を尽す一群であった。

清末の財政難の下，商部の財源はさまざまな努力により年々増えたが，産業振興の需要には足りなかった。商部の経費は有限だったが，産業の援助，実業教育の創立，直轄の諸機関の建設などのため支出した。

同期の中央各部の中で，新設された商部は機能が拡大していく部であった。たとえば鉱業法規の制定は外務部から商部に移され，博覧会関連事業も商部が外務部と共同で管理した。しかし商部の機能が商工業，農業，財政，金融，度量衡や塩業などの面へ拡張する中で，旧来の各中央行政機関である戸部，工部などとの間で矛盾が生じた。とくに工部は機能の縮小により存在の必要性を失った。鉄道業への商部の機能拡張は地方大官である北洋大臣の職権と衝突した[6]。このような矛盾や衝突，それに新設の各中央行政機関（財政処，学務処・学部，巡警部，税務処など）が旧来の六部との矛盾や衝突によって客観的に中央官制の全体的改革が必須となった。また商部期の産業発展，とくに交通業の発展にともなって商部の行政担当に調整が必要となった。そう

して1906年11月より商部が農工商部へ改組され，工部が農工商部に併合された。また郵伝部が新設された。

　農工商部は元の商部にあった交通業の管理権を持たなかった。だが，工部の編入により，農工商部の政務は多くなった。この中央官制の改革を通じて農工商部と外務部，度支部，学部などとの権限区分は商部期より明確となっていった。同部の内部組織の構造は商部よりかなり合理的であり，産業関連の本部直轄諸機関の増加や調整は機能の専門化の向上を意味し，とくに部，司，科の三層構造は商部より近代的意義での「責任分業制」へ近づいた。

　農工商部が成立した半年後，権力闘争によって尚書載振が辞職した。後継者の溥頲は高齢だが，識見が全くないわけではない。第三代の尚書溥倫は若くて進歩的な人物である。右侍郎楊士琦は商部期の唐文治のように中核的役割を果たした。丞参上行走，参議上行走などの職が増設され，近代産業を熟知していた紳商沈雲沛や周学煕などを農工商部の要職に就かせたことは産業行政に有利に作用した。採用された留学経験者の人数も商部期より多かった。農工商部の財源は商部期より困難になったが，その経費の支出形式は大体商部と同様であった。

2．商部・農工商部の産業振興政策とその実施について

　商部設立時，華僑大商人張弼士の12条目の上奏文に対する回答から，商部の産業振興政策の原型がわかる。政策の実施の重点は，商会や会社の開設促進に置かれた。会社には農業，商工業，鉄道，鉱業などのそれを含めた。そのために商部は制度づくりに着目し，会社の関連経済法規を制定し公布した。「商人通例」は中国歴史上において初めて，商工業者の社会的地位を肯定した。「公司律」は商工業者に法律的保護を与え，近代産業組織の基本的形式である会社を制度的に定めた。これは近代産業発展の方向に対して指導的な影響を与えた。それと「奨励華商公司章程」や「奨給商勲章程」などは農工商部による産業振興の法律的根拠となった。商部による「破産律」，「商標註冊試辦章程」は実施できなかったが，近代法制の発展史上意義があった。

　ばらばらになった商工業者を組織させ，産業発展の促進，利権の回収，政

府および産業行政機関と商工業界の交流をはかるために,商部は西洋と日本の商会制度を参考にし,「商会簡明章程」を制定し公布した。その中で商会の組織,職責,権利,義務などが規定された。とくに商会に商工業者の保護,産業振興の責務などを付与した。商部は北京,天津,上海,沿海あるいは長江の沿岸部にある通商港で積極的に商会開設を勧告し指導した。そのために本部高官の王清穆,楊士琦などを派遣した。さらに華僑商会開設のために,同部の考察外埠商務大臣である張弼士をシンガポールへ派遣した。商部期において,商部が選出された責任者を承認した商務総会と商務分会はそれぞれ20ヶ所,57ヶ所であった。

商部が実施した商工業の関連政策や措置は主に会社,工芸局と工場開設の提唱,会社創立者の奨励,登記済みの会社の保護,商標の保護,税関の不正要求の厳禁,商事訴訟の監督検査,華僑商人の保護などである。同時に商部は本部経費の一部を産業の援助に使った。課税の減免,営業独占権の付与,工芸改良の提唱や国産品販路の拡大,産業の調査などにも力を注いだ。

鉄道政策については,商部は「鉄路簡明章程」を制定し公布した。それに基づいて民営の形式による鉄道事業の推進を重視した。商部期に15の鉄道会社の中で,民営のものは11であり,すべて商部の上奏によって創立が許可されたのである。そのうちの潮汕鉄路公司,新寧鉄路公司,浙江鉄路公司,江蘇鉄路公司は設立中に商部から直接指導を受けた。ほかの民営鉄道会社の設立に対しても,商部は代わって上奏するという決まりきった公務だけではなく,その前に「公司律」に依拠しそれぞれの章程の制定,実際の資本金,責任者と董事会の構成を厳格に審査した後,上奏や関防の発給を行った。全国の鉄道行政を統轄しようとした商部は各省の路務議員の職を設置したほか,経営の年限について各省の民営鉄道会社の責任者に対する賞罰を規定した。これは数年後郵伝部が各省民営鉄道を整頓することに直接影響を与えた。

鉱業政策については,商部は「暫行鉱務章程」を制定し公布した。外国資本を制限すると共に,民営鉱業を提唱し,各省の鉱産調査と開発を督促した。外務部による「籌辦鉱務章程」よりも鉱税を軽減した。また全国の鉱業行政を統一的に管理するために「鉱政調査局章程」を制定,頒布し,各省の鉱務議員の職を設置した。

商部の農務政策は各農務関連会社や漁業会社の開設,蚕糸業と茶業の振興に力を注いだが,著しい効果はなかった。

商部の産業振興政策と農工商部のそれとの関係について,先行研究では商部の業績が評価される一方,清朝の経済改革が1908年から後退したという認識から,農工商部の作用が軽視され,ひいては否定されてきた。ところが,1908年にこそ清朝は立憲の予備期を9年に定め,西太后が中央の各機関にそれに応じた各年度の施政計画の制定を命じた。そこで1909年4月,農工商部は1908年から1916年までの「分年籌備事宜表」全128条を上奏した。それは調査,計画,開始,編制の四つの部分に分かれており,内容は農業,鉱工業,商業の多方面に及んでいた。農工商部は清朝滅亡前の約三年間で順次実施へ移していった（表6-1）。そして農工商部期の産業行政は商部期より計画的になった。統計による管理という行政近代化の面でも農工商部は商部より進んでおり,統計処を設立し,中国史上初の全国的経済統計資料である『農工商部統計表』（第1次,第2次）を編纂し出版した（省の分類による『宣統2年度生産実業統計表』も編成されたが,辛亥革命がおこったから出版されなかった）。

実際には農工商部の産業振興政策は商部のそれを継承しただけでなく,修正や創造もあり,且つ以下の面において特徴を備えている。

商工業政策については,一つは商部による産業奨励の法規を改訂し,産業奨励制度を完成させたことであった。二つ目は産業への援助と保護であった。主に公金による援助,新設した企業への営業独占権の付与や特許の保護,課税の減免,商人に対する不正要求の禁止,商部が制定した「公司律」などの産業関連法規の実施,新たな「商律総則」,「公司律」,「運送章程」,「保険規則」などの法規の制定や公布があった。三つ目は新工芸技術と経済競争の提唱であった。そのために工芸局,工場,勧工陳列所などの開設促進,博覧会関連事業の支持,中国史上初の南洋勧業会に対する協力や指導,工芸改良のための「工会簡明章程」の公布などであった。

鉱業政策については,農工商部は「大清鉱務章程」を公布し,中小資本による民営の鉱業企業を重視すると共に華僑大商人に中国に対する投資を勧誘した。各省の鉱産調査や鉱山開発のために,鉱業の保護,減税,技術改良の

表6-1　農工商部1908年から1911年にかけての経営事業

年次	調査の部	計画の部	開始の部	編制の部
1908	○中国と各国の棉業の調査	○各省の農務総会・分会開設計画 ○京師自来水公司開設計画 ○京師工業試験所開設計画	○京師農事試験場の開設 ○京師勧工陳列所の再建 ○国内外の各通商港の商会開設の拡大 △各地の商船公会開設の拡大 ○大規模企業の創業に華僑商人を勧誘	○農会章程の公布 ○統一の度量衡制度の公布 ○商標法の改訂
1909	○全国各鉱区の整理 ○通用する旧式度量衡器から各一種を選定し部に報告することを各省に命じる ○各国博覧会章程と方法の調査 ○輸出入商品の概数と商業消長の概況を調査し部に報告することを各省に命じる	○開墾事項の計画 ○林業事項の計画 ○漁業会社および水産学校開設計画を各省に命じる ○化分鉱質局開設計画	○各省の農務総会を順次に開設 △蚕業講習所の開設 △茶務講習所の開設 ○京師工業試験所の開設と理化研究会の付設 ○京師勧工陳列所の開設と勧業場の付設 ○度量衡計器製造の官営工場の開設と新新器の製造	○棉業図説の編纂 ○奨励棉業章程の制定 ○鉱務新章の改訂 ○度量衡統一に関する各細則の編纂と改訂
1910	○内地蚕糸業の状況の調査 ○内地茶業の状況の調査 ○各省の産物と商品の調査 ○各省に命じ輸出入商品の詳細な数目，商務消長の主な原因を調査 ○海外各通商港の華僑商人数と商業状況に関する報告書を部に送付することを各国駐在中国公使に照会	○農林学校と農事試験場開設計画を各省に命じる ●保険の方法を推し広める	△各省の農務分会を順次に開設 ○蚕業講習所の開設促進 ○茶務講習所の開設促進 △化分鉱質局の開設 ○度量衡の統一に関連する各細則を施行 ○新たな度量衡器を公布 ○北京と各省の官衙局所で使用する度量衡を統一 ●各省都と各通商港で使用する度量衡を統一 ○各商務総会を順次に全部開設	○棉業図説の公布 ○奨励棉業章程の公布 ○鉱務新章の公布 ○工会規則の制定 ×保険規則の公布 ○運輸規則の公布

1911	△海外糸，布の状況の調査	○各州県の習芸所開設計画	○海外大通商港の華僑商会を順次に全部開設	●各地で選定された度量衡各一種の旧器と新器との比較表を編成
	○海外茶市場の状況の調査	○各省都と各通商港の工芸局，勧工陳列所開設計画を各省に命じる	○商船総会を順次に全部開設	○歴年の各省輸出入商品と商業消長をそれぞれ作表し改良方法を検討
	●全国鉱物の種類，生産高，販売先を調査し統計表を編成	○鉱務学堂開設計画を各省に命じる		●商業登記章程の公布
	●全国工芸と製造の原料を調査し統計を編成	○各工会の組織と工業改良方法の研究を各省に命じる		●監督交易行規則の公布
	●全国の著名な工芸品を調査。専門学校と工場を設立し改良を研究することを各省に命じる	△各省の商品陳列館開設計画		●整頓貨桟規則の公布
		●海外貿易の奨励方法を検討		
		●海外貿易への従事を商人に命じる		

【出所】 『政治官報』宣統元年閏2月28日，筆者の研究により作成。日本語訳は根岸佶著『清国ニ於ケル利権回収熱ニ基ク各種企業並ニ保護政策調査報告』第1輯106〜107頁を参考とした。

【註】 ①表の○印は実行，△印は部分的に実行，×印は実行されず，●印は不明を表わす。②「農会簡明章程」は実際には1907年10月に公布された。

関連政策や措置を実施した。

　農工商部の重要な政務のもう一つが商会設立の促進であった。その新たな特徴は主に商務総会の沿海から内地への拡大，各省の商務分会と商務分所の開設数の増加などの点にあった。さらに東南アジア，北東アジアや北アメリカなどでの華僑商会の開設をも重視し，1907年右侍郎楊士琦を東南アジアへ勧告と指導に派遣した。その後，華僑商会の開設は盛んになった。

　農工商部が実施した産業振興政策は決して効果がなかったわけではない。以下のように商部期よりも効果的であった。農務については，商部によって許可された農事試験場はわずか5省6ヶ所あったが，1911年には全国の22省で設立された各農務関連試験場は合計160ヶ所あまりとなった。商部期に設立された各農務関連会社は30あまりあったが，1911年初頭，全国の19省で開設された各農務関連会社は合計160あまりとなった。農会は商部期にはほとんど未開拓の分野であり，ただ山東省内に二ヶ所の地方農桑会があったが，

1911年夏全国の19省での農務総会と農務分会は合計426となった。商工業については，商部期に受賞した商工業関係者は10名未満であったが，農工商部期には60名以上に達した。農工商部から援助を受けた一部の企業はたとえば啓新公司，河南広益紡紗公司や湖南華昌錬鉱公司などは経営効果が上がった。商部期に設立された民需鉱工業会社は合計218であり，投資額は55,868千元であったが，農工商部期にはそれぞれ合計390であり，80,951千元となった（表5-1）。1911年初頭全国の13省での約590ヶ所の工芸局や工場は多く農工商部期に設立された。中国史上初の国内博覧会である南洋勧業会に対して，農工商部は力を注いだ。たとえば組織の協力，出品物の免税，出品物の審査，褒賞の主宰などであった。工芸改良を主旨とした工会は農工商部期に生まれた。1911年10月に農工商部によって許可された工務総会は3ヶ所で，工務分会は11ヶ所であった。鉱業については，鉱山の開発が商部期よりも進められた。農工商部期の前半二年間だけでも同部が発給した採掘許可証数は商部期の総数より上回った。1910年8月まで発給された試掘許可証と採掘許可証は365に達した。鉱業企業の設立数と投資額は商部期にはそれぞれ22であり，3,335千元であったが，農工商部期には45であり，19,000千元となった。商会については，全国各地での商務総会と商務分会の合計は商部期には174であったが，農工商部期には583となった（前掲王笛論文「関于清末商会統計的商榷」）。海外での華僑商会の設立数は商部によって上奏し関防を授与したのはわずか1であったが，農工商部期には36となった。さらに商部期になかった商務分所が農工商部期に設立された。それは東南地域などで市鎮の経済発展を促した。

3．商部と農工商部による産業振興の歴史的位置について

洋務運動期（1862〜1894）および日清戦後期（1895〜1902）と比較すると，商部，農工商部の産業振興政策の及ぶ範囲はとても広汎になった。洋務運動期の近代産業は主に軍需工業（1880年代以後は民需鉱工業へと拡大）であった。日清戦後期推進された近代産業は主に鉄道業，鉱業，紡績業，銀行業などであった。新政期には商工業のみならず農業，金融，実業教育，度量

衡，産業関連の各種社会組織（商会，農会，産業研究機構や研究団体）などの各方面へと，政府の政策が広がった。これらは清朝国家の経済機能が新設された中央産業行政機関によって拡大，強化されたことを示している。

商部，農工商部による産業振興政策の時代的な特徴は，以前に比べて全国的，計画的，広域的，連続的になった以外に，近代産業における政府の役割の面にも現れている。洋務運動期の近代産業は官僚にコントロールされる形で直接に干渉を受けていた。それは主に官営企業や官督商弁という企業の形式をとっており，民営企業は下位に置かれ，その数もたいへん少なかった。このような情況は日清戦後期より変化し始めたが，鉄道業などでの民営化は商人の資金に限界があり，それへの心配や懸念からあまり進展することはなかった。中央産業行政機関の商部が成立すると，ようやく国家の近代産業に関する直接的な干渉が本格的に変化し（ただし一部の軍需工業を除く），間接的な調整（法的，インフラ的，制度的な創造や整備）により，民営企業の創設と保護が大いに提唱され，実質化された。商部の成立は間接的な調整の政策が確立したことを示す指標であるといえる。この政策の具体的な内容は商部と農工商部の機関誌である『商務官報』において，両部の産業行政方針に関する討論として記されている。1906年第7期の同刊行物の編集者，日本法政大学卒業生であった汪有齢が執筆した論説「商部の責任」の中で，商部の産業振興の責任には四つあり，それは民営事業の補助，新規事業の提唱，全国的な産業制度の成立，保護政策の実行としている。その中の第3点について，西洋国家の産業政策に対する干渉主義と放任主義の区分けについては，中国は「放任を急務とする」ことは認めるが，「制限の中での放任」を実行すべきであると主張した。すなわち鉄道，鉱業，会社，特許などの方面では統一的な制度をつくるとしたのである。商部が農工商部に改組した後，汪有齢は1907年第1期の『商務官報』で「今後の産業振興の方針について」という論説を発表し，農工商部は産業発展を助長する行政機関であり，積極的な政策を実行すべきであり，農工商の新規の事業に対して指導，提唱，奨励，補助と監督を行うとともに，専門的人材を養成することで実業教育を推進し，各省の商務議員と商会を通じて政策を実施するように主張した。1910年第20期より22期までの『商務官報』には余先覚の「経済界に対する政府の責任に

ついて」という論説が連載され，国家の経済政策は干渉主義か放任主義かという問題が再び提起された。執筆者はこの二つの主義はどちらとも中国には不適切であり，別々に対処すべきであると考える。一部の事業，たとえば煙草，郵便，電報，鉄道，山林などは政府が経営する。以下の事業については政府が監督する。たとえば，民営鉄道，鉱山，土地への課税などである。特に民営鉄道，銀行は監察と制限が必要である。また以下の事業については，政府は保護を与える。たとえば未熟な産業部門には関税面での保護，新設の企業への補助金の貸付，林業，漁業，牧畜業などの保護，各種実業学校および産業研究機構の設立，著作権と特許権の保護，産業労働者の保護などである。これらの論説の観点は，基本的に商部，農工商部が民営企業に対して一貫して取り入れた奨励，助成，保護の政策方針を反映している。このような方針の下，洋務運動期と日清戦後期を凌駕した民営を中心とした企業の起業ブームはおこった。表6-2は1862年から1911年における民営の工業企業の設立状況を示している。その中で，年間平均設立数は，洋務運動期では4.1，日清戦後期では9.8，商部期では37.8，農工商部期は61.2であり，明らかに増加の傾向を示している。

表6-2　1862～1911年民営の工業企業設立数

	年次	設立数		年次	設立数		年次	設立数		年次	設立数
	1862-87	51		1895	4		1903	12		1907	53
洋	1888	13	日	1896	7	商	1904	31	農	1908	66
務	1889	10	清	1897	9	部	1905	36	工	1909	72
運	1890	11	戦	1898	11	期	1906	72	商	1910	77
動	1891	11	争	1899	13		1911	38	部		
期	1892	8	期	1900	8				期		
	1893	16		1901	9						
	1894	18		1902	18						
	合計	138		合計	79		合計	151		合計	306

【出所】　張玉法著『中国近代工業発展史』（桂冠図書公司，1992年）209～210頁より作成。張による企業の選択基準は会社の形式，1万元以上の資本金，機械と原動力の使用，30人以上の労働者数，5万元以上の年間産額である。

商部期と農工商部期に出現した新規企業設立ブームに，会社，とくに股分有限公司という企業形態の発展がおこったことには注意すべきである。表6-3から見れば，1904年～1908年に商部と農工商部に登記した企業のうち，股分有限公司は154あり，各種企業総数の約58.1%を占めている。また股分有限公司の中では工業会社の設立数が最も多く，127会社（各種企業総数の47.9%）である。工業会社の資本額は交通業に次ぐ二番目で，49,682,232元（各種企業資本総額の35.9%）である。これから分かるように，商部の「公司律」による指導の下で，制度の面でもっとも新しい企業形態である股分有限公司が中国会社制度の主流となり，近代的商工業発展の需要に適応したのである。実際，「公司律」による指導の効果は，商部と農工商部による会社の登記申請の厳格な審査や各会社の保護以外に，商部創設以前に設立されていた企業の正規化，健全化という面にもあらわれた。たとえば張謇の大生紗廠は1902年に設立されたが，1907年8月31日，9月1日にようやく第1回の株主総会を開き，鄭孝胥による「大生股分有限公司」という命名と，「一切は『公司律』に照らし合わせて処理すべき」であるという案を採択し，経営体制を改善した[7]。また股分有限公司に転換したその他の企業もあった。たとえば江西磁業公司は元は官民合弁であったが，後に「公司律」に基づいて民営へと変更した[8]。

表6-3 1904年～1908年商部と農工商部に登記された企業の分類

	股分有限	合資有限	合資無限	独資	合計	業種別割合(%)	資本額(元)	資本別割合(%)
工 業	98	17	1	11	127	47.9	49,682,232	35.9
農 業	14	2	1	—	17	6.4	3,846,351	2.8
鉱 業	8	3	—	—	11	4.2	3,842,297	2.8
交通業	8	6	1	2	17	6.4	64,854,324	46.9
金融業	7	12	15	6	40	15.1	12,815,122	9.3
商 業	15	11	2	20	48	18.1	2,648,238	1.9
保険業	3	—	—	—	3	1.1	337,838	0.2
倉庫業	1	1	—	—	2	0.8	310,811	0.2
合 計	154	52	20	39	265	100.0	138,337,213	100.0

【出所】 茶園「中国最近五年間実業調査記」,『国風報』第1年 (1910) 第1号。『支那経済報告書』第23号11～14頁(明治42年4月15日),第32号7～8頁(明治42年8月31日)と『商務官報』宣統2年24期に掲載されている根岸佶の文章を参照。

【註】 ①資本額は李玉、熊秋良の「論清末的公司法」という論文(『近代史研究』1995年2期)による。②個人経営による企業は「公司律」に照らして「独資」に登記。

　商部と農工商部の業績は,経済改革,とくに商工業の発展を中心とした産業振興が新政期においては国策の一つとなったことを根拠とするものであり,この点で洋務運動期や日清戦後期とは異なっていた。1903年4月22日,載振の商部創設の建議に回答した政務処の上奏文を批准する上諭は,商工業の振興が「国を治めるには重要な政務」であることを指摘した。同年9月7日の上諭は商部設立の目的を「商務振興」のためだと宣布した。1907年8月2日に西太后の諭旨は外国では「最も実業を重んじる」ので,中国でもそのように「速やかに講究すべきである。国家は農工商部を特設し,一切を管理する」と述べた。実業の経営,会社の創立で成果をあげた者を奨励するために,農工商部に爵位などの授与方法を制定することを命じた。さらに新規企業の設立を官吏の実績を計る尺度の一つとした(『上諭档』33冊129頁)。1909年8月28日に南洋勧業会の免税および人事を批准した上諭は「実業振興が国家の富強には重要な政務である」(『上諭档』35冊328頁)と強調した。1911年夏には皇族内閣が設立された時にも,奕劻は「財政の整理と実業の振興はもっとも重要な当面の急務」であり,「財政の整理には,財源の開拓が特に必要」で,「財源は実業にしかない」と認識した(『上諭档』37冊156頁)。この考えは約9年前に彼をはじめとする政務処が,「西洋各国は商務を国の基本として,商部を特設している」という理由で,中国でも商部を創設すべきであるとしたことと一致している(『上諭档』28冊270頁)。新政期中の産業振興に関する上諭を通読すると,同期の最高統治者(西太后,光緒皇帝から皇族の中で商部創設を上奏した第一人者である摂政王載灃まで)が経済改革および産業振興に対して一貫して支持していたことが分かる。よってこの基本国策は維持することができた。このように商部より無力だと研究者から認識され

ていた農工商部でも，最高統治者の督促の下で，産業振興の継続に貢献した。

制度化という視点から見れば，商部，農工商部の制度およびその産業振興は，当時ばかりでなくそれ以降，特に民国初期に対して大きな影響を与えた。

中華民国成立後，南京臨時政府は実業部を設置した。北洋政府時期には中央産業行政機関のうち，まず農林，工商の二つの部がそれぞれ設立され（1912年3月〜1913年12月），後に再び合併し農商部となった（1914年1月〜1916年4月）。これらの機関の名称は異なるが，機能および分業は清末新政期よりさらに専門化する傾向にあった。また部内の制度は基本的に清末の農工商部から始った部，司，科の三層構造を引き継いだ[9]。元農工商部の直轄機構であった各専門機構，たとえば，農事試験場，工業試験所，京師勧工陳列所，度量権衡局とその工場，商標局，工芸局などは，調整あるいは改組の後に存続した[10]。人員の面では，商部期に始った技術官僚制（留学経験者やその他新式教育を受けた者を任用すること）が，一歩前進した（表6-4）。民国初期の各中央産業行政機関の人員構成を調べると，政策制定者から執行者までのうち，元商部，農工商部出身者が少なくないことが分かる（表6-5）。彼らは民国初期の経済近代化および産業発展にさまざまな役割を果たした。特に，張謇などの貢献は顕著であった[11]。

表6-4 清末民初期における各中央産業行政機関の人員の教育的背景（％）

	政策制定者		執行者	
	新式教育	伝統教育	新式教育	伝統教育
商部	12.5	87.5	26.6	73.4
農工商部	7.1	92.9	55.6	44.4
農林部	72.7	27.3	94.3	5.7
工商部	71.4	28.6	97.3	2.7
農商部	66.7	33.3	96.8	3.2

【出所】 前掲阮忠仁著『清末民初農工商機構的設立』91頁，102頁より作成。

【註】 阮によると，政策制定者は清末では商部と農工商部の尚書，侍郎，丞参などであり，民国初期に各中央産業行政機関の総長，次長，参事，秘書であった。執行者は清末両部の各司の人員であり，民国初期の三部の司長，主事，僉事，技士，技正であったという。この表では小数点以下第二位を四捨五入して算出。

表6-5 民国初期における各中央産業行政機関中の元商部，農工商部出身者

姓名	職位	履歴
向瑞琨	工商部総長代理	日本明治大学工商科卒業。農工商部主事。1912年8月より工商部次長。
張 謇	工商部総長，農商部総長	状元。清朝商部・農工商部の一等顧問官。実業家。
章宗祥	農商部総長兼任	表2-1を参照。1914年2月より司法部総長。
周学熙	農商部総長代理	表4-3を参照。
趙椿年	工商部参事	表4-3を参照。1912年11月より財政部次長。
廖世綸	工商部工務司僉事，農商部工商司僉事	表4-4を参照。
文 琦	工商部工務司僉事，農商部鉱政司僉事	表4-4を参照。
高近宸	工商部工務司僉事，農商部工商司僉事	留学生出身。1908年「留学生畢業考試襄校官」を担当（『軍機処録副奏摺』562号）。
関文彬	工商部商務司僉事，農商部工商司僉事	表2-1，表4-4を参照。
兪 鑅	工商部商務司僉事，農商部工商司僉事	表4-4を参照。
夏循塏	工商部商務司僉事，農商部参事，工商司僉事	表2-1，表4-4を参照。
李振鐸	工商部商務司主事	表4-4を参照。
于長藻	工商部商務司主事，農商部工商司主事	表4-4を参照。
王季点	工商部鉱務司僉事，農商部鉱政司技正	表4-4を参照。

郝樹基	工商部鉱務司僉事,農商部鉱政司僉事	表4-4を参照。
張　培	工商部鉱務司主事,農商部鉱政司主事	農工商部小京官。
栄　文	工商部司務庁主事	表4-4を参照。
張鎮緒	工商部工務司技正,農商部工商司技士	表2-1,表4-4を参照。
袁思亮	工商部秘書	表4-3,表4-4を参照。
魏　震	農林部参長	表2-1,表4-3を参照。
葉基槙	農林部農務司僉事	表4-4を参照。
鄧振瀛	農林部農務司僉事	表4-4を参照。
陸長儁	農林部農務司主事	表4-4を参照。
張璧田	農林部農務司主事	表4-4を参照。
田歩蟾	農林部墾務司司長,農商部漁牧司司長	表2-1,表4-4を参照。
胡宗瀛	農林部山林司司長,農商部農林司僉事	表2-1,表4-4を参照。
屈　蟠	農林部山林司僉事	表4-4を参照。
蒋嘉鈞	農林部総務庁僉事	表4-4を参照。

【出所】　前掲阮忠仁著『清末民初農工商機構的設立』附録資料二,劉寿林ほか編『民国職官年表』(中華書局,1995年)より作成。

　商部,農工商部が関係した歴史的に重要な遺産は,前述した産業振興の実績以外に,資本主義経済の秩序を整備し法制化したということである。表6-6で示すように,両部が制定した主な法規は31件(そのうち五分の二が農工商部によるもの)で,一連の自由競争による市場経済の発展を促進する総体的な経済法規以外,多くの個別の部門の法規も立案した。その内容は民営会社の法的地位の確立,産業奨励制度の完成,鉱工業,商業,交通運輸業,農業,林業,棉業,博覧会関連事業,度量衡制度の統一,商会,農会,工会など社団の設立,産業行政機関およびその機能の強化など各方面に及んでいた。これらの法規の多くは西洋や日本の経済法規を模倣したものであったが,中国史上初のことであった。これらの法規は大まかで,簡単なものであったが,

表6-6 商部・農工商部による経済関連法規

類別	名称	上奏あるいは公布の時期
商工業	商人通例（9条） 公司律（11節131条） 公司註冊試辦章程（18条） 商標註冊試辦章程（28条） 破産律（9節69条）	1904年1月21日 1904年1月21日 1904年6月15日 1904年8月4日 1906年4月25日
勧業	奨励華商公司章程（20条） 酌改奨励華商公司章程（20条） 奨給商勲章程（8条） 華商辦理農工商実業爵賞章程（10条） 奨励工商実業奨牌章程	1903年11月9日 1907年8月21日 1906年10月15日 1907年8月21日 1907年9月20日
交通	重訂鉄路簡明章程（24条） 運送章程（56条）	1903年12月2日 1911年1月24日
鉱業	暫行鉱務章程（38条） 大清礦務章程（正章74款，附章73条） 化分鉱質局章程（11条）	1904年3月17日 1907年9月20日 1911年1月23日
社団	商会簡明章程（26条） 商会章程附則（6条） 商部接見商会董事章程（8条） 商船公会簡明章程（18条） 農会簡明章程（23条） 工会簡明章程（25条）	1904年1月11日 1906年3月2日 1904年12月 1906年3月26日 1907年10月20日 1911年1月23日
産業行政	各省商務議員章程（18条） 各省鉱政調査局章程（24条） 路務議員章程（12条） 直省勧業道職掌任用章程（14条） 考核直省府庁州県辦理実業勧懲専章（13条）	1904年8月17日 1905年11月27日 1906年7月14日 1908年6月7日 1911年9月14日
農林と その他	改良茶業章程（8条） 出洋賽会通行簡章 推行劃一度量権衡制度暫行章程（40条） 推広農林簡明章程（22条） 奨励棉業章程（14条）	1905年4月11日 1905年11月 1908年4月28日 1909年4月28日 1911年1月23日

【出所】『大清新法令』第10類，実業，『天津商会档案』上冊59頁，『軍機処録副奏摺』第533号，『万国公報』180巻（1904年1月），『申報』1904年4月14日,16日，

18日,『大公報』1904年9月13日,『商務報』第69期,『東方雑誌』第3巻8号,『商務官報』光緒32年1期,10期,光緒34年13期,宣統元年10期,宣統2年28期,『政治官報』宣統3年1月21日,『内閣官報』宣統3年7月24日などにより作成。

中華民国期(南京臨時政府,北洋政府から国民政府に至るまで)に公布された経済関連法規の基礎となった。特に,民国初期の経済法体制の大部分は清末のものを踏襲した。「民国の実業政策は商部の設立から始まる」(『東方雑誌』第9巻7号)。これは1913年当時の人々が,商部から始った産業振興政策,法規が民国初期の関連政策,法規に継承されたと認識していたことを示している。典型的なものは商法である。1910年,農工商部は全国の各商会が上海商務総会と予備立憲公会などの指導により編成した商法の草案を『大清商律草案』として修訂し,資政院の討論にかけた。資政院の議決,公布には至らなかったが,民国初年の商法の下地となった。1913年12月,中華民国政府の工商部総長に任せられた張謇は大統領袁世凱に宛てた文書の中で,「清朝の農工商部から資政院に提案した商律総則と公司律の草案は同期に執行していた商法より300あまりもの条目が増え,完璧なのである」と評価し,「目前工商部の内外の大切な需要に応じる」ため,民国時代に適用するように建議した[12]。この意見に袁世凱も同意した。張謇は元の起草者に再び審査させ10あまりの条目を修訂させた[13]。それが当時の国会で議決された後,公布し施行された。そのほかに,民国初期の商会法,実業奨励法規などを商部,農工商部の関連法規と比較すると,両者の間に連続性があると認められる。

清朝最後の約10年間の新政期で,中国の工業化はそれ以前より進んだ。この過程で,清朝の中央産業行政機関が実施した産業振興政策は,軽視できない重要な推進作用を果たしたのは確かである。しかしながらこの発達は決して直線的なものではなかった。たとえば1909年以後,深刻化した経済の不況(『支那経済報告書』第41号28〜32頁),金融恐慌や政局の劇的な動揺により,農工商部は努力を重ねたにもかかわらず,産業振興は以前のような実績をあげることはできなかった。

第2節　今後の課題：地方の産業行政について

　本書の最初の計画では，これまで述べた五章のほかに二つの章を設ける予定であった。一つは地方の産業行政（すなわち清末新政期における各地方産業行政機関とそれによる産業振興）であり，もう一つは産業振興をめぐる中日比較（商部・農工商部と明治期の農商務省を中心とする）であった。関連の資料を捜し集め，閲読していくことに筆者は多くの時間を費やした。しかし，論文を書き進めていくうちに，博士課程後期という限られた時間内で最初の構想をそのまま実現するのは困難であることが判明した。そこで，これら二章は今後の研究課題とすることにした。以下，地方の産業行政という課題に絞って展望する。

　中央産業行政機関が実施した産業振興政策は，地方政府およびその産業行政機関の協力と切り離すことはできない。中国は国土が広大であるし，地域の差が大きい。また太平天国以降，中央政府は弱体化する傾向にあり，反対に地方督撫の権力は拡大していく傾向にあった。このような情勢の下，洋務運動期には専門的な中央産業行政機関と地方産業行政機関がなかったから，経済の近代化は一部の地方督撫によって分散的に緩慢に進められた。このような状況は新政期に入り，地方産業行政機関と中央産業行政機関が新設されたことによって何らかの変化が起こったのであろうか。さらに地方産業行政機関の設置や変化の過程はどのようなものであったのか。中央産業行政機関との関係はどのようなものなのか。産業振興の面で，各地方産業行政機関はどのように対処したのか。各地域の産業振興にどのような差異があったのか。これらは検討すべき問題点である。

　この課題に関連する先行研究は今のところたいへん少ないが，重要な成果としては，まず阮忠仁の著書『清末民初農工商機構的設立――政府与経済現代化関係之検討』の第四章第一節がある。これは1903～1916年各地方産業行政機関の構成，経費と人員を概観し，1908年より設置された勧業道が正式な組織だとしている。1991年に発表された曽田三郎の論文「清末『商戦』論

の展開と商務局の設置」(前掲『アジア研究』38巻1号)では,「19世紀末の産業行政機関の設置や中国商の統合の開始は,『商戦』論の展開を契機としていた」とし,また「地方における産業行政と中国商の地域的統合の先行は,統一的な産業行政制度の実現と産業政策の実行に,拮抗的な状態を出現させることになった」としている。1992年に同氏が「清末の産業行政をめぐる分権化と集権化」(前掲『中国の近代化と政治的統合』所収)の論文を発表し,その中で商部が創設される以前の地方産業行政機関の活動や商人の地域的統合を探り,独自に特許権などの産業保護政策を制定し実施し,商事紛糾を処理するために制定された方法などの三つについて論述している。中国大陸の学界で朱英は1994年に「論晩清的商務局,農工商局」(『近代史研究』1994年4期)を発表した。この論文では地方産業行政機関である商務局や農工商局の由来,責務,権力,積極的な作用,中国商との関係などについて論述している。各商務局や農工商局は商工業の発展,中国商との連絡,商況の調査,商人への保護と奨励,商会の設立などに重点を置いたが,清朝の官衙であるからとても商工業者の要求を満足させることはできなかったと結論づける。

　筆者は先行研究を基礎として,この課題について自分の考えを提示しておく。その主な内容は,まず各地方産業行政機関の設立背景,設立およびその後の発展過程である。すなわち商務局,農工商務局の設置,その組織構造と後に勧業道へと整備され移行する過程,中央産業行政機関と地方産業行政機関や地方督撫との関係についてである。次に各地方産業行政機関の産業振興政策とその実施について述べる。

1.　各省の商務局や農工商務局の設置

　商務局設置の必要性をめぐる議論は,商部のそれと同様に「商戦」論と関連がある。知識人の王韜や商人の鄭観應が1890年代初期にこのことを提起している。日清戦争で敗戦し下関条約に調印した後,蘇州などの地が新たな通商港となった。このことは洋務大官の張之洞に深い危機感を与えた。彼は張謇が起草した文稿に基づいて上奏し,各省では商務局を設立することを要請した。これに続いて,御史王鵬運および総理衙門もまた商務局の設立を上奏

している。商務局の設立意図には，主に商工業の発展と官商の関係を改善するという共通点がある。しかし商務局の設置案には，それぞれ次のような違いもある。鄭観應が主張するのは商による商務局（実質的には商会に類似しているもの）であり，王鵬運が主張するのは官による商務局であり，張之洞と総理衙門の設置案は官によって設立された局を官と商が共同で運営するものとなる。実際に設置された各商務局はほとんど官弁と官商合弁のものになった[14]。

　地方産業行政機関としての商務局は，中央産業行政機関より早い時期に設立が進められた。1896年2月，総理衙門による各省都に商務局を設立する上奏が批准される直前に，張之洞は蘇州，鎮江，通海で当地の商務局を開設する準備に着手した。しばらくして山西でも開設準備が始まった。しかしそのほかの省では全くそのような動きは生じなかった。1898年6月に戊戌変法が始った後，総理衙門と康有為がそれぞれ商務局の開設を上奏したため，光緒皇帝は引き続き三度にわたって上諭で，商務局の設立を急ぐように命じた。後に戊戌政変が発生し，中央の農工商総局は西太后によって撤廃されたが，各省での商務局の設立は引き続き進められた[15]。このように商部設立までは，山西，漢口，蘇州，上海，安慶，広東，厦門，江寧，山東，江西，蕪湖，四川，湖南，浙江などで商務局が設立されていた[16]。その中で江蘇，江西などの商務局が業績を挙げたが，商務局の多くは機構が簡単で，機能は不全であり，兼職があった。広東，浙江，湖南での商務局は同省の洋務局に付設されていた。とくに商工業に関する調査や計画を行わず，産業振興に対して効果的に役立たなかった[17]。

　中央産業行政機関である商部は成立した後に，「農業，工業，鉄道や鉱業などは一つとして地方大官が責任を持たないことがない」と認識した（『大公報』1903年10月3日）。皇帝の権力の支持によって，各省の督撫に産業振興を催促すると同時に，「商工業界に連絡し，商人の保護に尽力するために」（『大公報』1904年11月1日），地方産業行政機関の新設に力を注いだ。1904年春，商部は各省の督撫に対し各地方で実施されている経済新政の内容を調査するように打電した。その第一条は「かつて商務局を設立したことがあるかどうか」ということであった（『大公報』1904年4月26日）。同年の秋まで

に全国の多数の省で商務局が設立された。辺境地域では比較的遅く，新疆と奉天の商務総局が1905年春と夏に前後して設立された。甘粛農工商鉱総局の設立が1906年夏であり，貴州農工商総局の設立が1907年6月であった。農工商部期には，府県レベルの農工商務局もあった[18]。一部の新設された商務局は商工業者との連絡を比較的に重視した。奉天商務総局が大東関で設立された後，奉天将軍趙爾巽は商人を同局の運営に参加させるために，数人の商董を投票で選出させた。「局に行った公正な商人に対して，丁重に接待しないことはなかった。官界の旧習は一掃された」(『東方雑誌』第3巻3号)。貴州農工商総局は局の議事や顧問として紳商の中から4人を選んだ。

　商部の催促の下で，産業振興を推進し，商工業界との関係を改善するために，各省では商務局の新設以外に，既存の商務局を整備した。商部期以前に設立された湖南農工商務局は総弁が洋務局の職務を兼任した。1903年秋，商部の会社創設と商人保護についての上奏文を受けたことにより，農工商務局が商務総局に改組された。商務総局の督弁を担任していた省の高官は紳士の蔣徳鈞など8人を総董に委任し，局の事務に参与するように命じた(『大公報』1903年11月28日)。浙江農工商務局は以前洋務局に付設し，「商人の上申書に対して，大部分を却下したり，府県に転送した」。しかし商部成立後の1903年冬，農工商鉱総局に改組して，新しい責任者が任命され，「紳士と協力して穏当に処置し」，「農業，鉱工業や鉄道業の総董を選出させ，商業公所を設立させた」[19]。1901年冬に成立した江西商務局は翌年5月に農工商局に改称したが，商部期の1904年春，江西農工商鉱総局に改組された。局の総弁は同省の布政使であり，選出した紳董と何回も協議し，局の職責に関する詳細な章程10条を制定した。同局の会弁である紳士黄大壎は日本へ産業視察に派遣された[20]。

　深刻な問題を持った地方産業行政機関，たとえば厦門保商局に対して，商部は直接に措置をした。厦門保商局は1899年5月に設立され，同局の提調は当地の税厘局の提調が兼任していた。保商という名称の局にかかわらず，商人の保護に役立たなく，逆に商人に不正な強要をした。商部はそれを上奏し同局が整頓され，商政局に改組された(本書の第3章第1節を参照)。その後，1905年夏商部高官の王清穆は福建で産業視察をした時，厦門商政局が帰国の

華僑商人を「切実に保護しない」ことを商部に報告し，当地の商務保護の事業を厦門商務総会に引き渡すように建議した。それが商部の上奏で許可された。その後厦門商政局は「事柄をまじめに取り扱い，弊害を改善した」といわれている（『大公報』1906年8月8日）。

　商務局の内部組織の構成と分業については，史料が極めて少ない。これは正式に編制された機構ではないため，清朝が規定を統一しなかったためだと思われる。しかし，商部期になると，ある地方産業行政機関の中では分業をともなった内部の組織が作り上げられた。福建省福州と厦門の商政局では，「商部の四司を少し変えて模倣し」，六つの所を設置した[21]。その職責については，保恵所は商人の結集，商務の保護，学校の開設，書籍や新聞の翻訳，商法の執行，訴訟の処理，特許の発給などであり，貨殖所は開墾，栽培，養蚕と桑の植樹，牧畜などの管理であり，芸術所は機器，製造，鉱産，鉄道，電報，労働者の募集などの管理であり，会計所は税務，貨幣，物価，度量衡，経費などの管理であり，陳列所は商品の陳列，優劣の評定，博覧会関連事業の管理などであり，調査所は国産品や舶来品の価格変動，市場の調査などである。農工商部期に新設された農工商務局は内部の組織や分業がさらに具体化にした。1907年春に設立された吉林省農工商局は吉林将軍の上奏で，農工商部主事胡宗瀛が同局の局長を担任した。その内部の組織の設置については農工商部の経験を参考にし，四つの科に分けた。それらの職責はそれぞれ農務科は開墾，移民，田畑の改良，林業，牧畜業，漁業の講究，農事試験場や農林学堂の開設，農具の改良，種の販売，気象や土壌の研究，農産の調査，農会の設立，農報の刊行，農学の啓蒙などであり，工務科は工芸の改良，工場と学校の開設，民営工場の監督，保護と奨励，工芸品とその製造法の調査，物産陳列所の開設，鉱山の試掘と採掘などであり，商務科は民営金融機関の設立，商標と特許の認可，会社開設とその登記，輸出品と輸入品の税則の調べ，会社の倒産と株主の紛糾の処理，度量衡の研究，運輸業の計画とその奨励，保護などであり，庶務科は公文の起草と保存，農業と商工業の統計，産業関連の書籍や新聞の編輯と刊行，土木工程の管理，経費の収支，物件の購入などであった。また，この局の章程は本省の各府庁州県での農工商分局の開設を規定した。それより少し遅く設立された甘粛農工商鉱総局は四つの股に分れ

ていた。それらの担当範囲はそれぞれ農務股は農業教育，開墾，栽培などであり，工務股は工芸，製造などであり，商務股は商品陳列所，商会などであり，鉱務股は鉱業教育，鉱山開発などであった。貴州農工商総局の内部組織も農工商部のそれを参考にし，四つの所からなった。つまり農務所，工務所（鉱業を兼務する），商務所，庶務所であった。それぞれ所の責任者が任命された。

商務局内の役職は，清末のその他の局と同様に，高い地位から低い地位へと区分され，総弁，会弁および提調と呼ばれていた。これらの職務を担当していた者たちは，基本的に督撫から任命された道員や知府の官職候補者であった。だが例外もあった。たとえば1905年広東商務局元総弁の羅雨三と会弁の李覲楓は離職した後，「その二つの職が長い間欠員のままになっていた」。両広総督は「現在，商務局は商務の振興とたいへんな関係がある」ので，広東総商会総理左小竹を商務局総弁に任命した。商務局で公文書の関連事務を担当した者の大部分は同知，通判，知州，知県などの職の候補者であったという（『申報』1904年1月8日）。しかしこのような人員構成は商部成立後とくに農工商部期になって，徐々に変化した。たとえば奉天農工商務総局の調査員汪之鈞，江蘇農工商局の機要課員何国璽は日本留学経験者であり，浙江農工商鉱局の測絵委員劉世恩は江南陸軍測絵学堂の卒業生であった。

商務局の経費は各地によってその財源が異なる。張之洞は1896年，蘇州商務局の設立準備のために「商人に利息を出して借金する」ことを上奏し批准された（『張文襄公全集』巻43）。しかしその後，各地で設立された商務局は基本的に公金によるものであった。たとえば上海商務局の経費は江海関道が資金を調達した。福建商務局は同省の布政使司が経費を調達した。湖北商務局は開設時に牙釐局が資金を調達し，1905年から漢陽府により「商捐」という項目から毎年銀5千両を調達した（『趙爾巽档案』43号0245頁）。湖南農工商務総局は善後局により銀3万両を調達して貯金し，その利息を年間経費とした。貴州農工商局の経費は鉱税でまかない，不足分は善後局から調達した。しかし，清末の全体的財政難という情勢下で，各省の商務局は経費が不足しているという情況があった（前掲阮忠仁著195頁を参照）。

商部は各省商務局の人員のうち「商務を詳しく知らない」者が多い状況に

対して，たいへん不満であった。商務局人員の素質を向上させることを意図して，1905年5月，商部は湖広総督に対し，高等学堂の学生三，四十名を選出し，日本へ派遣して商科を専門的に学ばせ，帰国後，彼らを各商務局へ配属し教習に就かせることを電報で通達した（『大公報』1905年6月2日）。1906年夏，商部が各省に人員を派遣して商務局の情況を調査し，その事務を引き継いで処理することを計ろうとしたことが報道された[22]。

　各省の商務局は行政の面では督撫に所属している機関であり，督撫は皇帝に対し責任を負い，一般的に中央の各部より指図されることはない。商部成立以降，商部は商務局との間に督撫を通さなければならないという状況を改めるため，1904年8月に「各省商務議員章程」を上奏し，批准された後公布した。この章程で商部が商務議員に対する任命権を有することが認められた。すなわち総督，あるいは巡撫は本省商務局の総弁（総弁がいない場合には提調）を商部に推薦し，商部は彼を審査して商務議員に任命した。商務議員が産業の調査，奨励や保護などの職責を負うことに対して，この章程は具体的に規定していた。しかし，督撫の権限を承認していたうえ，同章程は商部の商務議員に対する監督権を規定し，商務議員と商部の間に「直接的な関係がある」ことを強調し，商部が商務議員に対する褒賞や懲罰の権利を有することを規定した（第17条）。この章程の意図は，曽田三郎の分析によれば，商務局を大く改変しない現状の下で，各省の産業行政を統合しようとしたことである。筆者はこれにさらに注意すべきことを補充する。まず，督撫が商部に推薦する商務議員の人員は必ず「公正で廉潔であり，商務を詳しく知る者」であることを規定した（第1条）。これによって各省督撫が商務局総弁を任命する時，それ以後彼を商務議員として商部へ推薦すれば，商部の同意を取得するために経済行政の経験や実績などを考慮しなければならないこととなる。たとえば陝甘総督が1907年春に甘粛農工商鉱総局総弁の彭英甲を商務議員として推薦した件に対して，商部の後身である農工商部は彼について調査し，彭が「商工業の政務に専念し，まとめて考究する才能がある」と判明し，任命した（『商務官報』光緒33年18期）。第二に商務議員を専任とし，「兼任は不要である」ことを規定した。その意図はその職位に就いている者にその政務をはかるということを促し，産業行政面での効果を高めることにあった。

1904年9月から1908年夏まで商部と農工商部に任命された貴州以外の全国各省40数名の商務議員は，任期が長い者で二年，短かい者は数ヶ月で，1年の者が比較的多かった。しかし，1907年9月以降，各省の商務局あるいは農工商局が新しい地方産業行政機関である勧業道に漸次入れ代わった。そのため農工商部は勧業道が設立された省での新たな商務議員の任命を取りやめた。

2．勧業道への整備

　1906年の中央官制改革を経て，商部は農工商部に改組した。その後，一部の省の商務局が引き続き整備された。たとえば奉天商務局は1906年12月農工商務総局に改組した。江蘇では1907年夏，蘇州に設けられていた元農務局，工芸局を商務局に編入し，江蘇農工商局を設立した。これと同時に，清朝は地方官制の改革を準備した。1907年7月7日西太后は奕劻などが上奏した「外省官制通則」を認可した。その内容の一つは，各省に勧業道を増設し，「全省の農業，商工業および交通業の政務を専門的に管理する」ということであった（『上諭档』33冊91頁）。

　勧業道を増設する理由は，既存の商務局のような正式ではない行政機関では産業振興の需要に対し効果的に適応できないことにあった。これに対して，四川商務局総弁の職を引き続き担当し，数ヶ月にわたった周善培は，1907年秋四川商務議員の身分での農工商部への報告の中で以下のように分析した。四川商務局は設立以来，「商工業界を多く維持したが，商業の本務と機構が欠如しており，十分な計画がなかった」。周はこの原因について「省の通例によって局と所は皆『差使』であり，総弁の更迭は定めがない。在任することは長い者でも任期を満了することはなく，短い者ではわずか十日間や一ヶ月間であった。…任に堪える者でも業績を挙げることができず，かえって余計なことに近づくのを恐れて止めてしまう。もしもつねにその仕事に就かない者を，極めて難しい仕事に就任させれば…日々振興を唱えても，すぐに敗退してしまうのは，必然である」と認識した（『商務官報』光緒33年23期）。さらに一部の省での商務局はほかの産業関連機構，たとえば工芸局，墾務局，鉱務局などを統轄できなく，「綱領をつかむ専任の官員がいなく，ついにばらばらになり，集まるところが

ない」という局面が生じた (『会議政務処档案』186号1107頁)。

　勧業道増設の背景の一つとして,「各省督撫が政務に参与している権力は威勢が重過ぎる」という現象があり,これが地方官制改革の世論の中で当時の焦点となり,中央集権を強化し,各省の司と道の権力を拡大することによって督撫を制約するという主張が現れた[23]。そこで清朝の地方官制改革は,中央官制改革と同様に中央集権化を強化させ,督撫の権力を弱体化させようとするという特徴があった[24]。この特徴が勧業道の設置にもかかわっていた。

　1908年6月,農工商部と郵伝部は「直省勧業道執掌任用章程」14条を上奏し批准された (『商務官報』光緒34年13期)。それによると,まず中央産業行政機関の勧業道に対する影響力を強めようとしていることがわかる。同章程では勧業道に対する督撫の指揮権を認可していたが,一方では勧業道は「農工商部,郵伝部および本省の督撫の指令を受けて全省の農業,商工業や交通業の事務を取り扱うべきであり,且つ農工商部,郵伝部によって随時に審査されるべきである」とも規定していた。この規定は勧業道が中央と督撫の双方によって指導されることを明らかにしており,中央産業行政機関の権力が直接勧業道に達することを示している。次に,勧業道が本省の産業行政に対して統一的な管理権を有することを強調した。勧業道が本省の産業行政人員をその管轄下に置くことを規定し,「各省の既存の農工商局,鉱務局などの事務はすべて勧業道の管理に帰し」,また勧業道は農会,商会に対しても「勧告,指導,検査の責任を有し」,さらに産業行政上で「切実に命を奉じて施行するように地方官に督促し,その勤惰を考察する権力を有す」とした。

　制度的に勧業道の役職をさらに正規化,専門化させ,商務局,農工商務局の内部組織,職責を正式に統一する規定がないという現状を改変するために,憲政編査館が1908年8月1日に「各省勧業道官制並分科辦事細則」18条を上奏し認可された (『商務官報』光緒34年19期)。この細則を上述した農工商部の章程と比較すると,各省勧業道が所在地に勧業公所を執行機構としてすべて設立することを明確に規定した点が重要である。勧業公所では毎日定時に執務し,六つの科に分かれていた。各科の職責についてはそれぞれ,総務科は機密文書や公用文書の取り扱い,章程の制定,経費,統計,各実業学堂などの事務であり,農務科は農業,開墾,森林,漁業,植樹や栽培,養蚕や

桑の植樹，農会および農事試験場などの事務であり，工芸科は工芸製造，機器，特許，国産品改良，舶来品の模造，工場などの事務であり，商務科は商業，商勲，博覧会，保険，商会などの事務であり，鉱務科は鉱産の調査，鉱山の試掘や採掘，鉱業技師の招聘，鉱業会社などの事務であり，郵伝科は水上運輸，鉄道，車両，電線，埠頭や工場の船着き場の営繕，運輸の検査，電話，電車，郵政などの事務であった。六科の科長から科員まですべて中等，高等実業学堂あるいは交通学堂の卒業生および実業，交通の経験者が担任することが定められた。第二に，この細則により各州県に勧業員一人が設けられ，「勧業道および地方官の指揮と監督を受ける」が，人選にあったては「当地の紳士を推薦し任用する」とし，その職責は「所在の庁州県の実業および交通の事務」を処理すると規定された。これらの規定の意図が中央から県までの縦の産業行政システムを作り，以前の地方産業行政に対する中央の統轄力の不足を改善することにあることは明らかである。

全国初の勧業道は，1907年8月奉天で試験的に設立された。その後相継いで吉林，山東，安徽，湖南，広東，四川，雲南，江西などの省で設立された。しかし産業振興の成績が比較的顕著であった直隷，江蘇などの省では，かえって遅れ1910年春，夏にそれぞれようやく設立された。1910年10月までに，山西など5つの省を除いた全国18省で勧業道が設立された[25]。1911年夏までに，黒龍江，新疆を除く全国すべての省で勧業道が設立された（『東方雑誌』第8巻7号）。すでに勧業道が任命された省では，これに伴ない元の地方産業行政機関が整頓され，勧業道に統合されることになった。奉天勧業道の黄開文は着任後数ヵ月して，同省農工商務総局を撤廃し，同省で以前設置されていた鉱政調査局，農業試験場と農業学堂，工芸伝習所，商品陳列所，漁業公司，牧養公司，造磚厰をすべて隷属させることを農工商部へ報告した。山東では1908年3月に勧業道および勧業公所が設立された後，「以前の農工商務局や鉱政調査局，鉄路局，鉱政局のすべての事務をその管理下に移させた」とした[26]。安徽勧業道は1908年5月に設立された後，元の商務局，墾牧局，樹芸局を「酌量して併合」した（『会議政務処档案』186号1107頁）。1909年4月，農工商部尚書は勧業道を設立した省では以前の商務局，鉱政局などの商務，農務，鉱工業の事務を勧業道により管理するように各省督撫に通達した。

甘粛勧業道は1911年1月に設立された後，元の農工商鉱総局を勧業公所に併合させ，その官営企業，たとえば織呢局，勧工廠，商品陳列所，農業試験場などをすべて管理することとした（『甘粛勧業道報告書』宣統3年第1期）。しかしある省では，勧業道設立後に元の農工商局との間で矛盾が生じた。たとえば広東の勧業道代理は1908年秋に就任したが，同省の農工路鉱局は「勧業道が批准した紳商による各実業」に対し，「必ず多く難くせを付け，妨害し，さらに不正に強要し」，「商人に恨みの種をまいた」（『軍機処録副奏摺』562号0610〜0611頁）。このため同局は1909年夏に弾劾され，廃止された。江西では農工商鉱局を撤廃した際，妨害があったことが報道された。湖南の情況はかなり特殊であった。同省鉱政調査局は勧業道が設置された後，合併される際，湖南の鉱業商人は農工商部への報告で，近年湖南の官吏と紳士は協力し，鉱業が「漸次に振興」しているという理由で保留することを要求し，農工商部は1910年3月11日これに同意し，紳士蒋徳鈞が同局の会弁を務めた。だが，湖南勧業道は同局に対する管理権を持った[27]。

　勧業道の資格に関して農工商部と憲政編査館の章程の規定は，商務議員と比較すればかなり厳格になり，「かつて農業，商工業，鉱業および交通業に関する各事務を適宜に処理し，あるいは会社，工芸局や工場を提唱し著しい成果が挙げ，あるいは農工商部や郵伝部の仕事に従事し，公務に習熟しており，また実業，交通の各政務を講究し体得している者こそ，合格である」ということとなった。任用時には差額選任制が実施され，すなわち督撫が二，三人を推薦し上奏し，その中から一名が任命された。勧業道の正式な任期は3年であった。正式に任命される前に一年間の試補制が実施され，「実績を挙げたうえで，正式に任命する」とした（『商務官報』宣統2年22期）。たとえば奉天の黄開文，趙鴻猷，安徽の童祥熊，四川の周善培，広東の陳望曽，陝西の光昭，貴州の王玉麟，吉林の黄悠愈，湖北の高松如，江寧の李哲濬などは皆試補の後に正式に就任した者である。しかし一部の省では勧業道の任に堪えなかったという者もいた。たとえば湖南の唐歩瀛と湖北の鄒履和であった[28]。勧業道の設置は清朝から「新政の重要な計画である」と見なされていたので，1910年5月18日の上諭により各省督撫に，在任中の勧業道に対して真剣に考査し，「もし任に堪えなければ」，「すぐ上奏し解職させ，新たに補充任命する」

ことを求めた(『上諭档』36冊98頁)。朝廷と農工商部の監督の下,一部の省の勧業道,たとえば直隷の孫多森,山東の蕭應椿,甘粛の彭英甲,四川の周善培,浙江の董元亮,江西の傅春官,湖北の高松如,江寧の李哲濬などは,数年にわたる経済行政の経験があったため,勧業道に就任する前後に産業振興に関してかなりの実績があった。各省の勧業道の中には農工商部の出身者もいた。たとえば湖南の王曽綬,山西の王大貞,広西の趙従藩などで,彼らは朝廷から特別に任命された[29]。

　勧業道の経費は,関連する章程の規定によれば,本省の督撫が公金を調達して支給するほか,農工商部,郵伝部から省の規模や事務の多少に応じて,毎年調査費の名目で銀2千両までが支給された[30]。実際,各省の経費はそれぞれ異なり,次第に削減された省もある。

　勧業公所の設立は勧業道が就任した後に伴ない設置されたものである。比較的早期に勧業道を設立した省は,所属する機関の構成も異なっていた。吉林では1908年春に勧業道の役所内に五科,すなわち総彙科,農科,工科,商科,郵伝科が設置された。貴州では1908年5月に元の糧儲道が勧業道の役所に,元の農工商局が勧業公所にそれぞれ改めることを上奏した。安徽の勧業道である童祥熊は1908年7月に勧業公所を設立しようとしたが,その構成は総務,農務,工務,商務,郵務の五科であった。憲政編査館が1908年8月に上奏し批准された「各省勧業道官制並分科辦事細則」により規定が統一されてから,全国各省の勧業公所は六つの科による構成となった。管見の史料によれば,1910年に勧業公所が設立されていた省は上述した以外,奉天,河南,湖南,陝西,四川,山東,直隷,浙江,湖北,広東,江寧などがあった[31]。

　勧業員の設置は,現有する史料から見れば浙江,湖南,四川,直隷などにある(『商務官報』宣統2年6期,9期)。『申報』の報道で比較的多かったのが浙江で,勧業道董元亮は1909年の夏に各庁州県にそれぞれ勧業員一名の設置を計画し,勧業道が地方官の推薦によって勧業員を任命し,その任期は2年とした。さらに関連の章程を制定し,省内の11府の各庁州県に発行し,勧業員の候補者を推薦するように命じた。その後,山陰,永嘉,仁和,銭塘などの県で勧業員が設置された。泰順県ではさらに統計処に勧業分所が付設され,統計編纂員の斉鳳鳴が勧業員を兼任した。しばらくして仁和県,山陰県

でも勧業分所が設置された。しかし1910年9月になっても浙江省では「設置すべき勧業員はまだ多く推薦されない」ままであった（『申報』1910年9月29日）。一部の地方、たとえば江西の義寧州では、江西巡撫馮汝騤が当地にはすでに茶葉講習所および各郷の分所が設置されており、「調査や督促をする」ことができるので、「勧業員の設置が必要でない」と考えた（『申報』1909年9月9日）。農工商部は産業の振興を「官の力だけでは取り扱われない」と認識し、1910年6月に各省の勧業道に対して、部の章程に照らし所管の各府州県で勧業員を推薦し、その詳しい資格、履歴を列挙し報告書を作成するように通達した（『申報』1910年6月14日）。1911年春、農工商部は「各省の実業の進展が遅れており、切実に提唱しなければ効果を収めない」という認識から、各州県で勧業員を設置するだけでなく、勧業員の事務的な機構として勧業分所も設置すべきであるとした。そこで当地の一切の産業関連事務を処理するために「迅速に勧業員を任命し、各州県で勧業分所を設立する」ように各省に通達することを決定した（『大公報』1911年4月20日）。これより先に、商部顧問官を担当したことがある署両広総督袁樹勲は、1910年夏、速やかに勧業員を推薦し、勧業分所を設置することを促した。1910年11月に直隷勧業道の孫多森はさらに各省の勧業員、勧業分所に関連する章程を制定し、直隷総督によって批准された後、各府州県に準備に取りかかるよう通達した。翌年5月、試験により5名の勧業員が任命された。勧業員の構成は多くが当地の紳士であった。しかし「奏定直省新官制」の規定では、勧業員は本籍人で中等農業学堂の卒業生から任用できることになっていた。よって広西巡撫の張鳴岐は1909年2月に同省に中等農業学堂を設立することを上奏した際、後にその卒業生を勧業員に任用することを予定していた（『申報』1909年2月27日）。

3．地方産業行政機関による産業振興

　地方産業行政機関による産業振興に関して、先行する研究では商部設立以前と商部期の商務局、農工商局の活動について論述されている。しかし勧業道については見られない。このため、ここでは先行研究で論述不足の商務局、

農工商局の活動について補充し,さらに勧業道の産業振興について述べる。

　商部期以前の地方産業行政機関の中で,産業振興上進展が認められたのは,江蘇のほか江西であった。江西商務局は1901年11月に成立した後,まず厘金の軽減を商人保護の重要な施策と見なし,厘金徴収所の章程を改訂し,石炭に関する厘金の整頓,賄賂の禁止を文書で通告した。1902年5月,江西商務局を併合した農工商局が新設され,布政使柯逢時が総理を務めた。同局は告発に基づき,厘金徴収所が茶業商人に対して不正に強要することを布告で厳禁した。1903年に江西の百貨に対する統一の課税が実行された。これにより一回納税すれば,途中でほかに徴収しないことになったから,商人たちにとって少し改善された。次に,江西農工商局は鉱産の開発に力を注いだ。このため局内に江西鉱務公司を設立し,また公金を調達し,鉱業技師を招聘し,機械を購入し,江西への投資のために外地の商人を勧誘した。第三は,養蚕,桑,茶や柏などの植樹を提唱したことである。江西農工商局は何度も各州県に公文で提唱しが,新建県では公文を受けて県内に四つの局を設立し,株の募集で養蚕,桑の植樹や栽培を紳士に諭した。その中で老鸛嘴分局の紳董は1902年12月に株の「300金」を集めて桑を植樹した(『申報』1903年1月6日)。同年冬江西農工商局の責任者である華輝は護理巡撫に昇進した柯逢時の督促下で,さらに産業振興に関する章程27条を制定した。その内容は農業,商工業などの面に及んだ。また賞罰に関する章程8条を制定し,各州県の地方官に期間限定で三回に分けて開設準備のことや植樹,栽培の実績などを局に報告することを義務づけた。その後「勧懲委員」を各地へ督促のために派遣した[32]。以上の外,同局は湖口保商局を設立し,商人を指導し会議公所を組織した。

　商部は成立後,会社と商会の開設を産業振興の重点と見なした。この両者は主に民間によることであり,かつ商会が会社の開設準備を審査し商部に報告する責務を持つため,会社の開設は必ずしも商務局を通すことはない。一方商部は産業行政中,商会との関係が密接であったが,督撫体制下の各省商務局を直接指揮できず,よって商務局が撤廃されるうわさがかつて立った。しかし地方の官制が正式に改革される以前は,中央産業行政機関の政令は既存の官僚システムを通じて商務局に伝達せざるを得ない。このため実際商部は

商会の役割を重視すると共に,各省商務局に対する影響力を強くしようとした。その一つの試みが「各省商務議員章程」の制定であったが,それ以外にいくつかの個別の事例もある。1905年9月商部は公文で福建商務局に,航路開設に関する同省の商人の登記申請に同意し,その運営規約を詳細に部に報告するように要求した(『大公報』1905年9月11日)。同年秋商部は同部章京陳時利の四川の産業振興に関する建議書を上奏したが,その中で商務局が創立されて以来「製造が精製でなく,運送がうまくいかない」ことに言及し,商務局に対して成都と重慶で製糸工場を開設し製品の市場での競争力を強めるために新方法や新たな機械を採用し,工芸を改良することを要求した(『東方雑誌』第2巻9号)。1906年9月商部は新疆巡撫に,速やかに同省の商務総局の章程と商務の情況を詳細に部に伝えるように要求した。

一方では中央産業行政機関は地方産業行政機関の経験を参考にした。たとえば商部は京師勧工陳列所の開設準備中,直隷工芸総局が開設した天津考工廠を部分的に模倣した。江蘇農工商局は1909年春商務裁判員を設置したが,農工商部は各省督撫に対して,所管の農工商局にそれを一律に模倣させるように伝え,さらに商事訴訟や商法の実施推進のために,1910年冬部内で裁判科を増設した。

各省商務局や農工商務局による産業振興活動は,本省の勧業道が設置される以前,大体以下のとおりであった。

商会開設の勧告と指導　商会は中央産業行政機関によって「商工業振興の中枢」として重視されていた(『商務官報』宣統元年27期)。これに対して,多くの省の商務局は本省での商会の開設を勧告・指導した。江南商務局は資金を調達して,各業種の商会開設および商董の選挙を指導し,1904年冬商務総会の開設準備を行なった。汕頭の商人は1904年夏から商務分会の開設を準備したが,一年後,広東商務総局の責任者である布政使胡湘林は汕頭の商務が盛んであるので,商務分会を商務総会に改組することを建議し,商部によって認可された。1905年山東煙台の商会が試験的に開設された時,山東農工商局と東海関道は同商会の総董に知州李祖范を委任し,簡明章程4条を指針として制定した。湖南商務局は商部の公文によって1905年冬人員を派遣し同省商務総会の開設準備をした。また局内で演説会を行ない,商人などへ商

会設立の宗旨を説明した。四川商務総局は1905年夏四川総督錫良へ成都商務総会の開設を請求した。試験的に運営した2年あまり後，護理四川総督趙爾巽は四川商務総局の報告に基づき1908年春農工商部に，公文で成都商務総会を正式に成立させることを伝えた。河南の商会は同省の商務議員胡翔林の勧告や，とくに何度もの演説によって開設準備がされた。後任の商務議員である何廷俊は商会への指導を三年間継続し，「商人の知恵が開いた」後，農工商部は1908年夏河南商務総会の正式な成立を上奏し関防を授与した(『商務官報』光緒34年16期)。辺鄙な地域では，商会開設に対する商務局や商務議員の指導は顕著であった。奉天商務総局は人員を安東県に派遣し，商務総会の開設を勧告した上で，総理，協理を選挙する際，投票を監視した。甘粛では商人の閉鎖性のため，商会の開設が難しかった。同省の商務議員彭英甲は農工商部の催促の下で，商人に何度も勧告し，商会総理，協理の選挙を促した。その結果1909年内に商務総会が設立された。察哈爾都統誠勲は商会を組織するために，1908年1月とくに張家口で商務総局の創設を命じた。同局の指導下，同年秋に張家口商務総会が設立された。商務分会の開設に対しては，一部の省の商務局や農工商局は重視した。たとえば浙江では1905年春浙江省商務局は紹興に人員を派遣し，商業公会の開設を勧告し指導した。処州，平湖などの商務分会の開設準備中は同省農工商鉱局の支持と指導を得た。

会社開設の審査 各省の紳商による会社開設の申請を審査することは商会以外，各商務局あるいは農工商局も担当した。会社の運営を効果的にするために，審査の重点の一つは株金の実数におかれた。1908年，広東の商人はガス灯会社の開設を申請したが，同省の農工商局は株金30万元が必要だと判断したので，審査中に証拠の書き付けをそろえ，提出することを要求し，不足すれば，認可できないとした。同年，蘇州商人朱文翰による永利墾牧公司開設の申請に対する蘇州農工商局や，浙江常山県紳商による墾牧公司開設の申請に対する浙江農工商鉱局の審査は，いずれも株金が足りるかどうかという基準を重視した。鉱業会社新設の場合では実地調査も行われた。1908年秋，浙江農工商鉱局は貢生黄其芸による鉱山開発の申請書に対して，地主の姓名，鉱物の性質，資本額などを明記するように指示した。翌年，同局は増貢生姚作楫が株を募集し六馬塢炭鉱を試掘する申請に対して，調査員を派遣し現場

で測量した後，試掘許可証を発給した。

公金による産業関連への援助　経費が困難だが，このような実例が少しあった。1904年，山東漁業公司の開設準備期間中，株募集額の銀10万両のうち，同省の農工商務局が交付した額は銀1万両であった。1908年夏，四川商務局は総督趙爾巽の命令で湖南醴陵瓷業公司への視察費として，銀2千両を援助した。1909年広東で電燈会社開設のため，同省の農工商局は銀19,000元を株金として支給した。

商工業界の保護　合法の会社に対して，多くの商務局は保護を与えた。1904年8月，商人湯靄臣がイギリスから機器を購入し，石鹸の株式会社を開設した後，浙江農工商務局は同年冬に告示し，「わけもなく擾乱する」ことを禁止すると表明した（『大公報』1905年3月5日）。1908年5月，広東合浦県同益墾牧公司総理張卓光は省農工商局に保護を要求したが，同局はこの会社の実績が挙げられたから，合浦県の役所に同会社の植樹を乱伐することを厳禁するように命じた。同年，杭州華揚織綢公司は浙江農工商務局に製品が偽造されたことを追究するように要請した。同局は同会社が偽造者を名指したうえ，農工商部へ登記を申請するように指示した。江蘇太倉州済泰紗廠は1908年秋，当地の治安が悪化したので，省農工商局に人員や兵士を派遣し保護を与えることを要請した。同局はそれに同意した。そのほか華僑の保護のために，蘇州商務局は1904年6月に「商民回華保護章程」を制定した。同年，福建商政総局は商人を保護することを通告した。

工芸改良　『申報』では浙江でのこれに関する記事が多かった。1908年，浙江工芸伝習所卒業生の陳歩球が発明した新たな織機を，浙江農工商鉱局は実験し，その効果を確認したうえで，陳にその機械の製造や「工場の既存の各機械を一律に改良し，修理する」ことを任せた（『申報』1908年8月9日）。同局は増生の王芸が改良した水車を験証し，1909年春浙江巡撫に特許の発給を申請した。学生の董鼎松は動物油を抽出し，精製する新しい方法を開発し，1909年春浙江農工商鉱局に特許を請求した。同局はこれを奨励するとともに，実演試験を局で行うことを命じ，審査に合格すれば特許の申請を提出することを承諾した。浙江以外では，四川商務局が窯業，陶磁器の改良に取り組んだ。1906年夏，陳其殷を湖南醴陵，江西景徳鎮に派遣し陶磁器の改良情

況について調べさせた。また同行した学生は醴陵瓷業学堂速成科で研修した。

商事訴訟の処理 商部成立以前の商事訴訟事件は，山東省以外にほとんど商務局での記載が見られない。商部期，とくに農工商部期では，ある商務局や農工商局がこの役割を果たした。奉天商務局では商務議員陶大均が「辨理商訟暫行章程」12条を制定し，商董と協議した後これを公布し商部から評価された。同章程では「審判の時，官界の旧習を一掃し，大机を使わず，属吏を採用しない」こと，とくに陪審制を実行することを規定した（『大公報』1906年2月23日）。江蘇農工商局総弁熊希齢は1908年冬に局内で商事裁判員を設置し，簡明章程15条を制定した。その中で「受け付けるはしから取り調べ，裁決していく。役人風を打破しやめる」とした（『申報』1909年2月17日）。浙江農工商鉱局も商事の紛争の処理を重要な政務の一つだとし，実情の調査や商人の合法的利益の保護を重んじた。

博覧会関連事業への参与 商部成立以前，四川，湖南，湖北，江南などの商務局は日本大阪で開催された第5回内国博覧会に参加したという記載がある。商部成立以後，江南商務総局は次々にイタリア，アメリカ，ベルギーの博覧会に参加し，受賞した出品もあった。中国史上初の南洋勧業会については，出品の準備，出品協会や協賛会の組織，物産会の召集などの面で，各商務局，農工商局はさまざまな役割を果たした。直隷工芸総局，福建農工商務局，江南商務総局，江蘇農工商局，浙江農工商鉱局の作用がとくに大きかった。博覧会に関連する勧工陳列所，展覧会，品評会などに対して，多くの商務局，農工商局（河南，直隷，江西，広東，四川，安徽，江蘇，浙江，甘粛など）が開設準備や組織に関わった。

産業調査 これも各商務局，農工商局の政務の一つであった。商部は「各省商務議員章程」第6～9条でこれを明確に規定し，国産品，舶来品市場の情況や各省の局，工場，会社，実業学堂の情況，農業，商工業の情況などについて書類を作成し，期日以内に詳しい報告書を商部へ提出するよう求めた。安徽商務局は省内各地の特産や商務の情況を調査し作表するために，1905年春候補知県銭應綏など三人を派遣した。浙江農工商鉱局総弁は杭州商務総会に対して，「会員や各行の議董の中から商況をよく分かっており，実業界の経験を確かに持つ者」を選出し，同局の「工商界名誉調査員」として推薦する

ように要求した。1908年末に成立した浙江統計処も同局内に設置された(『申報』1908年9月4日，12月5日)。

産業研究団体の設置　江西農工商鉱総局は1904年冬に江西農業研究会を設立した。浙江農工商鉱局総弁湯味梅は1908年秋，冬に農業実験会，農工研究会を開設した。また，民間による産業研究団体を支持し，認可した商務局や農工商局もあった。たとえば江蘇鎮江金壇県の農学会は江南商務総局で登記した。

上述したほか，実業教育，農務の振興などの面で，散在する史料から各商務局，農工商局が積極的な役割を果たしたことが分かる。実業教育の事例については，江南商業学堂に対する江南商務総局の，貴州農林学堂に対する貴州農工商局の，河南公立中等蚕桑実業学堂に対する河南商務農工局の支援などがある。農務の振興については第一に各省の総合的農事試験場のうち，一部が省農工商局によって設立された。第二に農会を開設した。第三は農業会社の開設を支持したことである。

新しい地方産業行政機関である勧業道は設立以後，次第に各地の産業振興で機能を発揮しはじめた。これまでに述べたように，各省勧業道の設立時期は先後しており，とくに勧業道は地方官制の中の正式な地位に置かれた地方産業行政機関であり，その上級機関は農工商部に限らずさらに郵伝部にまで及んだため，設立された勧業道が元の商務局，農工商局や鉱政調査局，交通業の管理機構などを統合する進度もそれぞれ異なっていた。よって各省の勧業道が果たした役割もさまざまであった。

各省の勧業道が取り組んだ主な産業振興活動は以下のとおりである。

農務の振興　農工商部は農務の振興に対して商部より多くの力を注いだ。農工商部は各農務総会，分会，分所を「すべて勧業道が管轄する」と主張した (『商務官報』宣統元年1期)。これによって各省の勧業道は農会の開設を重視した。農務振興の要点は，まず農会の開設であった。第二に，農事試験場の開設である。第三に，農学実験機構の設立である。この外，農報の刊行，開墾会社，林業会社や漁業会社の開設提唱，林業，棉業や蚕業の発展などについては，江西，四川，奉天，吉林，山東，湖南，安徽，広東，浙江，河南

などの勧業道が農工商部の督促下で，積極的に行った。

「公司律」の執行　数多くの勧業道は会社の開設申請に対して積極的な態度で対応した。商部の「公司律」に基づき厳しく審査し，合格だと判断した後，督撫へ報告した。漢口両宜紙煙公司が1908年秋に，湖北振利茶磚総公司が1909年春に創設された時，いずれも湖北勧業道が審査した後，湖広総督に報告された。総督はそれらを農工商部に公文で登記するように伝えた。1910年初，浙江勧業道は商人潘俊年などによる光華火柴公司の開設について浙江巡撫への報告の中でその利点を詳しく述べ，認可の批准を要請した。また，会社の創設については「株の募集から着手すべきで，株金の数は実に実業の進行を左右する」こととなる（『申報』1910年12月15日）としており，新設の会社に対する各勧業道の審査は株金の実数に重点を置いていた。1911年1月，吉林の商人顧佩蘭が株募集の銀1万両で金鉱を開発する申請に対して，同省の勧業道はその数が確実であることを確認した後，試掘許可証を発給した。審査している時，多くの勧業道は「公司律」によって指導した。1909年秋，浙江勧業道董元亮は商人湯孝吉などによるアンチモン鉱の会社の開設申請に対して，「出資者が契約書を作り，共同に守るべき」ことを指導し，さらに農工商部の鉱務章程によって鉱区の面積を測量した（『申報』1909年9月5日）。翌年初頭，董元亮は浙江仁和県の商人孫祖培などによる農桑股分公司の開設申請を審査する時，同会社の規約の中で有限か無限かを明記し，「公司律」の規定に合うように指示した。1910年夏，商人馮文華の興国州にある炭鉱を開発する申請書に対して，安徽勧業道は株金が本人のものか合資かを明記することを指示した。また，農工商部の指令を受け，ある会社開設の申請案を再び調査した勧業道がいた。1910年秋，農工商部は奉天勧業道趙鴻猷に錦州石棉公司の株金が足りるかどうかなどを調査することを命じた。趙は真剣に調査した後，詳細に返事した。

商会や各産業関連団体の開設の推進　勧業道は商会に対して「勧告，指導と検査の責務を持つ」（『商務官報』光緒34年19期）。農工商部は同部の「分年籌備事宜表」にしたがって各省の商会開設を催促した。各省の勧業道の多くはそれに積極的に対応した。ある勧業道は新な商務総会の開設に力を注いだ。山東勧業道は自ら青島に行き，商人を集めて青島商務総会の責任者を投

票で選出するように指導した。広西勧業道は桂林の商人に商務総会を組織することを勧告した。湖北勧業道は漢口と武昌の商務総会に対して商部による「商船公会簡明章程」に基づき，湖北商船公会の開設を準備することを促した。一部の商務総会，たとえば貴州，武昌，済南，潯州などの商務総会や安徽商船総公会は試験的に開設した一，二年の後，本省の勧業道が審査し合格だと評価し，督撫へ報告したが，最後に農工商部の批准と関防の授与で正式に成立した。商務分会に関して，浙江勧業道董元亮は就任した後，「すべての辺鄙な市鎮へ何度も公文で商務分会の開設を勧告し命令した」(『申報』1910年1月11日)。広東勧業道は汕頭商務総会に通達し，商務が盛んであるところで商務分会の開設を督促した。河南勧業道は各商務分会の下で皆商務分所を開設することを通達した。奉天勧業道は東三省総督の指示で，ウラジヴォストーク華僑商会の開設を支持した。産業関連団体については，奉天勧業道黄開文は1908年に農事演説会を創設した。湖南勧業道譚芝雲は1910年10月に農工商研究所を計画した。1910年春，広東の職員李貽孫などによる農商工芸研究公会の開設準備や，湖北應山県の帰国留学生毛煥彩による森林保護会の設立はそれぞれ本省の勧業道の支持を得た。湖南の紳商が外国商との競争のために1910年に創立したアンチモン同業会が巡撫によって批准された後，勧業道はその保護を告示した。浙江勧業道は1910年6月に商人虞洽卿などによる寧紹航業維持会の開設を批准し，さらに「保護辧法」6条を制定し公布した。

　工芸の改良　これに関する事例は以下の通りである。山東勧業道は主要な輸出品である麦稭真田の品質を高めるために，サイズを定め，故意に短くすることを禁止し，また新しい模様を考案した者に奨牌を授与することを通達した。安徽勧業道は工芸廠の責任者を江西に派遣し，新たな工芸を視察し，見本とするために優良品を購入させた。工芸の改良を主旨とする工会は比較的早い時期に湖南省で作られた。その設立方法について同省の勧業道と布政使は協議した。その後広東勧業道も同省の各地に工会開設を命じた。

　産業の奨励と保護　商部期から着工した新寧鉄道は1909年5月に竣工した。広東勧業道は郵伝部から特別に派遣され，開通式に参加した。その後，彼は両広総督と郵伝部に対して，創設者の華僑商人陳宜禧に四品京堂という肩

書きを与えるように提案した。浙江嘉善県の兪鳳詔は新たな製糸機械を発明し，同省の勧業道は検査した後，「特許に該当する」と評価し，さらに乾燥装置の詳しい説明文を添付することを指示した。湖北勧業道は安陸県の生員劉晉臣が改良した水車に対して，「さらに改良すれば，必ず特許年限を得るために推薦する」（『申報』1909年12月18日）と返事した。天津広慶潤工廠は1909年秋に直隷勧業道に登記と保護の告知を求め，勧業道はこれを批准した。よって巡警道と天津府に同工廠の保護を告知するように伝えた。江蘇勧業道は揚州府に対して当地に新設された敏樹農林公司の保護を命じた。

税金の減免 漢口恒豊機器面粉公司は1908年冬に湖北勧業道に厘金の免除を要請した。勧業道の劉仲立は漢豊面粉公司の前例を引用して荷物送り状を発行し，湖広総督に対して各省の税関と厘金局はこれと照合して通過せしめるように請求した。四川勧業道は1909年春，重慶鹿蒿玻璃廠の厘金免除の要請に対して耀徐公司の前例を引用して四川総督へ報告した。総督は四川省内に限り2年間の厘金免除を認めた。雲南勧業道は宝華鉱務股分有限公司がアンチモン鉱を開発するのを積極的に支持し，運送，販売中に勧業道の関防を捺印して整理番号をつけ，アンチモン1トンに対して保護証書1枚を発給することを認可した。1909年冬，同勧業道は雲貴総督に同会社の鉱物採掘税を免除することを報告した。総督はそれを上奏し1910年1月2日の上諭で批准された。

商事紛糾の処理 各省の審判庁が1911年3月に設立される以前，一部の勧業道は商事訴訟を処理したことがある。その中で商人の合法な利益を保護した勧業道がいた。たとえば浙江勧業道は1908年夏杭州商会と共同で杭州寿豊銭荘の債務を処理し，福建勧業道は1910年冬福建文明電燈公司と電気公司の電灯の経営権をめぐる争いに対して判決を下した。

公金による会社への援助 こういう事例が少なかったが，ないわけではない。山東勧業道は毎年「1,200金」を補助金として煙台漁業公司に交付した（『申報』1908年8月22日）。広州勧業道陳望曽は紳士黄錫銓が開墾や林業のために株募集の3万元で嘉應州應桂第一公司を開設することに対して公金で株を購入することを承諾した。四川勧業道周善培は資金を調達し，操業が停止していた潼川絲廠，三台神農絲廠や重慶鹿蒿玻璃廠を再開させた。

華僑の中国への投資の勧誘　このために江南地域の勧業道はかなり努力した。南洋勧業会の開催中，日本に在住していた華僑商人呉錦堂や，インドネシアに在住していた華僑商人蔡奇鳳は浙江へ視察した際，浙江農業公司や全浙鉱務股分公司の開設を計画した。浙江勧業道はそのための接待，商談を取り扱った。もう一人の華僑商人梁祖禄による江寧富饒墾牧場の開設計画が江寧勧業道によって審査された後，両江総督によって上奏された。

　博覧会関連事業の促進　一つは地方博覧会の開催であった。1909年冬に開催された武漢勧業奨進会については，湖北勧業道は総督の命令を受けて，規約の制定，名称の確定，商人の勧誘，省内外の出品の準備などを行った。1910年秋に開催された天津実習工場第五次縦覧会に対して直隷勧業道孫多森が指導した。二つは南洋勧業会への参加であった。勧業道の作用が目立つ省は江西，浙江，広東などである。そのほか湖北，湖南，山東，雲南，安徽，奉天，河南などの勧業道も本省の出品協会や協賛会の組織，出品の調達，出品展覧会の開催などを指導した。湖北，江西，直隷などの勧業道は南洋勧業会が閉会した後，本省で出品の授賞大会を開いた。三つは勧工陳列所の開設準備や拡充であった。貴州，陝西，山東，浙江，広東などの勧業道はそのために努力した。

　官営産業の経営改善　勧業道は成立した後，本省の官営産業をその管理下に置いた。奉天勧業道は既存の工芸伝習所，煉瓦工廠や牧場を管理し，さらに製紙工廠，奉天工芸廠や農業講習所などを創設した。湖北勧業道は広東商人韋尚文などが経営した織布局などの四つの局の督弁を兼任し，株の増資を農工商部へ要請し批准された。1910年春になり，四局の経営で利益を得た。また湖北勧業道は商務をよくわかっていた人員を派遣し，両湖勧業場の出費を節約させた。四川総督趙爾巽が資州の製糖工場の開設準備事務所の督弁に勧業道を任命した。浙江勧業道は勧業公所工芸科に習芸所や勧工陳列所の開設準備を任せた。また杭州第一手芸伝習所の開設を督促した。

　産業調査　農工商部は「実業調査が新政のきわめて大切なかなめである」(『商務官報』宣統2年7期) と認識した。同部の「分年籌備事宜表」の中に産業調査関連の条目が多かった。上述した憲政編査館の細則の第10条, 16条では産業調査や各州県の産業分類統計表と報告書を考査するという勧業道の

責務を，第11条では農工商部，郵伝部が毎年2千両までの調査費を勧業道に交付することを規定している。農工商部はつねに産業調査について各省の勧業道を直接督促した。多くの勧業道は産業調査を重視した。浙江勧業道董元亮は1909年夏，農工商部の「工芸種類表」を伝送する前，7条目の詳しい説明文を書き加えた。その中で「工芸」という言葉の意味を解釈し，工芸局や工場の名称と場所，製品名などについて具体的に正しく記入することを命じた。1910年秋，広東勧業道は農工商部の商務調査表を転送した際，省内各地に受け取った一ヶ月以内に一律に書き込んで返送することを命じた。実情を明らかにするために，自らが所管の各地を調査した勧業道もいた。江西勧業道傅春官は省内の主な鉱区を回って調査した。実地調査の時，専門的人材が重視された。1910年秋，湖北勧業道高松如は日本に留学し，専攻が蚕業である卒業生鐘大声を派遣し武昌，黄州などの農務を調査させた。また産業調査は勧業道が地方官を督促する手段となった。湖南勧業道は湖南城歩県知県が返送した農業などの統計表を審査した時，その中で「学校や局と工場がすべて空白である」のを非難し，「工業を興すことは今の重要な政務」と指摘し，「できるだけ早く提唱する」ことを命じた（『申報』1909年1月9日）。調査の結果を正直に農工商部へ報告した勧業道はいた。1910年春，試補の陝西勧業道光昭は陝西省の農業，商工業などに関する八種類の調査表を部に返送する際，光緒34年度の同省の産業について「少しもたいした業績がない」と自認した（『商務官報』宣統2年7期）。1911年夏，河南勧業道は22種類の「農工商鉱調査表」を作成し，所管地区の地方官と勧業員に対してそれに基づいて調査するように命じた（前掲『中華民国商業档案資料彙編』第1巻440頁）。詳細で確実である統計表が農工商部の機関紙『商務官報』に掲載され，手本となった。たとえば陝西勧業公所による「第1次調査陝西全省農務表略」，湖南勧業道による同省の牧畜，工芸，漁業，棉業，茶業，絲業，林業，田畑に関する八種類の統計表などがあった。

　上述のほかには，一部の勧業道は実業教育に対しても貢献した。たとえば湖南実業学堂，浙江水産学校と浙江商業学堂，江西鉱務学堂と森林学堂などの開設準備を同省の勧業道は主導した。

綜合してみると，清朝の最後の十数年における地方産業行政機関は組織の構造や機能が漸次に明確で拡大していった。日清戦争以降設立された早期の商務局の多くは構造が簡単で，機能は不全あり，兼職があった。中央産業行政機関である商部は成立した後，一部の商務局，農工商局は整備し，内部の分業が始まったが，ほとんど責任分業制が実行できず，且つ正式な行政の地位を持たず，本省の産業行政と産業振興を統轄できなかった。農工商部期になると，設立された一部の農工商局，たとえば吉林，甘粛，貴州および既存の江蘇，浙江などのそれは内部の分業が進められた。1907年の後半期から各省で続々と新たな地方産業行政機関の勧業道が設立された。これは地方官制の中で正式な行政地位に置かれ，分業が比較的明確である執行機構——勧業公所を持ち，また元の商務局や農工商局およびほかの産業関連機構を併合し，本省の産業行政と産業振興を統轄する権力となった。勧業道に就任する資格は商務局と農工商局より厳格になった。このような組織の構造は歴史的に中華民国時期の各省の勧業道あるいは実業司の基礎となった。

　産業振興については，早期の商務局はめいめい勝手に振舞い，調査や計画を行わず，江蘇と江西の商務局以外は，ほとんど実績が挙げられなかった。商部の成立によって，中央政府の中では全国の産業振興の統括が実現した。商部の督促下で，各省の督撫と商務局，農工商局は産業振興に力を加えて若干の成績を取得した。しかし商務局，農工商局は正式な行政機関ではなく，責任者の任期は短くて不定であったため，産業振興の需要に対し効果的に適応できなかった。1906年の中央官制の改革を経て，商部が農工商部に改組した後，中央集権の政策が進められた。比較的多い省の商務局，農工商局による産業振興は新しい進展が見られた。正式な産業行政機関である勧業道は設立された後，産業行政の計画性があり，程度が同じでないが産業振興を推進した。その中に実績があった勧業道が農工商部の好評を得たことがあった。たとえば浙江勧業道董元亮が1910年1月に報告した手芸伝習所の開設計画，広東勧業道陳望曽が報告した1909年の実績，江西勧業道傅春官が報告した1910年の実績などであった。

　中央産業行政機関と地方の督撫および産業行政機関との関係については，商部は各省の商務局や農工商局の責任者を商務議員に任命することを通して，

地方の産業行政と産業振興に対する影響力を強めた。勧業道が設立された後,農工商部は指令が地方産業行政機関に直接達したことから,さらに地方の産業行政と産業振興に対する影響力を強めた。農工商部,督撫,地方の産業行政機関の間にある三角のような関係の中で,地方の産業行政機関による産業行政と産業振興は比較的多く督撫の制約をうけたにもかかわらず,しかし,産業振興は清末新政期の基本国策となったため,各省の督撫の中に,張之洞,袁世凱以外に,端方,趙爾巽,周馥,楊士襄,錫良,岑春煊,徐世昌,張人駿,袁樹勲,林紹年,孫宝琦,丁宝銓,程徳全などは,産業振興に対して重要な役割を果たした。いろいろな矛盾や衝突があったが,清末新政期における産業振興はある程度,中央政府および産業行政機関が地方政府および産業行政機関と力を合わせたのである。こういう特徴は洋務運動期における経済改革がある督撫によって個人的に進められたことと,かなり違うのである。

註

1) 羅栄渠著『現代化新論——世界与中国的現代化進程』(北京大学出版社, 1993年) 123頁,前掲朱蔭貴著『国家干預経済与中日近代化』2頁。
2) Thomas G. Rawski, *Economic Growth in Prewar China*, Introduction, xxvii, University of California Press, 1989.
3) 「洋務運動」に関して横山英は「運動の用語は適当ではない」と指摘し,そのかわりに「洋務政策」を使用した (前掲横山英編著『辛亥革命研究序説』32頁)。呉雁南は「洋務派」と「洋務運動」というのは当時存在しなかったとしている (『光明日報』1988年1月20日)。
4) 前掲Gilbert Rozman, *The Modernization of China*, p. 49.
5) 前掲『鄭孝胥日記』第2冊696～697頁を参照。
6) 商部が鉄道行政を中央集権化する「路務議員章程」に対して,袁世凱の異議で商部はそれを改訂して同年7月14日上奏した後,公布した。
7) 前掲『張謇全集』第3巻88～92頁, 181～184頁,第6巻589～590頁,『鄭孝胥日記』第2冊1105頁などを参照。大生紗廠の初期における「合股的性格」に関しては,中井英基が詳しく研究した。同氏著『張謇と中国近代企業』(北海道大学図書刊行会, 1996年) 第7章を参照。
8) 本書の第3章の註3)を参照。また1909年11月27日の『申報』には,商辦江西

瓷業公司が「公司律」に基づいて同年冬株主総会を開き，董事会を選出するという記事がある（前掲『張謇全集』第6巻627頁を参照）。
9) 銭実甫著『北洋政府時期的政治制度』（中華書局，1984年）上冊123～124頁，中国第二歴史档案館編『中華民国史档案資料彙編』（江蘇古籍出版社，1991年）第3輯（農商）1～11頁。
10) 関連研究について，前掲阮忠仁著『清末民初農工商機構的設立』第2章第1節を参照。
11) 野沢豊「民国初期，袁世凱政権の経済政策と張謇」『近きに在りて』5号，1984年。
12) 江蘇省商業庁，中国第二歴史档案館編『中華民国商業档案資料彙編』第1巻166頁，中国商業出版社，1991年。
13) 『時報』1913年12月30日。朱英著『転型時期的社会和国家』（華中師範大学出版社，1997年）第359～360頁を参照。
14) 河南巡撫は1904年2月8日の上奏文の中で同省商務農工局の開設について「官督商弁を宗旨とする」とした（『申報』1904年3月10日）。
15) しかし，1899年上海商務局は欽差査辦大臣剛毅によって撤去されていた。1900年春両江総督劉坤一は商務局を再建した（『劉坤一遺集』第3冊1154頁）。
16) 商務局は総称である。実際，一部の省では局の名称は違う。たとえば広東は農工商局，厦門は保商局（後に商政局），湖南と浙江省は農工商務局と名づけた。各省では農工商部成立後から本省の勧業道設置前にかけて，ほとんど農工商局と農工商鉱局に改称した。
17) 1897年張謇は商務局について市場の調査，民営企業への補助，新設の企業への税金減免などを建議したが，実行できなかった（『張季子九録』実業録巻1）。1901年4月袁世凱は上奏文の中で「現在各省で設立された商務局は空文だけであり，実際の役に立たない」と指摘した（袁世凱著，沈祖憲輯録『養寿園奏議輯要』巻9）。
18) たとえば江西省臨江府農工商鉱局と同省奉新県農工商務局，浙江省湖州商務分局，湖南省安福県農工商務局などであった。安福県農工商務局は1907年春「農工商務章程」12条を制定した。『申報』1906年2月6日，劉錦藻『清朝続文献通考』考11258，『蘇州商会档案』第1輯817頁，『趙爾巽档案』43号を参照。
19) 『申報』1903年10月27日，『大公報』1903年12月16日。
20) 江西省社会科学院歴史研究所編『江西近代工鉱史資料選編』1～5頁，江西人民出版社，1989年。
21) 『東方雑誌』第1巻3号，『申報』1904年1月30日，2月7日。
22) 『大公報』1906年6月13日。当時商務局が廃止されるといううわさもあったが，商部はそれを否定した（『商務官報』光緒32年6期）。

23) 『大公報』1905年12月11日。道は省と府,州の間の地方行政官職であった。当時朝廷の中で司と道に上奏権を拡大すべしと主張する者がいた。
24) 1906年9月29日の『大公報』に掲載される孟阪甫の「立憲問答」という文章は西洋や日本のような中央集権に賛成した。
25) 『商務官報』宣統2年19期。陝西や山西では勧業道の設置に必要な経費を調達できず,遅くなった(『申報』1908年6月3日,『大公報』1910年12月2日)。
26) 『山東清理財政局編訂全省財政説明書』第9冊,歳出部,実業費,宣統3年。
27) 『商務官報』宣統元年5期,宣統2年29期,『申報』1909年4月17日。
28) 『申報』1910年1月17日,『上諭档』36冊169頁。
29) 農工商部が同部の人員から勧業道を任命すると強く主張したことについて,『大公報』1908年8月25日,1910年5月12日,1911年7月24日,『申報』1910年6月10日,8月11日,12月12日,1911年2月25日などを参照。
30) 前掲「直省勧業道執職掌任用章程」第10条,「各省勧業道官制並分科辦事細則」第11条。
31) 『宣統2年度生産実業統計表』,『大公報』1909年5月16日,1910年7月2日,11日,『商務官報』宣統2年12期,『申報』1908年12月26日,1909年8月4日,10月17日,1910年1月8日,2月19日,9月10日,10月23日。『北洋公牘類纂続編』(工芸)巻22によると,直隷勧業公所の六科の下にいくつかの股がそれぞれ設置された。
32) 『申報』1903年3月26日～30日。『大公報』1902年10月25日を参照。

主要参考文献

一、史料（史料名の五十音順）

中国語
『英軺日記』載振・唐文治著、沈雲龍主編『近代中国史料叢刊』正編第74輯734、文海出版社。以下沈編『史料叢刊』と略。
『会議政務処档案』中国第一歴史档案館所蔵
『外務部档案』中国第一歴史档案館所蔵
『格致書院課芸』
『学部官報』
『軌政記要』陳毅編、沈編『史料叢刊』正編第54輯537
『義和団史料』中国社会科学院近代史研究所近代史資料編輯室編、中国社会科学出版社、1982年
『義和団档案史料』国家档案局明清档案館編、中華書局、1959年
『義和団档案史料続編』中国第一歴史档案館編輯部編、中華書局、1990年
『近代史資料』中国社会科学院近代史研究所近代史資料編輯室編、総56号（1984年）、58号（1985年）、73号（1989年）
『愚斎存稿』盛宣懐著
『軍機処録副奏摺』中国第一歴史档案館所蔵
「光緒33年留学生史料」『歴史档案』1998年1期
『光緒宣統両朝上諭档』中国第一歴史档案館編、広西師範大学出版社、1996年
『光緒朝東華録』朱寿朋編、中華書局、1984年
『江西近代工鉱史資料選編』江西省社会科学院歴史研究所編、江西人民出版社、1989年
『皇朝経済文新編』宜今主人編、沈編『史料叢刊』三編第29輯281～286
『皇朝新政文編』金匱闕、鑄補斎輯、沈編『史料叢刊』三編第30輯291～293
『康有為政論集』湯志鈞編、中華書局、1981年
『国風報』宣統2年

『最近官紳履歴彙編』敷文社編、沈編『史料叢刊』正編第45輯450
『資政院会議速記録』
『四川保路運動档案選編』四川省档案館編、四川人民出版社、1981年
『時務報』光緒22～24年
『錫良遺稿』中華書局、1959年
『周止庵先生自叙年譜』周学熙撰、沈編『史料叢刊』三編第1輯8
『昌言報』光緒24年
『商務官報』光緒32年～宣統3年
『商務報』光緒29年～32年
『茹経堂奏疏』唐文治著、沈編『史料叢刊』正編第6輯56
『茹経堂文集』唐文治著、沈編『史料叢刊』続編第4輯31～34
『辛亥革命』(中国近代史資料叢刊) 中国史学会主編、上海人民出版社、1954年
『辛亥革命前後――盛宣懐档案資料選輯之一』陳旭麓ほか主編、上海人民出版社、1979年
『清季外交史料』王彦威輯、台湾文海出版社、1963年
『清季新設職官年表』銭実甫編、中華書局、1961年
『清史稿』趙爾巽ほか撰、中華書局、1976年
『清実録・徳宗景皇帝実録』中華書局、1987年
『清代官員履歴档案全編』秦国経主編、華東師範大学出版社、1997年
『清代档案』中国社会科学院近代史研究所所蔵
『清朝職官年表』銭実甫編、中華書局、1980年
『清朝続文献通考』劉錦藻撰、商務印書館、1955年
『清稗類鈔』徐珂編撰、第5冊
『申報』1900～1911年
「清末海外華商設立商会史料」『歴史档案』1995年1期
「清末海外華商設立商会史料続編」『歴史档案』1997年2期
『清末各省官自費留日学生姓名表』沈編『史料叢刊』続編第50輯494
「清末各省設立商会史料」『歴史档案』1996年2期
『清末議訂中外商約交渉(盛宣懐往来函電稿)』王爾敏・陳善偉編、中文大学出版社、1993年
「清末商務史料」『歴史档案』1991年4期
『清末籌備立憲档案史料』国家档案局明清档案館編、中華書局、1962年
『清末民初洋学学生題名録』房兆楹輯、中央研究院近代史研究所、1962年
『政芸叢書』(光緒壬寅、癸卯、丁未年) 鄧実輯、沈編『史料叢刊』続編第27～28

輯267〜280
『政治官報』光緒33年〜宣統3年
『宣統政紀』中華書局、1987年
『宣統2年度生産実業統計表』農工商部編、宣統3年
『大公報』1904〜1911年
『大清会典』光緒25年刻本
『大清搢紳全書』栄宝斎、光緒29年〜宣統3年
『大清新法令』(第10類、実業)上海商務印書館、宣統元年
『第二次鴉片戦争』中国史学会主編、上海人民出版社、1978年
『端忠敏公奏稿』端方著、沈編『史料叢刊』正編第10輯94
『知新報』光緒23年〜26年、澳門基金会・上海社会科学院出版社、1996年
『中華民国史档案資料彙編』中国第二歴史档案館編、第3輯、第5輯、江蘇古籍出版社、1991年
『中華民国商業档案資料彙編』江蘇省商業庁・中国第二歴史档案館編、中国商業出版社、1991年
『中国海関密档——赫徳、金登干函電彙編』中国第二歴史档案館・中国社会科学院近代史研究所編、中華書局、1995年
『中国近代学制史料』第二輯下冊、朱有瓛主編、華東師範大学出版社、1989年
『中国近代教育史資料彙編・実業教育・師範教育』璩鑫圭・童富勇・張守智編、上海教育出版社、1994年
『中国近代教育史資料彙編・留学教育』陳学恂・田正平編、上海教育出版社、1991年
『中国近代経済史統計資料選輯』厳中平ほか編、科学出版社、1955年
『中国近代工業史資料』孫毓棠・汪敬虞編、科学出版社、1957年
『中国近代工業史資料』陳真・姚洛編、三聯書店、1957年
『中国近代手工業史資料(1840〜1949)』彭澤益編、三聯書店、1957年
『中国近代鉄路史資料』密汝成編、中華書局、1963年
『中国商戦失敗史——中国四十年海関商務統計図表』黄炎培ほか編、沈編『史料叢刊』続編第93輯930
『籌辦夷務始末』咸豊朝、賈楨ほか纂
『張謇全集』張謇研究中心・南通市図書館編、江蘇古籍出版社、1994年
『趙爾巽档案』中国第一歴史档案館所蔵
『張文襄公全集』張之洞著、文海出版社、1963年
『直隷工芸志初編』周爾潤輯、直隷工芸総局、光緒34年

『鄭観應集』夏東元編、上海人民出版社、1982年
『鄭孝胥日記』中国歴史博物館編、労祖徳整理、中華書局、1993年
『天津商会档案彙編（1903〜1911）』天津市档案館・天津社会科学院歴史研究所・天津市工商業聯合会共編、天津人民出版社、1988年
『東方雑誌』1904年〜1913年
『内閣官報』宣統3年
『南洋群島商業研究会雑誌』宣統2年〜3年
『農隠廬文鈔』王清穆著、沈編『史料叢刊』続編第40輯395〜396
『農工商部現行章程』
『農工商部档案』中国第一歴史档案館所蔵
『農工商部統計表（第一次）』農工商部統計処編、光緒34年
『農工商部統計表（第二次）』農工商部統計処編、宣統元年
『万国公報』1890〜1906年
「晩清山東地方商会史料」『歴史档案』1996年4期
『北京新聞彙報』光緒27年
『変法自強奏議彙編』毛佩之輯、沈編『史料叢刊』続編第48輯473〜476
『方略館档案』中国第一歴史档案館所蔵
『北洋軍閥史料（徐世昌巻）』天津市歴史档案館編、天津古籍出版社、1996年
『北洋公牘類纂』甘厚慈編、文海出版社、1966年
『北洋公牘類纂続編』甘厚慈編、『袁世凱史料叢刊』7、文海出版社、1966年
『戊戌変法』中国史学会主編、神州国光社、1953年
『戊戌変法档案史料』国家档案局明清档案館編、中華書局、1958年
『民国経世文編』第4冊（実業）呉相湘主編『中国現代史料叢書』第1輯所収、文星書店、1962年
『明清以来北京工商会館碑刻選編』李華編、文物出版社、1980年
『郵伝部奏議分類続編』
『郵伝部奏議類編』
『郵伝部第一次各種統計表』
『郵伝部档案』中国第一歴史档案館所蔵
『養寿園奏議輯要』袁世凱著、沈祖憲輯録
『劉坤一遺集』中華書局、1959年
『両広官報』1911年

日本語

『外務省記録』通商門産業類、外交史料館所蔵
『支那経済全書』東亜同文会、明治40〜41年
『支那経済報告書』東亜同文会支那経済調査部（第1号〜51号、明治41〜43年）、『明治後期産業発達史資料』303〜309巻所収、龍渓書舎、1993年復刻版（以下「龍渓書舎、1993年復刻」を省略）
『清国行政法』臨時台湾旧慣調査会編、大安、1965〜1967年復刻版
『清国事情』外務省通商局（第1輯、第2輯、明治40年）『明治後期産業発達史資料』292〜295巻所収
『清国商業慣習及金融事情』上海東亜同文書院（明治37年）『明治後期産業発達史資料』129巻所収
『清国ニ於ケル利権回収熱ニ基ク各種企業並ニ保護政策』（第1輯、第2輯）外務省通商局、明治43〜44年
『清末明初中国官紳人名録』田原天南、中国研究会、1918年
『第一回支那年鑑』東亜同文会調査編纂部、明治45年
『通商彙纂』外務省通商局編纂、第1〜155巻、明治26年〜44年、不二出版、1988〜1993年復刻版
『南京博覧会各省出品調査書』南洋勧業会日本出品協会編（1912年）『明治前期産業発達史資料・勧業博覧会資料』所収

二、研究書（著者名や編集者名の五十音順）

中国語
王樹槐著『中国現代化的区域研究：江蘇省（1860〜1916）』中央研究院近代史研究所専刊（48）、1984年
隗瀛涛・周勇著『重慶開埠史』重慶出版社、1983年
郭廷以編『近代中国史事日誌』正中書局、1963年
阮忠仁著『清末民初農工商機構的設立――政府与経済現代化関係之検討（1903〜1916）』台湾師範大学歴史研究所専刊19、1988年
許紀霖・陳達凱編『中国現代化史』第1巻、上海三聯書店、1995年
虞和平著『商会与中国早期現代化』上海人民出版社、1993年
厳中平著『中国棉紡織史稿』科学出版社、1963年
黄逸平著『近代中国経済変遷』上海人民出版社、1992年
孔令仁主編『中国近代企業的開拓者』山東人民出版社、1991年
呉康零主編『四川通史』第6冊、四川大学出版社、1994年

呉福環著『清季総理衙門研究』文津出版社、1995年
謝国興著『中国現代化的区域研究：安徽省（1860〜1937）』中央研究院近代史研究所専刊（64）、1991年
朱蔭貴著『国家干預経済与中日近代化——輪船招商局与三菱・日本郵船会社的比較研究 』東方出版社、1994年
朱英著『転型時期的社会与国家——以近代中国商会為主体的歴史透視』華中師範大学出版社、1997年
朱英著『晩清経済政策与改革措施』華中師範大学出版社、1996年
朱新繁著『中国資本主義之発展』聯合書店、1929年
祝慈寿著『中国近代工業史』重慶出版社、1989年
蕭一山著『清代通史』（四）商務印書館、1972年
章開沅・羅福恵主編『比較中的審視：中国早期現代化研究』浙江人民出版社、1993年
徐鼎新・銭小明著『上海総商会史（1902〜1929）』上海社会科学院出版社、1991年
宋亜平著『湖北地方政府与社会経済建設（1890〜1911）』華中師範大学出版社、1995年
蘇雲峯著『中国現代化的区域研究：湖北省（1860〜1916）』中央研究院近代史研究所専刊（41）、1981年
張玉法著『近代中国工業発展史（1860〜1916年）』桂冠図書公司、1992年
張玉法著『中国現代化的区域研究：山東省（1860〜1916）』中央研究院近代史研究所専刊（43）、1982年
張徳澤著『清代国家機関考略』中国人民大学出版社、1981年
張朋園著『中国現代化的区域研究：湖南省（1860〜1916）』中央研究院近代史研究所専刊（46）、1983年
陳旭麓著『近代中国社会的新陳代謝』上海人民出版社、1992年
陳旭麓著『陳旭麓文集』第1〜4巻、華東師範大学出版社、1996年
丁日初著『近代中国的現代化与資本家階級』雲南人民出版社、1994年
杜恂誠著『民族資本主義与旧中国政府（1840〜1937）』上海社会科学院出版社、1991年
馬敏・朱英著『伝統与近代的二重変奏——晩清蘇州商会個案研究』巴蜀書社、1993年
馬敏著『官商之間——社会劇変中的近代紳商』天津人民出版社、1995年
葉世昌著『近代中国経済思想史』上海人民出版社、1998年
楊勇剛著『中国近代鉄路史』上海書店出版社、1997年

李国祁著『中国現代化的区域研究：閩浙台地区（1860〜1916）』中央研究院近代史研究所専刊、1982年
劉子揚著『清代地方官制考』北京紫禁城出版社、1994年
劉佛丁・王玉茹・于建瑋共著『近代中国的経済発展』山東人民出版社、1997年
劉佛丁・王玉茹著『中国近代的市場発育与経済増長』高等教育出版社、1996年
羅栄渠著『現代化新論――世界与中国的現代化進程』北京大学出版社、1993年
李鵬年ほか編著『清代中央国家機関概述』紫禁城出版社、1989年
林金枝著『近代華僑投資国内企業概論』厦門大学出版社、1988年

日本語
池田誠ほか編『中国近代化の歴史と展望』法律文化社、1996年
池田誠ほか著『中国工業化の歴史――近現代工業発展の歴史と現実』法律文化社、1982年
小島淑男編著『近代中国の経済と社会』汲古書院、1993年
小田橋貞寿著『日本の商工政策』（現代政策選書5）教育出版、昭和46年
久保亨著『中国経済100年のあゆみ――統計資料で見る中国近現代経済史』創研出版、1991年
小宮隆太郎ほか編『日本の産業政策』東京大学出版会、1984年
さねとうけいしゅう著『中国人日本留学史』くろしお出版、1970年
島田正朗著『清末における近代的法典の編纂』創文社、昭和55年
社会経済史学会編『社会経済史学の課題と展望』有斐閣、1992年
曽田三郎著『中国近代製糸業史の研究』汲古書院、1994年
曽田三郎編『中国近代化過程の指導者たち』東方書店、1997年
高村直助著『近代日本綿業と中国』東京大学出版会、1982年
陳捷著『近代中国伝統金融機関史』国際書院、1998年
十時厳周編『アジアの工業化と伝統的社会』アジア経済研究所、1974年
富岡倍雄、中村平八編『近代世界の歴史像――機械製工業世界の成立と周辺アジア』世界書院、1995年
トム・ケンプ著、佐藤明監修、寺地孝之訳『非ヨーロッパ世界工業化史論』ありえす書房、昭和61年
中井英基著『張謇と中国近代企業』北海道大学図書刊行会、1996年
中村哲編『東アジア専制国家と社会・経済――比較史の視点から』青木書店、1993年
中村哲編『東アジア資本主義の形成――比較史の視点から』青木書店、1994年

永山定富著『内外博覧会総説——並に我国に於ける万国博覧会の問題』水明書院、1933年
日本経済政策学会編『経済政策学の誕生』勁草書房、1988年
根岸佶著『上海のギルド』日本評論社、1951年
浜下武志著『近代中国の国際的契機——朝貢貿易システムと近代アジア』東京大学出版会、1990年
浜下武志著『中国近代経済史研究——清末海関財政と開港場市場圏』東京大学東洋文化研究所、1989年
松井隆幸著『戦後日本産業政策の政策過程』九州大学出版会、1997年
溝口雄三著『方法としての中国』東京大学出版会、1989年
山田辰雄・中井良宏編『日中比較近代化論』晃洋書房、1996年
横山英編著『辛亥革命研究序説』平和書房、1977年
横山英著『中国近代化の経済構造』亜紀書房、1972年
横山英・曽田三郎編『中国の近代化と政治的統合』溪水社、1992年。
ロバートソン, R. ほか編、中久郎ほか訳『近代性の理論：パーソンズの射程』恒星社厚生閣、1995年
両角良彦著『産業政策の理論』日本経済新聞社、1966年

英語（著者名や編集者名のアルファベット順）
Chan, Wellington K. K. *Merchants, Mandarins, and Modern Enterprise in Late C'hing China*, Harvard University Press, 1977.
Feuerwerker, Albert, *Economic Trends in the Late Ch'ing Empire, 1870－1911*, Cambridge University Press, 1980.
Kang, Chao, *The Development of Cotton Textile Production in China*, Harvard University Press, 1977.
Perkins, Dwight H. *China's Modern Economy in Historical Perspective*, Stanford University Press, 1975.
Rawski, Thomas G. *Economic Growth in Prewar China*, University of California Press, 1989.
Rozman, Gilbert. *The Modernization of China*, The Free Press, 1982.
Wright, Tim, *The Chinese Economy in the Early Twentieth Century*, Macmillan Press, 1992.

三、論文（著者名の五十音順）

中国語

王爾敏「商戦観念与重商思想」『中央研究院近代史研究所集刊』(5)、1976 年
王笛「関于清末商会統計的商榷」『中国近代経済史研究資料』第 7 輯所収、上海社会科学院出版社、1987 年
王笛「清末設立商部述論」『清史研究通訊』1987 年 1 期
郭世佑「清末新政与辛亥革命」『湘潭師範学院学報』1993 年 5 期
忻平「清末新政与中国現代化進程」『社会科学戦線』1997 年 2 期
虞和平「民国初年経済法制建設述評」『近代史研究』1992 年 4 期
呉承明「中国近代経済史若干問題的思考」『中国経済史研究』1988 年 2 期
崔志海「中国近代第一部商標法的頒布及其夭折」『歴史档案』1991 年 3 期
崔志海「論清末鉄路政策的演変」『近代史研究』1993 年第 3 期
鄒進文「経済変遷与法律嬗変——近代中国的公司立法」『中国研究』(東京) 総 26 期、1997 年
周武・張雪蓉「晩清経済政策的演変及其社会効應」『江漢論壇』1991 年 3 期
徐鼎新「旧中国商会溯源」『中国社会経済史研究』1983 年 1 期
叢月芬「甲午戦後清政府的工商政策」王曉秋・尚小明主編『戊戌維新与清末新政——晩清改革史研究』所収、北京大学出版社、1998 年
張東剛「論晩清工商管理機構的改革和管理方式的現代化」『煙台大学学報』1996 年 3 期
張連起「清末発展実業初探」『北方論叢』1985 年 3 期
陳向陽「清末新政与中国現代化」『華南師範大学学報』1996 年 2 期
沈祖煒「清末商部、農工商部活動述評」『中国社会経済史研究』1982 年 2 期
鄭起東「清末『振興工商』研究」『近代史研究』1988 年 3 期
唐克敏「袁世凱与中国資本主義」丁日初主編『近代中国』第 4 輯所収、上海社会科学院出版社、1994 年
馬敏「我国第一部正式商法」『史学月刊』1984 年 1 期
樊百川「20 世紀初期中国資本主義発展的概況与特点」『歴史研究』1983 年 4 期
李玉・熊秋良「論清末的公司法」『近代史研究』1995 年 2 期
李国祁「明清両代地方行政制度中道的功能及其演変」『中央研究院近代史研究所集刊』(3) 上冊、1972 年

劉世龍「清末上海格致書院与早期改良思潮」『華東師範大学学報』1983年4期

日本語
金子肇「近代中国の地方産業行政機構と専門的人材——1910～20年代の江蘇省を事例に」『アジア経済』35巻7号、1994年
北村敬直「辛亥革命と産業構造」関西学院大学東洋史学研究室編『アジアの文化と社会』所収、法律文化社、1995年
久保亨「近現代中国における国家と経済——中華民国期経済政策史論」山田辰雄編『歴史のなかの現代中国』所収、勁草書房、1996年
倉橋正直「清末、商部の実業振興について」『歴史学研究』432号、1976年
倉橋正直「清末の実業振興」田中正俊、野沢豊編『講座・中国近現代史（辛亥革命）』所収、東京大学出版会、1978年
倉橋正直「清末の商会と中国のブルジョアジー」『歴史学研究』別冊特集、1978年
曽田三郎「湖北省における張之洞の産業政策」『史学研究』121号、1974年
曽田三郎「商会の設立」『歴史学研究』422号、1975年
曽田三郎「辛亥革命前の諸改革と湖南」横山英編『中国の近代化と地方政治』所収、勁草書房、1985年
曽田三郎「清末における『商戦』論の展開と商務局の設置」『アジア研究』38巻1号、1991年
曽田三郎「清末の産業行政をめぐる分権化と集権化」横山英・曽田三郎編『中国の近代化と政治的統合』所収、渓水社、1992年
曽田三郎「日本政治視察と清末省行政組織の改編」『広島東洋史学報』第2号、1997年
高橋孝助「中国の常関・厘金・海関——商人・商品流通と専制国家」柴田三千雄ほか編『シリーズ世界史への問い3：移動と交流』所収、岩波書店、1990年
中村哲夫「光緒新政への政策転換の背景」『史学雑誌』第107編第1号、1998年
林原文子「清末、民間企業の勃興と実業新政について」『近きに在りて』13号、1988年
藤井正夫「清末、江浙における鉄路問題とブルジョア勢力の一側面」『歴史学研究』183号、1955年
劉世龍「清末、農工商部の産業振興政策について」『史学研究』第218号、1997年
劉世龍「中国史上初の中央産業行政機関——商部の創設について」『広東東洋史学報』第4号、1999年
劉世龍「南洋勧業会と清末新政期政府の産業振興政策」『広東東洋史学報』第3号、

1998年

四、研究動向（作者名の五十音順）

虞和平「近八年之商会史研究」『中国社会経済史研究』1995年4期
徐鼎新「中国商会研究綜述」『歴史研究』1986年6期
陳向陽「90年代清末新政研究述評」『近代史研究』1998年1期
野澤豊編『日本の中華民国史研究』汲古書院、1995年
劉世龍「中国における清末『新政』期の産業振興に関する問題点——最近十年の動向を中心に」『広島大学東洋史研究室報告』第17号、1995年
林被甸・董正華「現代化研究在中国的興起与発展」『歴史研究』1998年5期

表一覧

		頁
表 2-1	商部各司の人員	63
表 2-2	商部の顧問官	67
表 2-3	商部経費の来源	70
表 2-4	商部経費の支出	71
表 2-5	商部の産業援助関連の支出	72
表 3-1	張弼士の上奏文と商部の上奏返答	78
表 3-2	商部期会社創立者への奨励	96
表 3-3	商部期と日清戦後期における民需鉱工業企業の設立数と資本額の比較	105
表 3-4	商部期における一部の企業に対する課税の減免	107
表 3-5	商部が付与した営業独占権	110
表 3-6	商部人員による産業視察	113
表 3-7	各省の産業調査に関する商部の通達	114
表 3-8	商部期に設立された各省の鉄道会社	122
表 3-9	鉱産調査と開発に対する商部の督促	127
表 3-10	商部に報告した各省の鉱産調査	129
表 3-11	商部から発給された採掘許可証	131
表 3-12	商部から発給された試掘許可証	132
表 3-13	鉱物採掘税に対する商部の軽減措置	134
表 4-1	1895年〜1906年中国水上運輸業の企業数	144
表 4-2	沈雲沛による主な企業活動	165
表 4-3	農工商部期における参議上行走、丞参上行走、候補参議	167
表 4-4	農工商部各司の人員	170
表 4-5	農工商部の収入	174
表 4-6	農工商部の支出	177
表 4-7	農工商部の産業援助費	178
表 5-1	商部期と農工商部期における民需鉱工業企業の設立数と資本額の比較	184
表 5-2	商工業者への農工商部による奨励	187

表5-3	農工商部が付与した営業独占権	193
表5-4	不正・抑圧に対する農工商部の禁止措置	196
表5-5	農工商部人員による産業視察	208
表5-6	各省の産業調査に関する農工商部の通達	208
表5-7	鉱産調査と開発に対する農工商部の督促	214
表5-8	農工商部から発給された採掘許可証	218
表5-9	鉱物採掘税に対する農工商部の軽減措置	223
表5-10	農工商部期に設立された鎮レベルの商務分会	230
表5-11	農工商部期に設立された商務分所	232
表5-12	商部期と農工商部期に設立された華僑の商務総会	233
表5-13	商部期と農工商部期における鉱業（燃料や金属鉱物の採掘、冶金など）企業の設立	238
表6-1	農工商部1908年から1911年にかけての経営事業	252
表6-2	1862年～1911年民営の工業企業設立数	256
表6-3	1904年～1908年商部と農工商部に登記された企業の分類	257
表6-4	清末民初期における各中央産業行政機関の人員の教育的背景（%）	259
表6-5	民国初期における各中央産業行政機関中の元商部、農工商部出身者	260
表6-6	商部・農工商部による経済関連法規	262

あとがき

　本書は，私が20世紀最後の年に広島大学に提出した学位—博士（文学）—論文を基に，修正したものである。
　これは，私の人生に対する遅ればせの試験答案だといえるであろう。
　1982年，私は上海の華東師範大学で，陳旭麓先生の門下生として近代中国の社会変遷を研究し始めた。陳先生は私に，清末新政，とくに教育と経済の改革について注意を喚起され，その分野から修士論文のテーマを選ぶように提案された。そして私は関連資料の収集，読解に没頭し，論文のレジュメを書き上げた。これまで清末新政を徹底して批判，否定してきた観点に対し，評価を打ち立てようと試みたのである。しかし時をおかず吹き始めた「精神汚染」一掃の強風の中で，清末新政を論ずることは鄧小平の改革開放を暗示していると誤解される恐れがあり，私の研究は棚上げになった。
　それから十年も寝かせておくことになるとは思いもしなかった。華東師範大学修士課程修了後，私は重慶出版社に編集者として勤務し，学術研究を続けられる環境にはなかったが，博士課程に入学し，陳先生のご指導を受けたいという思いは消えることがなかった。そうしているうち，思いがけず1988年12月1日に陳先生が心筋梗塞で急逝された。先生が亡くなられたことは，中国歴史学界の大きな損失であるだけでなく，私個人にとっても学術研究の道へ戻る一つの機会を失うことを意味していた。
　天安門事件の洗礼を受けて私は，日本留学を決意した。幸い故楊光彦元西南師範大学副学長，姜義華復旦大学人文学院院長，熊月之上海社会科学院歴史研究所副所長，馮克熙元重慶市副市長，王斯徳華東師範大学人文学院院長，とくに横山英広島大学名誉教授のご推薦をいただくことができ，1995年春，

広島大学大学院文学研究科博士課程に入学し，曽田三郎先生に師事することになった。先生のご指導により，「清末における産業行政機関と産業振興」を研究課題として選んだ。

　苦学六年にして，ようやくこの試験答案を提出することができた。まず，天国にいらっしゃる恩師　陳旭麓先生の御霊に，この本を奉げたい。そして同時に，学界の諸賢からのご批評とご叱正を待ち望むものである。

　論文執筆中，横山英教授には一貫して懇切丁寧なご教示をいただいた。指導教官である曽田三郎教授には，内容の構成，章立てや細かな日本語の表現にいたるまで，厳格で細心のご指導とご訂正をいただいた。恩師のご指導を通して，日本学者の優良な学風を体得することができた。感激の気持ちは言葉では言い尽くせない。

　今この本を出版するにあたって，お力添えをいただいた次の方々（五十音順とアルファベット順）に心よりの感謝を申し上げたい。

　研究を進める上で大きな啓発をいただいた先行研究の諸先生と今井駿，今永清二，植村泰夫，金子肇，貴志俊彦，楠瀬正明，坂井田夕起子，笹川裕史，丁日初，寺地遵，富澤芳亜，中田昭一，西村成雄，松重充浩，丸田孝志，水羽信男，八尾隆生，頼祺一の諸先生，広島中国近代史研究会のメンバーたち，資料収集を助けて下さった王奇生，長谷川博史，虞和平，佐藤尚子，朱英，朱金元，徐勇，宋堅之，張捷，濱下武志，馬勇，本庄比佐子，関杰，茅海建，山根幸夫，熊月之，呂小鮮の諸先生。

　また論文執筆時，変わらず激励して下さった易恵莉，郭声波，郭世佑，北村浩司，金中，江藍生，胡文仲，周武，朱建栄，徐思彦，徐躍，曽業英，張景岳，張憲文，陳辛，陳達凱，陳平，程兆奇，唐振常，中原薫，原森泉，潘振平，馬自毅，馬敏，平林勝磨，平林勝恵，馮克煥，武継平，道町香，三戸真治，故羅榮渠，Dong Jiping，Jin Jiang，Joshua Howard，Judy Hansen，Yong Zhaoの諸氏にもお礼を申し上げたい。

　また中国語を学んでいる桧山明宏，吉兼富枝をはじめとする皆様の助けがなければ，私の研究はさらに困難なものとなったであろう。とくに日本語の表現については，吉兼富枝，吉仲健一両先生のご援助をいただいた。

　黄克武と吉中孝志両先生には英文目次を訂正していただいた。資料収集に

おいて便宜を図っていただいた広島大学附属図書館，東京大学東洋文化研究所図書室，東洋文庫，国立国会図書館，外交史料館，広島県立図書館，広島市立中央図書館，中国第一歴史档案館，中国社会科学院近代史研究所図書館，北京大学図書館，北京図書館の方々，奨学金を支給していただいた財団法人ひろしま国際センター，財団法人内外学生センター広島学生相談所，財団法人日本国際教育協会，財団法人広島平和文化センターにも感謝申し上げたい。

　水羽信男先生には，本書の出版に当たり，企画・編集において多大のご尽力をいただいた。

　最後に，本書刊行をご快諾くださった木村逸司渓水社代表取締役に謝意を表したい。

　　21世紀最初の冬を迎えた広島思不在斎にて

　　　　　　　　　　　　　　　　　　　　　　　　　　劉　世龍

中国的工業化与清末的産業行政
——以商部・農工商部的産業振興為中心

劉　世龍

序章
　　第一節　研究的意義和視角
　　第二節　本書的内容

第一章　中国歷史上最初的中央産業行政機関——商部的創設
　　第一節　商部創設以前有関経済的清朝中央行政機関及官職
　　　一、傳統的中央行政機関
　　　二、新設的中央行政機関及官職
　　第二節　圍繞着商部設立問題的議論
　　　一、知識分子和商人的議論
　　　二、官僚的議論
　　第三節　創設商部的準備
　　　一、總理各国事務衙門向外務部的改組
　　　二、載澧和載振的出洋考察
　　　三、制定商法的準備和張弼士的上奏

第二章　商部的内部組織、人員与経費
　　第一節　内部組織与職權
　　　一、施行政策的機構
　　　二、直轄的各機構
　　第二節　官職、人員和経費
　　　一、尚書、侍郎和丞、參議
　　　二、政策施行機構的官員
　　　三、顧問官及其他商人官員

四、財源与支出

第三章　商部的振興産業政策及其実施
　　第一節　工商業政策及其実施
　　　一、基本的産業法規
　　　二、対開設商会的指導
　　　三、対工商業的奨励和保護
　　　四、振興工商業的其它政策和措施
　　第二節　有関鉄道、礦業的政策及其実施
　　　一、民營鉄道的政策
　　　二、礦業政策

第四章　改組為農工商部
　　第一節　改組的背景和原因
　　　一、産業発展的需要
　　　二、工部職能的縮小、商部与戸部的矛盾
　　　三、中央官制的總体改革与農工商部
　　第二節　改組的過程
　　　一、工部与商部的合並
　　　二、郵傳部的新設及其与農工商部權限的区分
　　　三、農工商部与其它各部權限的区分
　　第三節　農工商部的内部組織与職權
　　　一、施行政策的機構
　　　二、直轄的各機構
　　　三、同商部的内部組織、職權的比較
　　第四節　農工商部的官職、人員和経費
　　　一、尚書的更換
　　　二、侍郎、丞及参議的変動
　　　三、政策施行機構的官員
　　　四、財源与支出

第五章　農工商部的振興産業政策及其実施
　　第一節　対工商業的促進
　　　一、産業奨励制度的確立

二、対工商業的援助和保護
　　三、対新工藝技術的應用和経済競争的提唱
　第二節　礦業政策
　　一、「大清礦務章程」的公布和改訂
　　二、礦産開発的促進
　第三節　対設立新商会的推進
　　一、商務總会的擴大
　　二、商務分会和商務分所開設数量的増加
　　二、対開設海外華僑商会的重視

終章
　第一節　対商部、農工商部及其産業振興的評価
　第二節　今後的課題

主要参考文献
表一覧
跋

The Industrialization of China and the Industrial Administration in the New Systems Reforms of the Late Qing Dynasty:Focus on the Industrial Promotion of the Shang bu and the Nonggongshang bu

Liu Shilong

Contents

Introduction
  I . The Significance of and Approach of the Theme
  II . The Structure of the Thesis

1. The Establishment of the Shang bu (the Ministry of Commerce), the First Central Industrial Administrative Agency in Chinese History
   I . The Qing Dynasty's Central Administrative Agencies and Its Official Positions on the Economy prior to the Establishment of the Shang bu
      i The Traditional Administrative Agencies in the Imperial Court
      ii The New Administrative Offices and Official Positions
   II . The Argument about Founding of the Shang bu
      i The Appeals of Intellectuals and Merchants
      ii The Agreements and Support of Officials
   III. The Preparations for the Founding of the Shang bu
      i The Reorganization from the Minister's Office to the Ministry of Foreign Affairs
      ii Zaifeng,Zaizhen and Their Inspection of Foreign Countries

  ⅲ The Preparations for the Enacting of the Commercial Laws and Zhang Bishi's Proposition to the Emperor

2. The Compositions, Personnel and Expenditure of the Shang bu
 Ⅰ.The Organization and Its Authority and Functions
  ⅰ The Executive Departments for Enacting Policies
  ⅱ The Specialized Agencies under the Direct Control of the Ministry
 Ⅱ.The Government Officials and the Expenditure
  ⅰ The President, Vice- Presidents, Councilors and Secretaries
  ⅱ The Officials of the Executive Departments for Enacting Policies
  ⅲ The Advisers and the Other Commercial Officials
  ⅳ The Source of Revenue and the Expenditure

3. The Policy of Promoting Industry and Its Execution by the Shang bu
 Ⅰ.The Policy about Commerce and Industry, and Its Execution
  ⅰ The Basic Commercial Laws and Regulations
  ⅱ Instructions for Establishment of the Chamber of Commerce
  ⅲ The Encouragement and Protection of Commerce and Industry
  ⅳ Another Policy for Promoting Commerce and Industry
 Ⅱ.The Policy on Railways and the Mining Industry and Its Execution
  ⅰ The Policy on Private Railways
  ⅱ The Policy on the Mining Industry

4. The Reorganization from the Shang bu to the Nonggong-shang bu (the Ministry of Agriculture, Industry, and Commerce)
　Ⅰ. The Background and Cause of the Reorganization
　　ⅰ The Necessity for Industrial Development
　　ⅱ Reduced Function of the Gong bu (the Ministry of Works) and the Conflict between the Shang bu and the Hu bu (the Ministry of Financial Affairs)
　　ⅲ The Revising of the Central Bureaucratic Structure and the Nonggongshang bu
　Ⅱ. The Course of the Reorganization
　　ⅰ The Merging of the Shang bu and the Gong bu
　　ⅱ Distinguishing the Authority and Functions of the New Youchuan bu (the Ministry of Posts and Communications) and the Nonggongshang bu
　　ⅲ Distinguishing the Authority and Functions of the Nonggongshangbu and the other Ministries
　Ⅲ. The Organization of the Nonggongshang bu and Its Authority and Functions
　　ⅰ The Executive Departments for Enacting Policies
　　ⅱ The Specialized Agencies under the Direct Control of the Ministry
　　ⅲ Comparing the Organizations, Authority and Functions of Nonggongshang bu with Shang bu
　Ⅳ. The Government Officials and the Expenditure of Nonggong-shang bu
　　ⅰ The Changing of the President
　　ⅱ The Changes of the Vice-Presidents, Councillors and Secretaries
　　ⅲ The Officials of the Executive Departments for Enacting Policies

iv The Source of Revenue and the Expenditure

5. The Policy of Promoting Industry and Its Execution by the Nonggongshang bu
   Ⅰ.The Promotion of the Development of Commerce and Industry
      i The Completion of the System for Encouraging Industry
      ii The Support and Protection for Commerce and Industry
      iii The Advocating of the Application of New Industrial Techniques and Economic Competition
   Ⅱ. The Policy on the Mining Industry
      i The Promulgation and Amendment of the Legal Statues on Mining of the Qing Dynasty
      ii Promoting the Exploitation of the Mines
   Ⅲ. Promoting the Establishment of the New Chambers of Commerce
      i Expansion of the General Chambers of Commerce
      ii Increase of the Branch Chambers of Commerce and the Subbranch Chambers of Commerce
      iii Importance of the Establishment of Chambers of Commerce for Overseas Chinese

Conclusion
   Ⅰ. Evaluation to the Shang bu, the Nonggongshang bu and Its Promotion of Industry
   Ⅱ. The Subject from now on

References
Tables
Acknowledgement